Die

nordamerikanischen Eisenbahnen

in ihren

wirtschaftlichen und politischen Beziehungen.

Gesammelte Aufsätze

von

Alfred von der Leyen.

Leipzig,

Verlag von Veit & Comp.

1885.

Druck von Metzger & Wittig in Leipzig.

Dem Andenken

meines lieben Schwiegervaters und Onkels

Dr. Friedrich Kapp,

gest. 27. Oktober 1884.

Inhalt.

EINLEITUNG.

Die Eisenbahnfrage in den Vereinigten Staaten von Amerika.

Das Eisenbahnnetz der Vereinigten Staaten von Amerika hatte Ende 1884 eine Länge von etwa 200 000 km. Um dieselbe Zeit betrug die Länge der Eisenbahnen der Erde gegen 450 000 km. Die Vereinigten Staaten besitzen also heute schon beinahe ebensoviele Eisenbahnen, als die gesamte übrige bewohnte Erde. Dieses Eisenbahnnetz ist gebaut und wird betrieben von rund 1500 Privat-Erwerbs-Gesellschaften, welche das Anlagekapital zum größeren Teil durch ihre alleinige Thätigkeit, mit ihren Mitteln und auf ihre Gefahr, zum geringeren mit Hilfe der Regierungen des Bundes und der Einzelstaaten aufgebracht haben. Während sich in den ersten beiden Jahrzehnten des Eisenbahnzeitalters das Netz nur langsam vergrößerte, finden wir schon im Beginn des dritten Jahrzehnts, vor allem in den Jahren 1856 bis 1858, einen jährlichen Zuwachs von 3000 bis 4000 km. In den folgenden Jahren verminderte sich wiederum die Bauthätigkeit, um in den Jahren 1868 bis 1873 einen zweiten Höhepunkt zu erreichen, von 1871 bis 1872 vermehrte sich das Eisenbahnnetz um nicht weniger als 12 000 km. Nach der großen Krisis des Jahres 1873 erlahmt auch der Eisenbahnbau und hebt sich erst aufs neue von 1879 an bis 1882, in welchem Jahre sogar über 18 000 km

Eisenbahnen gebaut wurden. Seitdem ist ein rascher Niedergang eingetreten, 1883 weist etwa noch die Hälfte, 1884 kaum den dritten Teil des Zuwachses von 1882 auf.[1]

Solche Zahlen, solche Schwankungen machen einen großartigen, aber zugleich einen unheimlichen Eindruck. Die Vereinigten Staaten haben nach der letzten Volkszählung vom Jahre 1880 eine Bevölkerung von rund 50 Millionen Einwohnern, also nur 5 Millionen mehr gehabt, als das Deutsche Reich. Man fragt mit Recht: Wie ist es möglich, daß eine so schwache Bevölkerung einer solchen Masse von Eisenbahnen genügenden Verkehr zuführt? Wie ist es denkbar, daß in einem Jahre sich ein neuer Verkehr für ein Netz bis zu 18 000 km Eisenbahnen, die Hälfte der Eisenbahnen des Deutschen Reichs, entwickelt? Welche Mittel und Wege wenden die Amerikaner an, um die Gelder für den Bau von soviel Eisenbahnen in so kurzer Zeit aufzubringen? Wie machen sie es, einen solchen Zuwachs von Bahnen so schnell in Verwaltung und Betrieb zu nehmen? Will man auf solche Fragen antworten, so muß man zuerst und vor allem den gewaltigen Unterschied der Kultur und des Verkehrs in den Vereinigten Staaten und in Europa in Rücksicht ziehen. In Europa treten die Eisenbahnen als neues Verkehrsmittel neben die vorhandenen Verkehrswege, die Wasser- und vor allem die Landstraßen. Und diese Verkehrsmittel genügten zur Zeit des ersten Auftretens der Eisenbahnen so vollständig den Bedürfnissen des damaligen Handels, daß die Bevölkerung zunächst gar nicht einsah, wozu ein neues Verkehrsmittel dienen sollte, dessen Natur und Beschaffenheit überdies einen beängstigenden Eindruck machte. Die Vereinigten Staaten hatten dagegen, als die Eisenbahnen bekannt wurden, Landstraßen von der Beschaffenheit unserer deutschen

[1] Vgl. die Tabelle S. 29. 30.

Heerstraßen so gut wie gar keine; an Wasserstraßen das Meer, die Seen und die Ströme; Kanäle nur in ganz bescheidenem Umfange. Sehr bald stellte sich nun die Überlegenheit des neuen Verkehrsmittels über alle anderen heraus; und statt nun — in der Weise Europas — langsam und bedächtig die Eisenbahnen dem vorhandenen Netze einzufügen, warf man sich in den Vereinigten Staaten mit allem Nachdruck auf das neueste und leistungsfähigste Verkehrsmittel, baute Eisenbahnen über Eisenbahnen, und zieht auch heute noch den Bau einer Schienenstraße dem einer gewöhnlichen Landstraße in der Regel vor, während man nebenbei die natürlichen Wasserstraßen wohl hier und da verbessert, an einen umfassenden Kanalbau aber ebensowenig denkt.

Diese Bauthätigkeit wird wesentlich erleichtert durch die Billigkeit der ersten Anlage von Schienenstraßen in Amerika. In Europa verursacht schon die Beschaffung des Grund und Bodens bedeutende Kosten und Schwierigkeiten. In zahlreichen deutschen Staaten mußte, da sich an sehr vielen Orten nicht einmal die Geneigtheit zeigte, das Terrain gegen Entgelt für eine Eisenbahn herzugeben, zunächst durch Erlaß neuer Gesetze für die Möglichkeit gesorgt werden, im Zwangswege den für den Eisenbahnkörper erforderlichen Grund und Boden zu erhalten. In Amerika hatte der Grund und Boden außerhalb der Städte im Beginn des Eisenbahnzeitalters so gut wie gar keinen Wert; die Eigentümer gaben ihn gern umsonst, der Staat verspricht sogar weite Landstriche der an die Eisenbahn grenzenden Gebiete als Preis für die Anlage der Bahnen. Niemand kümmert sich außerdem darum, wie gebaut, wie die neue Bahn betrieben wird. Ein jeder Unternehmer baut so, wie es nach seiner Meinung unter den gegebenen Verhältnissen am bequemsten ist; von gleichartigen Bausystemen, gleicher Spurweite, ähnlichen Betriebseinrichtungen, Lokomotiven, Wagen, Signalen ist keine Rede.

Einstweilen wird so billig und so gut gebaut, wie es die vorhandenen Mittel ermöglichen; ob sich die Bahn in ein System geordneter Verkehrsmittel einpaßt, ist spätere Sorge, und wenn dies einmal nötig wird, so vertraut man darauf, daß im gegebenen Zeitpunkt auch hierfür Rat geschafft wird. Ein solches System wird dann noch mittelbar selbst dadurch gefördert, daß die Staatsgewalt der Entwickelung gänzlich freien Spielraum läßt. Alles, was der Staat verlangt, ist, daß sich die Gesellschaft, welche die Eisenbahn baut, seinen Gesetzen über die Bildung von Handelsgesellschaften unterwirft, und das ist ein sehr bescheidenes Verlangen. Es sind einige Formen zu erfüllen, gewisse Regeln zu beobachten, dann kann der Unternehmer thun und lassen, was ihm gutdünkt. Eine Konzession für Eisenbahnen im deutschen, französischen, englischen Sinne hat man in den Vereinigten Staaten nie gekannt, und auch dies ist nicht auffallend; denn der Staat hat zunächst ein Interesse daran, daß überhaupt Verkehrsmittel entstehen; ihre Besserung und Vervollkommnung wird sich mit Zeit schon selbst machen. Ebensowenig, wie um den Bau, kümmert sich der Staat um den Betrieb der Bahnen. Er schreibt keine Betriebsreglements, keine Bahnpolizeireglements vor, er überläßt den Bahnen allein die Feststellung ihrer Fahr- und Frachtpreise. Ja, es giebt in den Vereinigten Staaten nicht einmal ein geschriebenes Eisenbahn**frachtrecht**; auch dieser gewichtige Zweig des Handelsrechts bildet sich lediglich durch die Gewohnheit gleichzeitig mit dem Fortschreiten der Eisenbahnen selbst langsam heraus.

Bis vor ungefähr einem Jahrzehnte dachte kaum jemand daran, daß dieses freie Gehenlassen der Eisenbahnentwickelung auf einmal unliebsame Folgen haben und das Bedürfnis erwachen könnte, der unbedingten Freiheit Schranken zu setzen. Neben der Bedienung und Förderung des Verkehrs der östlichen, hoch kultivierten Gebiete war die erste und wichtigste Aufgabe der Eisenbahnen, die Erschließung weiter und großer, unbekannter Gebiete für die Kultur gewesen; daneben die festere und straffere Verbindung der ausgedehnten, weit voneinander entfernten Einzelstaaten zu einem politischen Ganzen. Diese beiden Aufgaben lösten die Eisenbahnen in einer geradezu überraschenden Weise. Die westlichen Gebiete der Vereinigten Staaten wurden für die landwirtschaftliche Produktion erschlossen, die reichen Bodenschätze — man denke nur an das Petroleum — wurden erst durch die Eisenbahnen für den Handel zugänglich und bildeten jetzt bald eine scheinbar unerschöpfliche Quelle des Reichtums; die Annäherung des fernsten Westens und der südlichen Staaten an die östlichen und nördlichen Staaten nach Beendigung des Bürgerkrieges wurde durch nichts so sehr beschleunigt und gesichert, als durch den Bau der ersten, den Atlantischen mit dem Stillen Ozean verbindenden Pazifischen Bahn. Auch standen die Eisenbahnen einander noch nicht im Wege; denn auch ihnen gegenüber herrschte das Gesetz des „freien Ellbogenraums". Jede Bahn hatte genügenden Platz, ausreichenden Verkehr für sich, sie brauchte nicht in das Gebiet der andern überzugreifen. — Die Leistungen der Bahnen genügten den bescheidenen Ansprüchen, welche ihnen gegenüber erhoben wurden; den Anforderungen des Verkehrs zeigten sie sich im ganzen gewachsen, zumal die Bevölkerung stets den großen Gegensatz der eisenbahnlosen Zeit zu der neuen Periode unmittelbar vor Augen hatte.

Seit der zunehmenden Verdichtung des Eisenbahnnetzes, zuerst in den östlichen Staaten, ist dies anders geworden. Die Schattenseiten der Eisenbahnfreiheit sind immer deutlicher hervorgetreten. Zahlreiche öffentliche Blätter rufen heute: Aus einem Segen sind die Eisenbahnen ein Fluch des Landes geworden, und sind solche Außerungen gewiß stark übertrieben, so läßt sich doch nicht verkennen, daß seit einigen Jahren die Eisenbahnen fast allen Kreisen der Bevölkerung, die mit ihnen in Berührung treten, viel Schmerzen, Sorgen und Kummer bereiten. Eine Eisenbahnfrage, ein „Railroad Problem“, wie man in Amerika sagt, ist nicht nur vorhanden für das Publikum, für die Kreise des Handels und der Gewerbthätigkeit, der Land- und Forstwirtschaft, sie besteht ebenso auch für die Eisenbahngesellschaften selbst, ihre Leiter, ihre Aktionäre. Und wie es die Freiheit der Entwickelung gewesen ist, welche die großen Leistungen der Eisenbahnen ermöglicht hat, so sind auch die meisten der heute vorhandenen Übelstände auf eben diese Ursache zurückzuführen. Die Freiheit des Eisenbahnbaus hat zu einer maßlosen Überproduktion geführt. Wo eine Eisenbahn völlig genügte für den Verkehr, da finden sich heute oft zwei, drei, ja noch mehr beinahe miteinander parallel laufende Bahnwege. Die Überproduktion macht sich besonders fühlbar für die zahlreichen Fabriken von Bau- und Betriebsmaterialien. Weniger noch zur Zeit der zweiten Periode des Aufschwungs, im Beginn des vorigen Jahrzehntes, als heute, leidet die gesamte Fabrikation darunter, daß die Bestellungen nicht so weiter gehen können, daß der rast- und atemlose Bau neuer Bahnen aufhören, die Gesellschaften sich einschränken müssen. Viele Fabriken stehen ganz still, andere arbeiten mit halber oder noch geringerer Kraft.

Die völlige Freiheit bei der Finanziierung, der Mangel jeder öffentlichen Kontrolle bei Gründung der Eisenbahnen hat nicht zum wenigsten neuerdings zum zweiten Male wenn nicht zur Entstehung, so doch zur Verschärfung einer Geldkrisis beigetragen. Die Handelskrisis, welche im Herbste 1873 in den Vereinigten Staaten ausbrach und sich über die ganze Erde verbreitete, hatte ihren Ausgangspunkt genommen in einer Überspekulation in Eisenbahnpapieren. Im Sommer 1884 waren es gleichfalls die Eisenbahnwerte, welche zuerst immer tiefer sanken und andere Werte mit sich rissen. Denn auch in Eisenbahnwerten hat sich eine maßlose Überproduktion entwickelt. Wie in allen andern Ländern mit geordneten Verhältnissen, so ist auch in den Vereinigten Staaten die Gesamtheit der an der Eisenbahngesellschaft beteiligten Aktionäre die eigentliche Eigentümerin der Bahn. Die Aktiengesellschaft bildet sich, um die Bahn zu bauen, die Aktien werden ausgegeben, um die für den Bau der Bahn erforderlichen Geldmittel zu beschaffen. Während nun in andern Ländern, wenn sich eine Aktiengesellschaft zum Bau einer Eisenbahn bildet, über die Höhe des erforderlichen Kapitals, über die Art der Aufbringung desselben bestimmte Vorschläge gemacht werden müssen, welche der staatlichen Prüfung unterliegen, so bekümmert sich die Staatsgewalt in der Mehrzahl der Vereinigten Staaten um weiter nichts, als daß eine bestimmte, ziemlich niedrig bemessene Anzahl von Aktionären vorhanden ist, daß ein Teil des Aktienkapitals (ob dies Kapital für die Herstellung der Bahn ausreicht, ist dem Staate ganz gleichgültig) gezeichnet, und daß wiederum ein Prozentsatz des gezeichneten Kapitals eingezahlt ist. Der letztere Prozentsatz ist außerordentlich niedrig gegriffen, oft nicht mehr als ein Prozent. Alle diese Bedingungen sind auf das leichteste zu erfüllen, sie sind bloße Formen geworden. Sind sie erfüllt, so läßt der Staat die Gesellschaft frei schalten und walten. Hat er keinerlei Kostenanschläge verlangt, nicht vorgeschrieben, daß wenigstens die Richtung der Bahn, die Plätze, welche sie berührt, angegeben werden, so ist es ihm auch ganz einerlei, wie nun die Baugelder wirklich aufgebracht werden; wieviel Aktien, zu welchem Kurse sie ausgegeben werden, wie teuer sich die Bahn stellt, wie man weitere Baugelder, außer den Aktien, aufbringt; ob späterhin das ursprünglich angenommene Aktienkapital erhöht wird. Nur in einer Beziehung glaubte man, nach englischem Vorbilde, dem Staate einen gewissen Einfluß bei der Finanzverwaltung wahren zu müssen; in einzelnen Staatsgesetzen findet sich die Bestimmung, daß eine Ermäßigung des Tarifs eintreten muß, wenn sich die Erträge der Bahn auf mehr als 10 Prozent des Anlagekapitals belaufen. Als sich einzelne Bahnen in dieser glücklichen Lage befanden und doch wenig Lust bezeigten, mit der Tarifermäßigung vorzugehen, halfen sie sich mit dem höchst einfachen Mittel über diese gesetzliche Bestimmung hinweg, daß sie aus irgend einem Vorwande das Aktienkapital vermehrten, die neuen Aktien aber den bisherigen Aktionären entweder ganz umsonst, oder zu einem ganz niedrigen Kurse zur Verfügung stellten. Um Vorwände zu diesem Verfahren war man nicht verlegen. Man baute kleine Ergänzungsstrecken, legte zweite Geleise, und, wenn selbst dies nicht zweckmäßig erschien, behauptete man, der Wert der Bahn sei seit dem Bau gestiegen, das ursprüngliche Aktienkapital zu gering bemessen gewesen, ließ die Bahn neu abschätzen, und händigte den Aktionären den Mehrbetrag aus. Ein solches Verfahren nennt man „Verwässerung" des Aktienkapitals, Watering the Stock.

Aber dieses Verfahren war etwas umständlich, zumal es sich nicht verheimlichen ließ, und der Staat eine offenbare Umgehung seiner Gesetze sich doch einmal verbitten konnte. Nach und nach hat sich daher eine Vereinfachung desselben dahin herausgebildet, daß man von Anfang an das Baukapital möglichst hoch bemißt, dasselbe aber von den Aktionären gar nicht, oder nur zu einem ganz geringen Bruchteil einzahlen läßt, und die Eisenbahn mit Obligationen (Bonds, Prioritäten) baut. Bei der Gründung einer Bahn, angenommen von 100 Meilen Länge, verfährt man also folgendermaßen: Die Gesellschaft, welche die Bahn bauen will, schätzt die Kosten auf Grund ganz oberflächlichen Anschläge, sagen wir auf $ 25 000 die Meile; die

Kosten der Gesamtbahn also auf $ 2 500 000. Nunmehr bildet sich eine Aktiengesellschaft mit diesem Kapital, von welchem sie etwa ein Prozent, also $ 25 000 einzahlt. Gleichzeitig wird eine Anleihe in Höhe des gesamten Baukapitals aufgenommen, und jedem Zeichner von Obligationen (welche einen festen Zinssatz von meist sechs Prozent haben) eine dem Betrage der Obligationen gleiche Summe an Aktien umsonst zur Verfügung gestellt. Von Anbeginn bildet hier also das gesamte, oder mindestens der bei weiten größte Teil des Aktienkapitals einen fiktiven Wert. Die Gründer der Bahn haben daher auch keinen Grund, mit demselben besonders haushälterisch umzugehen. Sie verwenden es nicht nur als Geschenk für die ersten Zeichner der Obligationen, sondern auch für Gemeinden, Korporationen, Behörden, welche ihnen einmal nützlich gewesen sind, oder einmal nützlich werden können. Letztere berücksichtigt man hie und da noch dadurch, daß man ihnen Vorzugsaktien (Preferred Shares, Stammprioritätsaktien) giebt, und den Zeichnern der Obligationen bloße Stammaktien zur Verfügung stellt. — Bei zahlreichen Bahnen sind aber selbst die sechsprozentigen Obligationen nicht zum Parikurse unterzubringen, sie müssen den Finanzinstituten, welche sie übernehmen, mehrere Prozente niedriger überlassen werden.

Daß bei einer in dieser Weise finanziierten Bahn die Gründer froh sind, wenn vorerst die Zinsen für die Obligationen aus den Erträgen gezahlt werden können, und daß niemand in der ersten Zeit auf eine Dividende auch nur für die Stammprioritäten rechnet, darf nicht Wunder nehmen. Selbst die Zinsen der Obligationen erfordern sofortige Reinerträge von 6—7 % des Anlagekapitals, und nur wenige Bahnen sind heute noch in Lage, mit solchem Erfolge zu wirtschaften. Die Aktien, welche den ersten Aktionären so gut wie nichts gekostet haben, werden, sobald sich eine Bahn gut entwickelt, oder gut zu entwickeln scheint, auf den Markt gebracht, und finden in normalen Zeiten doch immer einmal einen Käufer, zumal es die Amerikaner, wie wenig andere Völker verstehen, die Reklametrommel für ein Unternehmen zu rühren. Sobald aber die Zeiten schlecht werden, die Erträge der Bahnen sich mindern, gar Schwierigkeiten bei Zahlung der Zinsen für die Obligationen hervortreten, stürzt das ganze Kartenhaus dieser Papiere zusammen, sie werden unverkäuflich, und verschwinden entweder auf immer — wenn die Bahn zu liquidieren genötigt ist — oder wenigstens auf lange Jahre von der Oberfläche. Um welche Summen fiktiver Werte es sich hier handelt, möge daraus ermessen werden, daß Henry Poor, der doch gewiß mit der Entwickelung des Eisenbahnwesens in den Vereinigten Staaten zufrieden ist und die vorhandenen Übelstände sehr nachsichtig beurteilt, in seinem neuesten Jahrbuch (1884) S. III angiebt, daß von der Summe von $ 2 093 433 054, um welche sich das Eisenbahnanlagekapital in den Vereinigten Staaten während der Jahre 1881 bis 1883 dem Nennwerte nach vermehrt hat, nicht weniger als rund 1200 Millionen Dollars fingierter Werte enthalten sind. Poor nimmt an, daß der Gesamtbetrag der in diesen drei Jahren ausgegebenen Aktien, nämlich $ 999 387 208 und außerdem von den Obligationen und der schwebenden Schuld rund $ 200 Millionen „Wasser" darstellen, d. h. beim Bau der Eisenbahnen nicht verwendet, sondern den Gründern als „Bonus" oder in Form von Kursdifferenzen durch Ausgabe der Werte unter pari geschenkt sind.

Wie bei der Gründung, so geht es bei der Verwaltung der Bahnen. Der Staat verlangt keine Garantien für eine solide Verwaltung, keine Reserve-, keine Erneuerungsfonds, er läßt die Gesellschaften ihre Rechnungen ganz nach Belieben aufstellen, er kümmert sich nicht um die Verwendung ihrer

Erträge. Die Gesellschaften aber thun sich schon etwas darauf zu gute, und kommen sich sehr solide vor, wenn sie einen kleinen Tilgungsfonds für ihre Obligationen bilden. Bei der Verwaltung haben nun, wie gezeigt, die Prioritätenbesitzer als solche gar nichts zu sagen. Die Aktionäre haben wenig Interesse an derselben, und es ist, besonders in den ersten Betriebsjahren, nicht schwer, daß sich eine Anzahl Aktionäre, meist große Bankhäuser, zusammenthun, um die absolute Mehrheit der Aktien in ihren Besitz zu bringen. Nach den Gesetzen der meisten Bundesstaaten gewährt bei den Generalversammlungen eine Aktie auch eine Stimme, es gilt fernerhin völlige Freiheit in der Stellvertretung, und so hat denn eine Partei, oder eine Person, welche eine Aktie über die Hälfte der vorhandenen Aktien besitzt, die gesamte Verwaltung in ihrer Hand; und wer so glücklich ist, der macht von diesem Rechte den rücksichtslosesten Gebrauch. Er wählt sich seine Kollegen in den Verwaltungsrat, stellt seine Leute als Beamte an, er leitet das ganze Unternehmen so, wie es ihm am besten paßt, die Minderheit ist für ihn nicht vorhanden, und sie steht ihm völlig machtlos gegenüber. Zahlreiche Maßnahmen der mächtigen Eisenbahndirektoren werden nur verständlich, wenn man sich dieses Sachverhältnis klar macht. Wie oft kommt es vor, daß der Beherrscher einer Eisenbahn das eigene Unternehmen scheinbar schädigt, um hiedurch auf einem anderen Gebiete für sich persönlich oder für seine Freunde Vorteile zu erreichen, welche den Schaden, den die Eisenbahn leidet, bei weitem überwiegen.

Schon hier bewahrheitet sich das alte Gesetz, daß bei einer schrankenlosen Freiheit der Individuen der Stärkere alsbald den Schwächeren erdrückt. Zu demselben Ende führt die gänzliche Freiheit bei der Verwaltung und dem Betriebe der Bahnen, die freie Konkurrenz der Eisenbahnen gegen einander.

Keinerlei Hindernisse treten den Eisenbahnen bei ihrem Wettbewerbe entgegen, wir sehen in Amerika eine Freiheit der Bewegung auch auf diesem Gebiete, wie in keinem anderen zivilisierten Lande, England nicht ausgenommen; die Anhänger der wirtschaftlichen Lehre, daß im Eisenbahnwesen der freie Wettbewerb das beste Mittel sei für eine befriedigende Entwickelung des Eisenbahnverkehrs haben in den Vereinigten Staaten ein Versuchsfeld für die Bethätigung ihrer Anschauungen, wie sie es passender sich nicht wünschen können. Der Bau von Konkurrenzbahnen ist jederzeit möglich. In der Stellung ihrer Fahr- und Frachtpreise können die Bahnen ganz nach Belieben und Willkür handeln, ja sie brauchen ihre Tarife nicht einmal zu veröffentlichen, können heute sie steigern, morgen ermäßigen, und, was das schlimmste ist, niemand hindert sie, einzelnen Verfrachtern heimlich besondere Begünstigungen zu gewähren. Auch diese Freiheit ist von den Bahnen in vollstem Umfange ausgenutzt worden. Sie hat, wie in anderen Ländern, so in den Vereinigten Staaten, dahin geführt, daß zunächst die Frachten gegenseitig unterboten wurden und immer tiefer sanken. Auch hier zeigte sich denn bald, welche Bahn die stärkere war, welche am längsten einen solchen Kampf aushalten konnte. Die stärkere saugte die schwächere auf oder verständigte sich mit ihr, und nun wurden die Frachten wieder erhöht. Eine den Vereinigten Staaten ganz eigenartige Erscheinung ist dabei die Konkurrenz mit einer zahlungsunfähigen, bankerotten Bahn. Wenn eine Bahn die Zinsen ihrer Obligationen nicht mehr zahlen kann, so wird ihre Verwaltung so lange, bis ihre Finanzen wieder geordnet sind, einem sog. „Receiver“ übertragen, welcher völlig freie Hand bei seinen Maßnahmen, und nicht das geringste Interesse daran hat, ob durch ihn auch Erträge für die Gläubiger, geschweige denn die Aktionäre herausgewirtschaftet werden. „Die bankerotten

Bahnen," sagt einer der tüchtigsten Kenner der Eisenbahnverhältnisse der Vereinigten Staaten[1], „werden betrieben, nicht um irgend einen Nutzen abzuwerfen, sondern nur, um überhaupt noch Geschäfte zu machen, Geschäfte um jeden Preis. Lohnen die Geschäfte, um so besser, lohnen sie nicht, nun so ist ein Geschäft doch immer besser, als die Einstellung des Betriebes." Mit anderen Worten, auch das schlechteste Geschäft wird voraussichtlich noch soviel einbringen, daß der Receiver und seine Leute für ihre Mühewaltung Vergütung erhalten.

Einer nach solchen Grundsätzen bewirtschafteten Bahn gegenüber ist die Lage der zahlungsfähigen Konkurrenzbahn sehr bald eine völlig unhaltbare. Sie hat die Wahl zwischen zwei Übeln, entweder ihr ganzes Geschäft aufzugeben und der bankerotten Linie freies Spiel zu lassen, oder aber die Konkurrenz auch gegen die bankerotte Bahn aufzunehmen, und das führt mit mathematischer Gewißheit zu ihrem eigenen Bankerott. Eine Verschmelzung mit der bankerotten Bahn ist ebenso schwierig, denn durch eine solche wird die zahlungsfähige Bahn gezwungen, für die Schulden der bankerotten Bahn mit aufzukommen. Während in den Ländern, in welchen der Staat der Eisenbahnfreiheit gewisse Schranken gezogen hat, der Konkurs einer Eisenbahn immerhin zu den selteneren Erscheinungen gehört, und schon deswegen gehören muß, weil der Staat dafür sorgt, daß die Finanzen der Bahn auf eine so sichere Grundlage gestellt werden, daß von einer Aussetzung der Zinszahlungen für die Obligationen erst unter besonders ungünstigen Verhältnissen die Rede sein kann, gehören die Zahlungseinstellungen der Eisenbahnen in den Vereinigten Staaten zu den alltäglich

---

[1] Ch. Francis Adams jr., Railroads, their Origin and Problems. 2. Aufl. Newyork, 1880. S. 149.

vorkommenden Ereignissen. Für die Jahre 1876 bis 1883 findet sich darüber in einem Eisenbahnjahrbuch[1] folgende Tabelle:

Jahr	Anzahl der Eisenbahn-Gesellschaften	Länge Meilen	Anlagekapital. $
1876	30	3 846	217 848 000
1877	54	3 875	198 984 000
1878	48	3 906	311 631 000
1879	65	4 909	243 288 000
1880	31	3 775	263 882 000
1881	29	2 617	127 923 000
1882	16	867	65 426 000
1883	18	1 354	47 100 000
Zusammen	291	25 149	1 476 082 000

Eine solche Konkurrenz schadet Handel und Verkehr vermöge der Unsicherheit der Tarife, der maßlosen Ausbildung des Refaktienunwesens; sie schädigt die Eisenbahnaktionäre durch das Herabdrücken aller Werte; sie schädigt die Allgemeinheit, indem sie die wilde Spekulation in Eisenbahnwerten fördert, welche eines der beliebtesten Spielpapiere auf den großen amerikanischen Börsen bilden. Weil aber die unausbleiblich letzte Folge dieses freien Wettbewerbs die Verständigung der Bahnen miteinander, und zwar selbst mit einer bankerotten Bahn sein muß, so ist auch auf ihn der weitere Krebsschaden der Vereinigten Staaten die großartigen Eisenbahnmonopole zurückzuführen. Der Verschmelzung verschiedener Eisenbahnen zu einem einzigen Unternehmen sind in den Vereinigten Staaten keinerlei Schranken gezogen, und dies haben sich die Eisenbahnen voll zu Nutze gemacht. Wir finden dort Verschmelzungen in allen möglichen Formen. Die einfachste ist die der Zusammenlegung verschiedener kleiner zu einer großen Gesell-

[1] Bradshaw's Railway Manual 1884. Vgl. Railway News vom 8. März 1884. S. 387.

schaft. So ist beispielsweise die mächtige New York Central and Hudson River Railroad, eine der wichtigsten Bahnen für den Verkehr von New York nach den grossen Seen hin, durch Vereinigung einer ganzen Anzahl kleiner Bahnen entstanden; das mächtige System der Vereinigten Bahnen von Pennsylvanien hat den gleichen Ursprung. Eine andere, mehr verschleierte Form der Verschmelzung ist der Erwerb eines sogenannten Controlling Interest einer Gesellschaft gegenüber einer oder mehreren anderen Gesellschaften. Man versteht darunter — eine wörtliche Übersetzung dieses Ausdrucks ist nicht möglich — den Erwerb soviel stimmberechtigter Aktien eines anderen Unternehmens, daß der erwerbende Unternehmer über die Mehrheit der Stimmen in der Generalversammlung des „kontrollierten“ Unternehmens verfügt, somit die Verwaltung desselben nach seinem Belieben leiten, und dabei auch, was man ganz besonders gern in solchen Fällen thut, eine Personalunion in der Leitung der verschiedenen Unternehmungen herbeiführen kann. Eine solche Verschmelzung hat den großen Vorzug, daß sie nach außen, für den Uneingeweihten, nicht sofort hervortritt, und daß man, im Bedarfsfalle, wenn es einem der so vereinigten Unternehmen einmal schlecht geht, dasselbe von den anderen trennen kann, so daß diese ungeschädigt bleiben. — Noch loser ist die Vereinigung mit einer anderen durch Eingehung von Pachtverträgen, sog. Leases. Erfolgt die Pachtung einer Bahn durch die andere auf die Dauer von 999 Jahren, was viel geschieht, so liegt natürlich nur eine verschleierte Eigentumsübertragung vor. Es giebt aber auch Verpachtungen für kürzere Zeiten. Der Pächter zahlt den Aktionären der gepachteten Linien in der Regel eine feste Rente an Stelle der Dividende; und wenn auch die gepachtete Linie oft ihre alte Firma beibehält, so hat sie doch jede Selbständigkeit verloren.

Bei derartigen Verschmelzungen liegen meist Vereinigungen stärkerer und schwächerer Bahnen vor. In verschiedenen großen Gebieten der Vereinigten Staaten haben aber auch Bahnen Tarifkriege geführt, welche einander ebenbürtig waren, und deren keine die andere völlig zu Boden werfen konnte. Zu diesen gehören beispielsweise die fünf großen durchgehenden Bahnen, die sog. Trunk-Lines, welche den Verkehr der Massenartikel zwischen den atlantischen Häfen und den großen Stapelplätzen des Innern für die Erzeugnisse der Landwirtschaft vermitteln, ferner die zwischen den Seen und den westlichen Teilen der Vereinigten Staaten belegenen sog. Wabash-Linien, sowie eine Anzahl großer Eisenbahnen und Dampfschiffahrtsgesellschaften mehr im Südosten. Diese Gesellschaften haben sich ein Verkehrsmonopol für die von ihnen durchzogenen Gebiete durch „Verbände", sog. Pools, zu erwerben verstanden. Pool heißt Topf, Gefäß, dann Einsatz beim Spiel. Eine Bezeichnung derartiger Eisenbahnkartelle mit diesem Worte ist äußerst sinnreich. Die Grundlage der Verträge beruht nämlich darauf, daß die Transporte auf den Konkurrenzlinien gleichsam in einen Topf zusammengeworfen einen gemeinschaftlichen Einsatz bilden und nunmehr, nach einem vorher festgestellten Verhältnis durch eine Anzahl von den beteiligten Bahnen gewählter Vertrauenspersonen, zwischen den Bahnen in der Art verteilt werden, daß den Bahnen lediglich die Einnahmen nach Verhältnis der einer jeden zukommenden Transporte zufallen, so daß nunmehr keine derselben ein Interesse daran hat, der anderen Transporte abzujagen, weil sie für das über ihren Anteil gefahrene Gut gar keine Bezahlung erhält.

Bei solchen Verbänden sind allerdings weniger die Präsidenten der Eisenbahnen, als die von ihnen gewählten Vertrauenspersonen die Leiter des Monopols, und die Erfahrung hat bereits gelehrt, daß es für diese Vertrauenspersonen oft unsäglich schwierig ist, die Einigkeit der großen Eisenbahngesellschaften aufrecht zu erhalten; von Zeit zu Zeit bedarf es immer wieder handgreiflicher Beweise, daß die Vereinigung in der That den allseitigen Interessen am besten entspricht, damit sich die einzelnen Bahnen den Zwang und die Beschränkung, welche die Gemeinschaft ihnen auferlegt, gefallen lassen.

Die amerikanischen Monopole sind nun für die Allgemeinheit in wirtschaftlicher, ja in politischer Beziehung noch viel bedenklicher, als in anderen Ländern, weil viele derselben nicht sowohl im Besitz von Korporationen, als von einzelnen Personen sind. Wie es das Recht der freien Stellvertretung ermöglicht, daß der Besitzer der Hälfte und einer weiteren Aktie die sämtlichen übrigen Aktionäre überstimmt, und das Unternehmen nach seinem Belieben leitet, so haben sich nach und nach einzelne reich begüterte und mächtige Personen auch die Leitung eines ganzen Monopols zu verschaffen gewußt, es hat sich ein, auch in Amerika einzig dastehendes absolutes, selbstherrliches Eisenbahn-Königtum herausgebildet. Zwei der mächtigsten solcher Eisenbahnkönige sind im Osten der Besitzer der New York Central und Hudson River Eisenbahn, William Vanderbilt, im Westen der Haupteigentümer des Systems der älteren pazifischen Bahnen und nebenbei der Beherrscher der größten Telegraphengesellschaft, der Western Union Telegraph Company, Jay Gould. Daß beide Männer, und eine Anzahl kleinerer Fürsten, auf den Eisenbahnverkehr, auf den Geldverkehr einen oft verderbenbringenden Einfluß ausüben, weiß und fühlt man nur zu oft. Mit einer politischen Verwertung ihres Einflusses sind sie bis jetzt sehr vorsichtig gewesen, sie haben höchstens — man erzählt dies von Gould bei Gelegenheit der letzten Präsidentenwahl — einmal durchblicken lassen, daß sie auch in dieser Beziehung etwas machen können. Es empört sich aber an vielen Punkten das öffentliche Gewissen gegen eine solche Beherrschung der wichtigsten Interessen durch einzelne, unverantwortliche Persönlichkeiten, und man sucht nach Mitteln und Wegen, dieses Joch abzuschütteln.

Die Gesamtheit der geschilderten Schäden nennt man in den Vereinigten Staaten die „Eisenbahnfrage“. Wie sich die große Mehrheit der Bevölkerung über das Vorhandensein dieser Schäden klar ist, so hat man auch schon viel Mittel erwogen und geprüft, ob eine Beseitigung derselben möglich sei. Das radikalste Mittel, einen Erwerb aller Eisenbahnen durch den Staat, hat man dabei nicht außer Erwägung gelassen; indessen schon eine oberflächliche Prüfung der Verhältnisse zeigt, daß für eine solche Maßregel die nordamerikanische Republik nicht reif ist. Mag man sich den Erwerb der Bahnen zunächst für die Einzelstaaten, oder sogleich für den Bundesstaat als solchen denken — im ersteren Falle wäre für die Gesamtheit nicht viel gewonnen, denn die Konkurrenz der Eisenbahnen der Einzelstaaten gegen einander würde dadurch eher gesteigert, als beschränkt — es ergeben sich unüberwindliche Schwierigkeiten. Die hauptsächlichste derselben ist die Beamtenfrage. So lange es einem Staatswesen überhaupt fehlt an einer Körperschaft tüchtiger, ehrenhafter, fachlich gebildeter, streng disziplinierter Berufsbeamten, so lange die Ämter wechseln mit dem Eintritt einer neuen Präsidentenschaft, scheint es mir undenkbar, eine gesunde Staatseisenbahnverwaltung herbeizuführen. In Amerika ist die Postverwaltung und die Zollverwaltung in den Händen des Bundesstaates. Welche haarsträubenden Dinge bei diesen Verwaltungen alltäglich vorkommen, ist allgemein bekannt. Wie groß aber würde erst die Versuchung, das Amt zu einer Quelle des persönlichen Nutzens auszubeuten, bei einer Eisenbahnverwaltung sein. Selbst nach den im Privatbetrieb stehenden Telegraphen wagt kaum der Staat seine

Hände auszustrecken. Andere Schwierigkeiten, z. B. die Bestimmung eines Kaufpreises bei der völlig dunklen Finanzlage fast aller Eisenbahnen, mögen hier unerörtert bleiben.

Man hat daher nach andern Mitteln gesucht, um die Eisenbahnfrage zu lösen, und ein solches zu finden geglaubt in der Einsetzung staatlicher Eisenbahnaufsichtsbehörden, Boards of Railway Commissioners, welche gleichsam gipfeln sollen in einer bundesstaatlichen Oberaufsichtsbehörde. Die ersteren Behörden sollen die Aufsicht führen über die innerhalb der Einzelstaaten belegenen Bahnen und ihren Verkehr, die letztern sich beschäftigen mit der Regelung des zwischenstaatlichen Verkehrs (Interstate Commerce), wobei man sich auf die Verfassungsbestimmung berief, nach welcher Sache des Bundes ist: to regulate interstate commerce. Einzelstaatliche Eisenbahnämter bestehen in 22 von den 38 Staaten der Union. Sie haben, dies kann man ohne weiteres zugeben, in einzelnen Bezirken wenigstens zeitweise eine gemeinnützige Wirksamkeit entfaltet und oft insbesondere in Gegenden, in welchen noch kein starker Verkehr herrscht, dazu beigetragen, Mißbräuche in der Eisenbahnentwickelung abzuschwächen oder zu beseitigen. Aber gerade den mächtigen Eisenbahngesellschaften gegenüber haben sie sich wenig einflußreich gezeigt. Zudem sind ihre Befugnisse meist so gering, sie haben so wenige und so schwache Mittel, ihren Willen durchzusetzen, daß eine wirklich nachhaltige Herbeiführung gesunder Verhältnisse ihnen bisher nicht gelungen ist, und schwerlich jemals gelingen dürfte. Auch in Amerika hat sich bereits der Erfahrungssatz bestätigt, daß mit der bloßen Aufsicht gegen so mächtige Gesellschaften, wie die Eisenbahnen, nichts auszurichten ist. — Der größte Mangel der staatlichen Aufsicht beruht aber darin, daß dieselbe an den Grenzen des Staates aufhört, während die bedeutendsten Bahnen, über welche am meisten geklagt wird, das Gebiet mehrerer Staaten durchschneiden. Die Unterwerfung einer Bahn unter die Gesetze verschiedener Staaten, ihre Unterstellung unter die Aufsicht verschiedener Behörden führt zu den unliebsamsten Verwickelungen, und eine etwaige Verständigung der Einzelstaaten über eine gemeinschaftliche Ausübung der Aufsicht ist geradezu undenkbar.

Da sollte nun die Bundesoberaufsichtsbehörde aushelfen. Seit nunmehr sechs oder sieben Jahren quält sich der Kongreß in Washington ab mit Versuchen, ein Gesetz zur Regelung des zwischenstaatlichen Verkehrs zustandezubringen. Die unzähligen Entwürfe solcher Gesetze sind bekannt unter dem Namen der Reagan-Bills. Einer der Abgeordneten für Texas, Mr. Reagan, legte, im Februar 1878 zum erstenmale, und später in fast jeder neuen Session dem Abgeordnetenhause Gesetzentwürfe vor „to regulate interstate commerce and to prohibit unjust discriminations by common carriers“. Die Gesetzentwürfe sind in Kommissionen durchberaten, sie sind verändert, verbessert, Gegenentwürfe sind von anderer Seite eingebracht, Ausschüsse des Abgeordnetenhauses und des Senates haben Sachverständige vernommen; kurz alle möglichen Mittel sind aufgeboten, ein wirklich brauchbares Gesetz zustandezubringen — bis heute ohne allen und jeden Erfolg. Ja selbst dadurch, daß die Eisenbahnen allmählich zu der Überzeugung kommen, wie auch ihnen der Erlaß eines Bundesgesetzes zur Einschränkung der maßlosen Konkurrenzmacherei förderlich sein könnte, ihren Widerstand aufgeben und den gesetzgebenden Körperschaften ihre Unterstützung leihen, sind die Aussichten auf das Zustandekommen des Gesetzes nicht gebessert. Die durchberatenen Gesetzentwürfe waren, von den zahlreichen Unterschieden im einzelnen abgesehen, von zweierlei Gestalt. Eine Klasse der Entwürfe waren eine Art Tarifgesetz, in welchem angeordnet wurde, daß im Verkehr zwischen zwei oder mehreren Staaten die Tarife für jedermann auf gleichen Grundlagen aufgestellt, ordnungsmäßig veröffentlicht, persönliche Vergünstigungen verboten, und Zuwiderhandlungen mit Strafe bedroht werden sollen. Die zweite Klasse ordnete die Einsetzung eines bundesstaatlichen Aufsichtsamtes an, welches man sich mit ähnlichen Befugnissen für die Regelung des durchgehenden Frachtverkehrs ausgestattet dachte, wie dieselben den „Joint Executive Committee“ der Trunk Lines durch freiwilligen Entschluß dieser Bahnen übertragen sind. Man hoffte hierbei, daß die Eisenbahnen sich leichter und besser einer staatlichen Behörde unterordnen würden, als einem aus freiwilliger Entschließung hervorgegangenen Schiedsgerichte. Wirklich sachverständige Kenner des Eisenbahnwesens weisen übrigens darauf hin, daß die Ausübung einer wirksamen Aufsicht über eine solche Anzahl von Bahnen, die unter so verschiedenen Verhältnissen arbeiteten, durch eine einzige, nicht einmal stark besetzte Behörde, wenn nicht unmöglich, so doch mit der denkbar größten Schwierigkeit verbunden sein würde. Und dann — daß etwa das Bundesamt auch über den Verkehr innerhalb der Einzelstaaten eine Aufsicht führte, dieser Plan begegnete schweren politischen Bedenken. Waren also einzelstaatliche und eine Bundesbehörde vorhanden, so mußte wieder eine gewisse Übereinstimmung und Ergänzung der Befugnisse derselben herbeigeführt werden, oder es lag für die Bahnen nichts näher, als sich der einzelstaatlichen Aufsicht durch Unterstellung unter das Bundesamt, der bundesstaatlichen durch Unterstellung unter das Staatsamt zu entziehen, indem sie, je nachdem es ihnen bequem war, im Lokal- oder im Durchgangsverkehr fuhren.

Bei solchen Schwierigkeiten scheint man neuerdings an dem Zustandekommen einer Reagan-Bill zu verzweifeln und das Heil in anderer Richtung zu suchen. Die Eisenbahnen meinen, die Tarife seien jetzt durch die Konkurrenz niedrig genug geworden, auch seien für einige Zeit genug Eisenbahnen vorhanden. Nur dadurch könne ihnen und dem Publikum geholfen werden, daß, wenn auch nicht für ein paar Jahre der Eisenbahnbau ganz verboten, so doch dadurch eingeschränkt und erschwert werde, daß eine Bundesbehörde zuvörderst die Nützlichkeit und Zweckmäßigkeit jeder Bahnanlage prüfe und vor allen Dingen den Bau unnötiger Konkurrenzbahnen verhindere.

Neben dieser Bewegung in den gesetzgebenden Körperschaften finden wir in den Vereinigten Staaten seit einigen Jahren eine agitatorische Thätigkeit in der Presse und in der Bildung von Vereinen, welche hauptsächlich die Beseitigung der Monopole anstreben, sog. Anti-Monopoly-Leagues. Diese Vereine wollen in erster Linie Beseitigung der Monopole, wozu sie die verschiedensten Mittel und Wege vorschlagen. Sie bestehen sowohl in den Einzelstaaten, als für die ganze Union, beteiligen sich an der politischen Agitation, haben auch bei der letzten Präsidentenwahl ein Wort mitgesprochen, und, daß man sie nicht unbeachtet läßt, beweist die Thatsache, daß der New Yorker Verein nach dem Gesetze vom Juni 1882 über das Eisenbahnaufsichtsamt bei der Wahl eines der Mitglieder der staatlichen Aufsichtsbehörde beteiligt worden ist. Die Bestrebungen und Ziele dieser Vereine sind ersichtlich aus dem nachfolgenden Beschlusse, welcher in einer großen, s. Z. in der Presse viel besprochenen Versammlung des Vereins zur Bekämpfung der Monopole zu New York am 20. Februar 1881 gefaßt ist:

„I. Es ist die Pflicht der Bürger der Vereinigten Staaten, überall Vereine zur Bekämpfung der Monopol-Gesellschaften zu bilden, deren Aufgabe es ist, unter anderen die Durchführung folgender Maßregeln zu erstreben:

1. Gesetze, welche die Transport- und die Telegraphen-Gesellschaften zwingen, ihre Frachten fürderhin aut der Grundlage ihrer Selbstkosten und ihres Risikos,

nicht aber auf Grund der von ihnen verkündeten neuen Theorie zu bemessen nach dem: „was der Handel tragen kann“.

2. Gesetze zur Verhütung von Pools und Verschmelzungen.
3. Gesetze zur Verhütung von Benachteiligung eines Bürgers oder einer Klasse der Bevölkerung durch unberechtigte Differenzialtarife auf öffentlichen Heerstraßen.
4. Die Einsetzung von Eisenbahn-Aufsichtsbehörden, seien es einzelstaatliche oder bundesstaatliche, um die Ausführung der bereits bestehenden oder der noch zu erlassenden Gesetze sicherzustellen.
5. Gesetze, welche es zur Pflicht öffentlicher Sachverwalter machen, die Rechte der Staatsbürger gegen ungerechte Vergewaltigung mächtiger Korporationen zu schützen.
6. Gesetze, durch welche eine Besteuerung des Publikums zwecks Zahlung von Dividenden für verwässerte Kapitalien verhindert wird.
7. Strenge Gesetze gegen jedwede Bestechung, worunter die Gewährung von Freibillets[1] einbegriffen ist.
8. Vom Vereinigten-Staaten-Kongreß zu erlassende Gesetze, durch welche die Bestimmungen des ersten Artikels der Verfassung, die Regelung des Verkehrs zwischen den Einzelstaaten betreffend, ausgeführt, und außerdem Maximaltarife festgesetzt werden, deren Erhebung den Gesellschaften für ihre Arbeit, ihre Dienste und die Benutzung ihres Eigentums gestattet ist.

[1] Einzelne der großen amerikanischen Eisenbahnen gewähren bevorzugten Kunden lediglich aus Konkurrenzrücksichten freie Fahrt auf allen ihren Linien.

9. Eine liberale Politik gegenüber unsern Wasserstraßen, damit dieselben in den Stand gesetzt werden, während der Schifffahrtszeit die Erhebung übermäßig hoher Frachten seitens der Monopol-Gesellschaften zu verhindern.
10. Gesetze, welche auf eine zweckentsprechende Beschränkung der Gewalten und Privilegien der Aktien-Gesellschaften im allgemeinen und auf den Schutz und die Hebung der Gesamtbevölkerung hinwirken.

II. Wir sehen mit Besorgnis die Bestrebungen der Monopol-Gesellschaften, Einfluß zu üben auf unsere Gerichtshöfe und unsere Presse, welche in Verbindung mit unseren Schulen die Hauptbollwerke unserer Verfassung sind; es ist aber die Pflicht eines jeden Staatsbürgers, diejenigen Zeitungen zu ermutigen, welche sich von derartigen Einflüssen frei gehalten haben, und welche die Rechte des Volks schützen und verteidigen.

III. Das Zeitalter der Gefühlspolitik ist vorbei; an seine Stelle tritt das Recht, sich seinen Lebensunterhalt zu verdienen und die Früchte ehrlicher Arbeit zu genießen. Das Brot, Fleisch und die Feuerungsmaterialien dürfen nicht besteuert werden, um die Zahlung von Dividenden auf ein fingiertes Anlagekapital öffentlicher Straßen zu ermöglichen, und auf diese Weise die schon bis zum Brechen vollen Geldkasten von Leuten noch mehr anzufüllen, welche für ihre Handlungsweise keinen anderen leitenden Gesichtspunkt anerkennen, als die Vermehrung ihrer Größe und das Anwachsen der Macht ihrer Gesellschaften.

IV. Zur Erreichung dieser Ziele stehen wir ein mit unserem Leben, unserem Vermögen und unserer heiligen Ehre; wir werden uns vereinigen und fortarbeiten bis die Erreichung derselben gesichert ist.“

Ähnlich lautende Beschlüsse sind auch von andern Vereinen und andern Orten gefaßt. Wenn dieselben auch den Mund ein wenig voll nehmen und über das Ziel hinausschießen, so haben sie doch den Erfolg, daß sie die Bewegung im Fluß erhalten, indem sie der Bevölkerung die Schäden der Eisenbahnverhältnisse immer aufs neue vor Augen führen.

Wann diese Bewegung zum Stillstand kommen wird, und wie sich die Eisenbahnverhältnisse in den Vereinigten Staaten dereinst gestalten mögen, darüber wage ich heute noch nicht einmal eine Vermuthung auszusprechen. In Deutschland hat es sechs Jahre, in Frankreich gegen zehn Jahre gedauert, ehe die Eisenbahnfrage, nachdem sie gestellt war, eine endgültige Lösung fand. In Italien kennen wir eine Eisenbahnfrage seit dem Jahre 1875, die erst jetzt ihre Entscheidung entgegentreibt. In Großbritannien gehört die Eisenbahnfrage zu den Erscheinungen, welche alle paar Jahre die öffentliche Meinung einmal beschäftigen, und dann wieder von der Tagesordnung verschwinden. Wenn in diesen Ländern mit ihrer alten Kultur, ihren geordneten politischen und ausgetragenen wirtschaftlichen Verhältnissen die Regelung der Eisenbahnzustände, die Findung des für das Land unter den gegebenen Verhältnissen passendsten Eisenbahnsystems soviele Jahre gedauert, soviele Wechsel der Ansichten durchgemacht, und die angestrengtesten Bemühungen einer großen Anzahl der hervorragendsten Geister erfordert hat, wie dürfen wir uns da wundern, daß in den Vereinigten Staaten aus dem Chaos der Eisenbahnbewegung sich nicht so schnell, als es die Interessen des Landes vielleicht erheischen möchten, eine Ordnung entwickeln kann.

Gerade das Ungeordnete, das sozusagen Naturwüchsige in dieser schrankenlosen, freien, an Wechselfällen reichen Bewegung, muß den Kenner der nun viel einfacher und nüchterner gewordenen hiesigen Verhältnisse besonders fesseln und hat auf mich seit Jahren eine lebhafte Anziehungskraft ausgeübt. Seit längerer Zeit verfolge ich die öffentlichen Kundgebungen auf diesem Gebiete mit aufmerksamem Auge, habe alle wichtigeren Erscheinungen der Litteratur durchgearbeitet, und es war mir im Sommer und Herbst 1883 vergönnt, auf der Reise zur Eröffnung der Nord-Pazifik-Eisenbahn durch eigene Anschauung und persönlichen Verkehr mit hervorragenden Vertretern der verschiedenen Richtungen der Eisenbahnpolitik neue Erfahrungen zu sammeln und meine Kenntnisse zu vertiefen und zu berichtigen. Über die Ergebnisse meiner Studien habe ich von Zeit zu Zeit längere oder kürzere Aufsätze veröffentlicht. Diese in Zeitschriften zerstreuten Arbeiten — die meisten derselben befinden sich in den Jahrgängen 1880—1885 des Archivs für Eisenbahnwesen — habe ich nunmehr gesammelt, durchgesehen, durch neue, bisher noch nicht gedruckte Aufsätze erweitert, und dieselben, wie ich hoffe, zu einem Gesamtbild über die Eisenbahnverhältnisse der Vereinigten Saaten vereinigt. Nur die technische Seite des Eisenbahnwesens ist in denselben unberührt geblieben; über den Bau und den technischen Betrieb der amerikanischen Eisenbahnen giebt es zahlreiche, zum Teil mustergültige Werke; ich nenne nur das auch in Amerika hochgeschätzte Werk von LAVOINNE und PONTZEN, Les chemins de fer en Amérique. Dagegen glaube ich, daß in den nachfolgenden Aufsätzen die Eisenbahnpolitik und die wirtschaftlichen Seiten der Eisenbahnverwaltung und des Eisenbahnbetriebes eine umfassende, vollständige, wenngleich nicht eine systematische Beleuchtung gefunden haben. Die letztere lag nicht in meiner Absicht. Das Verständnis dieser zum Teil so verwickelten Verhältnisse wird meiner Meinung nach viel mehr gefördert und erleichtert durch Untersuchung, Feststellung und Erläuterung der einzelnen Thatsachen. Die Unterordnung dieser Erscheinungen unter die allgemeinen wirtschaftlichen Gesetze, welchen ja selbstverständlich auch die amerikanischen Eisenbahnverhältnisse unterworfen sind, kann der Leser dann unschwer selbst vornehmen.

Die Aufsätze knüpfen daher meist an Thatsachen an, teils aus der älteren Geschichte der Eisenbahnen, teils aus der jüngsten Vergangenheit. In der Geschichte der Camden-Amboy-Eisenbahn sehen wir, wie schon kurz nach dem ersten Auftreten der Eisenbahnen energische, wenn auch gewissenlose Männer mit gewaltsamen Mitteln ein Monopol verwerflichster Art sich heranziehen und rücksichtslos brutal in ihrem Interesse ausbeuten. Ein anderes Bild gewährt uns die Geschichte der Northern Pacific Railway, dieser jüngsten und vielleicht in sich lebensfähigsten der pazifischen Bahnen, welche auf soviele bedeutende Geister eine fast dämonische Anziehung ausgeübt, und nach jedem weiteren Schritt vorwärts ihre Förderer ins Verderben gestürzt hat, heute aber ein gesichertes Dasein zu haben scheint, soweit von einem solchen in den Vereinigten Staaten überhaupt die Rede sein kann. — Die Staatseisenbahnaufsicht, ihre Aufgabe und ihre Wirksamkeit habe ich an der Hand der Erfahrungen zweier Staatsaufsichtsbehörden, einer älteren und durch lange Jahre bewährten, der von Massachusetts und einer der neuesten, der nach schweren Kämpfen im Staate New York eingesetzten zu schildern versucht. Mit der Darstellung der Geschichte und des Betriebes der eigenartigen New Yorker Hochbahnen nähere ich mich dem Gebiete der Eisenbahnverwaltung und des Eisenbahnbetriebes, der schwierigen Tariffrage, welche in den folgenden Aufsätzen, sowohl mit Rücksicht auf den Personen- als den Güterverkehr, die lokalen als die durchgehenden Frachten weiter untersucht und entwickelt werden wird. Den Schluß bildet ein Aufsatz über die Standard Oil Company, eine groteske, für alle Zeiten merkwürdige Erscheinung, ein lebendes Beispiel der haarsträubenden Konsequenzen, welche eine verwerfliche Tarifpolitik für das Publikum nicht nur, sondern auch für die Leiter der Tarifpolitik selbst nach sich zieht. — Für alle die Licht- und Schattenseiten der amerikanischen Eisenbahnverhältnisse, welche vorstehend im Zusammenhange dargestellt sind, werden sich in den Aufsätzen zahlreiche thatsächliche Belege finden.

Die Quellen, auf welche ich mich stütze, sind in den einzelnen Aufsätzen angegeben. Leider sind zahlreiche, und gerade die wichtigsten Publikationen über die amerikanischen Eisenbahnen, ich nenne nur die Arbeiten des Statistikers Nimmo, die vorzüglichen Abhandlungen von Albert Fink, nicht im Buchhandel erschienen, andere Arbeiten in allen möglichen Zeitschriften zerstreut und schwer zugänglich. Ich verdanke ihre Kenntnis der Zuvorkommenheit der Verfasser, welche mir in den letzten Jahren in liebenswürdigster Weise alle wichtigeren Erscheinungen mitgeteilt haben. Neben diesen Schriften waren mir die reichhaltigsten Quellen mit einer Fülle schätzenswerten Materials die Berichte über die Verhandlungen der New Yorker Enquête-Kommission vom Jahre 1879/80. Zahlreiche Einzelnheiten sind außerdem der amerikanischen und englischen Tages- und Fachpresse entnommen; auch sind an verschiedenen Stellen kleinere Notizen, Artikel, Übersetzungen u. dgl. benutzt oder eingefügt, welche früher von mir verfaßt und oft ohne Nennung meines Namens veröffentlicht waren.

Es schien mir zweckmäßig, in der Regel die amerikanischen Maß-, Münz- und Gewichtseinheiten beizubehalten, und nur ausnahmsweise, wo es sich darum handelte, einen Vergleich mit unseren heimischen Verhältnissen zu erleichtern, dieselben in deutsche Einheiten umzuwandeln. Eine allgemeine Rechnung nach deutschen Einheiten würde zu unrichtigen Vorstellungen verleiten; denn die wirtschaftlichen Verhältnisse der verschiedenen Gebiete der Vereinigten Staaten unter einander und im

Vergleich mit Europa weichen so sehr voneinander ab, der Wert des Geldes ist ein so ungleicher, daß man immer nur mit großer Vorsicht Rückschlüsse machen darf. Die rechnerischen Gleichheitszahlen sind folgende: 1 Dollar = ℳ 4·25, 1 Cent = 4·25 ₰, eine Meile (Meilen sind im nachstehenden stets englische Meilen) = 1·61 km, eine Quadratmeile = 2·59 qkm, ein acre = 40·47 ar, 1 bushel = 35 Liter, 1 amerikanisches Pfund = 0·45 kg, 1 Tonne = 1016 kg.

Die Entwickelung der Eisenbahnen der Vereinigten Staaten von 1830—1880 und 1884.

Nach der ersten amtlichen Eisenbahnstatistik im Tenth Census (1880), vol. IV, S. 289 ff.						Dagegen Poor's Manual of the Railroads 1884
Jahr (Ende Dezember)	Meilen	Jahr (Ende Dezember)	Meilen	Jahr (Ende Dezember)	Meilen	Meilen
1830	39·80	1849	7 310·44	1868	39 407·78	—
1831	138·50	1850	8 571·48	1869	43 510·43	—
1832	329·80	1851	9 845·94	1870	49 168·33	—
1833	445·71	1852	12 134·38	1871	55 828·60	60 291
1834	659·63	1853	14 304·—	1892	63 207·64	66 171
1835	797·45	1854	17 746·16	1873	68 484·70	70 268
1836	1077·53	1855	20 198·99	1874	71 068·49	72 383
1837	1425·91	1856	21 669·86	1875	72 674·97	74 096
1838	1878·79	1857	23 746·90	1876	75 250·35	76 808
1839	2264·67	1858	25 712·95	1877	77 530·03	79 088
1840	2755·18	1859	27 420·07	1878	79 958·18	81 774
1841	3361·06	1860	28 919·79	1879	84 964·65	86 497
1842	3865·74	1861	29 935·64	30. Juni		
1843	4153·55	1862	30 655·64	1880	87 801·42	—
1844	4333·51	1863	31 229·54	31. Dez.		
1845	4610·42	1864	32 176·94	1880	—	93 453
1846	4943·19	1865	32 995·66	1881	—	103 242
1847	5205·70	1866	34 399·24	1882	—	114 838
1848	6262·16	1867	36 939·92	1883	—	121 592

1884 Zuwachs ungefähr 3800 Meilen.
Länge der Eisenbahnen Anfang 1885 also 125 392 Meilen = 201 881 km.

Die vorstehende Tabelle giebt zugleich einen Beweis, wie wenig zuverlässig selbst bei solchen scheinbaren so einfachen Thatsachen die Zahlen des Poorschen, so sehr gerühmten Jahrbuchs sind. Die Längenunterschiede für den Zeitraum von 1871 bis 1880 zwischen der amtlichen Statistik und Poor sind so groß und wechseln so bedeutend, daß man vergeblich nach einer Aufklärung sucht.

Die Camden-Amboy-Frachtgesellschaft.

Die Eisenbahn, welche die großen Handelsstädte New York und Philadelphia ausschließlich während fast 40 Jahren, von 1832 bis 1871, durch Schienen verbunden hat, führte ursprünglich den Namen der Camden-Amboy-Eisenbahn. Die Stadt New York liegt an der Südostgrenze des gleichnamigen Staates zu dem Staate New Jersey; die Stadt Philadelphia an der Ostgrenze der Staaten Pennsylvania und New Jersey. Die Eisenbahn, welche beide Städte in Verbindung setzt, liegt daher ausschließlich auf dem Gebiete des Staates New Jersey und ihre beiden Endpunkte waren die Städte Amboy (nicht weit von New York) und Camden (gegenüber von Philadelphia). Diese Eisenbahn stellt nebenbei eines der Verbindungsglieder zwischen den großen Flußgebieten des Hudson und Delaware her. Ein Blick auf die Karte genügt, um ihre geradezu unschätzbare Wichtigkeit für den gesamten Personen- und Güterverkehr des Hafenplatzes New York mit dem ganzen Süden und Südwesten der Vereinigten Staaten darzuthun. Auch für die nördlichen Staaten, Connecticut, Maine, Massachusetts, für Städte wie Boston und Providence führt der nächste und schnellste Weg, der einzige Landweg nach dem Süden, über diese Bahn. New York ist zudem der wichtigste Hafen der Vereinigten Staaten, dessen Einfuhr also ebenfalls, soweit sie den Süden und Südwesten dieser Staaten berührt, auf jene Straße angewiesen ist. Sie sollte daher, wenn irgend eine, in der That den Charakter einer öffentlichen, durchgehenden Verkehrsstraße haben, auf welcher sich Handel und Verkehr ohne unnötige Einschränkungen, zu möglichst billigen Preisen bewegen könnten. Sich eine solche Schienenstraße auszusuchen, um aus dem Verkehr auf derselben möglichst große persönliche Vorteile zu ziehen, auf einer solchen mit wahrem Vergnügen allen allgemeinen Interessen, soweit dieselben nicht mit den persönlichen sich decken, ins Gesicht zu schlagen, dazu gehört ein nicht gewöhnliches Maß von Schlauheit, welche denn auch die Gesellschaft, der diese Bahn gehörte, Jahrzehnte lang in hohem Maße hat aufwenden müssen. Trotz aller menschlichen Klugheit und Gewandtheit aber hätte die nachstehende Episode aus der Geschichte der Eisenbahnpolitik der Vereinigten Staaten niemals vorkommen können, wenn und solange es unmöglich war, derartige Monopole an Privatgesellschaften zu erteilen. Die Geschichte der Camden- und Amboy-Eisenbahngesellschaft ist ein glücklicherweise seltenes, aber auch eines der lehrreichsten Beispiele dafür, zu welchen Ausartungen ein Eisenbahnmonopol führen kann, welches von Privatpersonen unter der Herrschaft einer schwachen Staatsregierung ausgeübt wird.[1]

Die Versuche, eine nahe und möglichst direkte Verbindung zwischen den Städten New York und Philadelphia, und zwar zunächst durch den Bau eines den Hudson und Delaware vereinigenden Kanals zu stande zu bringen, gehen zurück bis auf das Jahr 1812. Dieser Kanal würde das Gebiet des Staates

[1] Die folgende Darstellung stützt sich in der Hauptsache auf einen im Jahre 1867 erschienenen Aufsatz der hochgeachteten ältesten amerikanischen Zeitschrift, der North American Review (S. 428 ff.), welcher in Amerika s. Z. großes und berechtigtes Aufsehen erregte. Die Quellen des nichtgenannten Verfassers sind teils die Berichte der Gesellschaften, die Verhandlungen der gesetzgebenden Körperschaften des Staates New Jersey, teils die Schriften des berühmten, im Jahre 1879 verstorbenen amerikanischen Volkswirts Henry C. Carey. An der Zuverlässigkeit und Quellenmäßigkeit der Darstellung können berechtigte Zweifel nicht erhoben werden.

New Jersey durchschnitten, seinen südlichen Endpunkt aber im Staate Pennsylvanien gefunden haben, da er in den Delawarefluß, welcher hier die Grenze der Staaten New Jersey und Pennsylvanien bildet und im gemeinsamen Eigentum beider Staaten steht, hätte einmünden müssen. Der nördliche Ausfluß ging innerhalb des Staates New Jersey in den Fluß Raritan, welcher nicht weit von dem Hudson bei der Stadt South Amboy in die Bai von New York mündet. Lange Jahre hindurch vereitelte die Eifersucht und die partikularistische Engherzigkeit der gesetzgebenden Körperschaften Pennsylvaniens, welche den Ausfluß in den Delaware nicht gestatten wollten, den Bau dieses Kanals. Erst Ende der zwanziger Jahre gelang es dem Gouverneur von New Jersey, Williamson, diesen Widerstand zu beseitigen. Inzwischen waren die ersten Versuche mit dem Bau von Eisenbahnen in England und Amerika gemacht — die erste Eisenbahn in Amerika, die Südkarolina-Bahn, wurde 1829 gebaut und am 15. Januar 1830 eröffnet —, und die Wichtigkeit einer Eisenbahnverbindung von New York nach Philadelphia wurde sofort erkannt. Nachdem für den Bau beider Verkehrsmittel Monate lang im Lande agitiert war, wurde im Jahre 1830 die Angelegenheit zuerst vor den gesetzgebenden Körperschaften New Jersey's verhandelt, indes ohne Erfolg. Die Partei, welche für den Kanal sich interessierte, stimmte für den Kanal, die, welcher die Eisenbahn mehr am Herzen lag, für die Eisenbahn, so daß es nicht gelang, eine Majorität für eines der Projekte zustandezubringen. Nach diesem ersten verunglückten Versuch verständigte man sich darüber, beide Verkehrswege zu bauen, und durch ein Gesetz vom 4. Februar 1830 wurden gleichzeitig die Delaware and Raritan Canal Company und die Camden and Amboy Transportation Company konzessioniert, das Grundkapital beider Gesellschaften auf eine Million Dollars mit dem Rechte der Erhöhung auf $1^1/_2$ Millionen festgestellt, über die Tarife und die an den Staat zu zahlenden Abgaben Bestimmung getroffen, und den beiden Gesellschaften die Zusicherung erteilt, daß innerhalb fünf Meilen vom Anfangspunkte und innerhalb drei Meilen vom Endpunkte eines jeden Unternehmens kein neuer Kanal und keine neue Eisenbahn gebaut werden dürfe. Die Linie der Eisenbahn liegt ganz im Staate New Jersey. Die Bahn wurde so geführt, daß sie beinahe mit der Luftlinie zwischen den beiden Städten Amboy und Camden zusammenfiel und auf diese Weise allerdings ein unumgehbares Zwischenglied zwischen New York und Philadelphia bildete. Um diese beiden Städte zu erreichen, war nördlich die Bai von New York zu durchfahren, südlich der Delaware zu überschreiten.

Als die Sache soweit war, bildeten sich sofort die beiden Gesellschaften. An der Spitze der Eisenbahngesellschaft stand eine Anzahl zahlungsfähiger, praktisch bewährter Männer unter dem Vorsitz des reichen Grundeigentümers JOHN STEVENS und seiner drei Söhne JOHN, EDWIN und ROBERT. Diese Familie zeichnete allein die Hälfte des Aktienkapitals und drängte auf Inangriffnahme des Baus, welche denn auch sofort erfolgte.

Mit der Herstellung des Kanals wollte es dagegen nicht recht vorwärts gehen. Von den 15000 Kanalaktien gelang es nur 1134 unterzubringen, der Gesellschaft drohte der Verlust ihrer Konzession, da die ihr zur Einzahlung des Kapitals gewährte Frist sich ihrem Ende näherte. „In diesem kritischen Augenblick,“ sagt unser Gewährsmann, „erschien auf dem Kampfplatz ein Mann, dessen Begeisterung, Gewandtheit und großes Vermögen dem ganzen Unternehmen ein neues Ansehen gab, ROBERT FIELD STOCKTON, der Sproß einer der ältesten und vornehmsten Familien des Landes. Derselbe, noch nicht 30 Jahre alt, hatte schon ein Leben, reich an Abenteuern zu

Wasser und zu Lande geführt, war ein Mann von feinen Formen, bezaubernder Liebenswürdigkeit, anscheinend großer Offenheit und Freimütigkeit. Ein Freund der Jagd, des Spiels, der Rennbahn, war er doch frei von den mit diesen Leidenschaften so häufig verbundenen Lastern der Unmäßigkeit und Rohheit." — Nach langer Abwesenheit kehrte er zufällig Mitte des Jahres 1830 nach Hause zurück, hörte von dem Kanal, gewann dem Unternehmen sofort Interesse ab, und es gelang ihm, seinen wohlhabenden Schwiegervater JOHN POTTER zu bestimmen, eine bedeutende Summe, $ 400000, in demselben anzulegen. Hierdurch wurden alle drohenden finanziellen Schwierigkeiten beseitigt. Damit nicht genug, brachte er in der nächsten Session der gesetzgebenden Körperschaften des Landes ein Gesetz ein, inhalts dessen scheinbar nichts anderes, als eine Verbreiterung des Kanalbettes verlangt wurde, welches aber in der That nichts weniger, als den Bau einer zweiten Eisenbahn ermöglichte. Allen Widerstandes der Camden-Amboy-Gesellschaft ungeachtet, wurde dieser Entwurf Gesetz.

Natürlich hatte dieses Vorgehen des jungen STOCKTON keinen anderen Zweck als den, die andere Gesellschaft zu einer Verbindung mit dem Kanalunternehmen geneigt zu machen; dieser Zweck wurde auch vollständig erreicht, am 15. Februar 1831 wurde die Verbindung, die Eheschließung, wie sich der Mund des Volkes boshaft ausdrückte, vollzogen, die Kapitalien vereinigt, über die Verteilung der Dividenden, eine gemeinsame Verwaltung, das nötige festgesetzt. Es kam nur noch darauf an, die Zustimmung der Staatsregierung für das neue Abkommen zu erlangen. Das war nicht sehr schwer. Die gesetzlich genehmigte Vergrößerung des Kanals bedingte eine Erhöhung des Aktienkapitals. Als Preis für die Zustimmung zu dem zwischen den Gesellschaften getroffenen Abkommen bot man dem Staate 1000 Aktien der vereinigten Gesellschaften an. Tausend Aktien der Eisenbahngesellschaft hatte derselbe bereits, er erhielt also 2000 Aktien zu je $ 100, ohne dafür einen Pfennig zu zahlen. Noch mehr. Die Gesellschaften boten dem Staate an, einen jährlichen Zins von $ 30000 vom Tage der Fertigstellung der beiden Verkehrstraßen an zu zahlen, wenn er sie gegen jede zukünftige Konkurrenz sicher stelle. Dieses Anerbieten war zu verlocklich. Am 2. März 1832 wurde ein Gesetz fertig gebracht, welches folgenden § 2 enthielt:

> „Hiermit wird fernerhin bestimmt, daß es während der Dauer der Eisenbahnkonzession unstatthaft sein soll, ohne Zustimmung der genannten Gesellschaften im Staate New Jersey irgend eine andere Eisenbahn oder Eisenbahnen zum Zwecke einer Beförderung von Gütern und Reisenden zwischen New York und Philadelphia, oder zu dem Zwecke zu bauen, den Gesellschaften in denjenigen Geschäften, welche sie mit den ihnen konzessionierten Eisenbahnen betreiben, Konkurrenz zu machen.“

Bei Erlaß dieses Gesetzes ging man einfach darüber hinweg, daß ein solches, den Verkehr zwischen verschiedenen Staaten beherrschendes Monopol nicht durch einen einzelnen Staat, daß es nur durch die Vereinigten Staaten als solche verfassungsmässig erteilt werden durfte. Die gesetzgebenden Körperschaften des Staates New Jersey griffen gierig nach dem Geschenk von $ 200 000 und der ihnen außerdem verheissenen regelmäßigen Einnahme von 10 Cents für jeden Passagier, und 15 Cents für jede beförderte Tonne Fracht und genehmigten schlankweg ein Gesetz, mit dem sie sich geradezu eines Vergehens gegen die Bundesverfassung schuldig machten. Das Bewußtsein dieser Schuld schwächte in hohem Grade die Widerstandsfähigkeit der Regierung gegen weitere Forderungen der Gesellschaften, welche mit der Hartnäckigkeit eines Shylock auf ihrem Scheine bestanden, und nach und nach sich in ihrem

Selbstbewußtsein ohne weiteres an die Stelle der Regierung setzten. Die Staatsregierung tritt immer mehr in den Hintergrund, sie überläßt ihrem Geschöpfe, der Camden- und Amboy-Gesellschaft, den ersten Platz. Von der geriebenen Gesellschaft aber ist eine solche Stellung nach Kräften ausgenutzt.

Während bis dahin die Geschichte dieser Vorgänge klar und offen zu Tage liegt, hat die Gesellschaft von jetzt an verstanden, ihre Handlungen mit dem Schleier der Dunkelheit zu umhüllen. Der Forscher findet, daß eine Reihe von Dokumenten, welche auf die geschäftlichen Vorgänge bei den Gesellschaften ein eigentümliches Licht werfen mußten, in rätselhafter Weise aus den Archiven verschwunden sind. Aus den Zeitungen jener Jahre ist alles ausgeschnitten und vernichtet, wodurch zweifelhafte Thatsachen klar gestellt werden konnten, kurz, es erfordert ein eigenes Studium und vielfach eine besondere Kombinationsgabe, sich in diesem Dunkel jetzt noch an der Hand der spärlich fließenden Quellen einigermaßen zurechtzufinden.

Der Bau der Bahn wurde so beschleunigt, daß noch im Jahre 1832 die Schienen von South Amboy bis Bordentown lagen, im Winter 1833 lagen sie westlich bis Rancocus, und im Frühjahr 1834 konnte der Betrieb auf der ganzen Linie eröffnet werden.

Indessen aber hatte sich ein höchst unangenehmer Zwischenfall zugetragen. Am 7. März, fünf Tage nach Genehmigung des Abkommens zwischen den beiden Gesellschaften, war die Konzession zum Bau einer Bahn von Jersey City — gegenüber New York auf dem rechten Ufer des Hudson gelegen — nach New Brunswick am Raritan verliehen worden. Am 23. Februar desselben Jahres hatte sich im Staate Pennsylvanien eine Gesellschaft zum Bau einer Bahn von Philadelphia nach Trenton, der Hauptstadt des Staates New Jersey, gebildet. Dieselbe hatte gleichzeitig das Recht erhalten, Eigentum zum Bau einer Bahn in der Richtung nach New York zu erwerben, und begann infolge dessen, die Straße von Trenton nach New Brunswick anzukaufen und auf derselben Schienen zu legen. Gelang es diesen beiden Gesellschaften, sich zu verständigen, so war eine neue Linie zwischen New York und Philadelphia vorhanden, welche vor der über Camden-Amboy den Vorzug hatte, daß sie die Hauptstadt von New Jersey berührte, und somit die Gesetzgeber des Staates der Unannehmlichkeit einer im Winter oft recht unbequemen Postfahrt zu den Sitzungen erhob.

Das war eine sehr gefährliche Konkurrenz, welche schleunigst beseitigt werden mußte, und dies war nicht ganz so einfach. Die Rechtsbeständigkeit der Konzession der Camden-Amboy-Bahn war ja zweifelhaft. Die Regierung war zudem mißgestimmt, weil die Gesellschaft sich weigerte, die versprochenen Durchgangsabgaben im vollen Umfange zu berichtigen. Letztere Schuld wurde sofort bezahlt. Außerdem brachte STOCKTON die Sache vor die Kammer, es erhob sich eine stürmische Debatte, und die Gegenpartei wurde mit einer geringen Mehrheit von drei Stimmen geschlagen. Indes aber wurde der Ankauf der Straße von Trenton nach New Brunswick, die Legung der Schienen von der Trenton- und Philadelphia-Bahn ruhig fortgesetzt. Die Anwälte derselben rieten ihr zu diesem Verfahren, da ohne Zweifel die Camden- und Amboy-Gesellschaft kein Recht habe, dasselbe zu hindern. Bei den Zweifeln über die Rechtsbeständigkeit des Monopols vom 2. März 1832 war die Anrufung der Gerichte für die Herren STOCKTON und Genossen allerdings mindestens bedenklich; eine richterliche Entscheidung konnte ebenso gut für als gegen die Camden-Amboy-Gesellschaften ausfallen. Da entschloß man sich zu dem zwar recht kostspieligen, aber einzig wirksamen Mittel, STOCKTON kaufte um hohen Preis eine genügende Anzahl von Aktien der Philadelphia-Trenton-Eisenbahn, um in deren Verwaltung maßgebenden Einfluß zu erhalten. Die Gesellschaft mußte nunmehr schweigen, und am 14. Februar 1835 setzte STOCKTON in der Kammer mit allen gegen zwei Stimmen einen Antrag durch, nach welchem der Bau einer zweiten Eisenbahn von New York nach Philadelphia für „unrecht, unpolitisch, für eine Verletzung des vom Staate den Gesellschaften verpfändeten Wortes und für eine große Schädigung der Interessen des Staates“ erklärt wurde. Im April 1836 aber war das Ende auch dieses Liedes, daß sich die Philadelphia-Trenton- mit der Camden-Amboy-Eisenbahn vereinigte.

Im Jahre 1838 war endlich der Kanal fertig gestellt; er hatte mehr Geld gekostet, als man veranschlagt hatte. Auch der Bau der Verbindungsbahn von Trenton nach Bordentown (Station zwischen Camden und Amboy), welche unvermeidlich wurde, verschlang bedeutende Summen; man fuhr seitdem von Philadelphia über Trenton und Bordentown nach Amboy. Später wurde dann auch die Bahn zwischen Trenton und New Brunswick gebaut, so daß im Jahre 1839 eine zweite Bahn vollendet war. Die Kosten für diese Erweiterungen waren gleichfalls recht drückend, es mußte an Verminderung der Ausgaben und Vermehrung der Einnahmen gedacht werden, und man beschloß, zunächst an den vertragsmäßigen Zahlungen an die Staatsregierung Ersparnisse zu machen. Dieser gebührten 10 Cents für jeden „durchgehenden Passagier“. Man beförderte nun die Passagiere von Philadelphia bis Trenton, ließ sie dort über die Brücke zu Fuß gehen und über Bordentown weiter fahren. Auf diese Weise wurden dieselben zu „Reisenden im Lokalverkehr“, die Abgabe an den Staat fiel weg. Nach Vollendung der Linie Trenton-New Brunswick schloß man einen geheimen Vertrag mit der New Jersey-Gesellschaft (welcher die Bahn von

Jersey City nach New Brunswick gehörte), nach welchem mindestens zwei Drittel aller auf beiden Linien beförderten Reisenden über die nördliche Strecke geleitet werden sollten, wogegen die nördliche Linie ein Sechstel ihrer Reineinnahme an die südliche abtrat. — Fernerhin, nach der Konzession sollte sich der Fahrpreis für Reisende zwischen New York und Philadelphia im Höchstbetrage auf drei Dollars für die Person belaufen. Man erklärte nun, diese Bestimmung sei verständiger Weise so auszulegen, daß sie heißen sollte „von einem Staate zum andern", ermäßigte den Fahrpreis nach Trenton auf 2 Dollars 50 Cents, und erhöhte den Preis nach der Stadt Philadelphia auf vier Dollars. Die Reisenden mußten also einen Dollar mehr zahlen, als nach der Konzession erlaubt war. Gleichzeitig ließ man die südliche Linie, welche die weniger vorteilhafte war, allmählich verfallen, benutzte auf derselben das schlechteste Material, legte die Züge möglichst unbequem, fuhr langsam, kurz man verleidete den Reisenden gründlich die Fahrt auf diesem Wege.

Das benutzte der Eigentümer einer Fähre in Camden, Jacob Ridgway: Er erwarb ein Dampfboot, „Hornet", und fuhr die Reisenden auf demselben von Philadelphia nach Trenton, wo sie nachher die Eisenbahn bestiegen. Der Fahrpreis war so niedrig bemessen, daß die ganze Fahrt bis New York nur drei Dollars kostete. Diese unerwartete Konkurrenz erregte einen geradezu maßlosen Grimm bei den Eisenbahnfürsten. Man beschloß, derselben um jeden Preis ein Ende zu machen. Ein Versuch, die Reisenden durch allerhand Belästigungen von der Fahrt auf dem Dampfboot abzuhalten und auf die Eisenbahn zu drängen, schlug fehl. Da kehrte Stockton selbst von einer längeren Reise zurück. Er geriet in unbeschreibliche Wut. Die Maßregeln, welche er ergriff, um diesen Störenfried zu beseitigen, sind charakteristisch dafür, wie weit die Monopolisten schon jetzt gingen in der Verachtung von Gesetz und Recht. Eines Tages, kurz vor Ankunft des Dampfbootes von Philadelphia erschien er auf dem Perron in Trenton in Begleitung seines Vetters, des Generalstaatsanwalts und Präsidenten der Philadelphia-Trenton-Eisenbahn, ROBERT STOCKTON FIELD, ferner des Direktors JOHN R. THOMPSON und anderer leitenden Persönlichkeiten. Eine große Volksmenge hatte sich versammelt, lauter Anhänger RIDGWAYS. Als die Reisenden ankamen, wurden scharfe Worte gewechselt, daraus entwickelte sich eine Prügelei, in welcher STOCKTON den Agenten des Dampfschiffes, PAYNE, plötzlich niederschlug. Die wütende Menge fällt über STOCKTON her, welcher einen Augenblick im Gewühl verschwindet. Auf einmal giebt der Generalstaatsanwalt ein Zeichen, es öffnet sich ein Seitenthor, aus welchem eine Masse von besonders zu diesem Zwecke aus den Werkstätten von BORDENTOWN herbeorderten irischen Arbeitern hervordringt und sich in den Kampf hineinstürzt. Dieser Übermacht gegenüber half kein Widerstand, die Ruhe wurde hergestellt; als man aber den bewußtlosen PAYNE aufhob, fand man, daß er erstochen war. Der Fall mußte vor die zufällig versammelten Geschworenen gebracht werden, es wurde Anklage gegen STOCKTON erhoben, der Richter aber verhängte gegen STOCKTON unter dem Vorwande, der Verwundete habe noch ein Lebenszeichen von sich gegeben, und mit Rücksicht auf die großen Verdienste, welche sich der Angeklagte um das Wohl des ganzen Staates erworben, eine Geldbuse von $ 50, sage fünfzig Dollars. — Die Gesellschaften hatten sich jedoch überzeugt, daß es auf diesem Wege nicht weiter gehe. Man beseitigte auch diese Konkurrenz durch Ankauf des „Hornet" und des gesamten zur Fähre in Trenton und Philadelphia gehörigen Eigentums JACOB RIDGWAYS.

Einige Versuche, aus Veranlassung dieser Vorgänge die

Gesetzgeber auf das Treiben der Gesellschaft aufmerksam zu machen, waren ohne allen praktischen Erfolg. Es wurde einmal nach zweijähriger Beratung im Jahre 1842 eine Resolution angenommen, daß die Erhebung von 4 Dollars für die Fahrt von New York nach Philadelphia unstatthaft sei; dieser Beschluß aber wurde von der Gesellschaft einfach unbeachtet gelassen, bis 1849 wurden die 4 Dollars ruhig weiter erhoben. Ja, im Jahre 1844 gelang es STOCKTON die unbequeme Klausel der Konzession, daß der Staat unter gewissen Voraussetzungen das Recht hatte, die Bahn für sich zu erwerben, dadurch zu beseitigen, daß er die Aufnahme einer Bestimmung in die Staatsverfassung veranlaßte und glücklich durchsetzte, nach welcher es dem Staate verboten wurde, irgend eine Schuld oder Verpflichtung einzugehen, bei welcher eine höhere Summe als 100 000 Dollars in Frage käme, es sei denn, daß es sich um einen einzigen Gegenstand handle. Die Gesellschaft hatte aber einen Kanal und eine Eisenbahn, also zwei Gegenstände. Durch die neue Verfassungsbestimmung wurde demgemäß der Rückkauf des Monopols durch den Staat bis auf weiteres unmöglich gemacht.

Während in den ersten Jahren die Verwaltung und der Betrieb der Bahnen im Interesse der Aktionäre erfolgte, und diesen auch die Erträge zu gute kamen, fingen mit der Zeit die leitenden Persönlichkeiten nun auch an, mehr in ihre eigenen Taschen hineinzuwirtschaften, und den ordentlichen Gewinn der Aktionäre nach Thunlichkeit zu schmälern. Die Vorbereitungen zu dieser neuen Ausbeutung waren schon ziemlich gleichzeitig mit der Konzessionierung der Camden-Amboy-Gesellschaft getroffen worden, in weiser Voraussicht der kommenden Dinge. Im Jahre 1831 hatte eine in New Brunswick seßhafte Gesellschaft die Berechtigung zum Betriebe der Dampfschiffahrt zwischen New Brunswick und New York auf dem Raritan mit einem ihr gehörigen Dampfer „Napoleon" erhalten. Die Familie Stevens hatte bis dahin ausschließlich diesen Betrieb gehabt. Sie drohten mit Eröffnung eines Frachtkrieges gegen die unbequemen Konkurrenten, und gelangten hierdurch bald zu einer Verständigung mit ihnen, indem sie selbst in die Verwaltung der neuen Gesellschaft eintraten. Diese machte vortreffliche Geschäfte, zahlte nach einiger Zeit 30 bis 40 Prozent Dividende, und schritt nunmehr auch zu der bei so hohen Erträgen schon damals nicht ungewöhnlichen „Verwässerung" des Aktienkapitals; sie gab an Stelle der Dividenden unter irgend einem beliebigen Vorwande neue Aktien aus. Von den nach dieser Verwässerung vorhandenen 200 Aktien besaßen nunmehr die Familie Stevens, Stockton und zwei andere Direktoren 104 Stück, d. h. sie verfügten über die Majorität in der Generalversammlung. Dieses Verhältnis wurde benutzt, um nach und nach die Aktionäre der Camden-Amboy-Eisenbahn und des Kanals um das Ihrige zu bringen. Im Jahre 1834 berieten die Direktoren der letzteren darüber, in welcher Weise dieselbe von der Verantwortlichkeit als Frachtführerin zu entlasten sein möchte. Man beschloß zu diesem Zwecke mit der New Brunswicker Napoleon-Gesellschaft ein Abkommen zu treffen, nach welchem diese auf ihre Kosten und Gefahr die gesamte Güterbeförderung auf den Eisenbahnen und dem Kanal übernehmen solle. Mr. Stevens, der Bevollmächtigte der Monopolisten, beriet hierauf mit Mr. Stevens, dem Direktor der Napoleon-Gesellschaft. Natürlich verlief die Konferenz zur beiderseitigen Zufriedenheit. Die gesamten Betriebsmittel der Eisenbahn und des Kanals wurden der Napoleon-Gesellschaft übertragen, diese verpflichtete sich, alle die Monopolgesellschaften treffenden Ausgaben auf sich zu nehmen, für jede auf der Eisenbahn beförderte Tonne Güter $ 7·64 und den vierten Teil ihrer Frachteinnahmen auf dem Kanal an die Gesellschaft zu zahlen. Während scheinbar diese Einnahmen den Aktionären zu Gute kamen, beherrschten durch dieses Abkommen in Wahrheit die Direktoren den ganzen Gütertransport nach dem Staate New Jersey. Bald darauf gelang es, ein ähnliches Abkommen mit der Camden-Ferry-Company, d. h. einer Gesellschaft, welche den Betrieb einer Dampffähre von Philadelphia nach Camden auf dem Delaware hatte, zu treffen, und nunmehr beherrschte die Camden-Amboy-Gesellschaft den westlichen und den östlichen Eingang von New Jersey.

Als man so weit glücklich war, begann „ein System der organisierten Plünderung“. Die Napoleon-Gesellschaft erhob an Fracht anstatt des konzessionsmäßigen Maximalbetrages von 8 Cents für die Tonnenmeile 10, 12, ja 15 Cents. Statt des für die gesamte Strecke von Camden nach Amboy erlaubten Maximalsatzes von $ 7·54 wurden $ 60 für die Tonne erhoben; ja für den Transport bis Burlington erhoben sie $ 80 für die Tonne, was einem Satze von $ 100 für die Tonne auf der ganzen Strecke gleichkommt. Die Kanalgebühren wurden derartig in die Höhe geschraubt, daß trotz der Freiheit der Schifffahrt auf dem Kanal das Publikum sich lieber an die Gesellschaften wandte. Natürlich fiel es den Direktoren nicht ein, über die Einnahmen Rechnung zu legen. Es läßt sich daher nur auf Grund einiger Anhaltspunkte annähernd ermitteln, was sie selbst von diesen Frachteinnahmen für sich behielten. Das den Aktionären zukommende Viertel der Einnahmen an Kanalfrachten betrug bis 1845 $ 359 000; die Direktoren erhielten also die übrigen drei Viertel mit $ 1 077 000! — Für einen Winter wurde, als das Fährboot in Camden des Eises wegen nicht fahren konnte, ein Vertrag mit der Eisenbahn geschlossen, auf Grund dessen nach glaubwürdiger Berechnung von den für die Beförderung von 27 000 Tonnen eingenommenen $ 170 000 erhielten:

1. Die Camden-Ferry-Gesellschaft für	1 Meile	$	32 000.
2. Die Camden-Amboy-Eisenbahn „	92 „	„	63 000.
3. Die Direktoren nach dem Vertrage mit der Napoleon-Gesellschaft		„	75 000.
		Summa $	170 000.

Mit anderen Worten, die Direktoren, welchen die Camden-Ferry-Gesellschaft fast allein gehörte, bekommen 107 000 $! Für die 92 Meilen, welche den Aktionären gehörten, wurde nicht ganz das doppelte des Anteils der einen Meile gezahlt.

Ganze 11 Jahre lang wurde auf diese Weise die Einwohnerschaft von New Jersey und den Nachbarstaaten von den Inhabern dieses Monopols gebrandschatzt. Und dabei bedienten dieselben den Verkehr mit größter Nachlässigkeit, sie beförderten die Güter langsam und unregelmäßig, antworteten auf Beschwerden anmaßend; sie waren ja ziemlich sicher, daß man nicht gegen sie auftreten wollte und konnte. 1846 wurde einmal einem Peter Briggs in Trenton die Sache zu arg, er ging an die Gerichte und belangte die Gesellschaft, weil sie zu hohe Frachten erhoben. Er hatte auch das Glück, zwei obsiegende Urteile zu bekommen, gegen welche die Gesellschaft die Nichtigkeitsbeschwerde einlegte, nachdem sie übrigens zuvor so klug gewesen, den Vertrag mit der Napoleon-Gesellschaft zu kündigen. Unterlag sie also endgültig, so mußte für den Schaden die Camden- und Amboy-Gesellschaft, nicht die Napoleon-Gesellschaft aufkommen. — Eine zweite Klage auf Rechnungslegung und Vorzeigung ihrer Bücher, welche ein bedeutender Kaufmann, Mr. Hagar, gegen sie erhob, wurde dadurch aus der Welt geschafft, daß die Gesellschaft die Aktien desselben, welche ihm $ 125 das Stück gekostet hatten, für $ 1456 das Stück ankaufte. Infolge dessen wurde das Prozeßverfahren niedergeschlagen und die Sache vertuscht.

Im Januar 1848 zog von einer anderen Seite ein Gewitter herauf. In der Zeitung von Burlington (Station zwischen Camden und Bordentown, am Delaware gelegen) erschienen eine Reihe von Artikeln mit der Unterschrift „Ein Bürger von Burlington", welche vortrefflich geschrieben waren, und die merkwürdigsten Enthüllungen über die Monopol-Gesellschaften brachten. Es wurde im einzelnen nachgewiesen, nicht nur, daß die Direktoren zu hohe Frachten erhoben, ihre Konzession gröblich verletzt, sondern auch, daß sie ihre Aktionäre und den Staat um ganz bedeutende Summen geradezu betrogen hatten. Sie erschwerten das Reisen, drückten Handel und Verkehr durch enorme Frachten. — Dieselben betrugen auf der Camden- und Amboy-Bahn 4·54 Cents, auf 35 in der Nähe belegenen anderen Bahnen durchschnittlich nur 2·85 Cents für die Tonne und Meile — und wem kam dieses allein zu gute? Den Direktoren und ihren Geldbeuteln! Die Aktionäre erhielten nicht entfernt das, was ihnen gebührte, und die Staatskasse wurde um den größten Teil der ihr zukommenden Einnahmen gleichfalls betrogen.

Diese Artikel erregten großes und peinliches Aufsehen, sie wurden nachgedruckt, dem Publikum gingen die Augen auf, man plante den Bau einer neuen Eisenbahn von Philadelphia. Vier Monate lang ließen die Direktoren diesen Sturm über sich ergehen. Als bis dahin die öffentliche Meinung sich noch nicht beruhigt hatte, veröffentlichten sie eine von dem gesamten Direktorium unterschriebene „Erklärung an die Bevölkerung von New Jersey", in welcher sie darüber bittere Klage führten, daß sie nicht mehr die ermutigenden Zurufe des Beifalls und der Zufriedenheit hörten, daß die Presse schlimmen Einflüssen preisgegeben sei, daß sie so harte Vorwürfe nicht verdienten, und in welcher die gegen sie erhobenen Anklagen einfach als unwahr zurückgewiesen wurden. — Diese Erklärung blieb jedoch ohne allen Eindruck. Unmittelbar nachher erschien in der Zeitung von Burlington eine neue Reihe von Artikeln, in welchen die Direktoren grober Lüge geziehen, des Diebstahls, der Unterschlagung, der Fälschung ihrer Bücher beschuldigt wurden. Von 1840—1847 allein sei über eine Einnahme von $ 5 266 431 gar keine Rechnung abgelegt, und hierdurch schon der Staat um eine Summe von $ 493 066 betrogen.

Als darauf der Landtag sich versammelte, wurde ein Antrag eingebracht, eine Kommission zur Untersuchung der der Camden-Amboy-Gesellschaft zur Last gelegten Vergehen einzusetzen. Der Antrag wurde angenommen, die Wahl der Mitglieder der Kommission aber den angeschuldigten Gesellschaften überlassen, dies, obgleich die Direktoren indirekt einige der ihnen vorgeworfenen Vergehen dadurch zugestanden, daß sie einen bereits gedruckten Bericht an den Schatzmeister zurückzogen. Sie wußten sich im übrigen nicht anders zu helfen, als daß sie den Verfasser der Artikel mit einer Verleumdungsklage bedrohten. Dieser antwortete damit, daß er seinen Namen nannte; es war niemand anders, als der schon damals über die Grenzen seines Vaterlandes hinaus berühmte Nationalökonom Henry C. Carey. Derselbe faßte nun seine Artikel in einer Broschüre zusammen, in welcher er gleichzeitig den unheilvollen Einfluß dieses Monopols auf Handel und Verkehr, Gewerbe und Landwirtschaft darlegte, und dringend die Freigebung des Eisenbahnbaues forderte. Zahlenmäßig wurde nachgewiesen, wie die Frachten und Gebühren der Camden-Amboy-Gesellschaften doppelt, ja drei- und viermal so hoch seien, als in anderen Staaten der Union. Ein besonders charakteristisches Beispiel, in welch' schamloser Weise die Direktoren ihr Monopol für sich ausnutzten, verdient der Vergessenheit entrissen zu werden. Die in New York sehr viel gekauften Früchte, als Pfirsiche, Tomaten und dergleichen, verlieren bedeutend an Wert, wenn sie nicht mit möglichster Schnelligkeit und in ganz frischem Zustande auf den Markt befördert werden. Zwei der Direktoren unserer Gesellschaft, STEVENS und Colonel COOK, besaßen in Gravesend einen großen Obst- und Gemüsegarten. Dieselben sorgten dafür, daß die reifen Früchte morgens in aller Frühe gebrochen und mit dem ersten Personenzuge nach New York befördert wurden, auf dessen Markt sie taufrisch ankamen und die höchsten Preise erzielten. Die Feld- und Gartenerzeugnisse der anderen Landwirte wurden dagegen erst mit dem Nachmittags-Güterzuge fortgeschafft und kamen fast 20 Stunden später, und natürlich lange nicht so frisch nach New York, so daß sie erheblich billiger bezahlt wurden. — CAREY bewies, daß die Betrügereien der Gesellschaft vollständig ausreichten, derselben die Konzession zu entziehen, und den Bau anderer Eisenbahnen zu gestatten. Er führte aus, daß sich durch eine solche Maßnahme die Einkommensteuer des Staates auf den doppelten Betrag erhöhen werde.

Während diese Enthüllungen die allgemeine Entrüstung wach erhielten, wurde 1849 dem Abgeordnetenhause der Bericht der Untersuchungskommission überreicht. Unser Gewährsmann meint, man könne in der That gerechte Zweifel hegen, ob wohl jemals einer so hohen Versammlung ein so schamloses Stück Papier unterbreitet sei. Die Direktoren wurden gelobt und gepriesen, sie, die Angeklagten, wurden zu Richtern über ihre Ankläger. Das erklärt sich zur Genüge aus der Zusammensetzung der Kommission, lauter Freunden der Direktoren. Der Bericht wanderte denn auch in den Papierkorb, nachdem CAREY die Fälschungen in demselben in einer geradezu vernichtenden Kritik dargethan hatte. Eine neue richterliche Kommission, auf deren Wahl die Direktoren keinen Einfluß hatten, wurde eingesetzt, dieselbe bat CAREY um seine Hilfe. Während der Sommermonate 1849 mußte die Kommission einmal nach Bordentown, um die Bücher der Gesellschaft an Ort und Stelle einzusehen. Von der Zeit an kam eine wunderbare Stumpfheit über sie. Sie konnten auf einmal CAREYS Mitwirkung entbehren. „Die gewaltigen Operationen der Bande (Ring), welche in Trenton ausgesehen hatten wie ein riesiges Netz, in dessen Maschen der Staat hoffnungslos verstrickt war, erschienen plötzlich in dem Lichte eines harmlosen Systems allgemeiner Menschenliebe.“ Als einige leise Andeutungen über diesen plötzlichen Umschwung der Anschauungen in die Presse kamen, versuchten die Gegner der Gesellschaft es noch einmal mit dem politischen Hochdruck, es wurden Volksversammlungen berufen, Reden gegen die Gesellschaft gehalten, die Aufhebung der Konzession von 1832 verlangt. Nun wurden die Direktoren wirklich besorgt, es könne mit ihrer Wirtschaft zu Ende gehen. STOCKTON veröffentlichte ein sehr geschickt abgefaßtes Schriftstück, welches den oberflächlichen Leser wohl in die Irre führen konnte; außerdem aber wurden die einflußreichsten der Gegner aufs neue in der alten, bewährten Weise bearbeitet. Und auch jetzt wieder schlug dieses Mittel ein. Der Landtag trat zusammen, der Bericht wurde vorgelegt. Er zerfiel in zwei Teile, eine kürzere Darstellung und einen umfangreichen „Anhang“. Der letztere bewies die Richtigkeit der schwersten gegen die Gesellschaft erhobenen Anschuldigungen; in dem ersten Teil aber wurde sie gänzlich entlastet. Es sei wahr, die Kommission habe einige Rechenfehler entdeckt, infolge deren die an den Staat zu zahlenden Beträge um einige Tausend Dollars zu niedrig angegeben seien; die seien aber durch die Versehen einiger untergeordneter Persönlichkeiten entstanden, und könnten den großherzigen Direktoren nicht zur Last gelegt werden. — Damit war das Haus zufrieden, den Anhang las kein Mensch, der Bericht wurde angenommen, und die Direktoren wirtschafteten in der früheren Art und Weise weiter.

Dies war der großartigste Sieg, welchen die Gesellschaften errungen. Von allen Seiten waren tödliche Angriffe gegen sie gerichtet. Die Gesetzgeber waren gegen sie eingenommen, die Gerichte entschieden zu ihren Ungunsten, auch das Urteil des Kassationshofes in der BRIGGS'schen Sache fiel gegen sie aus. Die Unmöglichkeit, die Anschuldigung CAREYS zu widerlegen, bewies, daß dieselben in der Hauptsache richtig waren; ein Beweis, der noch dadurch verstärkt wurde, daß die Gesellschaft sich beharrlich weigerte, CAREY ihre Bücher vorzulegen, daß sie die Verleumdungsklage, mit welcher sie ihn bedroht hatte, niemals anstellte. Und doch hatte die Staatsregierung augenscheinlich das lebhafteste Interesse, dem Treiben der Gesellschaft ein Ende zu machen. Alljährlich wurde die Staatskasse um hunderttausende von Dollars betrogen, die Steuerkraft des Landes wurde geschwächt, Handel, Gewerbe, Ackerbau konnten sich nicht so entwickeln, wie man dies bei der vortrefflichen Bodenbeschaffenheit, der außerordentlich günstigen Lage des Landes erwarten mußte. Welchen bösen Einfluß in letzterer Beziehung das Monopol ausübte, dafür sprechen beispielsweise außer den von CAREY angeführten, noch die folgenden Thatsachen:

Nach den offiziellen Berichten der Staatsbehörden aus den Jahren 1858 und 1860 hatte von den fünf Staaten New York, Pennsylvania, Illinois, Indiana und New Jersey, der letztere die verhältnismäßig höchsten Erträge an Weizen, sehr hohe Erträge an Mais; die Marktpreise für beide Artikel waren sogar in New Jersey die absolut höchsten. Trotz dieser für die Güte des Bodens sprechenden Thatsachen, ergiebt sich in den drei Staaten New Hampshire, Connecticut und New Jersey im Jahre 1860 folgendes Verhältnis des bebauten zum unbebauten Boden, und der ackerbautreibenden zur Gesamtbevölkerung:

	bebautes Land. (Acres)	unbebautes Land. (Acres)	Zahl der Landwirte.	Verh. dieser Zahl z. Gesamtbevölkerung.
New Hampshire	2 367 034	1 377 591	35 392	über 1/10;
Connecticut	1 830 807	673 457	30 712	ungefähr 1/15;
New Jersey	1 944 441	1 039 084	30 325	ungefähr 1/22.

Obgleich der Boden von New Hampshire fast zur Hälfte aus Steinen besteht, und in Connecticut ganze Distrikte voll Flugsand sind, ist es doch mit dem fruchtbaren New Jersey am schlechtesten bestellt. — Die Zahl der Einwanderung aus anderen Gegenden der Vereinigten Staaten nach New Jersey ist eine im Vergleich mit den übrigen Staaten sehr unbedeutende, der Bau der Eisenbahnen bleibt erheblich hinter den Nachbarstaaten zurück. 1860 hatte

Rhode-Island	mit einem Flächeninh. v.	1306 Q.-Meil.	172 Meil.	Eisenbahnen.
Connecticut	„	4674 „	601 „	„
Massachusetts	„	7800 „	1285 „	„
New Jersey	„	8320 „	472 „	„

Wie erklärt es sich, daß trotz aller dieser Umstände, die Gesellschaften immer aufs neue ihren Willen durchsetzten? daß sie eine solche Gewaltherrschaft ausübten gegen das Interesse aller Beteiligten, auf Grund eines mindestens zweifelhaften Rechtstitels? Die einzige Erklärung, welche sich für diese auffällige Thatsache finden läßt, ist, daß der ganze Staat New Jersey durch das Treiben dieser Eisenbahn- und Kanalgesellschaft nach und nach geradezu vergiftet war. Für die Direktoren war der Besitz des Monopols eine reine Geldfrage. Der Besitz war ein äußerst prekärer, er konnte jeden Tag genommen werden; es galt also, sich denselben so lange zu erhalten, als irgend möglich, und während der Besitzzeit herauszupressen, was irgend angängig. Da nun der durchgehende Verkehr ihnen

4*

kommen mußte, er hatte keinen anderen Weg, und sie von diesem am meisten verdienten, so wurde der gesamte Lokalverkehr auf das sträflichste vernachlässigt. Kamen einmal Beschwerden, so wurde dem Beschwerdeführer äußersten Falls der Mund gestopft. Nebenbei wurden zuweilen der großen Menge einige Brocken hingeworfen, billige Extrazüge veranstaltet, diese Heldenthaten durch die Presse ausposaunt, und ähnliche Mittel angewandt, welche für die Direktion Stimmung machten. Die Hauptsache aber war ein Jahre lang fortgesetztes beharrliches und folgerichtiges System der Bestechung, sei es der Presse, sei es der gewerbsmäßigen Politiker, sei es endlich des gesamten Anwaltstandes. Diese drei Organe der öffentlichen Meinung hatten die Familien STEVENS und STOCKTON sich allmählich vollständig dienstbar zu machen verstanden.

Mit welchen Mitteln dies geschah, darüber möge der Amerikaner selbst sich äußern, man möchte mich sonst der Übertreibung beschuldigen: „Was die Presse betrifft, so sind jeden Tag die Blätter aus New York und Philadelphia in jeder Stadt und in jedem bedeutenderen Ort New Jerseys zu haben. Es liegt also kein rechtes Bedürfnis für eine Lokalpresse vor, und wo dieselbe erscheint, hat sie einen schweren Kampf um das Dasein zu führen, sie muß andauernd dafür sorgen, daß die Zahl der Abnehmer ihr erhalten bleibt. Unsere Gesellschaften verfügten über ein Kapital von 20 Millionen Dollars, in ihren Diensten stand ein ganzes Heer von Beamten, Lieferanten, Agenten, Arbeitern, lauter Personen, auf die man als Abonnenten rechnen konnte, und welche man durch vorzeitige und unvernünftige Opposition gegen die Gesellschaft nur vor den Kopf gestoßen hätte. Man schwieg also lieber, und solches Schweigen blieb nicht unbelohnt. Die Direktion wandte diesen Blättern Inserate zu, die Herausgeber, die Drucker und ihre Angehörigen erhielten Freibillets, ihre Güter wurden umsonst oder für geringere Fracht befördert. Trat dann doch einmal ein Blatt in Opposition, so wurde mit Entziehung dieser Vergünstigungen gedroht, die Kündigung des Abonnements in Aussicht gestellt; und, wenn die Drohung nichts half, so folgte die Ausführung. Der vorerwähnte Prozeß Briggs, welcher monatelang den allgemeinen Gesprächsstoff bildete, wurde in den Zeitungen kaum erwähnt. Wer mißliebige Notizen in die Blätter brachte, wurde als „Fremder" gebrandmarkt, als schlechter Patriot verschrieen, und auf diese Weise mundtot gemacht. Über die eigentümliche Thatsache, daß eine hier und da dennoch auftretende Opposition plötzlich verstummt, dürften die geheimen Rechnungsbücher in Bordentown das nötige Licht verbreiten. — Ähnlich wurde der Stand der Anwälte bearbeitet. Freifahrtscheine regnete es über sie. Wenn junge Advokaten sich niederließen, von welchen vermöge ihres persönlichen Einflusses oder ihrer hervorragenden Begabung zu befürchten war, daß sie einmal mit Erfolg gegen die Gesellschaft auftreten könnten, so wurden dieselben für den Bezirk, in welchem sie praktizierten, sofort zum Anwalt der Direktion gewählt und ihnen ein glänzendes Honorar dafür bezahlt, daß sie sich verpflichteten, niemals einer gegnerischen Partei ihre Dienste zu leisten. Man nennt dieses Verfahren, welches übrigens auch heute noch in den Vereinigten Staaten allseitig mit Erfolg angewandt wird: „to pay a retaining-fee". Wird sich nicht jeder junge, strebsame Anwalt geschmeichelt fühlen, wenn er in seiner vermeintlichen Bedeutung sofort erkannt, und von einer mächtigen Gesellschaft scheinbar für ihre Interessen angestellt wird? In dem Distrikte, in welchem die Hauptstadt New Jerseys belegen ist, sollen überhaupt nur zwei Anwälte einer solchen Versuchung widerstanden haben. — „Endlich die Wahlen! In die Vorversammlung wurden die Beamten und Arbeiter der Gesellschaft beordert, um im Sinne ihrer Brotherren zu wirken. Bei den Wahlen mußten dieselben für die Gesellschaft stimmen. Kam nun trotzdem einmal ein Kandidat der Gegner durch, so fand es die Direktion oft weniger kostspielig, auf diesen Volksvertreter direkt, als auf seine Wählerschaft einzuwirken.“

Die Leiter dieser Operationen waren Edwin A. Stevens und Stockton. Die Aktionäre waren trotz aller Vorgänge mit der Direktion im allgemeinen zufrieden, weil sie immer noch reichliche Dividenden, Jahre lang 10—11 Prozent, bezogen. Ging die Sache einmal weniger gut, so verfügte die Direktion äußersten Falls über die Mehrheit in der Generalversammlung, war also auch gegen solche Zwischenfälle sicher gestellt, ganz abgesehen davon, daß es immer bedenklich war, die Angelegenheiten der Gesellschaft dadurch, daß man sie an die Generalversammlung brachte, gleichzeitig vor die Öffentlichkeit zu ziehen.

Die Lage der Gesellschaft war seit 1850 eine so gesicherte, daß nunmehr alle ihre Bestrebungen sich darauf richten konnten, etwaige drohende Konkurrenzen im Keime zu ersticken und anderseits sich selbst mit immer neuen Bollwerken zu umgeben. Im Jahre 1853 gelang es ihren Bemühungen, einen Gesetzentwurf, betr. die Herstellung einer direkten Postverbindung zwischen New York und Washington, im Senate zu beseitigen. Zu derselben Zeit wurde in dem Abgeordnetenhause ein Gesetz eingebracht über den Bau einer direkten Linie von Key-Port nach der Delaware-Bai. Diese Linie würde den ganzen Süden von New Jersey dem Eisenbahnverkehr erschlossen haben; sie lag aber der Bahn von Amboy nach Camden so nahe, daß sie nebenbei den vereinigten Gesellschaften eine höchst unliebsame Konkurrenz hätte machen können. Diese setzten also die Drähte in Bewegung, das Gesetz wurde mit einer Majorität von neun Stimmen abgelehnt und eine Resolution angenommen, nach welcher weder diese, noch eine ähnliche gesetzgeberische Maßregel ohne Zustimmung der Camden- und Amboy-Gesellschaft zur Ausführung gelangen dürfe. Drei Volksvertreter, welche zu gunsten der Gesellschaft gestimmt hatten, erhielten glänzende Anstellungen. Es blieb das nicht unbemerkt und erregte viel böses Blut, um so mehr, als STOCKTON einmal öffentlich die Äußerung gethan hat, er halte den Staat jetzt in seinen Hosentaschen und gedenke, ihn auch fürderhin darin festzuhalten. Die Gegenpartei wollte diese guten Chancen benutzen, um bei der bevorstehenden Wahl eines Gouverneurs ihren Kandidaten durchzusetzen. Es wurden also wieder Volksversammlungen anberaumt, Wahlreden gehalten, und alle die bekannten Beschwerden gegen die Monopolisten wieder besprochen. Diese dagegen lieferten den Volksmassen freien Branntwein und machten von ihren reichen Mitteln, jetzt einem Kapital von 27 Millionen Dollars und einer Jahreseinnahme von über einer Million Dollars freigebigen Gebrauch. Der Erfolg war ein überraschender. Ihr Kandidat, eine sehr unbeliebte Persönlichkeit, schlug den der Gegner mit einer Mehrheit von 8000 Stimmen! Im Senat verfügten sie über 15 Stimmen, die Gegner über 5 Stimmen, ähnlich war ihre Mehrheit im Abgeordnetenhause.

Jetzt, nach diesem überraschend glänzenden Erfolg, wurde das Eisen geschmiedet, so lange es warm war. Die Konzession der Gesellschaft sollte im Jahre 1859 ablaufen. Schon dieser Endtermin ging über die in der ursprünlichen Konzession vorgesehene Frist hinaus. Die Konzession war auf 20 Jahre erteilt, hätte also, da die Bahn 1834 vollendet war, eigentlich 1853 ablaufen müssen. Die Direktoren hatten aber unter allerhand Vorwänden durchgesetzt, daß das Jahr 1859 als Endjahr angenommen wurde. Jetzt beantragte man Verlängerung bis zum 1. Januar 1869, also auf weitere 10 Jahre, wogegen man sich damit einverstanden erklärte, das Ende der Konzession für den Kanal, welche erst 1882 ablief, gleichfalls auf diesen früheren Zeitpunkt zu verlegen. Nach heftigen, erbitterten Erörterungen, welche tagelang das ganze Land in Spannung hielten, wurde ein Gesetz vom 16. März 1854 glücklich fertig gebracht, inhalts dessen es „für ungesetzlich erklärt wurde, vor dem 1. Januar 1869 in dem Staate New Jersey ohne Zustimmung der Camden-Amboy-Gesellschaft irgend eine Eisenbahn zu bauen, welche zur Beförderung von Reisenden zwischen New York und Philadelphia dienen sollte.“ Von diesem Einspruchsrecht haben die Gesellschaften denn auch den ausgiebigsten Gebrauch gemacht. Sie haben den Bau einer jeden durchgehenden Linie verhindert, und den Bau von Lokalbahnen nur insoweit erlaubt, als die Linien für sie von Nutzen waren.

Endlich ist es den Gesellschaften auch noch gelungen, die letzte Konkurrenz, welche ihnen von der New Jersey-Eisenbahn drohte, siegreich aus dem Felde zu schlagen. Mit dieser Eisenbahn lebten sie zwar im allgemeinen, seitdem der erste Kampf des Jahres 1832 durchgefochten, auf gutem Fuß. Dieselbe blieb aber dessen ungeachtet bemüht, die Konzession zum Bau einer nördlich gelegenen Fortsetzung über New Brunswick hinaus in der Richtung nach Delaware zu erhalten, mit einem Endpunkte zwischen Trenton und Easton. Dies gelang ihr zwar nicht, gleichwohl blieb sie der Camden-Amboy-Gesellschaft höchst unbequem, und am 1. Jannuar 1867 gelang es endlich, die beiderseitigen Interessen dadurch zu vereinigen, daß beide Gesellschaften sich mit einander unter der Firma United New Jersey Railroad and Canal Company fusionierten, eine gemeinschaftliche Direktion einsetzten und die Erträge untereinander teilten.

Mit dieser Verständigung war für Jahre hinaus jede Möglichkeit eines weiteren Konkurrenzunternehmens abgeschnitten. Die Eisenbahngesellschaften verfügten über einen ganz enormen, über das ganze Land verbreiteten Besitz, ein Kapital von mindestens 30 Millionen Dollars. Außer ihren Schienenstraßen hatten sie an allen Hauptpunkten bedeutendes Grundeigentum, Werkstätten, Werften u. s. w. Eine große Anzahl von Beamten, Agenten, Arbeitern aller Art stand zu ihrer Verfügung. Nachdem sie mit entfernt nicht so bedeutenden Mitteln jeden Widerstand gegen ihre Privilegien beseitigt hatten, wie vielmehr sollten sie in der Lage sein, nach einer solchen Kräftigung, ihre Alleinherrschaft über den lokalen und den Durchgangsverkehr des Staates New Jersey zu behaupten!

Bis zum Ende ihrer Konzession haben die Gesellschaften denn auch ihre Wirtschaft nicht geändert, ja, sie haben sich noch über den 1. Januar 1869 hinaus ihr Monopol, wenn auch nur auf wenige Jahre erhalten.

In dem letzten Jahrzehnte ihres Bestehens waren aber mancherlei Ereignisse eingetreten, welche außerhalb der Machtsphäre der Monopolisten lagen, und eine Rückwirkung auf das Monopol haben mußten. Es fällt in diese Zeit der große Bürgerkrieg mit seinem lähmenden Einfluß auf den gesamten Handel und Verkehr, insbesondere den zwischen dem Norden und Süden. Im Jahre 1867 starb das eigentliche Haupt der Gesellschaft, Robert Field Stockton; ein Nachfolger für ihn fand sich nicht. In der zweiten Hälfte der sechziger Jahre beginnt der Bau der ersten pazifischen Bahn, und bald darauf nimmt die Handelsbewegung eine andere Richtung an. Die Camden-Amboy-Gesellschaft war ein unumgehbares Zwischenglied für den Handel zwischen den nördlichen und südlichen der am Atlantischen Ozean belegenen Staaten. Die neue Richtung des Handels war eine westöstliche, die Kultivierung des Landes war immer mehr nach Westen vorgeschritten, von dort kamen die Massenerzeugnisse des Bodens, welche die atlantischen Häfen aufsuchten, und es entstanden die westöstlichen

Schienenstraßen von den großen Seen unmittelbar nach Boston, New York, Philadelphia, Baltimore. Auf den zahlreichen Verbindungsbahnen zwischen denselben konnte man auch ohne allzu bedeutende Umwege von New York nach dem Süden und Südosten gelangen, ohne durch den Staat New Jersey hindurchfahren zu müssen.

Alle diese Ereignisse wirkten störend auf das Monopol ein. Inzwischen aber hatte sich auch im Staate Pennsylvanien eine neue, mächtige, vortrefflich verwaltete Eisenbahn gebildet, die Pennsylvania Railroad. Ursprünglich mehr lokalen Bedürfnissen dienend hatte diese Bahn sich allmählich in westlicher, nordwestlicher und dann auch südlicher Richtung ausgedehnt. Die westlichen Ausläufer der Bahn konnten sich indessen nicht so gesund und kräftig entwickeln, als es den Leitern erwünscht war, weil eine gute Verbindung mit New York fehlte.[1] Um den Verkehr mit New York auf ihre Linien zu ziehen, und insbesondere auch die bedeutenden Transporte aus dem Thale des Mississippi nach New York zu leiten, suchte die Pennsylvania-Eisenbahn eine Vereinbarung mit den Vereinigten Eisenbahn- und Kanal-Gesellschaften von New Jersey zu treffen, sie konnte indessen von denselben nicht die notwendigen Zugeständnisse erlangen. Da machte sie den Gesellschaften, deren Konzession ja inzwischen ablief, den Vorschlag, einen Pachtvertrag auf die Dauer von 999 Jahren abzuschließen. Die Pennsylvania-Bahn erklärte sich bereit, den gesamten Betrieb und die Verwaltung der United New Jersey Railroad and Canal Company auf ihre Gefahr und Kosten zu übernehmen und den Aktionären eine

---

[1] Vgl. hierüber den Bericht des (engl.) Konsuls CLIPPERTON in Philadelphia vom 12. April 1884 (Nro. 5.) in den Commercial Reports from her Majestys Diplomatic and Consular Officers abroad No. 38 (1884) insbes. S. 21 f. Das Prachtwerk von JAMES DREDGE, The Pennsylvania Railroad, London 1879, enthält über diese Angelegenheit nur kurze Bemerkungen.

feste jährliche Rente von zehn Prozent auszuzahlen. Der Vorschlag schien unter den obwaltenden Verhältnissen annehmbar. Durch ein Gesetz vom 17. März 1870 wurden die Gesellschaften von New Jersey durch die Regierung ermächtigt, ihre Aktien zu vereinigen und ihre Unternehmungen mit den Unternehmungen angrenzender, sei es in New Jersey, sei es in einem anderen Staate belegenen Gesellschaften unter einer beliebigen, den allseitigen Interessen entsprechenden Form zu verschmelzen. — Die Verhandlungen mit der Pennsylvania-Eisenbahn wurden jetzt fortgesetzt, sie führten im Mai 1871 zu einem glücklichen Ziele und seit dem 1. Dezember 1871 wird die Linie von New York nach Philadelphia als eine Strecke der großen durchgehenden Bahn von New York nach Pittsburgh betrieben.

Die Pennsylvania-Eisenbahn hat die alten Strecken nach und nach mit Aufwand bedeutender Kosten verbessert. Heute gehört die Eisenbahn von New York und Jersey City über Trenton nach Philadelphia, eine Strecke von 90 Meilen, welche man auf den Schnellzügen in genau zwei Stunden durchfährt, zu den bestgebauten und vorzüglichst betriebenen Bahnen der Vereinigten Staaten. Ende 1883 hatte sich das Netz der in New Jersey befindlichen Eisenbahnen von 472 Meilen in 1860 auf 1874 Meilen vermehrt. Mag dieser Umschwung der Verhältnisse auch in erster Linie durch den aufgeklärten Geist einer guten Verwaltung herbeigeführt sein, so ist für denselben doch auch gewiß nicht ohne Einfluß der Bau einer Konkurrenzbahn zwischen New York und Philadelphia gewesen, welche am 1. Mai 1876, also kurz vor Eröffnung der Weltausstellung zur Erinnerung an den hundertjährigen Bestand der nordamerikanischen Republik, vollendet wurde. Diese Bahn führt von Jersey City zunächst mehr in westlicher Richtung, und wendet sich dann gleichfalls nach Süden, läuft also mit der direkten Bahn über Trenton fast parallel. Sie setzte sich zusammen aus Teilstrecken dreier Bahnen, der Central-Railroad von New Jersey, der North-Pennsylvania-Bahn und der Delaware- und Bound-Brook-Bahn. Das letztere Stück wurde am 1. Mai 1876 fertig gestellt. Die gesamte Linie, welche unter dem Namen der Bound-Brook-Line bekannt ist, gehört heute zu dem Netze der vielgenannten Philadelphia-Reading-Eisenbahn.

So haben die Thatsachen, die wirtschaftliche und Kultur-Entwickelung, der Aufschwung und die veränderte Richtung des Eisenbahnverkehrs vermocht, was ein Jahrzehnte langer Kampf mit den Mitteln des Rechts und des Gesetzes nicht vermocht hat, sie haben ein unrechtmäßig erworbenes, mit List und Gewalt zähe festgehaltenes Eisenbahnmonopol nach vierzigjährigem Bestehen beseitigt.

Die Nord-Pazifik-Eisenbahn.

I.

Die Vorgeschichte 1833—1864.

In einer im Jahre 1833 oder 1834 veröffentlichten Nummer der in Westfield (Massachusetts) erscheinenden Wochenschrift „The Intelligencer“ findet sich ein Artikel des praktischen Arztes Dr. SAMUEL BANCROFT BARLOW, in welchem auf die hohe wirtschaftliche und politische Bedeutung einer Eisenbahn hingewiesen wird, die das Festland der Vereinigten Staaten in der Gegend zwischen dem 46. und 47. Breitengrade quer von Osten nach Westen durchschneidet und den Atlantischen mit dem Stillen Ozean verbindet. Als den östlichen Anfangspunkt empfiehlt Dr. BARLOW New York, als den westlichen Endpunkt die Mündung des Columbiaflusses. Die Bahn werde etwa 3000 Meilen lang sein, die Meile $ 10 000 kosten, und sie müsse von der Regierung der Vereinigten Staaten selbst gebaut werden, welche damit ein sehr gutes Geschäft machen werde. Auf einer solchen Eisenbahn werde man in zwölf Tagen von New York nach Astoria reisen, in einem Monate bequem die Hin- und Rückfahrt zwischen den beiden Weltmeeren zurücklegen und dabei seine Geschäfte erledigen, Freunde besuchen können. Die Frachtsätze könnten niedrig gehalten werden, gleichwohl aber lohnende sein; die Besiedelung der weiten westlichen Gebiete werde mächtig gefördert werden. Ein starkes Band gemeinsamer Interessen werde den Osten und Westen und alle dazwischen liegenden Landstriche der Vereinigten Staaten unauflöslich aneinander fesseln.

Der Westen werde seine Pelze, seine landwirtschaftlichen Erzeugnisse austauschen gegen die gewerblichen Erzeugnisse des Ostens. „Dieser Plan", so sagt Dr. BARLOW wörtlich, „schattenhaft, phantastisch, ja donquichottisch, wie er heute erscheinen mag, er wird ausgeführt werden, so gewiß, als unser Volk auf dem Wege zur Größe und Vervollkommnung in Zukunft ebenso fortschreiten wird, wie es in den vergangenen Jahren vorwärts gegangen ist. Dieses Werk wird einst vollendet werden, denn die Bedürfnisse des Landes, ja eine gebieterische Notwendigkeit erheischen dasselbe."

Diese durch das treffliche Buch von EUGENE V. SMALLEY „History of the Northern Pacific Railroad"[1] der Vergessenheit entrissene Äußerung beweist, daß die am 22. August 1883 vollendete, die jüngste der pazifischen Eisenbahnen, die Nord-Pazifik-Eisenbahn, eine ältere Geschichte hat, als die vor ihr vollendeten, mehr südlich belegenen Pazifikbahnen, ja als die große Mehrzahl aller nicht nur in Amerika, sondern in der ganzen civilisierten Welt heute vorhandenen Eisenbahnen.

Als ein Jahrzehnt später ASA WHITNEY, ein angesehener und hervorragender Großhändler, auf Grund eigener, praktischer, in der Pflege der Handelsbeziehungen zwischen China und den Vereinigten Staaten von Amerika gesammelter Erfahrungen im Jahre 1844 aufs neue die öffentliche Aufmerksamkeit auf die Bedeutung einer Schienenverbindung zwischen dem Atlantischen und dem Stillen Ozean hinlenkte, wollte auch er diese Bahn in den Gegenden anlegen, welche heute die Nord-Pazifik-Eisenbahn durchzieht; er dachte sich als östlichen Ausgangspunkt New York, als westlichen Endpunkt den Puget-Sund. Während aber BARLOW diese Gegenden nur nach den Schilderungen ihrer berühmten Entdecker, darunter in erster Linie der kühnen Reisenden LEWIS

[1] New York, PUTNAM's Sons, 1883.

und CLARK, kannte — welche im Auftrage des Kongresses und auf Anregung des Präsidenten JEFFERSON in den Jahren 1803 bis 1806 den Nordwesten der Vereinigten Staaten zuerst durchforscht hatten —, machte ASA WHITNEY selbst im Jahre 1845 eine Reise von dem Missouri zu den Felsengebirgen, überzeugte sich auf derselben von der Gunst der Terrainverhältnisse für eine Eisenbahn, und begab sich nunmehr nach Washington, wo er mehrere Jahre hindurch mit nachdrücklichem Ernste und unermüdlichem Eifer für die Ausführung seines Planes vor dem Kongreß der Vereinigten Staaten thätig war. Die Kosten der Bahn schätzte er auf etwa 60 Millionen Dollars. Da nicht zu erwarten war, daß eine so bedeutende Summe für ein jedenfalls vorerst keine sicheren und hohen Erträge verbürgendes Unternehmen durch Privatmittel allein aufzubringen sei, so empfahl ASA WHITNEY, der Gesellschaft, welche das Unternehmen ausführen werde, einen Teil der den Vereinigten Staaten gehörigen öffentlichen Ländereien, welche die Bahn berühren werde, zum Geschenk zu machen. Der Erlös dieser, durch den Bau der Bahn im Werte mehr und mehr gesteigerten Ländereien werde einen sehr beträchtlichen Teil der Baukosten decken. — Als ASA WHITNEY sich überzeugen mußte, daß es ihm ungeachtet aller Bemühungen nicht gelingen werde, seinen großartigen Plänen eine praktische Gestaltung zu geben, da der Kongreß nicht zu bestimmen war, seinen verschiedenen Vorschlägen näher zu treten, stellte er 1848 seine agitatorische Thätigkeit für die Pazifikbahnen, der er sein ganzes bedeutendes Vermögen geopfert hatte, ein. Er starb wenige Jahre darauf als ein armer Mann.

In dem folgenden Jahrzehnt wurden von verschiedenen Seiten technische Untersuchungen über eine die nordwestlichen Gebiete durchschneidende Eisenbahn veranstaltet. Von besonderer Bedeutung sind die, auch in dem POORschen Eisenbahnjahrbuche veröffentlichten Arbeiten eines Eisenbahningenieurs EDWIN F. JOHNSON. Derselbe bereiste die Gegenden nordwestlich von Chicago und westlich von Missouri und gewann gleichfalls die Überzeugung, daß die dortigen Terrainverhältnisse vorzüglich für den Bau einer Eisenbahn sich eigneten. Seine Artikel erregten ein besonderes Aufsehen, weil zum ersten Male vom rein technischen Standpunkt der große Plan einer pazifischen Eisenbahn erörtert wurde, und auch unter diesem Gesichtspunkte keinerlei Bedenken gegen die Durchführbarkeit des Unternehmens sich ergaben.

Einer der ersten Unternehmer von Eisenbahn-Rundreisen in den Vereinigten Staaten, JOSIAH PERHAM aus Wilton (Maine), war es, der in den Jahren 1859 und 1860 seine Bemühungen dem Bau einer pazifischen Bahn wiederum zuwandte. Indessen dachte derselbe an eine Bahn mehr in südlicher Richtung nach Kalifornien hin und glaubte auch, sein Ziel besser zu erreichen, wenn er mit einem Konzessionsgesuch nicht, wie ASA WHITNEY, den Kongreß der Vereinigten Staaten, sondern vielmehr die gesetzgebenden Körperschaften der Einzelstaaten anginge, welche die Bahn durchziehen sollte. Es gelang ihm in der That für eine Gesellschaft, welche er „The People's Pacific Railroad Company" nannte, am 30. März 1859 eine Konzession des Staates Massachusetts und am 20. März eine solche von dem Staate Maine zu erlangen, Konzessionen, welche übrigens ohne praktische Bedeutung blieben, schon weil der bald nach ihrer Erteilung ausbrechende Bürgerkrieg alle anderen Interessen in den Hintergrund drängte. Indessen nur auf kurze Zeit; denn nicht lange nach Beginn des Krieges brach sich die Erkenntnis Bahn, daß kein Mittel besser geeignet sei, die neuen Gebiete der Vereinigten Staaten, insbesondere den fernen Westen, mit den östlichen, Sklaven haltenden Staaten, in feste und nahe Verbindung zu bringen, als eine Schienenstraße quer über den ganzen Kontinent. Den westlichen Endpunkt dieser Bahn aber suchte man, aus Gründen mehr politischer Natur, in Kalifornien, welches an den Nordosten zu fesseln die Regierung selbst das lebhafteste Interesse hatte. Am 1. Juli 1862 erteilte daher der Kongreß den Freibrief zum Bau einer pazifischen Bahn an zwei Gesellschaften, deren eine, die Union Pacific Company, den Bau der Bahn im Osten bei der Stadt Omaha beginnen und von da in westlicher Richtung bauen sollte, während die andere Gesellschaft — die Central Pacific Company — in Sakramento anzufangen und in östlicher Richtung entgegen zu bauen hatte. Als Termin für die Vollendung der beiden Bahnen wurde der 1. Juli 1876 festgesetzt. Schon am 10. Mai 1869 konnte eine große Festlichkeit zur Feier des Ereignisses veranstaltet werden, daß die beiden Bahnen sich begegnet und hiermit die erste pazifische Schienenstraße fertig gestellt war. Diese überaus schnelle Herstellung der pazifischen Bahn wäre nicht möglich gewesen, ohne die, hier zum erstenmale, und zwar sogleich mit Erfolg, versuchte Heranziehung chinesischer Arbeitskräfte; denn die Neger waren zu Eisenbahnarbeiten nicht zu gebrauchen. Sie wurde wesentlich auch dadurch gefördert, daß der Umfang der den Bahnen gewährten staatlichen Unterstützung sich nach der Länge der fertig gestellten Strecke richtete, jede der beiden Gesellschaften also ein lebhaftes Interesse daran hatte, ein möglichst langes Stück Bahn zu bauen.

Unter dem Eindruck der Konzessionierung der Union- und Zentral-Pazifik-Eisenbahn setzte auch PERHAM seine Bemühungen beim Kongresse fort, indem er nunmehr für sich, seine Peoples Pacific Railroad Company, den Freibrief für eine andere in den nördlicheren Gebieten zu bauende Eisenbahn beantragte. Dieses Gesuch, um Bestätigung der beiden Staatenfreibriefe durch die Vereinigten Staaten, wurde am 23. Mai 1864 durch den Kongreß abgelehnt.

Nunmehr verzichtet Perham gänzlich auf seine Staatenfreibriefe und erbittet einen neuen Freibrief der Vereinigten Staaten-Regierung für eine vom Oberen See nach dem Puget Sund zu bauende Eisenbahn. Sein Gesuch wurde am 31. Mai vom Abgeordnetenhause mit 74 gegen 50 Stimmen genehmigt. Am 27. Juni trat der Senat den Beschlüssen des Abgeordnetenhauses mit einigen Änderungen bei, über welche sich beide Häuser dann ohne Schwierigkeiten verständigten. Am 2. Juli 1864 wurde von Abraham Lincoln der Freibrief (Charter) der Northern Pacific Railroad Company vollzogen. Der Titel dieses Gesetzes lautet: „An Act, granting Lands to Aid in the Construction of a Railroad and Telegraph Line from Lake Superior to Puget Sound, on the Pacific Coast, by the Northern Route."

II.
Der Freibrief.

Einen sehr wesentlichen Teil des Freibriefes[1] bilden die Bestimmungen desselben über die der Bahn von der Regierung der Vereinigten Staaten gewährte Unterstützung, bestehend in der Schenkung von Staatsländereien (Public Lands) innerhalb der von der Bahn durchzogenen Gebiete. Unter Staatsländereien sind diejenigen, zur Zeit noch in 29 Staaten und Territorien der Union belegenen Ländereien zu verstehen, über welche, weil sie weder in Privatbesitz, noch in Besitz eines Einzelstaates sind, die Bundesregierung frei verfügen kann.[2] Der Gesamtumfang dieser Ländereien, zu welchen übrigens Flüsse, Seen,

[1] Vgl. Charter and Amendments of the Northern Pacific Railroad Company, approved July 2. 1864. Boston 1866.

[2] Vgl. Dr. Sering, Die Landpolitik der Vereinigten Staaten von Nordamerika in Schmoller, Jahrb. f. Gesetzgebung. 1884. Heft II. S. 103ff.

Gebirge u. s. w. gehören, wird geschätzt auf 1 814 793 938 Acres, oder 7 344 243 qkm, ist also 13½ mal so groß, als das Gebiet des Deutschen Reiches (540 485 qkm). Hiervon waren indessen bis zum 30. Juni 1882 erst 3 368 395 qkm vermessen. Die Regierung der Vereinigten Staaten erachtet es für eine ihrer wesentlichen wirtschaftlichen Aufgaben, für allmähliche Besiedelung dieser weit ausgedehnten Ländergebiete Sorge zu tragen. Die Ländereien werden also zum Teil an die Einzelstaaten verschenkt für Universitäten, Schulen und andere gemeinnützige Zwecke. Über einen anderen Teil derselben wird verfügt auf Grund der drei bekannten Gesetze, des Heimstätten (Homestead)-, des Baumpflanzungs-(Timber-culture)- und des Vorkaufs (Preemption)-Gesetzes. Diese Gesetze gestatten es, solchen Bürgern der Vereinigten Staaten, welche sich ansiedeln und dem landwirtschaftlichen Gewerbe widmen wollen, sowie sich verpflichten, innerhalb bestimmter Fristen ein im Gesetze festgestelltes Terrain mit Bäumen zu bepflanzen, gegen eine sehr mäßige Einschreibegebühr das freie Eigentum eines erheblichen Stückes Ackerland, nach jedem Gesetze einer viertel Quadratmeile (160 Acres = 6475 ar) zum Geschenk zu machen. Ein weiterer Teil der Staatsländereien ist benutzt zur Unterstützung des Eisenbahnbaus. Das erste wichtigere, die Schenkung öffentlicher Ländereien an Eisenbahnen betreffende Gesetz ist das Gesetz vom 20. September 1850, durch welches die Staaten Illinois, Mississippi und Alabama Ländereien zum Bau einer Eisenbahn von Chicago nach Mobile geschenkt erhielten.[1] Demnächst sind wiederholt an verschiedene, vor allem die pazifischen

[1] Vgl. für die vorstehenden Angaben: Annual Report of the Commissioner of Railroads made to the Secretary of the Interior for the year ending Juni 30. 1883. Washington 1883. Appendix I. S. 113 ff. — Dieser Bericht enthält S. 135 ff. auch die wesentlichsten Bestimmungen des Freibriefs der Nord-Pazifik-Eisenbahn.

Bahnen, solche Landschenkungen gemacht, deren gesamter Umfang sich heute auf ungefähr 187 Millionen Acres (= 757 000 qkm) beläuft. Hiervon ist allerdings erst ungefähr der vierte Teil wirklich in Besitz genommen. Bei der Überweisung der Eisenbahnländereien wird in der Regel so verfahren, daß die Eisenbahn je eine Sektion (eine englische Quadratmeile = 640 Acres = 259 ha) erhält, während die Regierung die benachbarte Sektion für sich behält, so daß demnächst abwechselnd immer eine Sektion der Regierung an eine Sektion der Eisenbahn grenzt. Eine solche Verteilung ist auch für die Eisenbahn vorteilhaft, weil dieselbe Wert darauf legen muß, daß die an der Bahn belegenen Gebiete baldigst besiedelt werden, während die Neigung zum Erwerb der Regierungsländereien durch das Vorhandensein der Eisenbahn wiederum gefördert wird.

Den beiden vor der Nord-Pazifik-Eisenbahn konzessionierten pazifischen Bahnen, der Union und der Zentral-Pazifik-Eisenbahn, waren gleichfalls bedeutende Landschenkungen gemacht, sie hatten für jede Meile Bahn 20 Sektionen Land erhalten. Die Länge der Union-Pazifik-Bahn, soweit dieselbe staatlich unterstützt ist, beläuft sich auf 1038·68 Meilen, die der Zentral-Pazifik-Bahn auf 737·5 Meilen, erstere hat dafür einen Anspruch auf Ländereien im Gesamtumfange von 13 384 089, letztere von 9 440 000 Acres. Die beiden Bahnen erhielten eine fernere Unterstützung durch Gewährung von Regierungs-Darlehen, die innerhalb dreißig Jahren zurückgezahlt werden mußten, und deren Zinsen einstweilen die Vereinigten Staaten zu berichtigen hatten. Ob und wieweit die Zinsen später zu vergüten sind, sowie über die Gegenleistungen der Bahnen für die Gewährung des Darlehens, bestehend in gewissen Transportvergünstigungen für öffentliche, insbesondere militärische Zwecke, bestehen Meinungsverschiedenheiten, welche schon jetzt zu Prozessen geführt haben, die aber wohl erst bei der Fälligkeit des Darlehens zum

Austrag kommen werden.[1] Die Höhe desselben betrug, je nach den von den Bahnen durchzogenen Gebieten, $ 16000, $ 32000 und $ 48 000 für die Meile; der Gesamtbetrag (ausschließlich Zinsen) beläuft sich für die Union-Pazifik-Eisenbahn auf $ 27 236 512, für die Zentral-Pazifik-Eisenbahn auf $ 25 885 120. In dem Freibrief war bestimmt, daß dieses Darlehen an erster Stelle hypothekarisch sicher gestellt werden sollte. Zwei Jahre später, als sich ergab, daß ungeachtet dieser hohen staatlichen Unterstützungen die Geldmittel für den Bahnbau nicht aufzubringen waren, wurde diese Bestimmung dahin geändert, daß den Bahnen gestattet wurde, einer Obligationsschuld in Höhe des Regierungsdarlehens die erste Pfandstelle zu gewähren, während die Regierung mit ihrer Forderung hinter diese Obligationen an die zweite Stelle zurücktrat.

Eine Geldunterstützung ist der Nord-Pazifik-Eisenbahn nicht gewährt worden, es heißt vielmehr am Schlusse der Sekt. 3 ihres Freibriefes, daß „zur Unterstützung des Baues keinerlei Gelder aus der Kasse der Vereinigten Staaten entnommen werden sollen“. Dagegen sind die ihr geschenkten Ländereien erheblich umfangreicher und wertvoller; denn die von der Nord-Pazifik-Eisenbahn durchzogenen Gebiete haben einen fruchtbareren und für die Kultur empfänglicheren Boden, als die Ländereien der beiden anderen Bahnen. Der Umfang der Ländereien wird festgesetzt auf 40 Sektionen in den Territorien (Dacota, Montana, Idaho und Washington) und auf 20 Sektionen in den Staaten (Wisconsin und Minnesota) für die Meile, und beläuft sich nach dem Bericht des Railroad Commissioner für das Jahr 1883 auf 57 920 000 Acres, wovon indessen so viel in Abzug kommt, daß ungefähr nur 42 Millionen Acres übrig

---

[1] Eine, wie es scheint, aus bester Quelle geschöpfte Darstellung des Streitgegenstandes findet sich aus dem Boston Advertiser abgedruckt in der New-Yorker Railroad Gazette vom 5. September 1884. S. 645.

bleiben. Die Bahn selbst schätzt den Umfang der ihr zustehenden Ländergebiete auf 47 Millionen Acres. Letzterer Umfang ist gleich rund 190 000 qkm, oder entspricht ungefähr dem Umfange der sechs östlichen preußischen Provinzen Ostpreußen, Westpreußen, Pommern, Schlesien, Posen und Brandenburg zusammengenommen. Da, wie bemerkt, die Vereinigten Staaten selbst für sich ein Gebiet von gleichem Umfange zurückbehalten, so gewährt es der Bahn noch eine besondere Sicherheit, daß dieselben sich verpflichten (Sekt. 6), ihre Ländereien, soweit über dieselben nicht nach Maßgabe der geltenden Gesetze verfügt wird, nicht unter $ 2·50 den Acres zu verkaufen.

Die Überweisung der Ländereien erfolgt in der Art, daß, so oft 25 Meilen hintereinander fertig gestellt sind, der Präsident der Vereinigten Staaten eine Kommission von drei Personen ernennt, welche untersuchen, ob der Bau der Bahn ordnungsmäßig nach den Bestimmungen des Freibriefes ausgeführt ist. Die Kommission berichtet hierüber an den Präsidenten, und wenn sie alles in Ordnung befunden hat, so werden die Überweisungsurkunden für die an dieser fertigen Strecke belegenen Ländereien ausgefertigt.[1]

---

[1] Der Vergleichung wegen mögen hier einige Mitteilungen über die Staatsunterstützungen Platz finden, welche der dritten selbständigen pazifischen Bahn, der Canadian Pacific Railway, seitens der englischen Regierung teils bereits gewährt, teils in Aussicht gestellt sind. Diese Bahn soll von Montreal und durch das Dominion of Canada hindurch bis zum pazifischen Ozean gebaut werden; sie ist im Bau so weit vorgeschritten, daß ihre Vollendung für das Jahr 1886 bevorsteht. Die Länge der Hauptlinie soll 2870 Meilen, die verschiedener Zweiglinien 398 Meilen, die Gesamtlänge also 3268 Meilen = 4361 km betragen. Dieser Bahn ist nun gewährt: 1. Ein bares Darlehn von 25 Millionen Dollars. 2. Eine Landschenkung und zwar nur von Ländereien, die sich zur Besiedelung eignen, von 25 Millionen Acres, außer dem gesamten für die Anlage der Bahn, der Bahnhöfe etc. erforderlichen Grund und Boden, welcher gleichfalls geschenkt wird. 3. Die Regierung baut auf eigene Kosten eine Strecke von 714 Meilen, welche die Bahn demnächst zum Geschenk erhält. Sie werden ungefähr 30 Millionen

Von den übrigen Bestimmungen des Freibriefes mögen noch erwähnt werden die Festsetzung des Aktienkapitals (Capital Stock) der Gesellschaft auf 100 Millionen Dollars, eingeteilt in eine Million Aktien, eine jede zu 100 Dollars (Sekt. 1). Von diesem Kapital müssen innerhalb zwei Jahren nach Gewährung des Freibriefes 2 Millionen Dollars gezeichnet, und davon 10 Prozent eingezahlt sein, widrigensfalls der Freibrief nichtig ist. — Die Linie der Bahn wird festgesetzt: von einem Punkte am Lake Superior im Staate Minnesota oder Wisconsin in westlicher Richtung nördlich vom 45. Breitengrade nach einem Punkte am Puget Sund mit einer Zweiglinie durch das Thal des Columbiaflusses nach Portland im Staate Oregon. — Die Konstituierung der Gesellschaft muß erfolgen, sobald die vorgeschriebenen Zeichnungen und Einzahlungen geleistet sind. Die Bestimmungen über die Organisation der Verwaltung entsprechen den in den Vereinigten Staaten üblichen. — Die Bahn erhält das Wegerecht (Right of Way) durch die öffentlichen Ländereien für die Anlage des Bahnkörpers und der Telegraphenlinie. Sie kann von den benachbarten Ländereien Erde, Steine, Holz zum Bau entnehmen; die Breite des Bahnkörpers beträgt 200 Fuß englisch (= 60 Meter), der Bahnkörper ist frei von allen Abgaben. Die Bahn ist als Bahn

---

Dollars kosten. 4. Für das auf 100 Millionen Dollars festgesetzte Aktienkapital garantiert die Regierung auf zehn Jahre eine Dividende von mindestens drei Prozent. 5. Die Bahn hat das Recht, eine Telegraphenlinie entlang ihres Bahnkörpers anzulegen und zu betreiben. 6. Die Einfuhr von Eisenschienen und allen Baumaterialien ist zollfrei. 7. Die Bahn erhält auf 20 Jahre ein ausschließliches Privilegium. 8. Die Stationen, Betriebsmaterialien, Gebäude etc., sowie das Aktienkapital sind auf ewige Zeiten frei von allen Abgaben seitens des Dominiums oder einer Provinz von Kanada. Die geschenkten Ländereien genießen die Abgabenfreiheit 20 Jahre lang. Vgl. hierüber Nimmo, Reciprocity of Transportation Facilities between the United States and the Dominion of Canada and the Canadian Pacific Railway. Washington 1884. (Aus dem Report on the International Commerce for the Fiscal Year 1882/83.)

erster Klasse mit einheitlicher Spurweite und unter Verwendung des besten Materials (darunter insbesondere Schienen bester Beschaffenheit von amerikanischem Eisen) zu bauen. Die Bahn muß anderen benachbarten Bahnen Mitbetrieb gestatten.

Der Bau der Bahn muß nach dem Freibriefe (Sekt. 8) begonnen werden „innerhalb zwei Jahren nach Genehmigung des Freibriefes durch den Präsidenten, es müssen demnächst alljährlich mindestens 50 Meilen gebaut und die ganze Bahn muß am 4. Juli 1876 fertig gestellt sein". Der folgende Paragraph fährt sodann fort: „Die Vereinigten Staaten gewähren diese verschiedenen Vergünstigungen, und die Nord-Pazifik-Eisenbahn nimmt dieselben an unter der ferneren Bedingung, daß, wenn die Gesellschaft irgend einer Bestimmung zuwiderhandelt, und es duldet, daß diese Zuwiderhandlung über ein Jahr hinaus fortgesetzt wird, in diesem Falle die Vereinigten Staaten in jeder beliebigen späteren Zeit durch den Kongreß alle Maßregeln ergreifen können, welche wünschenswert oder notwendig sind, um eine schleunige Vollendung der Eisenbahn sicherzustellen." Die Fristen für den Beginn und die Fertigstellung sind durch spätere Bestimmungen hinausgeschoben worden. Ein Beschluß des Kongresses vom 7. Mai 1866 besagt in Sekt. 2, daß die Zeit für den Beginn und für die Vollendung der Bahn um zwei Jahre (das wäre also der Anfang bis 1868, die Vollendung bis 1878) verlängert wird. Ein weiterer Beschluß vom 1. Juli 1868 giebt dann der Sekt. 8 des Freibriefes eine veränderte Fassung dahin, daß der Beginn der Arbeiten zwei Jahre nach dem 2. Juli 1868 erfolgen muß (also spätestens am 1. Juli 1870), daß von da ab jährlich mindestens 100 Meilen Bahn fertig zu stellen sind, und daß die Vollendung der Bahn bis zum 4. Juli 1877 zu erfolgen habe. Der Vollendungstermin wäre hiernach wieder um ein Jahr vorgeschoben. Dies ist an sich nicht wahrscheinlich, da um die Zeit, als die Interessenten nicht vorwärts kommen, keine Gelder für den Bahnbau aufbringen konnten, sie gewiß nicht auf Erlaß von gesetzlichen Bestimmungen auf Abkürzung der Baufrist hingearbeitet hätten. Es wird denn auch allgemein, insbesondere auch wiederholt in den Jahresberichten der Bahn, behauptet, die Baufrist sei durch den letsten Beschluß ebenfalls wenigstens um ein weiteres Jahr bis zum 4. Juli 1879 hinausgeschoben worden. Wie sich dies mit dem Wortlaut der vorangezogenen Bestimmungen vereinbaren läßt, habe ich nicht aufklären können.

Auch die Sektion 10 des Freibriefes hat nachträglich eine Änderung erfahren. Es hieß daselbst ursprünglich, daß Verpfändungen der Bahn und Ausgabe von Obligationen behufs Erlangung von Baugeldern unter Verpfändung der Bahn nur mit Zustimmung des Kongresses der Vereinigten Staaten statthaft sei. Diese Stelle ist durch einen gemeinsamen Beschluß beider Häuser vom 1. März 1869 dahin abgeändert worden, daß diese Zustimmung erteilt, die Gesellschaft also ermächtigt ist, „Obligationen auszugeben, dieselben durch Verpfändung der Eisenbahn- und Telegraphenlinien sicher zu stellen, um Geldmittel zu erlangen, mit welchen der Bau der Eisenbahn- und Telegraphenlinien auszuführen ist“.

Den vorstehend aufgezählten Vergünstigungen aller Art, welche der Bahn von seiten des Staates gemacht wurden, stehen Gegenleistungen der Bahn eigentlich nur in Sektion 11 gegenüber, woselbst bestimmt wird, daß die Nord-Pazifik-Eisenbahn eine Poststraße und eine Militärstraße sein soll, welche die Vereinigten Staaten für Zwecke des Post-, Militär- und Marinedienstes und andere Regierungszwecke zu benutzen berechtigt sind, daß dieselbe sich auch den etwa vom Kongreß zu erlassenden Bestimmungen über Ermäßigung der für solche Regierungstransporte zu erhebenden Frachten unterwerfen muß. Derartige Bestimmungen sind, soviel bekannt, bisher nicht erlassen worden.

Gewiß würde es unrichtig sein, wollte man einen derartigen Freibrief mit dem Maßstabe europäischer, insbesondere deutscher Eisenbahnkonzessionen messen. Die hauptsächlichste Gegenleistung der Gesellschaft für so weitgehende Zugeständnisse besteht darin, daß überhaupt durch diese weiten, unwirtlichen, ja so gut wie unbekannten Gebiete eine Eisenbahn gebaut wird. Da nach den in den Vereinigten Staaten herrschenden politischen Zuständen keine Rede davon sein konnte, daß etwa die Bundesregierung oder die Regierungen der von der Bahn durchzogenen Einzelstaaten auf öffentliche Kosten die Bahn herstellten — merkwürdigerweise hat nur der erste Anreger der Bahn, Dr. BARLOW, im Jahre 1834 sich dieselbe als Bundesstaatsbahn gedacht —, so läßt sich gewiß grundsätzlich nichts dagegen einwenden, daß ein Privatunternehmer, welcher sich einer so riesenhaften Aufgabe unterzieht, auch eine staatliche Unterstützung erhält, durch welche das Risiko wenigstens etwas vermindert wird, zumal wenn die Unterstützung — wie dies bei der Nord-Pazifik-Eisenbahn der Fall ist — dem Staate kein direktes Opfer, sondern nur den Verzicht auf einen in ferner Zukunft möglichen Gewinn zumutet. Die Ländereien, welche der Staat verschenkte, waren in der That zur Zeit der Schenkung völlig wertlos, sie hätten gerade so gut im Monde liegen können; erst durch den Bahnbau, also die Arbeit der Gesellschaft, erhielten sie, gleichzeitig aber auch die dazwischen liegenden Regierungsländereien, einen Tauschwert.

Anderseits aber zeigt dieser und zeigen die unter ähnlichen Verhältnissen an andere große Eisenbahngesellschaften erteilten Freibriefe, wie unzutreffend die vielfach in Deutschland gehörte Behauptung ist, daß auch im Eisenbahnbau die Vereinigten Staaten von Amerika das Musterland des Privatunternehmungsgeistes seien, der alles aus eigener Initiative hervorbringe, der vom Staate keine Hilfe verlange, ja die freiwillig angebotene Hilfe stolz verschmähe. Die großen pazifischen Bahnen wären ohne staatliche Unterstützung niemals gebaut worden. Wo nicht irgend ein greifbarer Lohn, wenigstens in der Ferne winkt, da läßt sich auch der Amerikaner auf solche Unternehmungen nicht ein. Daß in den östlichen Staaten sich bald ein dichtes Eisenbahnnetz zusammenzog, welches ausschließlich von Privatunternehmern hergestellt wurde, ist nicht wunderbar; denn dort waren, wie in Deutschland, England, Frankreich, alle Vorbedingungen für ein lohnendes Geschäft vorhanden. Mit dem Betriebe der pazifischen Bahnen allein war dagegen nichts zu verdienen und nur der Verkauf der großartigen Ländergebiete versprach einigen Gewinn, mindestens die Rückzahlung der Herstellungskosten; es ist also ganz natürlich, daß man sich nur unter solchen Bedingungen auf ein so gewagtes Geschäft einläßt. Weniger angenehm berührt indessen das Jahre lang sich immer wiederholende förmliche Anbetteln des Staates um, sei es direkte sei es indirekte, Erhöhung der ursprünglich gewährten staatlichen Beihilfe. Lange Jahre ist, wie dies auch der Geschichtsschreiber der Nord-Pazifik-Eisenbahn unumwunden und mißfällig bemerkt, der Bau der Nord-Pazifik-Eisenbahn dadurch aufgehalten, daß man sich, trotz aller Verwilligungen, nicht entschließen konnte, wenigstens ein kleines Risiko auf die eigenen Schultern zu nehmen, daß man beim Auftauchen jeder neuen Schwierigkeit zunächst immer wieder an die Regierung ging und diese um Hilfe bat. Als die Leiter der Bahn sich endlich auf die eigenen Füße stellten, und beschlossen, mit dem, was sie erhalten, nun auch zufrieden zu sein, da ging es mit dem Bau der Bahn besser vorwärts, und da zeigte sich denn auch, daß die Gabe des Staates, die Landschenkung, in der That einen ganz bedeutenden Wert hatte, daß sie einer recht erheblichen Geldunterstützung gleich zu achten war.

III.

Josiah Perham. Jay Cooke. Frederick Billings. 1864—1881.

Die Bemühungen Josiah Perhams richteten sich auf Erfüllung der Bedingungen des glücklich erhaltenen Freibriefs, zunächst auf Bildung einer Aktiengesellschaft zum Bau der Bahn. Eine erste Versammlung der Beteiligten wurde auf den 1. September 1864 nach Boston in die Melodian Hall berufen. Sie wählte Perham zu ihrem Präsidenten und beschloß Auslegung der Listen zur Zeichnung des Aktienkapitals. Es wurden in der That 75 Aktien über den im Freibriefe vorgesehenen Mindestbetrag von 20000 gezeichnet, und auf dieselben 10 Prozent, also alles in allem 200 750 Dollars, eingezahlt. Am 6. Dezember 1864 erfolgte darauf die endgültige Bildung der Aktiengesellschaft.

Diese Zeichnung und Einzahlung des vorgeschriebenen Teils des Aktienkapitals war der letzte Erfolg von Perhams Thätigkeit für die Eisenbahn. Es gelang ihm nicht, soviel Geld aufzubringen, um nun auch wirklich an den Bau der Bahn heranzugehen. Ob die $ 200 750 der ersten Zeichner überhaupt eingezahlt, wozu dieselben verwandt, ob sie vielleicht ganz oder teilweise zurückgezahlt sind, läßt sich nicht mehr feststellen. Die Gesellschaft hatte von dem Aktienkapital außerdem $ 600 000 ausgegeben und eine Schuld von $ 100 000 aufgenommen.

Perham ließ sich demnächst bestimmen, seine Rechte an eine Anzahl bedeutender Kaufleute in Boston abzutreten, welche am 1. Oktober 1867 als das sog. „Original Interests Agreement“ zusammentraten, und das Interesse an der Bahn in zwölf Anteile zerlegten. Der Eigentümer eines Anteils hatte $ 8500 einzuzahlen, und diese Einzahlungen, im ganzen also $ 102 000, wurden lediglich dazu verwandt, die Rechte Perhams abzukaufen. Für letzteren genügte diese Summe zur Deckung der baren

Kosten und Auslagen, welche er und seine Freunde zur Erlangung des Freibriefs aufgewandt hatten. Das Original Interests Agreement hatte aber hierfür, sowie für die weitere Verpflichtung, die Ausgabe von $ 600 000 Aktien und die Schuld von $ 100 000 anzuerkennen, das Eigentum an dem gesamten Aktienkapital von $ 100 Millionen erworben, wie sich denn auch diese zwölf Teilhaber „Eigentümer des Aktienkapitals", Owners of the Stock, nennen.

Durch diese neue Gesellschaft wurde das Unternehmen indessen sehr wenig gefördert. Dieselbe bemühte sich wohl, geeignete Finanzkräfte heranzuziehen, hauptsächlich aber, weitere Zugeständnisse und Unterstützung seitens der Regierung der Vereinigten Staaten zu erlangen, darunter vornehmlich eine Zinsgarantie für ein Teil des Anlagekapitals. Diese Bemühungen waren ohne erheblichen Erfolg. Das einzige, was man erreichte, war eine Hinausschiebung der im Freibrief für den Beginn des Bahnbaus und die Fertigstellung der Bahn vorgesehenen Fristen. Daneben wurden auch die ersten Untersuchungen über die technische Seite des Bahnbaus unternommen, und hierauf etwas Geld verwandt, im ganzen etwa $ 250 000. Die Eigner des Kapitals zahlten auch ein jeder weitere $ 4000 auf ihren Anteil ein, so daß derselbe nunmehr eine Summe von bar $ 12 500 darstellte.

So lag die Sache bis zum Jahre 1869. Da gelang der Gesellschaft, die Teilnahme eines Mannes für die Bahn zu gewinnen, welcher den Mut und das Geschick besaß, ohne weitere Unterstützung der Regierung eine bedeutende Summe flüssig zu machen, mit welcher der Bau der Bahn begonnen werden konnte. Es war dies Jay Cooke, der Chef eines großen Bankhauses in Philadelphia und New York. Derselbe hatte sich einen angesehenen Namen dadurch gemacht, daß er zu einer Zeit, zu welcher es den Vereinigten Staaten recht schlecht ging, ein bedeutendes Staatsanlehen untergebracht hatte, welches bekannt ist unter der Bezeichnung des 7·30er Anleihe. Die Anleihe wurde nämlich mit $7^3/_{10}$ Prozent verzinst, in kleinen Stücken, das kleinste in Höhe von $ 50, ausgegeben, und zur Anlage kleiner Ersparnisse besonders empfohlen, wobei man geschickt die — rein äußerliche — Eigenschaft der geringsten Stücke in den Vordergrund stellte, daß nämlich für jeden Anteilschein in Höhe von $ 50 täglich 1 Cent Zinsen gezahlt wurde. JAY COOKE hatte es meisterlich verstanden, durch eine großartige Reklame diese Vorzüge der Anleihe richtig zu beleuchten, und der Erfolg war ein ganz überraschender gewesen. JAY COOKE war überdies, wie so viele der einflußreichsten und begütersten Geschäftsleute in den Vereinigten Staaten, eine Art von Schwärmer, er hatte das Bestreben, sich um das Gemeinwohl verdient zu machen, mit seinen reichen Mitteln gemeinnützige Zwecke zu verfolgen. — Eine solche Natur war wie geschaffen, um ein Riesenunternehmen, wie die Nord-Pazifik-Eisenbahn, vorwärts zu bringen, und als er sich, von dem „Original Interests Agreement" auf das Unternehmen aufmerksam gemacht, durch eingehende Prüfung und sorgfältige Untersuchungen von der hohen wirtschaftlichen Bedeutung desselben überzeugt hatte, da ging er mit einer wahren Begeisterung an das Werk, ohne übrigens die Wahrung auch seines Vorteils dabei außer Acht zu lassen. Er verpflichtete die Gesellschaft, ihn zu ihrem alleinigen Bankier zu machen, und entwarf folgenden Finanzplan: Das zum Bau der Bahn erforderliche Geld, immer noch auf 100 Millionen Dollars geschätzt, sollte durch Ausgabe von Obligationen (Bonds) mit einem Zinsfuße von 7·30 Prozent, also demselben, zu welchem das Regierungsanlehen ausgegeben war, aufgebracht werden. Er allein übernahm es, diese Obligationen zu vertreiben. Sie wurden ihm seitens der Gesellschaft zu einem festen Kurse von 88 Prozent überlassen; außerdem erhielt er für je $ 1000 Obligationen $ 200 Aktien als „Prämie“. Damit nicht genug. Die 12 vorgedachten Anteile am Aktienkapital wurden auf 24 erhöht, und von diesen 24 erhielt JAY COOKE die Hälfte. Er verfügte auf diese Weise über die Majorität des Aktienkapitals; denn die 12 Anteile repräsentierten 40 Millionen Dollars, und auf die 100 Millionen Dollars Bonds kamen weitere 20 Millionen Dollars Aktien. Nebenbei wurden die von PERHAM ausgegebenen und von seinen Nachfolgern anerkannten $ 600 000 Aktien in neue Obligationen zum Kurse von 50 Prozent umgewandelt und so ganz reiner Tisch gemacht. — Dieser kühne Plan fand die Billigung der Gesellschaft, welche als fernere Bedingung nur die stellte, daß binnen kürzester Frist $ 5 000 000 bereit zu stellen seien, um endlich rechtzeitig bis zu dem im Freibriefe vorgesehenen Zeitpunkte mit dem Bau der Bahn beginnen zu können. JAY COOKE fügte sich dieser Bedingung, ein Konsortium übernahm sofort die $ 5 000 000 zum Parikurse und gegen Überlassung der 12 Anteile JAY COOKES zum Preise von je $ 50 000. Da letzterer die Bonds zu 88 Prozent erhielt, so verdiente er an diesem Geschäfte mit einem Schlage $ 1 200 000, gewiß ein guter und verlockender Anfang.

Damit wurde im Sommer 1870 der Bau der Bahn begonnen, im Osten von dem Punkte Thomson Junction in North-Minnesota aus nach Westen zu, im Westen im Cowlitz-Thal zwischen Kalama und Tacoma. Unter der Firma JAY COOKES aber fanden die Obligationen dieser Zukunftsbahn in den Vereinigten Staaten reißenden Abgang. Ein Versuch, dieselben auch in Europa unterzubringen, mißglückte; der ausbrechende deutsch-französische Krieg ließ für derartige Unternehmungen kein Interesse, und von diesen Obligationen ist keine einzige am europäischen, insbesondere auch nicht am deutschen Markt gekauft. In den Vereinigten Staaten aber sind im ganzen Obligationen im Nennbetrage von $ 30 736 500 verkauft worden, wofür also die Gesellschaft bar $ 26 784 120 erhalten zu haben scheint. Diese Gelder flossen ununterbrochen fort bis zum Jahre 1873. Mit ihnen wurde rüstig, wenn auch recht teuer, gebaut, und im Osten bis zum Missouri an der Stelle, an welcher heute die Stadt Bismarck (Dacotas Hauptstadt) liegt, rund 450 Meilen, im Westen die ganze Strecke von Kalama nach Tacoma (105 Meilen) fertig gestellt. Außer den für die Obligationen erhaltenen Beträgen hatte man fünf Millionen Dollars verbaut, welche Jay Cooke einstweilen vorschoß.

Der 18. September 1873 brachte dem Handel der Vereinigten Staaten die furchtbare Krisis. Eines ihrer ersten Opfer war das Haus von Jay Cooke, welches genötigt wurde, seine Zahlungen einzustellen, und die Nord-Pazifik-Bahn in seinen Sturz mit hineinzog. Die Obligationen derselben waren augenblicklich ganz und gar unverkäuflich. Die Zinsenzahlung wurde eingestellt, der Bau geriet ins Stocken. Der Betrieb der Bahn wurde mit großen Einschränkungen einstweilen noch fortgesetzt, indessen am 16. April 1875 mußte sich die Bahn für bankerott erklären, es wurde der Konkurs eingeleitet und ein Konkursverwalter (Receiver) ernannt. Bald darauf wurden indessen auch schon von einer Anzahl Beteiligter, hauptsächlich Obligationenbesitzern, Maßregeln vorbereitet, um die Verhältnisse der Bahn zu ordnen und den Konkurs zu beendigen. Der Plan ging darauf hinaus, die Bahn für die Obligationenbesitzer käuflich zu erwerben. Nachdem am 20. Mai 1875 eine Einladung an dieselben ergangen war, traten sie am 30. Juni zusammen, und genehmigten einen vom Komitee entworfenen Reorganisationsplan, dessen wesentliche Punkte dahin gingen:

Das Aktienkapital der Bahn wird eingeteilt in Preferred Stock und Common Stock, ziemlich genau entprechend unserer Bezeichnung von Stammprioritäts- und Stammaktien. Die ersteren werden auf 51 Millionen, die letzteren auf 49 Millionen

Dollars festgesetzt. Die Stammprioritäten erhalten eine Vorzugsdividende aus den Reinerträgen der Bahn in Höhe von acht Prozent; aus den weiteren Reineinnahmen wird auf die Stammaktien acht Prozent Dividende gezahlt und etwaige noch weitere Überschüsse zwischen diesen und den Stammprioritätsaktien gleich geteilt. Während nun den bisherigen Aktieninhabern freigestellt wurde, ihren Besitz gegen die neuen Stammaktien einzutauschen, sollten die Stammprioritätsaktien verwendet werden zur Beseitigung der Schulden der Gesellschaft, d. h. in erster Linie der von JAY COOKE untergebrachten Obligationen. Es wurde den Besitzern der letzteren das Recht erteilt, je $ 1000 Obligationen gegen den gleichen Betrag von Stammprioritäten einzutauschen. Außerdem erhielten dieselben die Zinsen für fünf Jahre (vom 1. Juli 1873 bis dahin 1878) zu acht Prozent im voraus, also für je $ 1000 $ 400, zusammen für je $ 1000 Obligationen $ 1400 Stammprioritäten. Die neuen Stammprioritäten konnten auch zum Parikurse beim Ankauf der östlich vom Missouri belegenen Ländereien der Gesellschaft in Zahlung gegeben werden, und waren, soweit sie zu diesem Zwecke Verwendung fanden, zu vernichten. Da rund 30 Millionen Dollars Obligationen ausgegeben waren, so waren an Stelle derselben 42 Millionen Dollars Stammprioritäten einzutauschen, die Gesellschaft konnte also noch über neun Millionen Dollars anderweit zur Beschaffung von Geldmitteln Verfügung treffen. Mit diesen Mitteln und dem Erlöse der Ländereien gedachte man den Bau der Bahn in langsamem Tempo fortzusetzen. Um aber noch mehr Gelder zu beschaffen, behielt man sich in dem Reorganisationsplan die Ausgabe neuer Obligationen vor, welche jedoch höchstens im Betrage von $ 25 000 für jede wirklich fertig gestellte Meile ausgegeben werden durften, und gegen welche die ganze Bahn mit ihrem Zubehör einschließlich ihrer Privilegien und ihrer Ländereien, mit Ausnahme der östlich vom Missouri belegenen, verpfändet werden sollte.[1]

Der Umtausch der Obligationen in Aktien begann schon am 16. April 1875. Die Feststellung eines Präklusivtermins für den Umtausch behielt man sich zunächst vor, und erst durch eine Bekanntmachung vom 18. Dezember 1878 wurde derselbe auf den 30. Juni 1879 anberaumt. In den Berichten über das Jahr 1878/79 wird mitgeteilt, daß bis zum 17. September 1879 umgetauscht seien $ 30 207 100, und daß noch rückständig seien $ 529 400. Der Gesamtbetrag der von JAY COOKE ausgegebenen Obligationen muß sich hiernach, wie oben bemerkt, auf $ 30 736 500 belaufen haben.

Begleitet man nun diesen Posten von 51 Millionen Dollars Preferred Stock durch die Jahresberichte bis zum Jahre 1883/84, so findet sich bis zum Jahre 1878/79 eine stetige Vermehrung infolge des immer sich steigernden Umtausches der Obligationen. Es sind eingetauscht Obligationen gegen Stammprioritäten

1876/77	$ 34 107 429·58
1877/78	„ 41 910 976·35
1878/79	„ 43 031 100·00.

Mit dem Eintritt des Präklusivtermins hört diese Erhöhung auf. Es stellt sich nunmehr heraus, daß man sich bei Entwurf des Reorganisationsplanes um etwas über eine Million Dollars zu ungunsten der Gesellschaft geirrt hatte. Dieselbe konnte nicht über neun Millionen, sondern nur über etwas unter acht Millionen Dollars Stammprioritäten verfügen.

[1] Die weiteren Einzelheiten über den Reorganisationsplan finden sich in dem „Report of the President and Directors of the Northern Pacific Railroad Company to the Stockholders at the Annual Meeting 1876. 27. September“. — Dieses ist der erste überhaupt erstattete Jahresbericht der Gesellschaft, welchem alljährlich bis zum Jahre 1884 ein weiterer folgt. Im ganzen liegen neun Jahresberichte vor, welchen die Angaben im Texte im wesentlichen entnommen sind.

Eine weitere Änderung, und zwar eine Verminderung dieses Postens ist die Folge der Vernichtung solcher Stammprioritätsaktien, welche für Ländereien an Zahlung gegeben werden. Genaue zahlenmäßige Angaben hierüber finden sich zuerst im Jahresberichte für 1879/80. In diesem und den folgenden Jahren sind Stammprioritäten vernichtet gewesen im Gesamtbetrage von

1879/80 . . .	$ 7 587 354·88,		
1880/81 . . .	„ 8 687 411·05,	also mehr	$ 1 100 056·17
1881/82 . . .	„ 9 090 867·80,	„ „	„ 303 456·75
1882/83 . . .	„ 9 250 536·10,	„ „	„ 159 668·30
1883/84 . . .	„ 11 192 931·60,	„ „	„ 1 942 395·50.

Der bedeutende Betrag des letzten Geschäftsjahrs hat seinen Grund darin, daß die Stammprioritäten zu einem sehr niedrigen Kurse zu kaufen waren, also auch der Kauf von Land mittels Umtausches von Stammprioritäten zum Pari-Kurse sich besonders lohnte. Für die 1883/84 verkauften Ländereien sind denn auch bar $ 715 225 und in Stammprioritäten $ 1 725 571 eingenommen. Endlich enthalten nicht alle Jahresberichte Angaben darüber, wieviele von den im Besitz der Gesellschaft verbliebenen Stammprioritäten an den Markt gebracht sind; über den Kurs, zu welchem man dieselben veräußert hat, geben die Berichte gar keine Auskunft. Wir erfahren jedoch, daß im Jahre 1879/80 die Gesellschaft noch einen Besitz von Preferred Shares hat in Höhe von $ 4 111 830·10. Im folgenden Jahre hat sie noch $ 2 851 455·10, und im Jahre 1882/83 sind, wie aus dem Berichte über dasselbe hervorgeht, noch $ 757 169·86 aus dem Verkauf von Stammprioritäten eingenommen und damit war diese Geldquelle versiegt.

Eine bare Dividende haben die Besitzer der Stammprioritäten bisher nicht erhalten. Soweit aus dem Betriebe der Bahn Einnahmen erzielt wurden, sind dieselben zu Bauzwecken verwendet und zwar eigentlich im Widerspruch mit den Versprechungen, welche den Stammprioritätsbesitzern in dem Reorganisationsplane gemacht waren. In diesem heißt es, daß den Stammprioritäten eine Dividende von acht Prozent jährlich zusteht, soweit die nachstehend des näheren definierten „Reineinnahmen" (net earnings) die Zahlung einer solchen gestatten. Diese Definition der Reineinnahmen lautet: „Unter Reineinnahmen sind zu verstehen diejenigen Mehreinnahmen der Eisenbahn, welche übrig bleiben, nachdem alle Ausgaben für den Betrieb und die Verwaltung der Bahn geleistet sind, einschließlich aller Abgaben, Steuern, Zahlungen an die Gläubiger, der Zinsen und Amortisation der Obligationen, sowie der Ausgaben an Reparatur- und Ersatzkosten für die Eisenbahn nebst Zubehör und den Betriebsmaterialien." Nachdem bis zum Jahre 1878 die Dividende zum Kapital geschlagen war, hätten also mindestens von da ab die Überschüsse zur Zahlung von Dividenden an die Stammprioritäten verwendet werden müssen. Dies ist nicht geschehen. Jedoch wird in dem Jahresberichte für 1881/82[1] anerkannt, daß die Stammprioritäten eigentlich zu einer solchen Forderung berechtigt seien, und gleichzeitig mitgeteilt, an Reineinnahmen aus der Zeit vom 1. Oktober 1875 bis zum 30. Juni 1882 seien einschließlich Zinsen bis zum 1. Januar 1883 nach den sorgfältig angestellten Ermittelungen alles in allem $11\,^1/_{10}$ Prozent des berechtigten Stammprioritätskapitals verdient, was eine Summe von $ 4667490·68 ausmache. In Höhe dieser Summe — welche mangels bereiter Mittel nicht bar gezahlt werden könne — wurden den Aktionären Obligationen, sog. Dividend-Scrips, welche vom 1. Januar 1883 ab mit sechs Prozent verzinslich und nach fünf Jahren einlösbar sein sollten, ausgehändigt. Eine entsprechende, etwas

[1] Vgl. S. 17—20 daselbst.

niedrigere Summe wird demgemäß auch in der Bilanz unter den Passiven aufgeführt. In dem Jahresberichte für 1882/83 befindet sich folgende Bemerkung über diesen Punkt (S. 10, 11): „In anbetracht der Notwendigkeit, alle flüssigen Mittel der Gesellschaft für Bau- und Ausrüstungszwecke zu verwenden, erachtete Ihre Direktion es für unklug, bare Dividenden zu erklären, bevor die Hauptlinie fertig gestellt war, so daß dieselbe eine durchgehende Linie für den Verkehr durch den Kontinent bildete. Nachdem dieses große Ziel nunmehr erreicht ist, scheint sich der Zeitpunkt zu nähern für eine striktere Anerkennung und Befriedigung der Ansprüche der Stammprioritäten nach dem Reorganisationsplane. Mit Rücksicht auf die — nunmehr im einzelnen geschilderten glänzenden Aussichten der Bahn — kann Ihre Direktion den zuversichtlichen Glauben aussprechen, daß der Beginn der Zahlung regelmäßiger Dividenden auf die Stammprioritäten vernünftigerweise für einen baldigen Zeitpunkt erwartet werden darf" (may be reasonably expected to begin at an early date). Der im Jahre 1883/84 herausgewirtschaftete Reinertrag von $ 1 055 656, auf welchen also wiederum die Besitzer der Stammprioritäten eigentlich Anspruch hatten, ist abermals nicht zur Zahlung einer Dividende benutzt, sondern zu Bauzwecken mit verwendet, ohne daß die Verwaltung auch nur mit einem Worte dies rechtfertigt.

Das Stammaktienkapital wird unverändert mit dem Betrage von 49 Millionen Dollars in der Bilanz aufgeführt. Bare Einzahlungen auf dasselbe sind niemals erfolgt.

Dagegen sind weitere Mittel für den Bau der Bahn wieder flüssig gemacht durch Ausgabe neuer Obligationen unter den Bedingungen des Reorganisationsplanes. Die wichtigste dieser Bedingungen war, daß Obligationen erst ausgegeben werden durften, nachdem ein Stück Eisenbahn fertig gestellt war. Der Betrag der auszugebenden Obligationen war aber auf höchstens

$ 25 000 für die englische Meile fest bemessen. Im Jahre 1879 wurde nun in der That der weitere Bau der Bahn — nach sechsjähriger Pause — wieder in Angriff genommen, und zwar wieder an zwei Stellen, im Osten bei der Station Bismarck am Missouri, von wo nach westlicher Richtung, im Westen bei der Station Ainsworth nicht weit von der Mündung des Snake River (Schlangenfluß) in den Kolumbia, von wo nach nordöstlicher Richtung, auf den See Pend'oreille zu gebaut wurde. Im Jahre 1879/80 war der Bau dieser Strecke soweit vorbereitet, daß man sich für berechtigt hielt, für die erstere Abteilung (125 Meilen) Bonds in Höhe von $ 2 500 000, für die letztere (225 Meilen) solche in Höhe von $ 4 500 000 auszugeben. Die Direktion konnte aber diese Bonds nur unter recht harten Bedingungen verkaufen. Einmal mußte sie sich begnügen mit $ 20 000 für die Meile. Sodann mußte sie bei den Missouri-Bonds für je $ 100 Bonds einen Bonus von je $ 100 Stammprioritäten, bei den Pend'oreille-Bonds einen Bonus von je $ 70 Stammprioritäten gewähren.[1] Die Obligationen trugen sechs Prozent Zinsen und waren zu amortisieren durch die aus Landverkäufen innerhalb der betreffenden Gebiete erzielten Erlöse. Nach und nach wurde bis zum Jahre 1881 der ganze Betrag dieser Anleihe ausgegeben, und inhalts des Jahresberichts für 1883/84 waren bis dahin vernichtet $ 1 499 600, es standen also noch aus $ 5 500 400.

Indessen auch mit diesen Geldern konnte nicht so schnell fortgearbeitet werden, als es den Leitern der Bahn nunmehr, nachdem die Finanzverhältnisse geordnet waren, erwünscht und geboten schien. Dem Präsidenten der Bahn, Frederick Billings, gelang es endlich im November 1880 mit einem Bankierkonsortium ein weiteres Anleihen von 40 Millionen Dollars abzuschließen, für welchen Betrag sechsprozentige Bonds nach

---

[1] Vgl. Smalley, History of the Northern Pacific Railway S. 230.

dem weiteren Fortschreiten des Bahnbaues ausgegeben werden sollten. Ein entsprechender Teil dieser neuen Bonds sollte verwandt werden zur Einziehung der vorgedachten Missouri- und Pend'oreille-Bonds. Im übrigen gelten für die Verzinsung und Rückzahlung der neuen Anleihe dieselben Bedingungen, wie für die früheren, und die Bondsbesitzer erhalten eine erste Priorität auf die gesamte Bahn nebst Zubehör, soweit sie westlich vom Missouri sich erstreckte. Das Konsortium zahlte jedoch $ 25 000 auf die Meile und von einem Bonus wird nichts erwähnt. Dasselbe verpflichtete sich, von den 40 Millionen Dollars zehn Millionen zum Kurse von 90 Prozent sofort, weitere je zehn Millionen im Laufe der Jahre 1881, 1882 und 1883 zum Kurse von $92\frac{1}{2}$ Prozent fest zu übernehmen. Die Direktoren der Bahn gaben sich der Hoffnung hin, daß mit diesen Mitteln die Bahn zu vollenden sein werde.[1] — Das Konsortium ist seinen Verpflichtungen streng nachgekommen. Die letzten zehn Millionen Dollars konnten indessen erst zu einem etwas späteren Zeitpunkte ausgegeben werden, als in dem Vertrage festgesetzt war, weil die Bahn noch nicht weit genug gebaut war.

Mit diesem Abkommen war es gelungen, die für den Ausbau der Bahn in der nächsten Zeit nötigen Mittel zu erhalten und nunmehr mit größerem Nachdruck an die Fortführung heranzugehen. Der Verkehr auf derselben nahm überdies einen ganz befriedigenden Verlauf, es gelang, aus dem Betriebe nicht nur die Betriebskosten, sondern außerdem kleine Überschüsse herauszuwirtschaften; was aber das wichtigste war, es zeigte sich mehr und mehr, wie fruchtbar die an der Bahn liegenden Ländereien waren, wie vortrefflich dieselben sich insbesondere für die Weizenkultur eigneten. Die in Minnesota und Dakota belegenen Gebiete lockten zahlreiche Ansiedler heran, die Preise

[1] An dieser Hoffnung wird auch noch in dem am 21. September 1882 erstatteten Jahresberichte für 1881/82 (vgl. S. 19 daselbst) festgehalten.

des Landes stiegen und die Landschenkung bekam von Jahr zu Jahr einen höheren Wert. Die Nord-Pazifik-Bahn war mit anderen Worten im Jahre 1881 aus einem bankerotten, phantastischen, unklaren Unternehmen eine Eisenbahn mit geordneten Finanzverhältnissen und den besten auf solider Grundlage beruhenden Aussichten für eine gedeihliche Entwickelung geworden. Das wesentlichste Verdienst an diesem Umschwung gebührt Herrn Frederick Billings, einem früheren Rechtsanwalt und Politiker mit reichen Erfahrungen auch auf dem Gebiete des Eisenbahnwesens und klaren, ruhigen Anschauungen. Derselbe war genau mit den von der Bahn durchzogenen Ländern bekannt, hatte lange Jahre im Westen der Vereinigten Staaten gelebt und saß seit 1875 in der Direktion der Bahn. Sein Werk war der Reorganisationsplan von 1875. Am 24. Mai 1879 wurde er zum Präsidenten gewählt und hat dieses Amt bis zum Juni 1881 verwaltet. Das große Vertrauen, dessen seine Verwaltung sich erfreute, zeigt sich auch darin, daß während derselben an der New Yorker Börse der Kurs der Stammaktien der Bahn von 1·50 auf 50 Prozent, der Stammprioritäten von 8 auf 80 Prozent gestiegen ist. Die Obligationen hatten meist den ungefähren Parikurs.

Den Schwerpunkt der Bahn suchte Billings in ihren Beziehungen zum Osten der Vereinigten Staaten. Eines seiner Verdienste bestand auch darin, daß er der Bahn außer dem Endpunkte in Duluth am Lake Superior einen zweiten, weit wichtigeren Endpunkt bei den mit den östlichen Schienenstraßen verbundenen Zwillingsstädten St. Paul und Minneapolis zu sichern verstand. Die Anwohner der Bahn haben dem Präsidenten ihre Dankbarkeit dadurch bewiesen, daß sie eine aufblühende, einer schönen Zukunft entgegensehende Stadt in Montana am Yellowstone River und am Eingang in die Felsengebirge nach ihm Billings genannt haben.

IV.

Henry Villard. Die Vollendung der Bahn 1881—1883.

Der Nachfolger von Billings ist der Mann, welchem die Vollendung des großen Werkes beschieden war, Henry Villard. Villard ist von Geburt ein Pfälzer, sein deutscher Name lautet Heinrich Hilgard. Er war Anfang der fünfziger Jahre von München, woselbst er die Rechte studierte, nach Amerika ausgewandert. Durch ausgedehnte Reisen hatte er Land und Leute gründlich kennen gelernt, war in der, nur in den Vereinigten Staaten möglichen Art und Weise, in den verschiedensten Berufszweigen beschäftigt gewesen, und hatte sich insbesondere auch durch eine umfassende litterarische Thätigkeit einen hochgeachteten Namen erworben. In Eisenbahnangelegenheiten war Villard bis gegen 1870 nicht praktisch thätig gewesen, dagegen hatte er durch scharfe Beobachtung einen tiefen und richtigen Einblick in die Verhältnisse vieler Eisenbahnen gewonnen. Bei einem Besuche in Deutschland in den Jahren 1873 und 1874 wurde er von einer Anzahl süddeutscher Bankhäuser über die Lage einiger notleidender amerikanischer Eisenbahnen, in deren Papieren deutsches Kapital angelegt war, um Rat gefragt und erwies sich als so vorzüglich unterrichtet, daß man ihn kurz und bündig ersuchte, die deutschen Interessen bei diesen Eisenbahnen in Amerika zu vertreten. Das Anerbieten kam ihm ganz überraschend, auch hatte er anfänglich wenig Neigung, sich dieser Thätigkeit zu widmen, entschloß sich jedoch endlich, halb und halb widerstrebend, wenigstens zu versuchen, ob er auf diesem Felde sich nützlich machen könne. Die notleidenden Bahnen waren die Kansas-Pazifik-Eisenbahn, und eine Anzahl von Eisenbahn- und Dampfschiffahrts-Unternehmungen in Kalifornien, Oregon und Washington. Villard reiste alsbald an Ort und Stelle, um die Unternehmungen eingehend zu prüfen.

In den vorgedachten nordwestlichen Staaten der Union machte sich eine Anzahl kleiner Verkehrsanstalten (die Oregon- und California-, die Oregon- und mehrere kleinere Eisenbahnen, zwei Schiffahrtsgesellschaften, deren eine die Küstenschiffahrt auf dem Stillen Ozean, und deren andere Flußschiffahrt auf dem Kolumbia- und dem Villammette-Fluß betrieb) durch Konkurrenzkämpfe und unerquickliche Streitereien das Leben sauer. VILLARD überzeugte sich, daß eine gedeihliche Entwickelung dieser Unternehmungen so lange undenkbar war, als dieselben ihre besten Kräfte an die gegenseitigen Reibereien verschwendeten. Die Gegenden, welche durch diese Verkehrsanstalten bedient wurden, waren anderseits vermöge der Bodenbeschaffenheit, der reichen Waldungen, der großen Schätze an Mineralien, darunter vornehmlich Kohlen bester Beschaffenheit, eines vorzüglichen natürlichen Bewässerungssystemes, wie wenig andere Gebiete der Vereinigten Staaten, für die Kultur zugänglich, und boten die beste Bürgschaft für eine glänzende Zukunft. Wenn es gelang, die zersplitterten Gesellschaften zu einer einzigen, großen und leistungsfähigen Transportgesellschaft zu verschmelzen, so konnte mit Sicherheit darauf gerechnet werden, daß ein solches, einheitlich geleitetes Unternehmen nicht nur reiche Erträge abwerfen, sondern in einem bis dahin von niemand vorausgesehenen Grade zur Förderung der Kultivierung dieser Gebiete, der Hebung ihrer Schätze, beitragen werde. Auf dieses Ziel steuerte also VILLARD los. Nachdem er im Jahre 1875 zum Präsidenten der Oregon- und California-Eisenbahn und der Oregon Steamship Company gewählt war, erreichte er bis zum 13. Juni 1878 nach mühseligen und zeitraubenden Verhandlungen die Vereinigung der letzteren und der übrigen kleineren Gesellschaften zu einer großen Aktiengesellschaft unter der Firma: Oregon Railway and Navigation Company. Ihr gehörten nunmehr mehrere Eisenbahnlinien, die ihren Ausgangspunkt teils von Portland in

Oregon hatten, teils in den fruchtbaren Weizengebieten des Territoriums Washington lagen. Außerdem hatte sie eine Ozean-Dampferlinie zwischen Portland und San Francisco, mehrere Dampferlinien für den Verkehr zwischen den verschiedenen Städten am Puget-Sund, und Flußdampferlinien auf dem Kolumbia und dem Villammette. Die Oregon- und California-Eisenbahngesellschaft, welche ein eigenes Gebiet für sich hatte, blieb selbständig bestehen. Die Verhältnisse der in einer anderen Gegend belegenen Kansas-Pazifik-Eisenbahn waren 1873—1876 zur vollen Zufriedenheit aller Interessenten geordnet. Das Kapital der Oregon Railway and Navigation Company wurde auf 12 Millionen Dollars, wovon 6 Millionen Dollars Aktien und ebensoviel Obligationen, bemessen, die Zeichner der Obligationen erhielten jedoch die Aktien in Höhe der von ihnen gezeichneten Beträge als „Zugabe" (bonus). Welchen Wert dieses Geschenk hatte, ergiebt der Umstand, daß diese Aktien im November 1879 mit 95 Prozent an der Börse bezahlt wurden, und daß dieselben in den folgenden Jahren niemals unter 8 Prozent Dividende gebracht haben. In den späteren Jahren sind die Aktien hoch über Pari gestiegen, und nach dem großen Niedergang aller Eisenhahnwerte im Sommer 1884 war ihr Kurs immer noch zwischen 70 und 80 Prozent. Unter den Verkehrsanstalten der Vereinigten Staaten nimmt dieses große Unternehmen auch insofern eine ganz eigenartige Stellung ein, als in den Jahren 1880, 1881 und 1882 jedesmal das Aktienkapital um 6 Millionen Dollars vermehrt wurde, welche Beträge zum Ausbau der Eisenbahnlinien und zur Verbesserung der Schiffahrtslinien Verwendung fanden. Die Aktien wurden dabei stets den alten Aktionären zum Parikurse überlassen, und nahmen sogleich an den Dividenden Teil. Es ist gewiß nicht wunderbar, daß ein Mann, welcher durch seinen Scharfblick, seine Geschäftsgewandtheit und seine tiefe Einsicht in die Verhältnisse aus einer Anzahl unfruchtbarer und wertloser Unternehmungen ein solche förmliche Goldquelle in kürzester Frist zu schaffen und dabei gleichzeitig einen so großartigen Aufschwung des Verkehrs herbeizuführen verstanden hatte — daß ein solcher Mann als Wohlthäter der Bevölkerung verehrt wurde und fortan sich einer unbedingten, über alle Anfechtung erhabenen Vertrauensstellung erfreute.

Villard sah aber bald ein, daß die Bedeutung des neuen Unternehmens ganz erheblich steigen müsse, wenn dasselbe neben dem westlichen Ausgangspunkte am Stillen Ozean auch im Osten eine unmittelbare Verbindung mit dem nach dem Atlantischen Ozean führenden Schienennetze haben werde. Im Jahre 1879 war die einzige ununterbrochene Verbindungsstraße zwischen den beiden Weltmeeren die Union- und Zentral-Pazifik-Eisenbahn. Dieselbe erreicht den Stillen Ozean bei San Francisco, ungefähr 700 Meilen südlich von Portland in Oregon. Die Oregon- und California-Eisenbahn erstrebt eine Verbindung von Portland und Sacramento, eine andere Verbindungslinie zwischen der alten Pazifikbahn und dem Nordwesten war die schon damals geplante Bahn vom Salzsee in nördlicher Richtung nach Montana zu (die im Jahre 1883 vollendete Utah and Northern-Eisenbahn, welche bei der Station Garrison mit der Nord-Pazifik-Bahn zusammentrifft). Beide Verbindungslinien standen unter der Mitkontrolle der Union-Pazifik-Bahn, deren Präsent Jay Gould war, und mit ihm setzte sich daher Villard ins Benehmen, um möglichst schnell seine oregonischen Unternehmungen durch einen östlichen Schienenanschluß zu kräftigen. Die Verhandlungen verliefen zunächst günstig. Plötzlich wurden sie von Gould abgebrochen.

Da wandte sich Villard der Nord-Pazifik-Bahn, Herrn Billings zu. Die Linien der Oregon Railway and Navigation Company stießen in Ainsworth mit der Pend'oreille-Linie der Nord-Pazifik-Bahn zusammen. Die erstere baute bereits eine

Verbindungslinie von Ainsworth aus am südlichen Ufer des Kolumbia entlang zum Anschluß an die von Portland nach „The Dalles“ führende Bahn. Die Nord-Pazifik-Bahn plante damals schon eine Fortsetzung ihrer Bahn von Ainsworth aus direkt, sei es durch das Kaskadengebirge, sei es an dem nördlichen Ufer des Kolumbia, auf den Puget-Sund zu. Wurden nun zwei Bahnen von Ainsworth nach dem Stillen Ozean ausgeführt, so war dies nach den damaligen Verhältnissen offenbar zu viel. Eine Linie genügte einstweilen vollkommen für den Verkehr, und es war für beide Gesellschaften, die Nord-Pazifik- und die Oregon Railway and Navigation Company recht unerwünscht, wenn auf dieser Strecke sogleich wieder der Keim zu ein unerquicklichen Konkurrenz gelegt wurde; die Interessen beider Gesellschaften wiesen vielmehr darauf hin, daß von Ainsworth aus nur eine Bahn nach dem Stillen Ozean führte, daß also die Nord-Pazifik-Bahn sich mit der Oregon Railway and Navigation Company über die gemeinsame Benutzung der von letzterer gebauten Strecke verständigte. Billings ging anfänglich gern auf diese Vorschläge Villards ein. Letzterer verlangte aber neben anderen Bürgschaften für ein gedeihliches und ersprießliches Zusammengehen beider Gesellschaften eine angemessene Vertretung in der Direktion der Nord-Pazifik-Eisenbahn. Eine solche wurde von Billings nicht zugestanden, und daran scheiterten auch diese Verhandlungen.

Villard fühlte sich jedoch nunmehr kräftig genug, um auch ohne Billings die Verbindung der beiden Gesellschaften zu erreichen. Gestützt auf die Vertrauensstellung, welche er nach seinen großen Erfolgen an der New Yorker Börse genoß, erklärte er im Februar 1881 einer Anzahl befreundeter Häuser, es sei seine Absicht, ein großes Geschäft zu machen, zu welchem er acht Millionen Dollars brauche. Über die nähere Natur dieses Geschäfts könne er sich nicht äußern, er stelle indessen anheim, sich durch Übernahme eines bestimmten Teils der erforderlichen Summe an demselben zu beteiligen. Der Erfolg dieser Aufforderung grenzte an das Wunderbare. Gerade die geheimnißvolle Seite derselben schien eine besondere Anziehungskraft auszuüben. Die acht Millionen Dollars waren gezeichnet, nachdem die Liste erst dem dritten Teil der auf derselben stehenden Firmen vorgelegen hatte, 24 Stunden nach Ausgabe der Liste war Villard mehr als der doppelte Betrag der verlangten Summe angeboten. Seine Geschäftsräume wurden förmlich belagert von solchen Leuten, die Anteile an dem Geschäft haben wollten, die Anteilscheine wurden alsbald an der Börse mit einer Prämie von 25, 30, 40, ja 50 Prozent gehandelt![1]

Die gezeichneten Beträge gingen mit Promptheit ein. Sie wurden von Villard dazu verwandt, um unter der Hand an der Börse einen solchen Betrag von Aktien der Nord-Pazifik-Eisenbahn und der Oregon Railway and Navigation Company

---

[1] Die von Villard persönlich unterschriebenen Quittungen über die von den Teilnehmern gezeichneten Beträge lautet in deutscher Übersetzung (vgl. Smalley, History, S. 267):

Unterzeichneter bescheinigt hiermit, von Herrn N. N. die Summe von . . . . Dollars erhalten zu haben, welche Herrn N. N. zu einem verhältnismäßigen Interesse an den Unternehmungen eines mit einem Kapital von acht Millionen Dollars zu bildenden Ankaufssyndikates (purchasing syndicate) berechtigt, das sich hiermit schriftlich verpflichtet, den Teilnehmern ein der von ihnen gezeichneten Summe entsprechendes Interesse an einem Unternehmen zu gewähren, betreffend den Erwerb von Grundbesitz, Forderungen, oder aus beiden gemischten Werten, zum Zweck der Verschmelzung oder des Verkaufs dieses Unternehmens an die Oregon Railway and Navigation Company, oder an die Oregon Improvement Company oder an beide Gesellschaften, oder um als Grundlage für eine neu zu bildende Aktiengesellschaft zu dienen. Es gilt dabei als ausdrücklich vereinbart, daß der Unterzeichnete den Inhabern dieser Anteilscheine über die Verwendung der laut dieser Quittung erhaltenen Gelder nicht vor dem 15. Mai 1881 Rechenschaft abzulegen braucht, und daß dem Inhaber und den übrigen Beteiligten ein der Höhe ihrer Beiträge entsprechender Anteil an allen Vorteilen des Unternehmens zusteht. Diese Bescheinigung ist nur mit schriftlicher Zustimmung des Unterzeichneten übertragbar. N. Y. etc.

ankaufen zu lassen, daß er über die Mehrheit in den Generalversammlungen beider Gesellschaften verfügte. Als ihm dies nicht bis zum 15. Mai 1881 gelang, verschob er — ohne daß dies von den Unterzeichnern beanstandet wurde — den Termin zur Rechnungsablage bis zum 24. Juni 1881. An diesem Tage erst offenbarte er seinen Plan, und forderte zur Zeichnung von weiteren 12 Millionen Dollars zu demselben Zwecke auf. Auch diese Summe wurde sofort gezeichnet. — Dieser an der New Yorker Börse einzig dastehende Vorgang, dieser „Roman in der Wallstraße", wie SMALLEY sagt, ist bekannt unter der Bezeichnung des „Blind Pool", des blinden Gesellschaftsvertrages. Ein größerer Beweis von blindem Vertrauen ist allerdings wohl kaum jemals in der Welt einem Geschäftsmann gegeben worden!

Am 24. Juni 1881 bildete sich aus den Teilnehmern des Blind Pool eine neue Gesellschaft unter der Firma: Oregon and Transcontinental Company. Der statutenmäßige Zweck dieser neuen Gesellschaft war ein dreifacher:

1. Erwerb und Aufrechterhaltung eines „Controlling interest"[1] an der Verwaltung der Nord-Pazifik- und der Oregon Railway and Navigation-Gesellschaft.

2. Die Förderung der eigenen Interessen der Gesellschaft, als Eigentümerin solcher Aktien durch Herstellung von Zweigbahnen, Fluß- und See-Dampferlinien, welche den Schutz und die Förderung des Transportgeschäfts beider Gesellschaften bezwecken.

3. Die Beteiligung an solchen anderweiten Handels- und industriellen Unternehmungen, welche die Beschleunigung und Erweiterung einer Entwickelung der von der Nord-Pazifik und der Oregon Railway and Navigation Company durchschnittenen Gebiete zur Aufgabe haben.

---

[1] Vgl. hierüber S. 15.

Das Aktienkapital dieser neuen Gesellschaft wurde auf 50 Millionen Dollars festgesetzt, 30 Millionen waren bereits eingezahlt, im Jahre 1882 sind weitere 10 Millionen Dollars verausgabt.

Zum Präsidenten der Oregon and Transcontinental Company wurde Villard gewählt.

Als dieselbe sich konstituierte, trat gleichzeitig Billings von der Präsidentschaft der Nord-Pazifik-Eisenbahn zurück, ihm folgte zunächst Mr. Barney (es war offenbar Villard peinlich, der unmittelbare Nachfolger des durch seinen Einfluß beseitigten, um das Unternehmen so hochverdienten Billings zu werden), und in der ordentlichen Generalversammlung der Aktionäre am 15. September 1881 wurde Villard auch zum Präsidenten der Nord-Pazifik-Eisenbahn gewählt. In seiner Hand vereinigte sich von jetzt ab die Leitung der drei großen Gesellschaften, der Nord-Pazifik-Eisenbahn, der Oregon Railway and Navigation Company und der Oregon and Transcontinental Company, drei selbständiger, und doch wieder eines einzigen Unternehmens; denn eine jede erhielt ihre wahre Bedeutung erst durch die gemeinsame Arbeit mit der anderen, alle drei verfolgten aber das Eine große Ziel, die monopolistische Beherrschung und Ausbeutung des Verkehrs dieser weiten, fruchtbaren, gesegneten Gebiete des großen Nordwestens.

Über sein Programm beim Antritt der Präsidentschaft der Nord-Pazifik-Bahn äußert sich Villard selbst in einer Erklärung an die Aktionäre der Gesellschaft, welche im September 1884 veröffentlicht wurde, wie folgt:

Die Aufgabe, die ich mir stellte, war die Vollendung der Hauptbahn über das Festland bis zum Kolumbia-Fluß in möglichst kürzester Frist; die Sicherung der Beherrschung des Verkehrs der Nordküste des Stillen Ozeans, d. h. von Oregon, Washington, Puget Sund, British Columbia und Alaska für die

Gesellschaft; die schnelle Erschließung der von der Nord-Pazifik-Eisenbahn durchzogenen Gebiete, Schaffung von Lokalverkehr, Verhinderung von Eingriffen anderer, ähnliche Zwecke verfolgenden Gesellschaften, Beschleunigung des Verkaufes und der Besiedelung der Ländereien durch Anlage eines wohlgeplanten Netzes von Zweigbahnen; die Herstellung und Sicherung unabhängiger Verbindungslinien von der Hauptbahn nach den Städten St. Paul und Minneapolis und von dort aus mit Milwaukee und Chicago; endlich die Herstellung geeigneter Bahnhofsanlagen, ausreichend für den damaligen und den in Zukunft zu erwartenden Verkehr am östlichen sowohl als am westlichen Endpunkte des neuen den Kontinent durchschneidenden Systemes von Verkehrsmitteln.

„Die mir unter diesem Programm obliegende Aufgabe," so heißt es dann weiter, „war eine weit umfassende und höchst schwierige. Sie bedeutete für mich eine Last von Verantwortlichkeit, Arbeit und Sorge, wie sie wohl wenige Männer in den Vereinigten Staaten jemals auf ihre Schultern genommen haben. Es hieß insgesamt 2000 Meilen mit allem Zubehör bauen, und zwar gleichzeitig in Wisconsin, Minnesota, Dacota, Montana, Oregon und Washington Territorium; es galt die Herstellung einer ganzen Flotte von Dampfern. Dazu mußten nahezu 125 Millionen Dollars bares Geld aufgebracht werden. Es war dies Arbeit genug für eine Generation. Mit Hilfe meiner tüchtigen und treuen Mitarbeiter wurde alles dies in weniger als vier Jahren durchgeführt."

Zuerst galt es, das Riesenunternehmen unter Dach und Fach zu bringen, also vor allem das große „Loch" zwischen dem östlichen und dem westlichen Teile der Nord-Pazifik-Eisenbahn auszufüllen.

Als Villard die Präsidentschaft antrat, hatte das Loch in der Mitte der Bahn noch eine Länge von 857 Meilen. Hiervon wurden bis zum 30. Juni 1882 285 Meilen, bis zum 22. August 1883 der Rest von 572 Meilen gebaut. Auf das Geschäftsjahr vom 1. Juli 1882 bis dahin 1883 fallen hiervon nicht weniger als 450 Meilen, so daß an jedem Werktage dieses Jahres nahezu $1^1/_2$ Meilen Eisenbahn gebaut wurden. Außerdem wurden zwischen Portland und Kalama ungefähr 40 Meilen Schienen gelegt.

Gleichzeitig nahm man an vielen wichtigeren Stellen den Bau von Zweiglinien eifrig in Angriff; es wurden die verwickelten Verhandlungen fort- und zum glücklichen Ende geführt, um der Nord-Pazifik-Eisenbahn eine selbständige Linie von der Station Brainerd nach St. Paul und Minneapolis zu sichern, von den größeren Kunstbauten wurde die Brücke über den Missouri bei Bismarck vollendet, die Brücke über den Schlangenfluß bei Ainsworth und die beiden Tunnels im Felsengebirge begonnen und nachdrücklichst gefördert.

Beim Betriebe zeigte sich, daß die älteren Strecken vielfach nicht so gebaut waren, wie es die Sicherheit erheischte. Es war also hier überall nachzusehen und nachzubessern. Ebenso wurde das Betriebsmaterial beschafft, in den Jahren 1881/82 und 1882/83 kaufte die Gesellschaft 274 Lokomotiven, 95 Personenwagen, 14 Speisewagen, 70 Gepäck-, Post- und Expreßgutwagen und 6763 Güterwagen, welche teils sofort geliefert werden mußten, teils erst in Bestellung gegeben wurden.

Alles dies wurde geleistet und so konnte, als am 8. September 1883 vor einer aus Amerika, Deutschland und England geladenen großen Gesellschaft die Festfeier der Vereinigung der von Osten und Westen gelegten Schienen stattfand, das große Werk als im wesentlichen vollendet gelten, und wenige Tage darauf, am 15. September, die Nord-Pazifik-Eisenbahn dem öffentlichen Verkehr übergeben werden.

Villards unbeugsamer Thatkraft war es also wirklich gelungen, alle die schweren und großen Arbeiten, welche seine

Vorgänger noch übrig gelassen hatten, in kürzester Frist zu einem Abschluß zu führen. Um die Bedeutung dieser Leistung zu würdigen, muß man erwägen, daß es sich um eine Bahnanlage durch eine völlige Wildnis handelte, daß der Transport aller Materialien, die Herbeischaffung der Arbeiter, ihre Unterbringung und Verpflegung mit unsäglichen Schwierigkeiten verbunden war; denn nicht weniger als 20 000 Arbeiter wurden bei dem Bau der Bahn beschäftigt.

Auf die nachdrücklichste Beschleunigung des Ausbaues der Nord-Pazifik-Eisenbahn hatte der Umstand auch hingedrängt, daß der für die Vollendung derselben in dem Nachtrage zum Freibriefe nach Auffassung der Verwaltung festgestellte Endtermin, der 4. Juli 1879, bereits verstrichen war. Nun war längst allgemein bekannt, welch' hohen Wert die Ländereien hatten, von deren Beschaffenheit der Kongreß bei Erteilung des Freibriefes gar keine Ahnung gehabt hatte. Schon hatten sich Bestrebungen im Kongreß gezeigt, diese Landschenkung, soweit die der Gesellschaft auferlegten Bedingungen nicht erfüllt waren, zurückzunehmen und die Regierung hatte in der That schon 1880 Bedenken getragen, mit den Landüberweisungen fortzufahren. Billings hatte sich damals an den Staatssekretär des Innern, Carl Schurz, beschwerdeführend gewandt und um Fortsetzung der Landüberweisungen gebeten. Dieser ersuchte den Generalanwalt der Vereinigten Staaten um ein Rechtsgutachten über die Frage, ob die Landschenkung, nachdem die Gesellschaft die Bedingung, unter der sie erteilt, nicht erfüllt, von Rechts wegen als hinfällig zu erachten sei. Die Erstattung dieses Gutachtens nahm lange Zeit in Anspruch. Endlich fiel dasselbe dahin aus, daß unzweifelhaft der Kongreß das Recht habe, den Freibrief zurückzunehmen, so lange indessen der Kongreß von diesem Rechte keinen Gebrauch mache durch Erlaß eines entsprechenden Gesetzes, so lange bestehe der Freibrief fort, und die Regierung sei nicht berechtigt, denselben einseitig als aufgehoben zu betrachten. — Dieses Gutachten bestimmte den Staatssekretär, mit den Landüberweisungen fortzufahren.[1] War hiermit auch die unmittelbare Gefahr für den wertvollen Besitz der Bahn einstweilen beseitigt, so blieb doch die Möglichkeit bestehen, daß ein der Bahn feindlicher Kongreß in der That die Landschenkung durch ein Gesetz aufhob. Diese Gefahr verminderte sich, je weiter der Bahnbau vorschritt, sie mußte nach Vollendung der Bahn als beseitigt gelten, da dann schwerlich noch eine Mehrheit für ein solches Gesetz zusammen zu bringen sein werde. Es galt also mit aller Macht die Vollendung der Nord-Pazifik-Eisenbahn zu beschleunigen. — Übrigens hat auch die Vollendung der Bahn nicht verhindert, daß neuerdings in der Session von 1884 sogar Gesetzentwürfe betr. den Verfall dieser und anderer Landschenkungen der Eisenbahnen im Kongreß eingebracht worden sind; Gesetzentwürfe, die allerdings wohl nicht ganz ernst gemeint waren, und mehr Börsenmanövern und ähnlichen unsauberen Zwecken — leider nicht ohne Erfolg — gedient haben.

Ernste Sorgen haben gleichwohl auch diese Bestrebungen der Verwaltung bereitet. Der letzte Jahresbericht äußert sich darüber eingehend, enthält auch ein nicht weniger als 27 Seiten langes Rechtsgutachten der Anwälte der Gesellschaft über die Frage, und gelangt zu der Überzeugung, daß alle diese Feindseligkeiten ohne Erfolg sein und der Landgrant der Gesellschaft gesichert bleiben werde.

Zu all' diesen Schwierigkeiten kam noch die der Beschaffung der erforderlichen Geldmittel. Erst durch Villards vorstehend erwähnte Erklärung ist es auch weiteren Kreisen bekannt geworden, welche Sorgen die Direktion in den Jahren

[1] Vgl. Jahresbericht für 1879/80. S. 28.

1881 bis 1883 durchgemacht hat, welche kaltblütige Energie, welche kühne, oft verwegene Entschlossenheit notwendig war, um das Ziel zu erreichen, was VILLARD sich gesteckt hatte.

Nach dem Kostenanschlage, welcher demselben bei Antritt der Präsidentschaft vorlag, sollten Anfangs 1881 für die damals noch zu bauenden Strecken $ 20 773 900 erforderlich sein, wonach die Meile durchschnittlich etwa $ 25 000 gekostet haben würde. VILLARD hatte bei Übernahme der Verwaltung zur Verfügung $ 6 000 000 bar, 25 000 Stück Stammprioritäten und von dem von BILLINGS aufgenommenen 40 Millionen-Darlehen noch 15 Millionen Dollars. Diese Gelder würden bequem ausgereicht haben zur Fertigstellung der Bahn. Anfangs 1882 ließ VILLARD einen neuen Kostenanschlag anfertigen. Derselbe belief sich auf $ 24 001 600 für die damals noch herzustellenden 770 Meilen, d. h. auf über 3 Millionen Dollars höher, als der frühere, obgleich 55 Meilen weniger noch zu bauen waren. So unerfreulich dies sein mochte, so hatte diese neue Schätzung doch noch nichts Beunruhigendes; denn die Mittel der Bahn schienen auszureichen auch für diesen höheren Betrag.

Inzwischen kam eine neue Sorge. Die Regierung der Vereinigten Staaten zögerte in der Abnahme der neu gebauten Strecken, die Landüberweisungen hörten auf, und damit wurde die Beschaffung von Mitteln durch Herausgabe der Bonds der 40 Millionenanleihe zeitweilig unmöglich. Vom Oktober 1881 bis September 1882 wurde, wie VILLARD sagt, keine einzige Meile Bahn abgenommen. Dabei mußte fortgebaut werden, und der Bau erforderte andauernd Geld. Alle Thüren der Bankhäuser waren der Gesellschaft aber verschlossen, und im Februar 1882 sah sich VILLARD der Notwendigkeit gegenüber, die Zahlungseinstellung in Aussicht zu nehmen, wenn es nicht gelang, Rat zu schaffen. Da half die Oregon- und Transcontinental-Gesellschaft und VILLARD selbst. Ohne jedwede Sicherheit schoß er aus seinem Privatvermögen der Bahn bis $ 3 400 000 vor. Endlich, im September 1882 nahm die Regierung auf einmal 275 Meilen Bahn ab, und nun konnten wieder Bonds ausgegeben, und aus dem Erlös derselben die Vorschüsse zurückbezahlt werden. Indessen jetzt zeigte sich auch beim Fortschreiten des Baues mehr und mehr, daß der neue Kostenanschlag viel zu niedrig gewesen war, und daß die Beschleunigung des Baues, welche schon mit Rücksicht die immer wieder möglichen Feindseligkeiten des Kongresses von der Verwaltung immer aufs neue für notwendig erklärt wurde, die Kosten ganz erheblich steigerte. Auch die letzten Monate des Jahres 1882 und das Jahr 1883 sind Zeiten fortwährender Geldverlegenheiten. Die Hilfe der Oregon und Transkontinental-Gesellschaft war unentbehrlich, VILLARD selbst mußte wiederholt eingreifen, und konnte sich schließlich nicht verhehlen, daß die vorhandenen Mittel für die Vollendung der Bahn in der That nicht ausreichten. Vor der Öffentlichkeit wurde dies aber noch nicht zugestanden. Noch in dem Berichte für 1882 wird die zuversichtliche Hoffnung ausgesprochen, daß weitere Geldmittel nicht erforderlich seien, und erst der Bericht für 1882/83 muß eingestehen, daß die 40 Millionen gezahlt und verbaut und außerdem bis zum 30. Juni 1883 $ 7 986 507·92 verausgabt worden sind. Überdies waren die Missouri- und Pend'oreille-Bonds aus der 40 Millionen-Anleihe nicht eingelöst.

Diese Summe hatte also die Oregon and Transcontinental Company und VILLARD der Nord-Pazifik-Eisenbahn vorgeschossen. Nach einem Berichte VILLARDS vom 17. Oktober 1883 waren bis zum 30. September dieses Jahres fernere $ 1 473 413 verbaut und von der Oregon and Transcontinental Company dargeliehen. In demselben Berichte wird auf Grund der nunmehr nach den bisherigen Erfahrungen vorgenommenen Schätzungen angenommen, daß zur vollständigen Vollendung des Bahnkörpers, der Ausführung von Hochbauten, der Fertigstellung der Brücken von Ainsworth und in Portland, der beiden Tunnels in den Felsengebirgen (Bozeman- und Mullan-Tunnel), zur Beschaffung der noch erforderlichen Betriebsmittel noch $ 5 500 000 rund nötig seien. Alles in Allem werde also der Bau der Nord-Pazifik-Eisenbahn doch etwa 15 Millionen Dollars[1] mehr kosten, als man im Jahre vorher veranschlagt habe. Diese Summe durch Vermehrung des Aktienkapitals aufzubringen, war von vornherein ausgeschlossen; es hätte dazu einer Anderung des Freibriefes bedurft, überdies aber hätten neue Aktien zu einem einigermaßen lohnenden Kurse schwerlich Abnehmer gefunden. Bezüglich der Ausgabe neuer Bonds enthielt aber der Reorganisationsplan von 1875 die Bestimmung, daß außer den First Mortgage Bonds in Höhe von $ 25 000 für die Meile anderweite Bonds nur mit Zustimmung von mindestens drei Vierteln der Stammprioritten ausgegeben werden dürften.[2] Es galt, zu versuchen, ob diese Majorität zusammenzubringen sei. Villard beschloß, um die Bahn auch vor weiteren Verlegenheiten thunlichst sicher zu stellen, eine Anleihe von 20 Millionen Dollars aufzunehmen, und fand in der That in wenigen Tagen ein Konsortium, welches diese zweite Priorität in Höhe von 20 Millionen Dollars sechsprozentiger Goldbonds zu einem Kurse von 87 1/2 Prozent, abzüglich einer Provision von 5 Prozent, davon 15 Millionen sofort, 3 Millionen innerhalb 6 Monaten, fest übernahm. Mit dem Erlöse dieser Bonds war nicht nur die vorgedachte Schuld gedeckt und die Fertigstellung der Bahn gesichert, sondern es blieb noch eine Reserve von 2 Millionen Dollars Bonds in den Händen der Bahn, welche gegen weitere

---

[1] $ 7 986 507·92 + $ 1 473 413 + $ 5 500 000 = $ 14 959 920·92. Nach der Erklärung Villards vom September 1884 war auch diese Summe infolge von Irrtümern in der Berechnung des Ingenieurs um 1 Million Dollars zu niedrig veranschlagt.

[2] Vgl. Jahresbericht von 1876. S. 47.

nicht vorherzusehende Ereignisse sicherte. Eine am 20. Nov. 1883 abgehaltene Versammlung der Stammprioritätsbesitzer genehmigte das Abkommen mit 362 428 gegen 63 Stimmen und wählte mit derselben Mehrheit VILLARD wieder zum Präsidenten der Bahn.

Die Teile der Bahn, welche zur Zeit ihrer Eröffnung noch nicht fertig waren, sind im Laufe des Jahres 1883/84 im wesentlichen vollendet. Am 1. Dezember 1883 war der Mullan-Tunnel, am 16. Januar 1884 der Bozeman-Tunnel, am 20. April 1884 die Brücke über den Schlangenfluß fertig. Auf der Eröffnungsfahrt hatte man die Gebirge auf Hilfsrouten überschreiten müssen, und ein Fährboot brachte die Züge über den Schlangenfluß, wodurch die Fahrt bedeutend verzögert wurde. Ferner aber hat die Verwaltung, welche VILLARD folgte, auch die Strecke von Ainsworth nach Tacoma, auf welcher das Kaskaden-Gebirge überschritten werden muß, ernstlich und nachdrücklich in Angriff genommen, und von Ainsworth im Thale des Yakima-Flusses nach Westen zu, sowie von Tacoma nach South Prairie in östlicher Richtung je 25 Meilen, im ganzen also 50 Meilen fertiggestellt. Außerdem ist an einzelnen Zweiglinien weiter gebaut worden. Nach dem Jahresbericht für 1883/84 besteht die Bahn aus folgenden Strecken:

1. Hauptbahn:	Länge. Meilen
Duluth nach Northern Pacific Junction	23·2
Northern Pacific Junction nach Wallula Junction . .	1650·5
„ „ „ nach Superior City . . .	23·5
Superior City nach dem östlichen Endpunkte der Bahn	26·5
Portland nach Kalama	36·3
Kalama nach Tacoma	105·1
Cascade — Zweiglinie zusammen	50·—
Zweigbahnen am Puget-Sund	15·63
Insgesamt	1930·73

2. Gepachtete Strecke:	Länge. Meilen
St. Paul-Minneapolis nach Brainerd	138·46
Insgesamt	2069·19
3. Zweigbahnen:	
Little-Falls-Dacota-Eisenbahn	87·85
Northern Pacific-Fergus-Black Hills-Eisenbahn . . .	117·10
Fargo und Südwestbahn	87·40
Sanborn-Cooperstown-Turtle Gebirge	36·50
Jamestown- und Northern-Eisenbahn	64·10
Sykestown-Bahn	12·90
Rocky-Mountains-Bahn in Montana (Yellowstone Park)	51·70
Helena-Jefferson County	20·10
Insgesamt	477·65
Dazu Summe 1 und 2	2069·19
Also Gesamtlänge	2546·84

oder genau 4100 Kilometer.

Was dem Gesamtunternehmen jetzt noch fehlt, sind ausreichende Bahnhofsanlagen (Terminal Facilities) an den Endpunkten St. Paul, Minneapolis, Duluth, Seattle, Tacoma und Portland. Zur Herstellung dieser, vornehmlich durch den Landerwerb sehr kostspieligen Anlagen hatten sich besondere Aktiengesellschaften in St. Paul und Portland gebildet, welche die Gelder für den Bau aufbringen, den Bau ausführen und die Anlagen sodann an die beteiligten Gesellschaften verpachten wollten. Auch diese Gesellschaften stehen in Personalunion mit der Nord-Pazifik- und den verbündeten Eisenbahnen. Besonders großartig sind die in Portland in der Ausführung begriffenen Anlagen.

Es sind dort gemeinsame große Personen- und Güterbahnhöfe mit Elevators, Maschinenwerkstätten, Lokomotiv- und Wagenschuppen, Docks u. s. w. für die Nord-Pazifik-Eisenbahn, die Oregon Railway and Navigation Company und die Oregon and California Railway projektiert. Die Anlagen sollen an beiden Ufern des Villammetteflusses hergestellt werden, an welchen sich die Gesellschaft, die Northern Pacific Terminal Company, weite Terrains gesichert hat. Auf dem rechten Ufer des Flusses, in unmittelbarer Nähe der Stadt Portland, werden der Personenbahnhof, auf dem linken die Güterbahnhofsanlagen errichtet. Die letzteren finden ihren Abschluß mit einem großen, für die Dampfer des Stillen Ozeans genügend Platz bietenden Trockendock. Wenn diese Bahnhofsanlagen nach den vorliegenden Plänen ausgeführt werden, so halten sie den Vergleich aus mit den großen Anlagen am Sandthor- und Kaiserquai in Hamburg. Jedenfalls sind sie auf ein ganz ungewöhnliches Anwachsen des Verkehrs zugeschnitten. Durch die Krisis des Sommers 1884 ist aber, weil die Geldmittel fehlten, ihre Ausführung in weite, wenn nicht unabsehbare Ferne gerückt. Gerade im Westen hat diese Krisis am heftigsten gewütet.

V.

Der Kampf um die Unternehmungen. VILLARD's Austritt.

Präsident VILLARD hat das unbestreitbare, hohe Verdienst, das große, seit fünfzig Jahren auf der Tagesordnung stehende Unternehmen, den Bau einer ununterbrochenen Schienenstraße durch die nordwestlichen Gebiete der Union, zu einem glücklichen Ende geführt zu haben — glücklich für die Staaten, welche durch ein neues eisernes Band an einander gefesselt und in den Weltverkehr gezogen werden, glücklich für die Bevölkerung des Nordwestens, welche erst jetzt eine gesicherte Grundlage für eine dereinst blühende Landwirtschaft und Industrie besitzt — nicht glücklich für VILLARD selbst. Um den Besitz, die Herrschaft über sein Werk hat sich alsbald ein heftiger

Kampf entsponnen, in welchem Villard unterlegen ist. Er war genötigt, im Dezember 1883 die Präsidentschaft der Oregon and Transcontinental und der Oregon Railway and Navigation Company, in den ersten Tagen des Januar 1884 auch die der Nord-Pazifik-Eisenbahn niederzulegen und ist im März 1884 aus der Verwaltung der letzteren Bahn ganz ausgeschieden. Der Kampf war von langer Hand vorbereitet; die Angriffe gegen Villard wurden eröffnet im Sommer 1883, genau um die Zeit, als die Einladungen zur Einweihungsfeier versandt wurden. Der Gegner Villards hat sich lange Zeit geschickt im Hintergrunde zu halten gewußt; erst allmählich traten mehr und mehr Wahrscheinlichkeitsgründe hervor, daß niemand anders, als der große Eisenbahnkönig des amerikanischen Westens Jay Gould der Hintermann derjenigen Leute ist, welche den Präsidenten der nordwestlichen Verkehrsanstalten von der Leitung dieser Unternehmungen verdrängt haben. Über die Ursachen der Angriffe dieses Mannes lassen sich auch nur Vermutungen aufstellen; denn der Kampf um die Unternehmungen war nicht einer der gewöhnlichen Tarifkriege zwischen Konkurrenzbahnen. Eine Konkurrenz zwischen den von Villard und den von Gould geleiteten Unternehmungen hat nicht stattgefunden und war auch wohl vorerst nicht zu erwarten, wenngleich die Anwohner der älteren pazifischen Linien von der Eröffnung der Nord-Pazifik-Eisenbahn eine Ermäßigung der Monopoltarife der andern pazifischen Bahnen erhofften. Die Nord-Pazifik-Eisenbahn hatte für Jahre hinaus vollauf zu thun mit der Pflege des Verkehrs auf ihrem eigenen, weiten Gebiete. Dieser Lokalverkehr sicherte lohnende Erträge. Ein Teil des bisher von den der Union- und Zentral-Pazifikbahn allein bedienten durchgehenden Verkehrs fiel ihr dabei von selbst zu, nämlich alle die Transporte aus Oregon und Washington, welche bisher auf den Weg über San Francisco angewiesen waren und diejenigen aus Asien zu Schiffe eingeführten Waren (Thee und Seide aus China und Japan), welche in den Hafenplätzen des Puget-Sund und in Portland landeten und für den Osten bestimmt waren. Wegen dieser Transporte mit einem so mächtigen Gegner einen Krieg anzufangen, hätte sich wahrlich nicht gelohnt, zumal es nicht schwer gewesen wäre, Vereinbarungen über eine, beide Unternehmungen zufrieden stellende Teilung dieses Verkehrs zu treffen. Ebensowenig hatte vorerst GOULD an einem Tarifkriege mit der Nord-Pazifik-Eisenbahn ein erhebliches Interesse. Seine Unternehmungen wurden nicht wesentlich durch die neue Bahn beeinträchtigt, aus einem Tarifkriege geht gewöhnlich auch der Sieger mit geschwächten Kräften hervor. Es hat daher thatsächlich auch niemals etwas darüber verlautet, daß von einem der beiden Unternehmen ein Konkurrenzkampf gegen das andere geplant gewesen sei. Die Gründe, welche GOULD zu seinem Vorgehen gegen VILLARD bestimmten, nachdem dieser soeben das Riesenwerk vollendet und bei Einweihung der Bahn geradezu königliche Ehrenbezeugungen entgegengenommen hatte, scheinen vielmehr persönlicher Art zu sein. Es war dem mächtigsten der amerikanischen Eisenbahnkönige unbequem, daß sich neben und unabhängig von ihm ein neues Verkehrsmonopol bildete; er empfand es wie eine persönliche Niederlage, daß an der Spitze dieser großartigen, zukunftsreichen Unternehmungen ein Mann, wie VILLARD, stand, ein Deutscher von Geburt und Gesinnung, ein unabhängiger, ehrenhafter Charakter. Auch mochte GOULD wohl einsehen, daß, je länger die Präsidentschaft VILLARDS dauerte, je mehr sich unter seiner einsichtsvollen und in erster Linie auf Hebung des Verkehrs bedachten Leitung, die Unternehmungen innerlich festigten und durch Veräußerung der geschenkten Ländereien auch finanziell entwickelten, desto schwieriger es für ihn sein werde, seine bis dahin unangefochtene

Stellung im Eisenbahnwesen zu behaupten; er mochte befürchten, daß er eines Tages in die Lage kommen werde, sich mit VILLARD in die Herrschaft über den großen pazifischen Verkehr teilen zu müssen. Nun hatte GOULD bereits einmal die Gelegenheit versäumt, bei den Unternehmungen VILLARDS auch ein Wort mitzusprechen. Wir haben gesehen, daß er es im Jahre 1879 abgelehnt hatte, VILLARD mit seinen Bahnen behilflich zu sein, um einen östlichen Ausgangspunkt für die Verkehrsanstalten in Oregon zu gewinnen. Der Verlauf der Dinge hatte bewiesen, daß GOULD sich in VILLARD gewaltig geirrt hatte. Dieser hatte das Werk, wozu er sich GOULDS Hilfe erbeten, allein, und noch besser fertig gebracht, und GOULD hatte ihm durch seine Weigerung erst die Gelegenheit gegeben, alle seine Kräfte zu entfalten, und sich eine bis dahin kaum jemals dagewesene Stellung in der Finanzwelt zu erobern. Sollte der Deutsche aus dieser Stellung noch verdrängt werden, so war keine Zeit mehr zu verlieren, es mußte vorgegangen werden, so lange das Unternehmen noch schwache Seiten darbot, gegen welche ein Angriff mit Erfolg zu richten war.

Die schwächste Seite der VILLARD'schen Unternehmung waren aber ihre Finanzen. Die Art und Weise, wie man in Amerika für Eisenbahnunternehmungen die Gelder flüssig macht, ist an dem Beispiel der Nord-Pazifik-Eisenbahn gezeigt. Ein Voranschlag über die gesamten Herstellungskosten dieser Bahn ist niemals entworfen. In dem Freibrief wird das Aktienkapital aufs Geratewohl auf 100 Millionen Dollars bemessen, Prioritäten dürfen nicht ausgegeben werden. PERHAM geht ans Werk ohne alles Geld, das Original Interests Agreement steckt zwar ein paar Tausend Dollars in das Unternehmen, benutzt dasselbe aber hauptsächlich als Verkaufsobjekt, als Geldquelle für „das Syndikat“. Nachdem es gelungen, JAY COOKE zu gewinnen, macht dieser mit einem kühnen Griffe das gesamte Aktienkapital zu „Wasser“ und baut mit den nunmehr genehmigten Prioritäten, deren Gesamtbetrag er ebenfalls ohne alle Untersuchungen über die Anlagekosten wieder auf 100 Millionen Dollars annimmt und von denen er in der That einen guten Teil bei dem leichtgläubigen Publikum unterbringt. Er selbst läßt sich für seine Thätigkeit mehr als fürstlich belohnen und geht gleichwohl an und mit dem Unternehmen zu Grunde. Die Bonds verlieren nahezu allen Wert. Mit Billings tritt ein soliderer Geist in das Unternehmen ein. Wenigstens die Hälfte des Aktienkapitals wird wieder „entwässert“ und dazu verwendet, die Schulden der Nord-Pazifik-Eisenbahn zu bezahlen. Die weiteren Geldbeschaffungen gehen langsam, aber auf gesicherter Grundlage und zu Bedingungen vor sich, die in Amerika in solchen Fällen nicht außergewöhnlich hart zu nennen sind; es wird aber auch jetzt weiter von der Hand in den Mund gewirtschaftet. Erst mit dem 40-Millionen-Anlehen steht Billings auf einigermaßen festem Boden, er kann ohne Sorge in die nächste Zukunft blicken. Da tritt an Stelle des nüchternen Geschäftsmannes Billings der kühne, enthusiastische Villard, welcher erst die wahre Bedeutung der Nord-Pazifik-Eisenbahn in Verbindung mit seinen anderen Verkehrsanstalten im Nordwesten erfaßt. Mit allen zulässigen Mitteln gilt es ihm, dieses Gesamtunternehmen unter Dach zu bringen, und er glaubte, nach den ihm vorliegenden Materialien, daß die vorhandenen Geldmittel hierzu völlig ausreichten. Er selbst hat jetzt geschildert, auf welcher Annahme diese Überzeugung beruhte, und wie die Persönlichkeiten, deren Urteil er in technischen Fragen unbedingt vertraute und vertrauen mußte, weil er selbst kein Techniker war, sich in ihren Schätzungen und Berechnungen gründlich geirrt haben. Denn der erste Kostenanschlag, auf welchem Villard fußte, ist schließlich um mehr als 90 Prozent überschritten worden. Die Fertigstellung und Ausrüstung der unter Villards Präsidentschaft gebauten Strecken stellte sich schließlich auf $ 42 980 796, worunter $ 3 323 140 für Erneuerung alter Linien — welcher Posten in dem ersten Anschlage nicht enthalten war —, so daß $ 39 657 656 statt $ 20 773 900 gebraucht wurden — beiläufig ein weiterer Beleg, mit welcher Leichtfertigkeit in Amerika Kostenanschläge entworfen werden!

Villard macht niemandem direkte Vorwürfe wegen dieser Irrtümer, er giebt gern zu, daß es beim Angriff des Baues unmöglich war, einen absolut genauen Kostenanschlag anzufertigen, und daß die Art und Weise der Ausführung, die Hast und Überstürzung, das Rennen und Jagen nach dem Ziele der Vollendung den Bau verteuert hat. Der technische Leiter des Unternehmens hat gleichwohl sich veranlaßt gesehen zu einer persönlichen Rechtfertigung, in welcher er aber die Richtigkeit der von Villard angegebenen Zahlen nicht bestreitet, und nur ausführt, daß mit der Schlußsumme erheblich mehr gebaut sei, als in seinem ersten Anschlage angenommen war, daß ein Teil der kostspieligeren Bauten auch von anderen Ingenieuren ausgeführt, und daß gerade bei diesen Bauten die bedeutendsten Überschreitungen der Anschläge vorgekommen.

Darauf kommt es indes nicht an. Es genügt die Thatsache, daß die Bahn beinahe doppelt soviel gekostet hat, als geschätzt wurde, und daß hierdurch Villard fast vom Tage des Antrittes seiner leitenden Stellung an in finanzielle Verlegenheiten der schwersten Art geriet, welche er dem größeren Publikum verborgen hat, und deren endgültige Beseitigung er von Monat zu Monat, sicher aber mit der Vollendung der Bahn erhoffte. Auch darin hat er sich getäuscht. Im Sommer 1883 begann die allgemeine Finanzlage in den Vereinigten Staaten immer schwieriger zu werden, und dies hatte wieder ganz natürlich eine bedauerliche Rückwirkung auf alle seine Unternehmungen.

Dem Scharfblick eines Mannes, wie Gould, eines Feindes der Villardschen Unternehmungen und einer Großmacht auf dem Geldmarkt, konnte es nicht entgehen, daß hauptsächlich die Oregon und Transkontinental-Gesellschaft sich in Bedrängnis befand, und die von Villard vollzogene Vereinigung der drei Unternehmungen hatte bei allen ihren unschätzbaren Vorteilen auch die gefährliche Seite, daß die Verlegenheiten der einen sofort ihre Rückwirkung auf die beiden anderen ausüben mußte.

An diesem Punkte setzte Gould ein. Er versuchte, die Verlegenheiten der Oregon und Transkontinental-Gesellschaft, welche damals von Niemandem geahnt wurden, ans Licht zu ziehen, und machte Villard für diese Verlegenheiten verantwortlich; aber nicht in loyaler, offener Weise, sondern mit heimtückischen Mitteln der Bosheit und Hinterlist.

Schon im Sommer 1883 und nachher während der Festfahrt tauchten gleichzeitig von verschiedenen Seiten her verleumderische Angriffe in der Presse gegen Villard auf. Seine Papiere wurden auf der Börse schlecht gemacht, ihre Kurse herabgedrückt. Unter dem Publikum, welches sich in Amerika überhaupt in größerem Umfange, als bei uns, an den Börsenspekulationen beteiligt, wurde Mißtrauen verbreitet, die sinkenden Kurse veranlaßten Verkäufe der Papiere und diese Verkäufe steigerten wiederum das Mißtrauen und die Mißstimmung gegen Villard selbst, an dessen Unternehmungen mancher zwar schon viel verdient, indessen noch viel mehr zu verdienen gehofft hatte. Als der Jahresbericht für 1882/83 Ende September erschien und die Vermutungen über den schwierigen Stand der Unternehmungen bestätigte, als offen gesagt werden mußte, daß von einer Dividende der Stammprioritäten der Nord-Pazifik-Eisenbahn wiederum keine Rede sein könne, daß die für den Bau vorhandenen Mittel um über 8 Millionen Dollars überschritten wären, als bald darauf die Maßregeln zur Beschaffung neuer Geldmittel vorbereitet und bekannt wurden, da fielen weitere Verleumdungen und Verlästerungen VILLARDS und seiner Unternehmungen auf nur zu empfänglichen Boden. Vielleicht wäre es besser gewesen, wenn VILLARD nunmehr die Verhältnisse offen dargelegt hätte. Dies hielt er aber nicht für nötig. Im Gegenteil, bis in die letzte Zeit hatte er noch mit den kühnsten Hoffnungen und einem felsenfesten Vertrauen in die nächste Zukunft der Nord-Pazifik-Eisenbahn geblickt, war er nicht müde geworden, seinen Freunden und seinen Gästen die unermeßlichen Aussichten dieser und der verschwisterten Verkehrsanstalten in begeisterten Worten zu schildern! Diese Worte stimmten nicht mehr mit den Thatsachen, und die Folge waren erneute Kursherabsetzungen, erneute Angriffe der hinter den Kulissen arbeitenden Gegner. Doch hielten sie es für zweckmäßig, daß die erforderliche neue Anleihe auch noch durch VILLARD selbst aufgenommen werde und ließen daher Anfang November in den Angriffen ein wenig nach. Sobald VILLARD auch diese Arbeit gethan und die neue Anleihe gesichert war, da schritten seine Gegner, welche zu den gesunkenen Kursen inzwischen eine genügende Menge seiner Papiere in ihren Besitz gebracht hatten, mit frischen Kräften zum Angriff, und nötigten VILLARD, eine seiner Stellen nach der anderen aufzugeben. Derselbe hatte schließlich noch den größten Teil seines Privatvermögens eingesetzt, um die immer mehr weichenden Kurse zum Stehen zu bringen. Es war vergeblich. Der Kampf gegen einen gewissenlosen, mit ungezählten Millionen arbeitenden Gegner war ein zu ungleicher geworden. Nur seine Ehre konnte VILLARD noch retten, und das hat er denn auch gethan. Gerade in Amerika machte es einen tiefen Eindruck, als VILLARD bei seinem Rücktritt seinen Freunden darlegen konnte, daß er sich auf Kosten der Aktionäre seiner Unternehmungen nicht nur nicht bereichert, nein, daß er einen großen Teil seines eigenen Vermögens eingebüßt hatte und mit gerechtem Stolze kann Villard seine neueste Erklärung auch mit den Worten schließen, daß von den Millionen Dollars, die während seiner Verwaltung verausgabt sind, von niemand, für den er verantwortlich war, auch nur ein Dollar veruntreut ist.

Jay Gould aber wäre mit einigen Genossen nunmehr der unbeschränkte Gebieter über folgende Eisenbahnunternehmungen:

1.	Union Pacific Railroad	4 694	Meilen
2.	Texas Pacific Railroad	1 487	„
3.	Missouri Pacific Railroad	5 981	„
4.	Wabash, St. Louis and Pacific Railroad	3 566	„
5.	Missouri, Kansas and Texas Railroad	1 374	„
6.	St. Louis and San Francisco Railroad	724	„
7.	Northern Pacific Railroad	2 547	„
	zusammen	20 373	Meilen

oder 32 800 km. (Das Netz aller deutschen Eisenbahnen hat eine Länge von rund 37 000 km.) Dazu kommt, daß Gould auch an den Eisenbahnen in Mexiko stark beteiligt ist, daß er viele der in den östlichen Staaten belegenen Eisenbahnen, darunter beispielsweise die New Yorker Hochbahnen, mit verwaltet, daß er bei der Pacific Mail Steamship Company eine einflußreiche Stellung einnimmt, und daß er das gesamte Telegraphenwesen der Vereinigten Staaten als Präsident der Western Union Telegraph Company (einer Aktiengesellschaft mit einem Kapital von 86 Millionen Dollars) beherrscht und monopolistisch ausbeutet. Welche politischen und wirtschaftlichen Gefahren für die Vereinigten Staaten eine solche Machtstellung eines solchen Mannes bedeutet, bedarf keiner näheren Ausführung. Sein unheilvoller Einfluß hat sich den Aktionären der Villardschen Unternehmungen, zum nicht geringen Teil kleinen

Kapitalisten, leider schon während des Kampfes gegen Villard in betrübendster Weise fühlbar gemacht. In der umstehenden Tabelle sind die Kurse der drei Unternehmungen zu Anfang der vier Quartale des Jahres 1883 und des ersten und zweiten Quartals sowie des November 1884 zusammengestellt und mit den höchsten und niedrigsten Kursen der Jahre 1881 und 1882 verglichen. Am Schlusse sind einige Tage beigefügt, an welchen besonders weitgehende Kursschwankungen der Aktien der Nord-Pazifik-Eisenbahn und der Oregon Railway and Navigation Company stattgefunden haben.

Die Tabelle zeigt, welche Vermögen an den drei Unternehmungen gewonnen und verloren sein können. Während die Prioritäten der Nord-Pazifik-Eisenbahn und der Oregon Railway and Navigation Company (die in der Tabelle nicht aufgeführten Missouri- und Pend'oreille-Bonds der Nord-Pazifik-Eisenbahn werden an der Börse nicht regelmäßig gehandelt) nicht erheblich im Kurse schwanken, sehen wir, daß die Stammaktien der Nord-Pazifik-Eisenbahn, welche 1882 und bis zum Juli 1883 noch über 50 Prozent standen, im April 1884 auf $21^3/_4$ Prozent, Ende des Jahres gar auf $16^3/_8$ Prozent heruntergegangen sind. Die Stammprioritäten, welche bisher keinen Pfennig bar und nur einmal eine Anweisung auf Dividende erhalten haben, überschritten im Jahre 1882 sogar den Parikurs, sie hielten sich bis zum Juli 1883 auf gegen 90 Prozent, standen am 1. April 1884 auf rund 48 Prozent, konnten aber selbst diesen Kurs nicht behaupten. Die bedeutenden Schwankungen dieser Papiere am 20. und 22. Oktober 1883 hängen offenbar mit der Ungewißheit des Zustandekommens des neuen Prioritätsanlehens zusammen. Der 20. Oktober war der Tag, an welchem die Anmeldungsfrist für die Versammlung der Stammprioritätenbesitzer ablief, von denen das neue Anlehen genehmigt werden mußte. Geradezu verheerend ist der Einfluß der Angriffe auf

8*

Kurse der Villardschen Aktiengesellschaften an der Börse zu New York.

	Nord-Pazifik-Eisenbahn			Oregon and Transcontinental Company		Oregon Railway and Navigation Company	
	Stamm-aktien	Stamm-prioritäten	erste Prioritäten	Aktien	Prioritäten	Aktien	Prioritäten
1883, 2. Januar . .	$47-47^{7}/_{8}$	$84^{1}/_{2}-85^{3}/_{8}$	$102^{3}/_{8}$	$83-83^{3}/_{4}$	—	138	106
höchste u. niedrigste Kurse während des Januar	$46^{3}/_{8}-51^{3}/_{8}$	$83^{7}/_{8}-87^{1}/_{2}$	102 —103	$82^{1}/_{2}-89$	$94^{1}/_{8}-95$	136 —144	$105^{1}/_{2}-106^{1}/_{2}$
1883, 2. April . . .	$49^{1}/_{2}-49^{7}/_{8}$	$85^{5}/_{8}-86^{1}/_{8}$	$104^{1}/_{2}$	$79^{1}/_{2}-81^{1}/_{4}$	94	$138^{1}/_{2}$	$106^{1}/_{2}$
während des April .	$49^{1}/_{4}-52^{1}/_{2}$	$85^{1}/_{8}-89^{3}/_{8}$	$104^{1}/_{2}-106^{1}/_{4}$	$79^{1}/_{2}-85^{1}/_{8}$	$93^{1}/_{8}-97^{3}/_{4}$	$138^{1}/_{4}-144^{3}/_{4}$	$106^{1}/_{2}-108$
1883, 2. Juli . . .	$51^{1}/_{4}-51^{3}/_{4}$	$89^{1}/_{8}-89^{3}/_{8}$	$105^{1}/_{2}$	$83-83^{1}/_{4}$	$96^{3}/_{4}$	146	$106-108^{1}/_{2}$
während des Juli .	$47^{1}/_{8}-52^{3}/_{8}$	$84^{1}/_{8}-90$	$104-105^{3}/_{4}$	$75^{1}/_{2}-84^{1}/_{2}$	$95^{3}/_{4}-97$	$136-146^{1}/_{2}$	$106^{1}/_{2}-108^{1}/_{2}$
1883, 1. Oktober . .	$33^{3}/_{8}-34^{1}/_{4}$	$63^{1}/_{4}-64^{5}/_{8}$	$103^{1}/_{2}$	$52^{3}/_{4}-53^{3}/_{4}$	89	$123-125^{1}/_{2}$	$106^{1}/_{4}$
während des Oktober	$23^{1}/_{8}-34^{5}/_{8}$	56 — 70	$102^{1}/_{8}-103^{1}/_{2}$	$34^{1}/_{2}-54^{1}/_{4}$	85 —90	$96-125^{1}/_{2}$	$106-107^{1}/_{2}$
1884, 2. Januar . .	$23^{3}/_{4}-25^{3}/_{8}$	$51^{5}/_{8}-52^{3}/_{4}$	$101^{1}/_{8}-101^{1}/_{4}$	$29^{3}/_{8}-31^{7}/_{8}$	79	93 — 96	103
„ 1. April . . .	$21^{3}/_{4}-22^{3}/_{8}$	$47^{5}/_{8}-48^{1}/_{4}$	$101-101^{1}/_{4}$	$20^{5}/_{8}-21^{3}/_{8}$	74	86	$108^{1}/_{2}$
„ 27. Dezember .	$16^{3}/_{8}$	$39^{3}/_{4}$	101	$13^{5}/_{8}$	?	$70^{1}/_{4}$	?
Jahr 1883	$23^{1}/_{8}-53^{1}/_{8}$	$49^{3}/_{4}-90^{5}/_{8}$	—	$29^{1}/_{8}-89$	—	90 —150	—
„ 1882	$28^{3}/_{4}-54^{3}/_{8}$	$66^{3}/_{4}-100^{3}/_{8}$	—	60 —99	—	$128-163^{1}/_{8}$	—
„ 1881	$32^{3}/_{4}-51$	$64^{1}/_{8}-88^{1}/_{8}$	—	64 —83	—	134 —190	—
20. Oktober 1883 . .	$24^{5}/_{8}-27^{1}/_{2}$	$57-78^{1}/_{2}$	—	—	—	—	—
22. „ „ . .	$25^{3}/_{4}-31^{1}/_{4}$	$59^{1}/_{2}-72^{1}/_{2}$	—	—	—	—	—
28. Januar 1884 . .	—	—	—	—	—	87 —119	—
29. „ „ . .	—	—	—	—	—	93 —102	—

die Oregon and Transcontinental Company, die Nachfolgerin des „Blind Pool". Ihre Aktien sind auf den siebenten Teil des Wertes gesunken, welchen sie im Jahre 1882 noch hatten. Das Aktienkapital von 40 Millionen Dollars ist voll einbezahlt, zu einem Kurse nicht viel unter Pari; heute ist es kaum 6 Millionen wert, beinahe 34 Millionen sind in drei Jahren an der Börse verloren! Das sind beklagenswerte Erscheinungen, und es ist nur zu begreiflich, daß unter dem Einfluß derselben die Stimmung gegen die Nord-Pazifik-Eisenbahn und ihren Vollender sich bedeutend abgekühlt hat.

Und doch wäre es Unrecht, wollte man Henry Villard für den niedrigen Kurs, zu welchem seine Unternehmungen gegenwärtig an der Börse gehandelt werden, allein verantwortlich machen. Wie die Rentabilität derselben vor zwei Jahren nach meiner Meinung überschätzt wurde, so wird sie heute erheblich unterschätzt. Gewiß ist die Nord-Pazifik-Eisenbahn nicht billig gebaut und die hohen Anlagekosten werden ihre Erträge schmälern; aber sie ist fertig und hat unzweifelhaft eine bedeutende Zukunft. Nachdem der Weg in den fernen Nordwesten gebahnt, wird sich bald der Strom der Einwanderung dorthin lenken, die Besiedelung des Landes wird fortschreiten, und Hand in Hand damit muß sich ein regerer Eisenbahnverkehr entwickeln, denn jeder neue Ansiedler ist ein neuer Kunde der Bahn. Als im September 1883 die Festzüge die Bahnen befuhren, betrug die Zahl der Einwohner aller an derselben belegenen Orte einschließlich Portland (ausschließlich St. Paul und Minneapolis) freilich noch nicht 100 000 Personen, aber dies wird bald anders werden. Einzelne Gebiete sind schon im Frühjahr 1884 von Einwanderern förmlich überflutet worden. Gleichzeitig haben sich die Bruttoeinnahmen der Bahn seit ihrer Vollendung bedeutend vermehrt, sie betrugen im Jahre 1883/84 $ 12 603 575, ungefähr 4 Millionen Dollars mehr, als im Vorjahre; aus denselben konnten außer den Betriebskosten die Zinsen und Tilgungsbeträge für alle Prioritäten gedeckt werden, und es blieb noch ein barer Überschuß von $ 1 055 656. Auch später sind die Bruttoeinnahmen andauernd gestiegen, und, wenn die bisherige Verwaltung fortdauert, so wird gewiß in nicht allzu ferner Zukunft eine Dividende für die Stammprioritäten herausgewirtschaftet werden. Die Reserve aber ist die Landschenkung. Von den Ländereien ist erst ein geringer Teil verkauft (im Jahre 1881/82 451 811 Acres, 1882/83 761 236 Acres, 1883/84 478 116 Acres), aber zu stetig steigenden Preisen, 1882 durchschnittlich für den Acre $ 3·26, 1883 $ 4·02, 1884 $ 4·57. Eine Aufhebung der Schenkung durch den Kongreß ist jetzt, wo die Bahn fertig ist, im höchsten Grade unwahrscheinlich, und durch die Landverkäufe vermindern sich stetig ihre Schulden. Diese Zukunft kann der Bahn, so lange sie in ehrlichen Händen ist, nicht mehr genommen werden. Auf die Verwaltung hat bis jetzt Jay Gould keinerlei Druck geübt. Ein bedenkliches Vorzeichen war freilich das Auseinanderschlagen des Gesamtunternehmens in seine drei ursprünglichen Bestandteile, doch scheint der Grund hiervon nur der gewesen zu sein, daß es leichter und billiger war, einen Teil nach dem anderen, als das Ganze gleichzeitig zu erwerben; denn einstweilen arbeiten die Nord-Pazifik-Eisenbahn und die Oregon Railway and Navigation Company noch Hand in Hand und nicht gegeneinander, ja es ist in der Presse bereits davon die Rede gewesen, die Northern Pacific und die Oregon Railway and Navigation Company miteinander ganz zu verschmelzen, und der Bau der Cascade Branch soll keine feindliche Maßnahme gegen die letztere bedeuten. Jay Gould ist aber durch die Krisis des Sommers 1884, den Niedergang des Riesen-Wabash-Unternehmens, selbst hart mitgenommen, und hat neuerdings wenig Neigung gezeigt, sich auf anderen Gebieten zu versuchen.

Anderseits wird von allen Seiten die Nord-Pazifik-Bahn mit Konkurrenzen bedroht. Schon hat sich die Union-Pazifik-Bahn mit der im Herbst 1884 vollendeten sog. Oregon Short Line einen selbständigen Ausgangspunkt, freilich auf einer sehr wenig leistungsfähigen Linie, nach Oregon hin gesichert, und ganz unzweifelhaft wird die Oregon- und California-Bahn, wenn sie einmal fertig ist, der Oregon Railway and Navigation Company mancherlei Verkehr entziehen. An Stelle der von VILLARD geplanten Zusammenfassung und Konsolidierung tritt mit anderen Worten doch wieder die Zersplitterung. Wer will aber heute sagen, welches Ende diese Zustände einmal nehmen werden? ob ein Anderer, Mächtigerer, die Erbschaft VILLARDS antreten wird? ob dieser Nachfolger das nordwestliche Verkehrsmonopol dann in aufgeklärtem, gemeinnützigen Sinne, oder nach Art der übrigen Monopole lediglich mit Rücksicht auf seine persönlichen Interessen bewirtschaftet?

Kurz, die Zukunft der VILLARDschen Unternehmungen ist nach seinem Rücktritt wieder eine unsichere geworden; ihm, dem so hoch begabten, einsichtsvollen und thatkräftigen Vollender dieser Verkehrsstraßen, unserm Landsmann HENRY VILLARD, muß es aber bei allen Schicksalsschlägen, von welchen er unmittelbar nach seinem Triumphzuge betroffen ist, eine innere Genugthuung gewähren, daß er die wahre Bedeutung dieser großen neuen Verkehrsstraße durch das amerikanische Festland erkannt und sie mutig unter Überwindung aller entgegenstehenden Hindernisse vollendet, daß er durch überraschend schnelle Einfügung des Schlußgliedes aus vereinzelten Stücken ein großes, ganzes Unternehmen zusammengeschmiedet hat.

Die staatliche Aufsicht über die Eisenbahnen.

Insbesondere in

Massachusetts, New Hampshire und **New York.**

I.

Die staatliche Aufsicht über die Eisenbahnen wird in den Vereinigten Staaten wahrgenommen durch Eisenbahnaufsichtsämter, Boards of Railroad Commissioners. Solche Aufsichtsämter bestehen in 22 von den 38 Staaten der Union, in den übrigen 16 Staaten, 10 Territorien und dem Bundesdistrikt Columbia bekümmert sich der Staat so gut wie gar nicht um die Eisenbahnen. Zu ganz verschiedenen Zeiten sind diese Ämter entstanden, ihre Zusammensetzung und ihre Befugnisse sind ebenfalls durchaus nicht gleichartig. — Meist sind sie durch Staatsgesetze errichtet, deren Erlaß häufig das Ergebnis einer stürmischen Bewegung der mit den Eisenbahnen unzufriedenen Bevölkerung war. So hat beispielsweise die Granger-Bewegung im Beginn der siebziger Jahre den Anlaß zu Errichtung von Eisenbahnämtern während der Jahre 1872—1874 in einigen der westlichen Staaten, wie Wisconsin, Illinois, Ohio, Missouri, gegeben. Diese Ämter haben zum Teil ziemlich weitgehende Befugnisse durch das Gesetz erhalten, und, so lange der Eindruck dieser sozialen Bewegung vorhielt, von ihren Befugnissen auch Gebrauch gemacht. Schon bald aber erschlaffte der Thatendrang der neuen Behörden, und diese Gesetze sind heutzutage nicht viel mehr, als tote Buchstaben. Die Befugnisse erstreckten sich hauptsächlich auf die Feststellung und Kontrolle der Gütertarife; denn die Beschwerden der Granger richteten sich vornehmlich gegen die unerhörten Differenzialtarife der Eisenbahnen.

Einen etwas veränderten Inhalt haben die Gesetze über die Eisenbahnaufsichtsämter in den östlichen Staaten. Hier sollen die Ämter nur zur Wahrnehmung einer allgemeinen Aufsicht über die Eisenbahnen berechtigt werden, und mehr durch sanfte Überredung und Vermittelung, als durch Zwang und Strenge zur Beseitigung von Übelständen mitwirken.

Bei Erlaß und Beratung dieser Gesetze hat dem Gesetzgeber — es wird dies wiederholt ausdrücklich gesagt — das englische Gesetz vom 21. Juli 1873 betr. die Einsetzung der Railway Commissioners als Muster vorgeschwebt. Die Behörde besteht also, wie in England, aus drei Personen, welche auf eine bestimmte Anzahl von Jahren, in der Regel fünf Jahre, ernannt oder gewählt werden, und von denen in einer im Gesetze vorgesehenen Reihenfolge alljährlich Einer ausscheidet. Die drei Kommissare beziehen ein festes Gehalt vom Staate; sie haben ein Bureau zur Seite. Ihre Befugnisse bestehen darin, daß sie die Sicherheit des Betriebes der Bahnen zu überwachen, insbesondere schwerere Eisenbahnunfälle mit ernsten Folgen für Leib und Leben zu untersuchen haben. Außerdem steht ihnen, wie bemerkt, eine gewisse, allerdings in den verschiedenen Staaten ganz verschieden bemessene Mitwirkung bei der Aufstellung der Tarife zu. Meist beschränkt sich diese darauf, daß das Amt für Beseitigung schädlicher Differenzialtarife und unstatthafter persönlicher Begünstigungen sorgen soll. Eine dritte Seite ihrer Befugnisse ist die Beaufsichtigung der Rechnungsführung der Eisenbahnen, welche verpflichtet sind, für ihre Rechnungen die von dem Amte aufgestellten Formulare zu gebrauchen, dem Amte auch Einsicht in ihre Bücher zu gestatten. Hierzu kommt noch eine gewisse begutachtende Mitwirkung der Behörden auf dem Gebiete der staatlichen Eisenbahngesetzgebung. Der Wert dieser Befugnisse ist aber von vornherein schon deswegen nicht sehr hoch anzuschlagen, weil den Aufsichtsämtern nur schwache und milde Mittel in die Hand gegeben sind, um ihren Beschlüssen die Ausführung zu sichern. Wenn ein solches Amt sieht, daß an irgend einer Stelle etwas nicht in Ordnung ist, so hat dasselbe davon der Eisenbahn, welche es angeht, Mitteilung zu machen und dieselbe zur Beseitigung des Mißstandes aufzufordern. Läßt die Eisenbahn diese Mitteilung unbeachtet, oder lehnt sie das Ansinnen des Amtes ausdrücklich ab, so macht dieses dem Generalstaatsanwalt, oder einer anderen höheren Verwaltungsbehörde Anzeige und überläßt dieser, der Eisenbahn gegenüber im gewöhnlichen Rechtswege, sofern ein solcher zulässig ist, oder auf sonst geeignete Weise das Erforderliche zu veranlassen. Auch werden in dem Jahresberichte des Amtes solche Vorgänge veröffentlicht. Damit ist die Sache zu Ende.

Die Beschaffung der einzelnen Gesetze über die Eisenbahnämter in ihrer jetzt gültigen Fassung ist, insbesondere für den Ausländer mit besonderen Schwierigkeiten verknüpft, eine kritische Beleuchtung derselben würde auch kaum von allgemeinerem Interesse sein.[1] Dagegen möchte die Mitteilung wenigstens einiger wichtigeren Gesetze und Probeberichte zur Berichtigung unserer Anschauungen über die Eisenbahnverhältnisse der Vereinigten Staaten beitragen. Es sind daher im Nachstehenden die wesentlichsten Bestimmungen dreier Gesetze

---

[1] Näheres über einzelne staatliche Aufsichtsgesetze findet sich in dem, leider nur in beschränkter Anzahl gedruckten und nicht allgemein zugänglichen First Annual Report on the Internal Commerce of the United States by Jos. NIMMO jr., Washington 1877. S. 175 ff., sowie bei ADAMS, Railroads, their Origin and Problems, insbes. S. 126 ff.

über die Errichtung von Eisenbahnaufsichtsämtern abgedruckt, davon zwei, die von New Hampshire und New York, aus ganz neuer Zeit stammen, während das dritte die Rechte des anerkannten Musteramtes dieser Art, der Railroad Commission in Boston in Massachusetts, regelt. An die Mitteilung der beiden letzteren Gesetze werden sich Erörterungen aus den Jahresberichten der Ämter anschliessen.

II.

Das neue Gesetz betr. des Eisenbahnaufsichtsamt im Staate New Hampshire vom 14. September 1883 (Railroad Commission Law) ist erlassen, nachdem bereits seit 1844 daselbst ein Eisenbahnaufsichtsamt bestanden hat. Es ist also wohl anzunehmen, daß die langjährigen Erfahrungen, die mit der Behörde in diesem Staate gemacht sind, bei der Ausarbeitung der jetzigen Bestimmungen volle Rücksicht gefunden haben, und daß auch die Erfahrungen in anderen Staaten nicht außer acht geblieben sind.

Dasselbe lautet:[1]

§§ 1—3.

Das Eisenbahnamt besteht aus drei Personen, einem Vorsitzenden mit einem Gehalt von $ 2 500, einem Schriftführer, dessen Gehalt $ 2200 und einem weiteren Mitgliede, dessen Gehalt $ 2000 beträgt. Dieselben werden vom Gouverneur des Staates und zwar der erste zum erstenmale auf drei, der zweite auf zwei, der dritte auf ein Jahr ernannt; die folgenden Mitglieder werden immer auf drei Jahre ernannt. Der Gouverneur kann, wenn das öffentliche Wohl dies erheischt, jederzeit die Kommissare absetzen. Die Mitglieder werden vor Antritt ihres

[1] Der Text ist abgedruckt in der Railroad Gazette vom 26. Oktober 1883. S. 703 ff., der vorstehende Auszug im Archiv f. Eisenbahnwesen 1884. S. 54. 55.

Amtes vereidigt. Sie dürfen mit den Eisenbahngesellschaften des Staates in keinerlei geschäftlichen Beziehungen stehen, auch keine Eisenhahnaktien besitzen. — Die Mitglieder haben freie Fahrt auf allen Eisenbahnen in New Hampshire. — Die Gesamtkosten einschließlich der Gehälter der Kommissare werden von den Eisenbahngesellschaften des Staates getragen nach Verhältnis ihrer jährlichen Brutto-Einnahmen.

§ 4.

Das Eisenbahnamt hat das Aufsichtsrecht über alle Bahnen des Staates. Es hat den baulichen Zustand, die Betriebsverhältnisse, sowohl rücksichtlich ihrer Bequemlichkeit als der Betriebssicherheit, zu untersuchen, und insbesondere auch zu prüfen, ob die Eisenbahnen ihre Konzessionen und die Gesetze des Staates beachten. Das Amt setzt Maximaltarife für den Personen- und Güterverkehr fest und ändert dieselben, so oft es im allgemeinen Interesse erforderlich ist.

§ 5.

Wenn eine Eisenbahn bestehenden Bestimmungen zuwiderhandelt, so hat das Amt die Eisenbahn schriftlich darauf aufmerksam zu machen, und wenn die Zuwiderhandlung dann nicht aufhört, dem Attorney General zu berichten, welcher demnächst die erforderlichen Maßregeln zur Beseitigung der Mißstände ergreifen wird. Das Amt kann, wenn es dies für zweckmäßig erachtet, auch selbst diese Maßregeln ergreifen.

§ 6.

Ist zur Erhöhung der Sicherheit des Betriebes oder zur Bequemlichkeit des Publikums die Herstellung neuer oder Erweiterung bestehender Anlagen, sind Änderungen im Betriebe, in der Geschäftsführung, in den Tarifen erforderlich, so giebt das Amt hiervon der betreffenden Eisenbahn Nachricht und macht über seine Änderungsvorschläge Mitteilung in seinem Jahresberichte.

§ 7.

Ähnlich ist zur verfahren, wenn derartige Beschwerden oder Verbesserungsvorschläge von städtischen Vertretungen ausgehen.

§ 8.

Das Amt hat alle Eisenbahnunfälle, bei welchen Menschen ums Leben gekommen sind, und alle sonstigen bedeutenden Unfälle zu untersuchen.

§ 9.

Die Eisenbahnen müssen dem Amte Einsicht in ihre Bücher, Kontrakte, Geschäftspapiere u. s. w. gewähren und demselben alle Auskunft erteilen, die gewünscht wird (§ 11), und das Amt ist verpflichtet, von Zeit zu Zeit Einsicht von den Büchern u. s. w. zu nehmen, und soll insbesondere darauf halten, daß die von ihm für die Geschäftsbücher vorgeschriebenen Formulare auch angewendet werden. Über die finanziellen Verhältnisse und den Betrieb der einzelnen Bahnen sind von Zeit zu Zeit Berichte zu veröffentlichen.

§ 12.

Auf das schriftliche Verlangen eines Direktors oder einer oder mehrerer Personen, welche Aktien oder Obligationen einer Eisenbahn im Mindestbetrage von $^1/_{50}$ des eingezahlten Aktienkapitals einer Bahn besitzen, ist eine Untersuchung über die finanzielle Lage der Bahn zu führen und das Ergebnis dieser Untersuchung zu veröffentlichen.

§ 14.

Weigert sich eine Eisenbahn, den vorstehend aufgeführten Anordnungen und Forderungen des Amtes zu entsprechen, so soll sie für jeden Zuwiderhandlungsfall mit einer Geldbuße bis zu $ 1 000 bestraft werden.

§ 15.

Das Amt ist berechtigt, Zeugen zu vernehmen, sowie (§ 16) die Formulare für die Berichte vorzuschreiben und zu ändern, welche die Eisenbahnen alljährlich an das Amt zu erstatten haben. Auszüge aus diesen Berichten, sowie sonstige Mitteilungen über die Thätigkeit des Amtes sind alljährlich zu veröffentlichen.

Über die Geschichte dieses Gesetzes und die Thätigkeit des Aufsichtsamtes in New Hampshire ist Näheres nicht zu meiner Kenntnis gelangt. Die beiden anderen Aufsichtsämter haben indessen eine Geschichte, welche an sich schon einen wertvollen Beitrag zur Eisenbahngeschichte der Vereinigten Staaten bildet.

III.

Im Staate New York war schon durch ein Gesetz vom 14. April 1855 eine Eisenbahnaufsichtsbehörde eingesetzt; damals hatte das Eisenbahnnetz des Staates einen Umfang von 2321 Meilen, also eine für jene Zeiten recht ansehnliche Ausdehnung. Das Amt bestand aus drei Personen, dem Staatsingenieur und Aufsichtsbeamten (State Engineer and Surveyor), einem Vertreter der Eisenbahnen, und einem vom Gouverneur ernannten und vom Senate bestätigten Mitgliede. Das Amt veröffentlichte seinen ersten Jahresbericht, und merkwürdigerweise wurde kurz darauf, nachdem das Amt kaum zwei Jahre bestanden hatte, ein Antrag auf Aufhebung des Gesetzes vom 14. April eingebracht von zweien seiner Mitglieder, dem Staatsingenieur und dem Vertreter der Eisenbahnen, befürwortet, und im April 1857 auch angenommen. Der erste Bericht des neuen, durch Gesetz vom Juni 1882 eingesetzten Eisenbahnamtes äußerte sich über diesen Vorgang mit der folgenden Bemerkung: „Es ist nicht nötig, und auch nicht hier der Platz, über die Gründe, welche diese eigentümliche Befürwortung veranlaßt haben, zu sprechen, selbst wenn diese Gründe mit voller Zuverlässigkeit dargelegt werden könnten.“ Nicht so zartfühlend war der Ausschuß, welcher im Winter 1879/80 die Eisenbahnverhältnisse des Staates New York untersuchte. Durch diese Untersuchung (vgl. S. 2723—2725 des stenographischen Berichts) ist erwiesen, daß den Eisenbahnen schon nach so kurzer Thätigkeit das Aufsichtsamt recht unbequem wurde und sie die Beseitigung desselben wünschten. Zu dem Zwecke mußte aber das Gesetz vom 14. April 1855 aufgehoben werden, an dessen Fortbestand die damals im Amte befindlichen Kommissare schon deswegen interessiert waren, weil ihr Amt ihnen ein hübsches Einkommen abwarf. Zur Bekämpfung des aus diesem Grunde befürchteten Widerstandes gegen die Aufhebung des Gesetzes wandten die Eisenbahnen ein höchst einfaches Mittel an, sie zahlten den Kommissaren eine Summe von $ 25 000, d. h. den Betrag der Gehälter für den Rest ihrer Dienstzeit, bar aus, und nun ging alles glatt, das Gesetz und das Amt wurden abgeschafft.

Von 1857 bis zum 1. Januar 1883 haben sich die Eisenbahnen des Staates New York ohne alle staatliche Aufsicht entwickeln können. Das im Juni 1882 erlassene neue Gesetz ist nicht ohne schwere, jahrelang andauernde Kämpfe zustandegekommen. Schon Mitte der siebziger Jahre hatte die Mißwirtschaft der Eisenbahnen für den Handel und Verkehr des Staates New York geradezu unerträgliche Zustände herbeigeführt. Die allgemeine Mißstimmung machte sich in lauten Klagen gegen die Eisenbahnen Luft, und allmählich stellten sich an die Spitze einer Bewegung gegen dieselben die Handelskammer (Chamber of Commerce) und das Handelsamt (Board of Trade and Transportation) der Stadt New York.

Diesen beiden Körperschaften gelang es, den angesehenen New Yorker Anwalt, den bekannten, freihändlerischen Volkswirt

Simon Sterne für ihre Sache zu gewinnen, und denselben zu bestimmen, in einer großen Versammlung, welche am 19. April 1878 in Steinway Hall in New York stattfand, in glänzender Rede die im Eisenbahnwesen herrschenden Zustände zu schildern. Sterne hatte den Mut, den mächtigen Eisenbahnkönigen unerschrocken zu Leibe zu gehen, die Grundsätze ihrer egoistischen, gemeingefährlichen Eisenbahnpolitik mit klaren Worten darzulegen, und — wozu damals in den Vereinigten Staaten auch schon ein guter Teil Selbstverleugnung gehörte — vom Staate ein Einschreiten gegen die Mißwirtschaft, einen Schutz der Interessen von Handel und Verkehr zu verlangen. Er forderte eine strenge Staatsaufsicht über das gesamte Eisenbahnwesen, welche eines der besten Mittel zur Förderung der wirtschaftlichen, durch die Ketten der Eisenbahntyrannen wehrlos gefesselten Freiheit sei, und die sich mit freisinnigen politischen und wirtschaftlichen Anschauungen sehr wohl vertrage.

Die Auseinandersetzungen Sternes fanden allgemein Zustimmung, seine Rede wurde durch den Druck veröffentlicht, und nunmehr kam die Bewegung wirklich in Fluß. Den gesetzgebenden Körperschaften des Staates New York war schon vorher eine Petition zugegangen, in welcher eine Staatsaufsicht über die Eisenbahnen gefordert, zunächst aber verlangt wurde, daß von Staatswegen eine eingehende Untersuchung der Eisenbahnverhältnisse des Staates New York veranstaltet werde. Das Abgeordnetenhaus hatte im Jahre 1878 einen dieser Petition entsprechenden Antrag angenommen, der Senat, unter dem Einfluß der Eisenbahngesellschaften, seine Zustimmung versagt. Nach der Versammlung vom 19. April 1878 wurde die Petition am 6. Februar 1879 wiederholt, und dieses Mal allein an das Abgeordnetenhaus gerichtet. Dasselbe faßte am 28. Februar 1879 folgenden Beschluß:

„Es ist eine besondere Kommission von fünf Personen (deren Zahl später auf neun erhöht wurde) einzusetzen, welche die Ermächtigung hat, Zeugen zu vernehmen, Urkunden zu beschaffen, auch einen Stenographen zuziehen darf, und deren Aufgabe es ist, die Mißbräuche zu untersuchen, welche angeblich beim Betriebe der vom Staate New York konzessionierten Eisenbahnen bestehen sollen, insbesondere auch zu berichten über die Macht, die Beaufsichtigung und die Verpflichtungen dieser Eisenbahnen. Die Kommission soll die Zeugen vernehmen in New York oder an einem anderen ihr geeignet erscheinenden Platze, und der gesetzgebenden Körperschaft entweder in der gegenwärtigen oder in der nächsten Session in Gestalt eines Gesetzentwurfes oder in einer anderen ihr geeignet erscheinenden Form darüber Vorschläge machen, ob und welche Mittel ihr erforderlich scheinen zum Schutze und zur Förderung der Handels- und gewerblichen Interessen des Staates New York."

Der Untersuchungsausschuß trat am 26. März 1879 zusammen, nachdem am 19. März der Vorsitzende desselben, der Abgeordnete A. B. Hepburn, an eine große Anzahl von Handelskammern und ähnlichen wirtschaftlichen Körperschaften, sowie an die Städte und wichtigeren sonstigen Verkehrsplätze das schriftliche Ersuchen gerichtet hatte, vor dem Ausschuß zu erscheinen und alle Beschwerden vorzubringen. Diesem Ersuchen wurde in ziemlich erheblichem Umfange entsprochen, indem die beteiligten Kreise zunächst schriftlich ihre Beschwerden dem Ausschuß unterbreiteten. Die bedeutendsten Schriftstücke waren zwei ausführliche Eingaben der Handelskammer und des Board of Trade in New York, in welchen alle wichtigeren Beschwerdepunkte sorgfältig begründet, und die zweifelhaften, erst durch die Untersuchung festzustellenden Fragen erörtert werden. Die Präsidenten der beiden größten durch die Beschwerde betroffenen Bahnen, W. H. Vanderbilt von der New York Zentral- und H. J. Jewett von der Erie-Eisenbahn, antworteten auf die Angriffe des Handelsstandes in einem eingehenden Briefe vom 18. April 1879. Der Ausschuß beschäftigte sich zunächst mit der Ordnung und Sichtung dieses Materials. Die eigentliche, mündliche Enquête begann am 12. Juni und dauerte mit längeren Unterbrechungen bis zum 19. Dezember 1879. Über dieselbe wurden stenographische Aufzeichnungen aufgenommen, welche später durch den Druck vervielfältigt sind. Die von den vernommenen Personen vorgelegten Urkunden wurden paraphiert und den stenographischen Verhandlungen beigefügt.

Die Art und Weise dieser Enquête ist die, daß fingiert würde, es liege ein Prozeß vor, und zwar mehr ein Kriminal- als ein Civilprozeß. Der Parlamentsausschuß sind die Richter, Ankläger diejenigen Parteien, welche die Enquête beantragt haben, im vorliegenden Falle an erster Stelle die Handelskammer und das Handels- und Verkehrsamt der Stadt New York, Angeklagte die Eisenbahnen. Sowohl Ankläger als Angeklagte lassen sich durch angesehene Anwälte vertreten, die ersteren durch Simon Sterne, von den letzteren die Erie-Bahn durch den Richter William D. Shipman, die New York Zentralbahn durch Chauncey M. Depew, Frank Loomis und A. P. Laning. Die zu vernehmenden Personen erscheinen in der Rolle von Zeugen, teils Belastungs- teils Entlastungszeugen. Sie werden zunächst vereidigt und dann einzeln sowohl von dem Vorsitzenden und den Mitgliedern des Ausschusses, als von den beiderseitigen Anwälten verhört. Der Einzelvernehmung folgt dann in vielen Fällen das Kreuzverhör, jenes dem englischen und amerikanischen Rechte eigenthümliche Verfahren, welches eine viel größere Bürgschaft für die Ermittelung der Wahrheit bietet, als unsere Einzelverhöre durch den Richter. Ein großer Teil der Zeugenvernehmungen wurde an Ort und Stelle vor dem ganzen oder einem Unter-Ausschuß bewirkt.

Den Verhören folgten Plaidoyers der drei vorgenannten Haupt-Anwälte, DEPEW, SHIPMAN und STERNE. Dieselben beleuchten die Ergebnisse der Untersuchung vom Standpunkte ihrer Auftraggeber; mit welcher Ausführlichkeit, ergiebt die bloße Thatsache, daß die Rede DEPEW's 73, die SHIPMAN's 97, die SIMON STERNE's gar 156 eng gedruckte Seiten der stenographischen Verhandlungen füllen. Der Ausschuß selbst erstattete unter dem 22. Januar 1880 ausführlichen Bericht an die Abgeordnetenkammer des Staates New York und machte seine Vorschläge über die seiner Meinung nach zu ergreifenden gesetzgeberischen Maßregeln, indem er u. a. auch den Entwurf eines Gesetzes betr. Errichtung eines Eisenbahnaufsichtsamts für den Staat New York vorlegte. Auch der Ausschuß, welcher von der New Yorker Handelskammer zur Betreibung der Angelegenheit niedergesetzt war, erstattete am 5. Februar 1880 an die Kammer seinen Bericht. Dieser wurde einstimmig angenommen; er schließt mit folgenden, den Standpunkt der Verkehrsinteressenten darlegenden Resolution:

„Nach der Meinung der Handelskammer bestätigt das Ergebnis der von dem Hepburn-Ausschusse geleiteten Untersuchung des Eisenbahnbetriebs in vollem Umfange die hauptsächlichsten, gegen den Eisenbahnbetrieb erhobenen schweren Anklagen; dasselbe beweist die dringende Notwendigkeit einer Beaufsichtigung und Kontrolle dieser großen Heerstraßen durch den Staat zum Schutze der öffentlichen Interessen; es ist erforderlich, daß die Grundsätze der Billigkeit und Öffentlichkeit in die Staatsgesetze aufgenommen, und daß Behörden von Eisenbahnaufsichts-Beamten eingesetzt werden, welche verpflichtet sind, für die praktische Wirksamkeit dieser Gesetze Sorge zu tragen."

„Nach der Ansicht der Handelskammer sind beide Parteien des Staates nach den von ihnen bei den Wahlen ausgesprochenen Grundsätzen zur Herbeiführung dieser Reform verpflichtet, und die von dem Hepburn-Ausschusse vorgeschlagenen, jetzt den gesetzgebenden Körperschaften vorliegenden Entwürfe müssen, obgleich sie sehr maßvoll sind und mit den zu Tage geförderten Beschwerden nicht so gründlich aufräumen, als dies geboten wäre, unverzüglich angenommen werden."

„Nach Ansicht der Handelskammer können ferner zum Schutze der öffentlichen Interessen im zwischenstaatlichen Handel nicht schnell genug Gesetze, welche die Gleichmäßigkeit und Öffentlichkeit des Eisenbahnbetriebs regeln, angenommen werden."

Die Bemühungen der Vertreter von Handel und Verkehr richteten sich nunmehr dahin, auch praktische Ergebnisse der mit so vielem Aufwande an Zeit, Mühe und Geld durchgeführten Untersuchung zu erlangen. Es verging ein Zeitraum von mehr als zwei Jahren, bevor es gelang, die Zustimmung der gesetzgebenden Körperschaften des Staates zu dem vom Ausschusse ausgearbeiteten Gesetzentwurfe betr. Errichtung eines Eisenbahnaufsichtsamtes zu erhalten. Im Frühjahr 1882 hatten sich endlich beide Häuser des Landtags darüber verständigt, und auch jetzt noch gaben die Eisenbahnen ihr Spiel gegen diese Maßnahmen noch nicht ganz verloren, sie suchten den Gouverneur des Staats zu bestimmen, dem Gesetzentwurf seine Unterschrift zu verweigern. Auch dieser Versuch mißglückte, im Juni 1882 wurde der Gesetzentwurf vom Gouverneur Cornell vollzogen.

Da nach demselben die Errichtung des Eisenbahnaufsichtsamts erst zehn Tage nach dem 3. Januar 1883 erfolgen sollte, so ist also erst vom 13. Januar 1883 ab die Wirksamkeit des neuen Gesetzes eingetreten. Dasselbe stimmt in allen wesentlichen Punkten mit dem Entwurf des Ausschusses überein. Seine 16 Paragraphen enthalten folgende Hauptbestimmungen:[1]

„Das Amt besteht aus drei auf die Dauer von fünf Jahren vom Gouverneur des Staates New York mit Zustimmung des Senates ernannten Mitgliedern. Einer der Kommissare ist zu wählen aus den Mitgliedern derjenigen Partei, welche bei den Gouverneurswahlen die größte Stimmenzahl, der zweite aus derjenigen Partei, welche die nächstgrößte Stimmenzahl abgegeben hat. Von diesen Beiden muß einer Sachverständiger in Eisenbahnsachen sein. Der dritte Kommissar wird ernannt auf einstimmigen oder Mehrheitsvorschlag der Präsidenten oder Vorstände der Handelskammer und des Handels- und Verkehrsamts von New York, und des in New York ansässigen Landesvereins zur Bekämpfung der Monopole (Anti Monopoly League). Bei der ersten Wahl erfolgt die Ernennung eines Kommissars auf drei, des zweiten auf vier, des dritten auf fünf Jahre. Nach Ablauf der Amtsdauer des auf drei Jahre ernannten Kommissars tritt ein regelmäßiger Wechsel durch alljährliche Neuwahl eines Kommissars auf fünf Jahre ein. Wenn ein Kommissar während seiner Amtsdauer ausscheidet, abgesetzt wird oder stirbt, so wird an seiner Stelle für den Rest seiner Amtsdauer ein anderer ernannt. Die Absetzung erfolgt — unter den im Gesetze vorgesehenen Umständen — durch den Gouverneur mit Zustimmung des Senats.

Den Kommissaren wird ein Sekretär und ein Unterbeamter (marshall) beigegeben.

Die Kommissare und ihr Personal haben vor Antritt ihres Amtes den Eid auf die Verfassung zu leisten.

---

[1] Ein Abdruck des Gesetzes befindet sich in dem ersten Bericht des Amtes über seine Thätigkeit S. 451—457. — Die Bestimmungen desselben sind in etwas geänderter Anordnung wiedergegeben; nur ganz unwesentliche Teile sind weggelassen.

Personen, welche in Diensten einer Eisenbahngesellschaft stehen oder irgend welche geschäftliche Beziehungen zu einer solchen unterhalten, Besitzer von Eisenbahnaktien oder Prioritäten, sowie Personen, welche bei einem Handlungshause oder einer Handelsgesellschaft, die geschäftlichen Beziehungen mit irgend einer Eisenbahngesellschaft unterhalten, mit ihrem Vermögen beteiligt sind, sind von der Mitgliedschaft in dem Eisenbahnamte ausgeschlossen. Die Kommissare dürfen kein anderes Amt bekleiden, auch keinerlei Nebengeschäfte betreiben. (§ 1.)

Die Kommissare beziehen ein jeder ein Gehalt von $ 8000, der Sekretär von $ 3000, der Unterbeamte von $ 1500. Es steht in ihrem Ermessen, weiteres Büreau- und Dienstpersonal anzustellen, sowie Sachverständige für besondere Fälle zuzuziehen. Die Kommissare und ihre Beamten haben bei Dienstreisen freie Fahrt auf den Eisenbahnen des Staates New York und erhalten Vergütung für ihre baren Auslagen auf diesen Reisen. Die Gesamtvergütung für diese Auslagen darf indessen die Pauschalsumme von $ 500 monatlich nicht übersteigen. Die Gesamtausgaben des Eisenbahnamtes für Gehälter, Reisespesen, Büreaubedürfnisse, Druckkosten etc., ausschließlich der Kosten für Beschaffung der Diensträume, dürfen den Betrag von $ 50 000 jährlich nicht übersteigen. Diese Kosten sind von den Eisenbahnen des Staates New York aufzubringen, auf welche sie alljährlich nach einem im Gesetze bestimmten Maßstabe verteilt werden. (§§ 12. 13.)

Der Sitz des Amtes ist Albany (die Hauptstadt des Staates New York). Dasselbe kann jedoch auch in New York oder Buffalo zusammentreten. Wenigstens einmal monatlich muß eine Sitzung des Amtes in Albany stattfinden. Die Protokolle über diese Sitzungen sind in dem Jahresberichte zu veröffentlichen. (§ 2.)

Bei Anwesenheit von zwei Kommissaren ist das Amt genügend besetzt. Vernehmungen von Zeugen und Untersuchungen können auch von Einem Kommissar im Auftrage des Amtes vorgenommen werden. (§ 3.)

Die Befugnisse des Eisenbahnamtes sind folgende (§§ 4—7):

Dasselbe hat die Aufsicht über alle Eisenbahnen zu führen, dieselben zu untersuchen, sich über ihre Verhältnisse und ihren Betrieb mit Rücksicht auf die Sicherheit und Bequemlichkeit des Publikums zu unterrichten und darüber zu wachen, daß die Eisenbahnen ihre Statuten und die Gesetze des Staates beachten. Das Amt hat ferner über jeden wichtigeren Eisenbahnunfall, welcher mit Gefahr für Leben und Gesundheit von Personen verbunden war, eine Untersuchung zu veranlassen und darüber in seinem Jahresberichte sich zu äußern; die Eisenbahnen haben dem Amte über solche Unfälle alsbald Anzeige zu erstatten; Vertreter der Eisenbahnen haben das Recht, bei der Untersuchung zugegen zu sein. Das Amt hat das Recht, sich durch Einsicht der Bücher und Geschäftspapiere über die finanzielle Lage der Eisenbahnen zu unterrichten, auch zu diesem Zwecke Zeugen eidlich zu vernehmen. Dieses letztere Recht steht dem Amte auch zu gegenüber allen anderen Personen oder Handelsgesellschaften, welche gewerbsmäßig den Transport von Personen und Gütern auf Eisenbahnen betreiben, also insbesondere den Schlafwagengesellschaften, den Speditionsgesellschaften u. s. w.

Wenn nach Ansicht des Amtes eine Eisenbahngesellschaft die Gesetze oder ihre Statuten übertritt, wenn sie zur Ungebühr Frachten erhebt, wenn sie sich Rechte anmaßt, die ihr nicht zustehen, oder sich weigert, die ihr nach den Gesetzen oder Statuten obliegenden Pflichten zu erfüllen oder einer hierauf gerichteten Aufforderung des Amtes nachzukommen, so hat das Amt hiervon der Eisenbahn schriftliche Mitteilung zu machen, und wenn die Übertretung dann noch weiter fortdauert, so ist dem Staatsanwalt Bericht zu erstatten, welcher dann diejenigen

Maßregeln zu ergreifen hat, welche ihm zur Wahrung der öffentlichen Interessen erforderlich erscheinen.

Wenn nach Ansicht des Amtes auf Grund sorgfältiger Untersuchung bei einer Eisenbahn Reparaturen, eine Vermehrung des Betriebsmaterials, Einrichtung neuer oder Änderungen bestehender Stationen, Vermehrung und Verbesserung der Be- und Entladungsvorrichtungen, Änderungen in den Personen- und Gütertarifen oder in der Betriebsführung zur Erhöhung der Sicherheit und Bequemlichkeit des Publikums wünschenswert sind, so hat das Amt hiervon der Eisenbahn schriftliche Mitteilung zu machen, derselben auch Gelegenheit zu geben, sich über die vorgeschlagenen Ergänzungen und Änderungen zu äußern. Weigert sich die Eisenbahn daraufhin, die entsprechenden Maßregeln vorzunehmen, so ist der Fall dem Staatsanwalt zu seiner weiteren Erwägung anzuzeigen, auch ist darüber an die gesetzgebenden Körperschaften zu berichten. (§§ 5. 6.)

Die Eisenbahnen sind verpflichtet, dem Amte Auskunft zu erteilen über die baulichen und Betriebsverhältnisse ihrer Strecken, über ihre und der mit ihnen in Verbindung stehenden Eisenbahnen Personen- und Gütertarife, auf Verlangen auch Einsicht in die mit anderen Personen oder Gesellschaften abgeschlossenen Verträge und Vereinbarungen zu gestatten. Diese Mitteilungen dürfen vom Eisenbahnamte nur veröffentlicht werden, wenn die öffentlichen Interessen dies erfordern oder wenn die Interessen der Eisenbahnen durch eine solche Veröffentlichung nicht beeinträchtigt werden. Eisenbahnen oder Angestellte derselben, welche sich weigern, dem Amte die hiernach erforderte Auskunft zu erteilen, sind strafbar. (§ 7.)

In § 8 wird bestimmt, daß durch die Maßregeln des Eisenbahnamtes die gesetzlichen Rechte und Pflichten der Eisenbahnen in keiner Weise berührt werden, vielmehr unverändert bestehen bleiben.

Über die Pflichten des Amtes wird in den Paragraphen 9—11 Bestimmung getroffen. Dasselbe hat über seine gesamte Thätigkeit alljährlich an die gesetzgebenden Körperschaften zu berichten. Der Bericht wird — abgesehen von der im Übrigen vorgeschriebenen Veröffentlichung — in 500 Exemplaren gedruckt zur Verteilung an alle diejenigen, welche sich für den Inhalt desselben interessieren. In dem Berichte hat das Amt sich zu äußern, ob und welche Änderungen in der Eisenbahngesetzgebung des Staates New York erforderlich sind, und die entsprechenden Gesetzentwürfe auszuarbeiten. Auf Erfordern eines der beiden Häuser des Parlaments oder des Gouverneurs, oder einer Eisenbahngesellschaft oder einer anderen mit Vertretung landwirtschaftlicher oder Handels-Interessen betrauten Körperschaft hat das Amt etwaige Vorschläge zu gesetzgeberischen Maßnahmen auf dem Eisenbahngebiete zu begutachten und weiter zu verfolgen.

Das Amt hat den Eisenbahnen die Formulare für ihre Jahresberichte, welche nach dem Gesetz von 1850 an den State Engineer and Surveyor zu erstatten sind, vorzuschreiben, und demnächst diese Berichte auch seinerseits zu prüfen und die Verbesserung von Unrichtigkeiten oder Irrtümern zu veranlassen.

Der § 14 enthält dann noch Festsetzungen, um die Unabhängigkeit des Eisenbahnamtes gegenüber den Eisenbahnen thunlichst sicher zu stellen. Den Mitgliedern des Eisenbahnamtes steht das Recht zu, jederzeit behufs Vornahme von Dienstgeschäften auf den Eisenbahnen, in den Büreaus der Gesellschaften, den Bahnhöfen, den Eisenbahnwagen u. s. w. Zutritt zu verlangen. Das Amt darf niemals irgend jemand den Eisenbahnen zur Anstellung oder zu Dienstleistungen empfehlen, und ebensowenig eine von den Eisenbahnen ausgehende Empfehlung zur Anstellung oder Beschäftigung in seinem Ressort berücksichtigen. Es ist den Mitgliedern und Beamten der Behörde untersagt, Freifahrtsscheine, Geschenke oder sonstige Begünstigungen irgend welcher Art von den Eisenbahnen anzunehmen. Zuwiderhandlungen gegen diese Bestimmungen werden als Amtsvergehen bestraft. Wenn ein Mitglied des Eisenbahnamtes eine von einer Eisenbahn oder einem ihrer Angestellten erteilte Auskunft verheimlicht, so ist dies gleichfalls strafbar.

IV.

Der wesentliche Inhalt dieses für den Staat New York erlassenen Gesetzes ist den einschlägigen gesetzlichen Bestimmungen für den Staat Massachusetts entlehnt. Dort aber ist diese, auf die Eisenbahnaufsicht bezügliche Gesetzgebung nicht auf einmal entstanden, sie ist das Ergebnis einer langjährigen, im Jahre 1869 begonnenen Entwickelung, und findet sich zerstreut in den Sammlungen der Gesetze des Staates. Es war daher ein Verdienst von Chs. Francis Adams jr., daß er seinem mehrgedachten Werke: Railroad, their Origin and Problems in der zweiten Auflage einen Anhang beifügte, in welchem die damals (im Jahre 1880/81) zu Rechte bestehenden gesetzlichen Anordnungen über das Eisenbahnaufsichtsamt nebeneinander gestellt werden.[1]

Hiernach besteht auch für Massachusetts das in Boston ansässige Eisenbahnamt aus drei Personen, welche vom Staatsgouverneur mit Zustimmung des Rates (Council) auf je drei Jahre ernannt werden. Wenn durch Ausscheiden oder Tod eine Stelle frei wird, so ist für den Rest der Zeit ein anderes Mitglied zu ernennen. Auch hier ist dem Amt ein Schriftführer beigegeben, den der Gouverneur ernennt, und die Be-

[1] S. 218—230. Die Bestimmungen umfaßten darnach z. Z. 38 Paragraphen, welche bei Adams die Ziffern 6—22, 37, 40, 67, 68, 94, 118, 120, 126, 152, 155, 157, 183, 209, 215—222 führen.

amten haben einen Diensteid zu leisten; sie dürfen nicht in irgend welchen geschäftlichen Beziehungen zu einer Eisenbahngesellschaft stehen. Über den Wirkungskreis des Amtes wird folgendes im allgemeinen gesagt: (§ 8. Sec. 7.)

„Das Amt hat die allgemeine Aufsicht über alle Eisenbahnen, es hat dieselben zu untersuchen und muß sich unterrichtet halten über ihre baulichen und Betriebs-Verhältnisse mit Rücksicht auf die Sicherheit und die Bequemlichkeit des Publikums, sowie darauf, daß von den verschiedenen Gesellschaften die Bestimmungen ihrer Freibriefe und die Gesetze des Staates beachtet werden."

Die einzelnen Bestimmungen über die Wahrnehmung der Aufsicht, das Verfahren beim Ungehorsam der Eisenbahnen, die Verbesserungsvorschläge des Amtes für den Bau und Betrieb der Bahnen, die Untersuchung wichtiger Eisenbahnunfälle, das Recht Zeugen zu vernehmen, die Pflicht der Eisenbahnen, dem Amte Einsicht in das gesamte auf die Gründung der Gesellschaft, den Bau, den Betrieb, die Tarife jederzeit zu erstatten, die Pflicht des Amtes von Zeit zu Zeit die Bücher unter Zuziehung eines besoldeten Bücherrevisors zu prüfen, ebenso auch Formulare für die Rechnungen der Bahnen aufzustellen, und alljährlich einen Bericht über seine Thätigkeit zu erstatten, hat der Gesetzgeber des Staates New York großenteils wörtlich aus den Gesetzen von Massachusetts übernommen. [1]

[1] Für eine Vergleichung der Bestimmungen im einzelnen bemerke ich folgendes:

Gesetz Massachusetts		Gesetz New York
§ 9.	=	§ 5.
„ 10.	=	„ 6.
„ 12. 13.	=	„ 4.
„ 14.	=	„ 7.
„ 15.	=	„ 8.
„ 16.	=	„ 9.
„ 17—19. 222.	=	„ 10.

Die letzteren enthalten aber außerdem noch mancherlei, was für New York nicht eingeführt ist. So wird die Untersuchung wichtiger Eisenbahnunfälle durch das Amt dadurch gewährleistet, daß die Eisenbahnen zur Anzeige derselben innerhalb 24 Stunden nach dem Ereignis bei Strafe von $ 100 für den Fall der Unterlassung verpflichtet werden. Außerdem haben die Eisenbahnen stets dem nächst wohnenden Arzte Nachricht zu geben. (§ 209.) Ebenso werden auch die Verpflichtungen der Eisenbahnen zur Erstattung von Jahresberichten an das Amt in Massachusetts genauer und mehr im einzelnen aufgestellt. (§ 222.) Nach § 11 hat das Amt auch auf Verlangen des Bürgermeisters oder des Magistrats einer Stadt eine Untersuchung über den baulichen Zustand und den Betrieb der innerhalb der Stadt belegenen Eisenbahnen anzustellen. Das gleiche ist zu veranlassen auf Ersuchen von mindestens zwanzig stimmfähigen Bürgern einer Stadt, wenn diese zuvor den Magistrat um Herbeiführung der Untersuchung angegangen, und letzterer dieses Gesuch abgelehnt hat. Wenn sich herausstellt, daß die Beschwerden über die Bahn begründet sind, so ist, wie in den übrigen Fällen, der Eisenbahngesellschaft und weiter dem Staatsanwalt Nachricht zu geben.

Auf schriftliches Verlangen des Direktors oder einer Anzahl von Personen, welche mindestens den fünfzehnten Teil des Aktienkapitals oder einen gleich hohen Betrag von Obligationen einer Bahn besitzen, hat das Amt die Finanzverhältnisse der Bahn zu untersuchen und das Ergebnis der Untersuchung in einer in Boston erscheinenden Zeitung zu veröffentlichen. (§ 20.) Abschriften der Verzeichnisse der Aktionäre einer Bahn sind dem Amt jederzeit auf Verlangen zu liefern. (§ 21.) Wenn eine Bahn sich weigert den über die Rechnungsaufstellung erlassenen Vorschriften zu entsprechen, die Bücher vorzuzeigen u. s. w., so verfällt sie den allgemeinen Strafgesetzen. (§ 22.)

Wenn die Eisenbahndirektoren sich mit den städtischen Behörden über die Lage der Bahn innerhalb der Stadt nicht verständigen können, so hat auf Verlangen der Behörden das Amt diese Linie festzustellen, und zwar auf Kosten der Eisenbahn. (§ 37.) Eine Bescheinigung darüber, daß vorstehender Bestimmnng entsprochen ist, ist auf Verlangen auszustellen und bei der Regierung niederzulegen. (§ 40.)

Bevor mit dem Bau einer Bahn begonnen werden kann, hat die Gesellschaft dem Amte einen Voranschlag über die gesamten Herstellungskosten vorzulegen; es muß außerdem der Nachweis erbracht werden, daß mindestens fünf Prozent des Baukapitals in Aktien gezeichnet, daß hiervon mindestens 20 Prozent bar eingezahlt sind. Über die Zahlungsfähigkeit der ersten Subskribenten ist fernerhin eine Bescheinigung der zuständigen Staatsbehörde beizubringen. Wenn das Amt gleichwohl den Bau der Bahn nicht gestattet, so hat dasselbe über die Gründe seiner Weigerung in seinem Jahresberichte sich zu äußern. — Wenn die Bahn aber allen diesen Bedingungen entsprochen und das Amt die Anlage der Bahn genehmigt hat, so ist auch dieses in einer öffentlichen Urkunde zu bescheinigen. (§§ 67. 68.)

Die Bedingungen, deren Erfüllung das Amt für die Anlage von Eisenbahnen verlangt, sind von Zeit zu Zeit zusammenzustellen und zur allgemeinen Einsicht aufzulegen. (§ 94.)

In den §§ 118. 120. 126 werden sodann Bestimmungen über die Kreuzungen der Bahnen in gleicher Ebene mit anderen Bahnen oder anderen städtischen und Landstraßen, über die Breite der Wege, welche von einer Bahn mitbenutzt werden, über die Höhe der Über- und Unterführungen gegeben. Kreuzungen in gleicher Ebene sind für die Regel verboten, nur ausnahmsweise können sie von dem Amte gestattet werden.

Bevor eine Bahn dem öffentlichen Verkehr übergeben wird,

hat das Amt den Zustand derselben zu prüfen, und zu bescheinigen, daß alle Gesetze über Anlage derselben beachtet sind und dieselbe sich in betriebssicherem Zustande befindet. (§ 155.)

Einzelheiten werden in den §§ 157 und 183 geregelt; der erstere bezieht sich auf die Aufstellung eines Signalsystems für Zugkreuzungen auf der Strecke, der letztere auf den Erlaß von Vorschriften für Beförderung von Sprengstoffen, sowohl auf den Eisenbahnen, als auch auf Land- und Wasserstraßen.

Die §§ 215—220 betreffen die sog. „Running Powers" solcher Eisenbahnen, welche die gleichen Endpunkte haben, dieselben Städte durchschneiden und in gleicher Ebene nebeneinander herlaufen. Als Regel ist hierbei festgehalten, daß die bereits vorhandene Bahn der neuen Bahn die Mitbenutzung ihrer Bahnhöfe, ihrer die Städte durchschneidenden Geleise und auch ihrer übrigen Geleise, jedoch nur gegen Entschädigung zu gestatten verpflichtet ist, entweder in der Weise, daß die ältere Bahn auf ihren Strecken den Betrieb auch der neuen Bahn übernimmt, oder daß sie der letzteren das Mitbenutzungsrecht gewährt. Als Grundsatz ist dabei ferner festgehalten, daß die neue Bahn nicht schlechter gestellt werden darf, als die ältere, bereits vorhandene. Wenn sich die Eisenbahnen über das Mitbenutzungsrecht und die Bedingungen desselben nicht verständigen können, so haben dieselben dem Eisenbahnamte Anzeige zu machen, und dieses hat, nach Anhörung der Beteiligten, die Bedingungen zunächst für die Dauer eines Jahres unter Berücksichtigung aller in Frage kommenden Umstände, festzustellen. In allen diesen Beziehungen sind die Eisenbahnen, welche in anderen Staaten konzessioniert sind, und nur mit einzelnen Strecken den Staat Massachusetts berühren, ebenso gestellt, wie die in Massachusetts konzessionierten Bahnen.

Wenn Bahnen an ihren Endpunkten zusammentreffen, oder sich kreuzen, so kann eine die andere in Pacht nehmen. Die Pachtverträge sind dem Eisenbahnamte zur Kenntnis vorzulegen, auch ist über das Sach- und Rechtsverhältnis in dem nächsten Jahresberichte genaue Mitteilung zu machen. Durch die Pachtverträge dürfen die Rechte des Publikums auf den beteiligten Bahnen sowohl im Personen- als im Güterverkehr, nicht geschmälert werden. Ebensowenig können durch solche Pachtverträge die durch den Freibrief dem Staate verliehenen finanziellen Rechte berührt werden. — Dieser Paragraph findet keine Anwendung auf Bahnen, welche beide einen Endpunkt in der Stadt Boston haben. Für diese ist die Herbeiführung eines derartigen Pachtverhältnisses unstatthaft. (§ 221.)

Alle diese, in das New Yorker Gesetz nicht aufgenommenen Bestimmungen verschärfen die staatlichen Rechte über den Betrieb und den Bau der Eisenbahnen. Dieselben sind je nach Bedürfnis erlassen, und die Eisenbahnen, deren Selbstherrlichkeit sie nicht unwesentlich beschränken, haben ihnen beharrlichen Widerstand nicht entgegengesetzt.

V.

Fragt man nun nach dem Einfluß solcher Gesetze auf die Entwickelung der Eisenbahnverhältnisse der Staaten, so liegt auf der Hand, daß ein Amt, welches seit fünfzehn Jahren besteht, und die ihm verliehenen Befugnisse ernst und gewissenhaft wahrnimmt, einen ganz anders nachhaltigen Einfluß ausüben wird, als ein solches, das erst auf eine zweijährige Thätigkeit zurückblickt; daß die Wirksamkeit der Gesetze eine ganz verschiedene sein wird, je nach der Kultur der betreffenden Länder, ihre Größe, Bevölkerungszahl, vor Allem aber auch je nach dem Charakter der Eisenbahnen.

Der Staat Massachusetts ist einer der meist entwickelten und bestorganisierten Staaten der nordamerikanischen Union. Er hat (1880) eine Bevölkerung von 1 783 085 Personen, einen Flächeninhalt von 8040 Quadratmeilen (= 20 900 Quadratkilometer), ist also etwas größer, als die preußische Provinz Westfalen (20 200 Quadratkilometer). Die Dichtigkeit seiner Bevölkerung, 85 Einwohner auf ein Quadratkilometer, entspricht ziemlich genau der durchschnittlichen Bevölkerungsdichtigkeit des Deutschen Reichs. (84 Personen auf ein Quadratkilometer). Massachusetts gehört hiernach zu den kleineren der Vereinigten Staaten. Sein Haupthandelsplatz ist der große Seehafen Boston, mit 362 839 Einwohnern, dessen Bedeutung nur von New York übertroffen wird, während er den beiden anderen atlantischen Häfen, Philadelphia und Baltimore, mindestens ebenbürtig ist. — Diese räumlichen Verhältnisse haben nicht genügt für die Entwickelung mächtiger Eisenbahngesellschaften, und so hatte auch die bedeutendste Bahn, die Boston- und Albany-Eisenbahn im Jahre 1882 eine Ausdehnung von nur 368 Meilen, wovon 312 Meilen in Massachusetts, die übrigen Strecken in Nachbarstaaten liegen.[1] Die Mehrzahl der Gesellschaften betreibt kurze Linien und die den Staat Massachusetts durchziehenden 2667 Meilen Eisenbahnen verteilen sich unter 67 Gesellschaften. Keine derselben hat für die Eisenbahnpolitik der Vereinigten Staaten eine entscheidende Bedeutung. Von den großen Hauptbahnen, welche diese Politik bestimmen, hat die Grand Trunk Railway von Canada durch

[1] Die vorstehenden und die übrigen auf die Eisenbahnen in Massachusetts bezüglichen Zahlen sind den Berichten des Aufsichtsamtes für die Jahre 1879/80 und 1881/82 entnommen, sie stimmen mit den Zahlen des Poorschen Jahrbuchs nicht überein. Die größte Eisenbahn in Massachusetts ist jetzt die durch Vereinigung einer Anzahl kleiner Bahnen entstandene Old Colony-Bahn (1883 426 Meilen, davon 410 in Massachusetts).

Anschluß an eine andere Bahn eine Schienenverbindung mit Boston, sie selbst liegt aber nicht im Staate Massachusetts.

Der Staat New York ist dagegen beinahe sechsmal so groß als Massachusetts (47 620 Quadratmeilen = 123 812 Quadratkilometer) und hat 5 082 871 Einwohner. Fast zwei Millionen dieser Einwohner kommen auf New York und Brooklyn, welche zusammen den größten und jedenfalls schönsten Seehafenplatz der Welt bilden. Von New York nehmen ihren Ausgang drei der einflußreichsten Bahnen der Vereinigten Staaten, die New York Central and Hudson River-, die Lake Erie and Western- und die Pennsylvania-Eisenbahn, drei Bahnen, welche bei allen Kämpfen der Eisenbahnen gegen das Publikum, bei Beratung aller wichtigen Verkehrsfragen seit langen Jahren im Vordergrunde stehen, und deren zwei insbesondere, wie bereits bemerkt, einen hartnäckigen, erbitterten Kampf gegen die Wiedereinführung der Staatsaufsicht gekämpft haben. Die Gesamtlänge der den Staat New York durchziehenden Eisenbahnen betrug am 30. September 1883 — nach dem Berichte des Eisenbahnaufsichtsamtes — 6854 Meilen, die der mehr oder weniger selbständigen Eisenbahngesellschaften 82.

Um ein Urteil über die Wirksamkeit der Eisenbahnaufsichtsbehörden diesen thatsächlichen Verhältnissen gegenüber zu gewinnen, sind von mir zwei der letzten Berichte des Aufsichtsamtes in Boston, der für das Jahr 1879/80 und der für das Jahr 1881/82 (das Jahr zählt vom 1. Oktober bis 30. September) und der erste Jahresbericht des Eisenbahnamtes für den Staat New York geprüft worden. Für New York ist bisher erst dieser eine Bericht veröffentlicht, der zweite wird erst Anfang 1885 erstattet werden. Die Wahl der genannten beiden Berichte von Massachusetts ist eine willkürliche. Der Bericht für das Jahr 1879/80 zeichnet sich vor anderen vorteilhaft aus durch Erörterung einer Anzahl wichtiger allgemeiner Eisenbahnfragen, auch bieten die sonstigen in demselben dargestellten Verhältnisse einige lehrreiche Einblicke in die Eisenbahnzustände dieses Staates. Der Bericht für 1881/82 trägt einen mehr trocknen, geschäftsmäßigen Charakter, und ergänzt nur in einzelnen Punkten den früheren. Die Berichte für 1882/83 und für 1883/84 sind mir nicht zugegangen, der letztere wird wohl auch erst in den ersten Wochen 1885 zur Veröffentlichung gelangen.

VI.

An der Spitze des Eisenbahnaufsichtsamtes in Massachusetts hat während der ersten zehn Jahre seines Bestehens eine der bedeutendsten und angesehensten Persönlichkeiten auf dem Eisenbahngebiete, Chs. Francis Adams jr., gestanden. Derselbe beschäftigt sich in seinem mehrangeführten Werke[1] eingehend auch mit dieser Behörde und schildert die Thätigkeit derselben mit folgenden Worten: „Das Amt wurde mit Notwendigkeit in erster Linie eine richterliche, nicht aber eine ausführende Behörde. Es hatte in den ihm vorgelegten Beschwerden oft zu gunsten der Eisenbahnen zu entscheiden; mochten die Entscheidungen aber zu gunsten oder zu ungunsten der Eisenbahnen ausfallen, das ganze Gewicht derselben beruhte ausschließlich auf ihrer Begründung durch das Amt. Dasselbe war daher auch gezwungen, gute Beziehungen mit den Eisenbahnbeamten zu unterhalten, und ihnen, soweit möglich, Vertrauen zu seinen Kenntnissen und seiner Ehrlichkeit einzuflößen. Auf der anderen Seite würde das Amt seinen Zweck verfehlt haben, wenn es sich nicht so gestellt hätte, daß das Publikum von seiner völligen Unabhängigkeit von dem Einfluß der Eisenbahngesellschaften durchdrungen, und stets

[1] Railroads, Their Origin and Problems S. 139 ff.

einer furchtlosen Untersuchung und unparteiischen Entscheidung sicher war. Das ganze Gesetz war aufgebaut auf dem Grunde der gewaltigen sozialen Erscheinung, welche die moderne Zivilisation von der aller früheren Zeiten unterscheidet, daß nämlich durch volle Aufklärung der öffentlichen Meinung am zweckmäßigsten hervortretende Schäden beseitigt werden."

Nach den übereinstimmenden Zeugnissen aller Beteiligten kann es nicht bezweifelt werden, daß diese Gesetzgebung einer gesunden Entwickelung der Eisenbahnverhältnisse des Staates Massachusetts förderlich war; daß es ihr im wesentlichen zuzuschreiben ist, wenn Massachusetts von den zahlreichen verderblichen wirtschaftlichen und sozialen Auswüchsen der reinen Privatbahnpolitik der Vereinigten Staaten verschont geblieben ist. Dieser günstige Erfolg der Thätigkeit einer Eisenbahnaufsichtsbehörde mit lediglich moralischen Machtbefugnissen ist übrigens eine vereinzelte, auf besonderen Verhältnissen beruhende Erscheinung. Es sind dies außer der bereits erwähnten eigentümlichen Gestaltung des Eisenbahnnetzes, der aufgeklärte, gesunde Sinn der Bevölkerung, die normalen Erwerbs- und Verkehrsverhältnisse, und nicht zum wenigsten die glückliche Wahl der Mitglieder der Behörde. Durch die treffliche Verwaltung des Amtes in den ersten Jahren seines Bestehens hat sich eine Tradition herausgebildet, welche noch auf lange Jahre hinaus fortwirken wird. Gleichwohl werden wir sehen, daß auch in Massachusetts die Eisenbahnzustände nach unseren Begriffen mancherlei zu wünschen übrig lassen, und daß anderseits keine einzige Seite derselben sich findet, in welcher diese vom Staate beaufsichtigten Privatverwaltungen einer deutschen Staatsbahnverwaltung überlegen wären.

Schon äußerlich machen die Berichte der Behörde einen vorteilhaften Eindruck. Schöner Druck, gutes Papier, ein handliches Format erwecken Lust zu näherer Einsicht.

Der Bericht für 1879/80 zerfällt in drei Teile: 1. Allgemeiner Bericht und besonderer kurzer Bericht über die verschiedenen Systeme der Wagenkuppelung. 2. Statistische Tabellen über die Eisenbahnen und ihre Erträge. 3. Anhang, enthaltend die wichtigeren, in den beiden ersten Teilen angezogenen Beläge, d. h. eine Zusammenstellung der Eisenbahnunfälle in Massachusetts und in den Vereinigten Staaten, eine genaue Beschreibung einzelner wichtigerer Unfälle, ein wörtlicher Abdruck der wichtigeren und allgemein interessanteren Entscheidungen in Beschwerdesachen nebst ausführlicher Begründung u. a. Die Einteilung des Berichtes für 1881/82 ist im wesentlichen dieselbe. Statt des besonderen Berichtes über die Wagenkuppelungen findet sich ein solcher über Straßenkreuzungen der Eisenbahnen im Norden von Boston. Vorgeheftet sind den Berichten in ziemlich großem Maßstabe sauber hergestellte Eisenbahnübersichtskarten des Staates Massachusetts.

Folgende statistische Angaben über die Eisenbahnen in Massachusetts sind den beiden Berichten entnommen:

	Länge der Eisenbahnen.
1879/80	2667 Meilen
1880/81	2755 „
1881/82	2778 „

Die Herstellungskosten der normalspurigen Bahnen betrugen einschließlich der Kosten für Beschaffung des Betriebsmaterials für die Meile:

1879/80	$ 63 671
1881/82	„ 65 978.

Die Kosten der schmalspurigen Bahnen werden für 1880/81 angegeben auf $ 36 386 die Meile. In dem Jahre 1879/80 schwankten die durchschnittlichen Herstellungskosten der einzelnen Bahnen zwischen $ 24 353 und $ 92 068 die Meile.

Die folgende Tabelle giebt Aufschluß über das Anlagekapital der Bahnen, getrennt nach Aktien und Obligationen.

	Aktien.	Schuldtitel.
1877	$ 118 170 201	$ 52 914 825
1878	„ 119 045 229	„ 52 646 046
1879	„ 118 390 938	„ 55 755 418
1880	„ 118 738 871	„ 59 172 520
1881	„ 122 155 614	„ 64 850 890
1882	„ 122 976 262	„ 71 913 806.

Die Ertragsziffern für die letzten fünf Jahre sind:

	Roh-einnahmen.	Rein-einnahmen.	Aus den Reineinnahmen verwendet zur Dividendenzahlung.	Dividende in Prozenten des Aktienkapitals.
1877/78	$ 29 053 008	$ 9 232 811	$ 5 589 927	4·68 %
1878/79	„ 30 312 964	„ 10 154 013	„ 5 264 431	4·30 „
1879/80	„ 35 140 374	„ 11 191 815	„ 5 987 718	5·05 „
1880/81	„ 37 764 395	„ 10 701 751	„ 6 287 866	5·15 „
1881/82	„ 40 846 370	„ 10 902 202	„ 6 271 139	5·10 „

Die Dividende verteilt sich selbstverständlich ganz verschieden auf die einzelnen Gesellschaften. Während 1879/80 von 63 Gesellschaften fast die Hälfte gar keine, der Rest (32) eine solche zwischen 1 und 10 Prozent zahlten, betrug die Zahl der dividendenlosen Gesellschaften 1881/82 nur 14, weitere 14 zahlten Dividenden bis zu $3^1/_2$ Prozent, der Rest zwischen $3^1/_2$ und $11^1/_2$ Prozent.

Zur Erhaltung und Erneuerung der Bahnen sind Stahlschienen gelegt, im Jahre 1879/80 284 Meilen, 1880/81 154 Meilen, 1881/82 331 Meilen, so daß Ende 1882 auf 2466 Meilen, d. h. beinahe 70 Prozent aller Gleise der Hauptbahnen, Stahlschienen liegen. — Die Zahl der Eisenbahnbediensteten betrug 21 615 im Jahre 1879/80; 25 490 1880/81 und 27 403 1881/82.

Während der letzte hier betrachtete Bericht bloß die Zahlen reden läßt, äußert sich der Bericht für 1879/80 auch über die Gründe, welche auf den Verkehr eingewirkt haben. Derselbe findet, daß die Zunahme des Verkehrs auf den Eisenbahnen herbeigeführt ist durch die glückliche Entwickelung der Handels- und Verkehrsverhältnisse des ganzen Landes, vornehmlich die reichen Ernten des Westens, die starke Nachfrage nach landwirtschaftlichen Produkten von Europa aus. Er beklagt dabei, daß die Eisenbahnen einem solchen Wachsen des Verkehrs gegenüber sehr schlecht vorbereitet gewesen seien. An vielen Stellen sei ein starker Wagenmangel hervorgetreten, vor allem aber habe es gefehlt an den erforderlichen Bequemlichkeiten zur Be- und Entladung der Wagen auf den Bahnhöfen. An einem Tage im Februar 1880 seien von dem Amt an einen Eisenhahnbeamten drei Fragen gerichtet:

1. Wieviel beladene Wagen stehen augenblicklich zur Entladung bereit? Antw.: 500.

2. Welches war die größte Zahl derartiger Wagen an einem Tage während der laufenden Geschäftsperiode? Antw.: 1000.

3. Wieviel Wagen können Sie an einem Tage entladen? Antw.: An der Werft 60, und mit Hilfe von Leichtern weitere 60 Wagen.

Bei solchen Verhältnissen ist es allerdings nicht zu verwundern, daß an vielen Stationen tagelang beladene Wagen auf den Seitengeleisen gestanden und daß die Schiffe in den Häfen still gelegen haben, weil ihre Fracht nicht rechtzeitig anlangte. Dieser Mangel an rechtzeitiger Fürsorge für die Bedürfnisse auch eines stärkeren Verkehrs ist aber nach der Meinung des Amtes um so bedauerlicher, als das Versäumte sich nicht in einem Tage oder auch in einem Jahre nachholen läßt.

Diese Kritik wirft auf die Eisenbahnen von Massachusetts ein nicht gerade günstiges Licht; dieselben scheinen einer plötzlichen Steigerung des Verkehrs ziemlich ratlos gegenübergestanden zu haben. Ebensowenig können die Mitteilungen über die Betriebssicherheit als gerade schmeichelhaft für die dortigen Eisenbahnen bezeichnet werden. Die Zahl der verunglückten Personen — 346, von welchen 146 erheblich verletzt sind — ist eine recht beträchtliche. Es wird besonders gerügt, daß gesetzlich gar keine Kontrolle über die periodische Untersuchung der Dampfkessel bestehe, so daß eine Lokomotive jahrelang fahren könne, ohne jemals untersucht zu sein. Es sei im Jahre 1880 auch einmal eine ganz neue Maschine erster Klasse auf einer Drehscheibe explodiert, ohne daß sie jemals vorher in Gebrauch gewesen. Außerdem würden viele Unglücksfälle dadurch veranlaßt, daß die Eisenbahnen zu sorglos in der Einfriedigung des Bahnkörpers seien, und infolge dessen das Vieh sich auf den Schienen lagere. Seien auch in Massachusetts hierdurch seit 1872 ernstliche Unfälle nicht hervorgerufen, so müsse doch nicht unerwogen bleiben, daß auf den Eisenbahnen der Vereinigten Staaten im Jahre 1879 lediglich aus dieser Veranlassung 34 Entgleisungen vorgekommen seien, d. h. 6 Prozent aller Entgleisungen. Auch in den folgenden Jahren sind zahlreiche schwere Unfälle vorgekommen. 1880/81 wurden 415 Personen, 1882 414 Personen verletzt, darunter im ersten Jahre 42, im letzteren 27 Reisende. Die Zahl der getöteten Personen betrug 184 im Jahre 1880/81, 163 im Jahre 1881/82, unter letzteren war nur ein Reisender. Während in dem Jahre 1881/82 infolge von Kesselexplosionen keine Unfälle sich ereigneten, ist wiederum eine erhebliche Anzahl von Bahnbediensteten beim Wagenkuppeln zu Schaden gekommen. Der letzte Bericht empfiehlt also auf das dringendste wieder die Einführung eines zuverlässigen, möglichst gefahrlosen Systems der Wagenkuppelung. — Eingehende Thätigkeit pflegt das Eisenbahnamt der Untersuchung der Beamten auf Farbenblindheit zu widmen.

Das diesen Gegenstand betreffende Gesetz vom 11. April 1881[1] verdankt seinen Ursprung diesen Untersuchungen und Anregungen.

Es ist oben gezeigt, daß die Eisenbahngesetzgebung des Staates Massachusetts als Grundlage für die Reformen im Eisenbahnwesen von New York in den Jahren 1878 bis 1881 gedient hat. Der Jahresbericht des Eisenbahnaufsichtsamtes für 1879/80 enthält hierüber eine weitere Mitteilung. Die New Yorker Handelskammer hat im Jahre 1880 11 Fragen an das Amt gerichtet, um dessen Ansicht über einzelne ihr zweifelhafte Punkte der Eisenbahngesetzgebung zu hören. Die wesentlicheren dieser Fragen, welche nebst den Antworten auf S. 29—38 des Berichtes aufgeführt werden, lauten:

1. Glauben Sie, daß die Eisenbahnen, als öffentliche Heerstraßen und gemeine Frachtführer, welche ihre Privilegien und ihr Bestehen einem öffentlichen Akte verdanken, auch verpflichtet sind, unter gleichen oder im wesentlichen gleichen Umständen alle Frachtnehmer gleich, und nur nach Maßgabe der vorliegenden besonderen Verhältnisse relativ verschieden zu behandeln? Bejahendenfalls, wie können ungleichmäßige Behandlungen einer einzelnen Person oder einer Ortschaft, welche heutzutage so häufig vorkommen, beseitigt werden?

Die Antwort hierauf lautet unbedingt bejahend. Durch Staatsgesetze müsse eine ungleichmäßige Behandlung bei strenger Strafe verboten werden. Durch Einsetzung eines Staatseisenbahnamtes müsse dafür gesorgt werden, daß solche Übertretungen untersucht und verfolgt würden.

2. Eisenbahnbeamte rechtfertigen das Verfahren, einzelnen Verfrachtern billige Tarife zu gewähren, welche sie anderen abschlagen, damit, daß es sich darum handele, an bestimmten

[1] In deutscher Übersetzung abgedruckt im Archiv f. Eisenbahnwesen. 1881. S. 311.

Plätzen die geschäftliche Thätigkeit zu fördern. Verträgt es sich mit der öffentlichen Wohlfahrt und den Rechten der Staatsbürger, daß den Eisenbahnen die Entscheidung der Frage gestattet wird, welche Orte und welche Personen eine solche besondere Förderung verdienen?

Diese Frage wird entschieden verneint. Die Gesetzgebung habe niemals daran gedacht, Privatgesellschaften so weitgehende Befugnisse in die Hand zu geben; es könne sogar mit vollem Rechte bezweifelt werden, ob die Gesetzgebung überhaupt ein derartiges Recht auf Privatgesellschaften übertragen dürfe.

3. Wie denken Sie über das Verfahren, die Tarife für kürzere Strecken höher zu stellen, als für längere?

Das Eisenbahnamt hält dieses Verfahren für ein unrichtiges. Dasselbe sei auch durch die Gesetze von Massachusetts verboten.

4. Wenn es richtig und notwendig ist, das Banken und Versicherungsgesellschaften zum Schutze der öffentlichen Interessen einer staatlichen Aufsicht unterworfen werden, ist es da nicht viel notwendiger, daß Eisenbahngesellschaften, als gemeine Frachtführer mit einer ihrem ganzen Wesen nach in besonderem Grade öffentlichen, naturgemäß in großem Umfang noch dazu monopolistischen Thätigkeit, zum Schutze der öffentlichen Interessen vom Staate beaufsichtigt und überwacht werden?

Die Antwort lautet, daß in Massachusetts der öffentliche Charakter der Eisenbahnen in vollstem Umfange durch die Gesetzgebung und Rechtsprechung anerkannt und demgemäß eine staatliche Aufsicht über dieselben auch durchgeführt sei.

5. Diese Frage bezieht sich auf die englische Einrichtung der Railway Commission, über welche ein Urteil des Eisenbahnamtes erbeten wird, welche sehr günstig ausfällt. Diese Behörde hat nach der Meinung des Eisenbahnamtes einen ganz

vortrefflichen Einfluß auf die Entwickelung der englischen Eisenbahnverhältnisse ausgeübt.[1]

6. Die Handelskammer fragt, ob es sich nicht empfehlen möchte, durch Gesetz Maximaltarife der Eisenbahnen festzustellen. — Eine solche Feststellung hält das Eisenbahnamt für schwer ausführbar und bedenklich; was in dem einen Falle zutreffe, könne in einem anderen Falle eine große Unbilligkeit in sich schließen. Dagegen werde auch für die Bemessung der Höhe der Frachtsätze ein Eisenbahnamt eine sehr nützliche Thätigkeit entfalten können.

7. Glauben Sie, daß es sich empfiehlt, den Eisenbahnverwaltungen zu gestatten, die wohlbewährte Theorie für Bemessung der Höhe der Frachtsätze, daß dieselben nämlich vernünftig sein und auf den Selbstkosten beruhen müssen, aufzugeben, und an deren Stelle die neue Theorie anzunehmen, die Frachten nach dem zu bemessen „was das Gut tragen kann", wobei sie allein sich das Urteil über diese letztere Frage vorbehalten?

Das Eisenbahnamt hält die alte Theorie für die allein richtige. Übrigens sei die angeblich neue Theorie der Bemessung der Fracht nach dem, was das Gut tragen könne, d. h., wie das Amt seinerseits hinzufügt, ohne Rücksicht auf die Selbstkosten lediglich nach dem Gesichtspunkte, daß der Verfrachter durch seine eigenen Bedürfnisse gezwungen sei, sich

[1] Dieses Urteil beruht nach meiner Auffassung auf einer ungenügenden Kenntnis der englischen Verhältnisse, welche überhaupt von der amerikanischen Reformpartei zu ausschließlich mit den Augen und nach den Berichten des mit der Wirksamkeit dieser Behörden zufriedenen englischen Eisenbahnreformers betrachtet werden. Eine eingehende, sachliche Kritik der Thätigkeit der englischen Railway Commissioners, wie sie GUSTAV COHN (zuletzt im Archiv für Eisenbahnwesen 1883. S. 345 ff. 435 ff.) giebt, habe ich in der amerikanischen Litteratur vergeblich gesucht. Es ist überhaupt zu bedauern, daß die COHNschen Schriften über die englischen Eisenbahnverhältnisse in den Vereinigten Staaten noch so wenig bekannt sind.

die Frachtsätze gefallen zu lassen, weil er kein anderes Beförderungsmittel habe, in Massachusetts strafbar, und überall da, wo das gemeine englische Recht in Geltung stehe, verboten.

8. Das Gesetz des Staates New York setzt für die New York Zentral-Bahn das Personengeld auf 2 Cents für die Meile (ungefähr = 5·3 Pfennig für das Kilometer) fest. Halten Sie dies Gesetz für richtig, und müßte ein solches nicht auch für der Güterverkehr erlassen werden?

Das Eisenbahnamt hat gegen die Festsetzung gleicher Personeneinheitssätze auf der New York-Zentral-Bahn keine Bedenken. Dagegen werde ein fester Einheitssatz im Güterverkehr Härten, Unbilligkeiten und Ungleichheitcn mit sich bringen. Die Selbstkosten der Eisenbahnen seien bei längerer Beförderung verhältnismäßig geringer, als bei kürzerer. Die Frachten müßten billiger sein auf verkehrsreichen, als auf wenig befahrenen Strecken. Bei Bemessung der Gütertarife müsse auf Terrainschwierigkeiten, auf kostbare Brücken- und Bahnhofsbauten Rücksicht genommen werden. Äußerliche Gleichheit führe oft zu innerlicher Ungleichheit.

Die drei letzten Fragen beschäftigen sich mit der Bemessung der Fracht nach der Höhe der Erträge und der gezahlten Dividende, und der sog. Verwässerung der Anlagekapitalien, welche von dem Eisenbahnamt — unter anständigen Leuten könne das gar nicht zweifelhaft sein — streng verurteilt wird.

Im Anschluß an die Beantwortung dieser Fragen prüft das Eisenbahnamt noch, ob sich etwa, an Stelle der einzelstaatlichen, eine bundesstaatliche Eisenbahngesetzgebung, die Einsetzung eines Eisenbahnamtes für die ganze Union empfehlen möchte. Das Amt glaubt sich gegen die Anwendung eines so „heroischen, beinah verzweifelten Mittels“ zur Beseitigung der anerkannten Übelstände wenigstens so lange aussprechen zu müssen, bis erwiesen sei, daß auf dem

Wege der einzelstaatlichen Gesetzgebung dieses Ziel nicht erreicht werden könne.

Dieselbe grundsätzliche Auffassung dieser schwierigen Frage tritt auch in dem Berichte für 1881/82 hervor. Derselbe nennt (S. 41) die Bestrebungen gewisser Personen, alle zwischenstaatlichen Eisenbahnen der Oberaufsicht der Bundesregierung zu unterwerfen, „eine schwere Beeinträchtigung des gesamten Eisenbahngeschäfts, eine ganz besondere Beeinträchtigung für die Eisenbahnen von Massachusetts, und eine große Gefahr für die republikanische Regierung". Es sind also wesentlich politische Bedenken, welche dieses Amt gegen ein derartiges Bundesgesetz ins Feld führt. Dasselbe giebt freien Vereinbarungen der Eisenbahnen über die zwischenstaatlichen Tarife und einer Organisation, wie sie damals vor kurzer Zeit in dem Joint Executive Committee der Trunk Lines geschaffen war, den Vorzug.

Diese gutachtliche Äußerung des Berichts von 1881/82 knüpft an Entscheidung des Amtes über eine Tariffrage[1] an, welche gegen die nicht von Massachusetts konzessionierte, indes mit einem Teil ihrer Strecken in diesem Staate belegene New York und New England-Eisenbahn ergangen und von dieser als rechtsverbindlich anerkannt ist. Die gedachte Eisenbahn hatte von ihrer Station Norwich im Staate Connecticut Kohlen nach zwei Stationen ihrer in Massachusetts belegenen Linien gefahren, und zwar nach der Station Webster (43 Meilen von Norwich), zum Satze von $ 1·50 für die Tonne, dagegen nach der Station Worcester (59 Meilen von Norwich) zum Satze von nur $ 0·90 für die Tonne. Die Frachtermäßigung war gewährt in Form von Rückvergütung. Es waren dieselben Tarife für Worcester, wie für Webster veröffentlicht, und den Empfängern größerer

[1] Ausführlich mitgeteilt S. 32—41 des Berichtes.

Mengen Kohlen waren 50, später 60 Cents von der Fracht zurückvergütet. In dem Bewußtsein, daß ein solches Verfahren ungesetzlich sei, hatte man späterhin die Fracht allgemein auf 90 Cents für alle solche Empfänger ermäßigt, welche jährlich mindestens 10 700 Tonnen Kohlen bezögen. — Das Amt ist keinen Augenblick zweifelhaft, daß ein solches Verfahren ungesetzlich und unstatthaft ist. Da aber die Strecke, auf welcher diese Unregelmäßigkeit vorkam, das Gebiet zweier Staaten berührte, so war es immerhin ungewiß, ob die Behörde von Massachusetts für die Beurteilung dieses Falles zuständig sei. Die Entscheidung dieser letzteren Frage durch den höchsten Gerichtshof in Washington war noch nicht erfolgt. Die Eisenbahngesellschaft hatte sich übrigens, ohne dieselbe abzuwarten, dem sehr höflichen Anheimgeben des Amtes ohne weiteres gefügt.

Auch der Bericht von 1879/80 äußert sich über einzelne interessante Fälle, welche dem Amte zur Entscheidung vorgelegen haben. Eine Anzahl von Kaufleuten in Boston haben unter dem 27. Februar 1880 über die Boston Albany-Eisenbahn Beschwerde geführt, weil dieselbe einer einzelnen bedeutenden Getreidehandlung in Wilbraham — Station der Boston Albany-Bahn — heimliche Frachtbegünstigungen in einem Umfange gewährt habe, welcher jeder anderen Getreidehandlung in Massachusetts die Konkurrenz auf diesem Gebiete nahezu unmöglich machte. Die Frachtbegünstigungen wurden zugestanden auf Grund eines zwischen der Eisenbahn und der Firma Cutler & Co. am 14. Dezember 1876 abgeschlossenen, streng geheim gehaltenen, und erst infolge der Beschwerde vom 27. Februar 1880 bekannt gewordenen Vertrages, in welchem sich die Eisenbahn verpflichtete, vom 1. Mai 1877 ab zehn Jahre lang für Getreide und Mehl keine höheren, als die in dem Vertrage aufgeführten Frachten von der genannten Firma zu erheben, und man begründete diesen eigenartigen Vertrag damit, daß die Firma in Wilbraham oder einer anderen Station zwischen Springfield und Worcester ein großes Mühlenetablissement errichten wollte, dessen Betrieb die Eisenbahn durch Bewilligung derartigen Frachten sichern und fördern solle. — Die in dem Vertrage aufgeführten Frachtsätze waren Maximaltarife, die durch die wirklich gezahlten Frachtsätze noch unterboten wurden. Die Höhe der von Cutler & Co. gewährten Vergünstigungen ergiebt die nachfolgende Zusammenstellung:

Es betrug die Fracht für zehn Tonnen der in Frage stehenden Artikel, Getreide, Mühlenfabrikate etc. von Wilbraham

	für Cutler & Co.	für andere Verfrachter.
nach Springfield	$ 6	$ 12
„ Worcester	„ 6	„ 22
„ Palmer	„ 2	„ 12
„ Millbury	„ 3	„ 26
„ Milford	„ 3	„ 32

und ähnlich nach anderen Orten. Die Frachtbegünstigung wurde dadurch in der üblichen Weise versteckt, daß man die Frachten für Cutler & Co. ebenso hoch ansetzte, wie für das übrige Publikum, denselben aber demnächst die Differenz erstattete. — Daß derartige Vergünstigungen jede Konkurrenz auf diesem Gebiete beseitigen mußten, bedarf keiner Ausführung. Cutler & Co., übrigens sehr gewandte und tüchtige Geschäftsleute, hatten, abgesehen von dem zur Ausfuhr gelangten Gute, einen jährlichen Umsatz von etwa sechs Tausend Wagenladungen von Getreide, oder etwa drei Millionen Bushels, und die Großhändler in Getreide sind zufrieden mit einem Gewinn von 1 Cent, ja selbst $^1/_2$ Cent auf das Bushel.

Das Eisenbahnamt hält es nach den Gesetzen von Massachusetts und nach dem gemeinen englischen, durch eine konstante Rechtsprechung bestätigten Rechte für zweifellos, daß für Eisenbahnen die Gewährung derartiger, noch dazu heimlicher Vergünstigungen an einen einzelnen, unstatthaft ist. Die entgegenstehende Auffassung der Eisenbahn sei eine irrtümliche. Wolle man auch das Motiv der Eisenbahnen, einer jungen, strebsamen Industrie auf die Beine zu helfen, als ein an sich lobenswertes anerkennen, so dürfe ein solches Motiv doch niemals zu Gesetzesübertretungen führen. „Die Eisenbahnen sind eben," so heißt es in der Begründung der Entscheidung, S. 204, „nicht bloß Privatgesellschaften, die lediglich ihren Aktionären gegenüber Verpflichtungen haben; sie sind vielmehr öffentliche Gesellschaften, die vom Volke mit weitgehenden Privilegien ausgestattet, diesem gegenüber auch hohe Pflichten zu erfüllen haben." Die innere Berechtigung der geltenden gesetzlichen Bestimmungen wird mit dem Bemerken erläutert, daß nach den Ergebnissen der Zeugenaussagen die der Handlung CUTLER & Co. gewährten Tarife anderen Getreidehandlungen und Mühlen nicht gewährt worden seien, obgleich diese ausdrücklich darum gebeten hätten. — Die vorliegende Beschwerde hat nach längeren Sträuben der Boston und Albany-Bahn ihre Erledigung dadurch gefunden, daß die mit CUTLER & Co. abgeschlossenen Verträge veröffentlicht sind und die Bahn sich bereit erklärt hat, die zwischen ihr und der mehrgenannten Firma vereinbarten Tarife unter sonst gleichen Verhältnissen jedermann zu bewilligen.

Ein weiterer Fall betrifft eine kleine, nur acht Meilen lange Zweigbahn von Abington nach Hanover. Der Präsident dieser Bahn ist ein Herr E. Y. PERRY, zugleich Mitinhaber einer Großhandlung in Hanover, welche die Firma CULVER, PHILIPPS & Co. führt. Während die Kohlenfracht von Abington nach Hanover sich nach den veröffentlichten Tarifen auf 50 Cents für die Tonne belief, hatte Präsident PERRY bestimmt, daß die Fracht für CULVER, PHILIPPS & Co. nur 20 Cents für die Tonne betragen sollte. Hierüber wurde von einer anderen Firma

Beschwerde geführt, und diese Ungehörigkeit war allerdings so stark und lag so auf der Hand, daß alsbald Wandel geschaffen wurde. Dagegen veröffentlichte die Bahn jetzt eine Tarifbestimmung, nach welcher bei gleichzeitiger Aufgabe von 50 Tonnen oder mehr die Fracht für jedermann von Abington nach Hanover 50 Cents für die Tonne betragen sollte, alle Verfrachter aber, welche im Laufe eines Jahres mindestens 500 Tonnen aufgegeben hätten, am Ende des Jahres eine Rückvergütung von 10 Cents auf die Tonne bekämen. — Nur beiläufig mache ich auf die Höhe dieser Frachtsätze aufmerksam; 50 Cents für die Tonne auf eine Entfernung von acht Meilen entspricht einem Einheitssatze von 15 Pfennigen für das Tonnenkilometer! Eine solche Kohlenfracht findet man in Massachusetts ganz natürlich. — Das Eisenbahnamt hält auch diese Tarifbestimmung für eine ungesetzliche. Es sei eine unerlaubte Bevorzugung solcher Firmen, die in der Lage sich befänden, 500 Tonnen Kohlen jährlich zu verbrauchen, vor kleineren Firmen. So sehr es selbstverständlich sei, daß die Eisenbahn bei gleichzeitiger Aufgabe großer Mengen eine geringere Fracht erhebe, als bei Aufgabe von kleinen, so sei es ungerechtfertigt, einer einzelnen Handlung bloß deswegen am Ende des Jahres einen Teil der von ihr gezahlten Fracht zu erstatten, weil dieselbe ein umfangreicheres Geschäft gemacht habe, als eine andere. Es sei das eine unstatthafte Begünstigung des Großhandels vor dem Kleinhandel, des Reichen vor dem weniger Begüterten, welche gerade das Gesetz n i c h t wolle. Durch derartige Tarifbestimmungen würden die Tendenzen zur Monopolbildung, zur Vereinigung der Geschäfte in wenigen Händen, ohnedies ein bedauerlicher Übelstand in den gegenwärtigen wirtschaftlichen Verhältnissen, noch mehr gefördert.

Am Schlusse seines Berichtes für das Jahr 1879/80 empfiehlt das Eisenbahnamt auf das dringendste die Bildung von Pensions- und Unterstützungskassen für Eisenbahnbeamte, sowie eine Versicherung dieser Beamten gegen Unfälle im Betrieb durch die Gesellschaften selbst. Eine derartige Einrichtung werde die Herstellung guter Beziehungen zwischen den Eisenbahnen und deren Angestellten ganz wesentlich fördern, und die Eisenbahnen könnten die Unfallsversicherung besser und wohlfeiler bewirken, als besondere Versicherungsgesellschaften. Auch entspreche es der Billigkeit und Menschlichkeit, daß langjährige treue Dienstleistungen durch Gewährung von Altersversorgungen belohnt würden. Als nachahmenswert wird das Vorgehen einer der größeren Eisenbahnen in Massachusetts hervorgehoben. Zu dem angegebenen Zwecke sei von derselben zunächst ein Fonds von $ 100 000 gezeichnet, und sie habe sich bereit erklärt, die ganze Verwaltung dieses Geschäftszweiges unentgeltlich zu besorgen. Seitdem seien alle ihre neu angestellten Bediensteten bei der Anstellung verpflichtet worden, der Kasse beizutreten, während den älteren Bediensteten das Recht zum Beitritt offen gehalten sei. Die Bediensteten seien in zwei Klassen eingeteilt, die des äußeren und des inneren Dienstes. Die Höhe der Beiträge richte sich nach der Höhe der Löhne und Gehälter; sie betrage für die erste Klasse bei einem monatlichen Lohn von $ 35 oder weniger $ 1, $ 35—50, $ 2 u. s. w. bis zu $ 5 bei einem Einkommen von $ 100, die zweite Klasse zahlt 25 Prozent weniger. Jeder Dollar monatlicher Beitrag gewähre Anspruch auf einen Anteil (one benefit). Durch Zahlung höherer Beiträge erwerbe man den Anspruch auf mehr Anteile. Entschädigungen werden gezahlt in folgenden Fällen:

1. Bei vorübergehender Dienstunfähigkeit, verursacht durch Thätigkeit im Eisenbahndienste, eine tägliche Unterstützung, höchstens sechs Monate lang, in monatlichen Raten zahlbar, von 50 Cents auf den Anteil; d. h. also, wer $ 1 monatlich

bezahlt hat, bekommt 50 Cents, wer $ 2 $ 1, wer $ 3 $ 1·50 u. s. w.

2. Im Falle dauernder Unfähigkeit, welche den Angestellten außer stande setzt, seinen Lebensunterhalt selbst zu verdienen, eine monatliche Unterstützung von $ 7·50 auf den Anteil.

3. Im Falle der Tötung beim Eisenbahnbetrieb eine einmalige Zahlung von $ 500 auf den Anteil an die Erben.

4. Im Falle einer nicht durch den Dienst hervorgerufenen Krankheit oder Verletzung, welche Arbeitsunfähigkeit zur Folge hat, eine monatliche Zahlung von $ 15 auf den Anteil, jedoch nicht länger als ein Jahr.

5. Im Falle des Todes, nicht im Eisenbahnbetrieb, eine einmalige Zahlung von $ 100 auf den Anteil an die Erben.

Außerdem erhalten die Mitglieder der Kasse freie ärztliche Behandlung. Die Beiträge werden bei Zahlung des Lohnes einbehalten. Die Verwaltung der Kasse werde besorgt durch einen teils aus Mitgliedern der Eisenbahngesellschaft, teils aus Mitgliedern der Kasse gebildeten besonderen Ausschuß. Mit der Kasse stehe eine Pensionskasse in Verbindung.

Diese Einrichtung sei bei der betreffenden Bahn (welche übrigens nicht genannt wird) durchgeführt zur vollen Zufriedenheit der Eisenbahnbeamten sowohl, als der Direktion. Ahnliche Kassen beständen auch bei anderen Bahnen.

Der Bericht für 1881/82 bemerkt lediglich, daß eine Anzahl Statuten für ähnliche Kassen von dem Amte geprüft und genehmigt seien.

Theoretische Fragen von allgemeinerer Bedeutung werden in dem Berichte für 1881/82 nicht erörtert. Ein Gutachten über „Differenzialtarife“, welches der Vorsitzende des Amtes der gesetzgebenden Körperschaft von Massachusetts erstattet hat, bezieht sich auf einen besonderen Fall und enthält nichts Neues. Es scheint in der That, als ob um die damalige Zeit ein Bedürfnis zur Erörterung allgemeiner Fragen nicht mehr vorgelegen hätte. Denn am Schlusse seines allgemeinen Teiles äußert sich der Bericht, wie folgt (S. 47. 48):

„Die Hauptaufgabe des Berichtes ist es, der Regierung und der Bevölkerung Rechenschaft über die Thätigkeit des verflossenen Jahres abzulegen. Es ist wahr, das Gesetz gestattet außerdem die Erörterung allgemeiner Fragen der Eisenbahnpolitik, und als das Amt errichtet wurde, waren solche Erörterungen nötig und nützlich. Infolge des sich mehr verallgemeinernden Interesses an Eisenbahnfragen, und mehr noch infolge der Untersuchung derselben durch unsere Amtsvorgänger, hat die Notwendigkeit, dieselben auch jetzt noch in diesem Amte zu prüfen, aufgehört. Unsere geringere Pflicht ist, die von unsern Vorgängern und den Gerichten aufgestellten Regeln anzuwenden und den Gesetzgebern das zu übermitteln, was in der Anwendung der Theorie auf die Praxis geschehen ist. Wenn solche Anwendungen vorkommen und die Gesellschaften sich bei denselben beruhigen, so erhalten die Grundsätze einen erhöhten Wert.“

Demnach müsse man auch nicht glauben, daß der vorstehende Bericht ein erschöpfendes Bild von der Gesamtthätigkeit des Eisenbahnamtes gebe. Dasselbe habe vielmehr sehr häufig Gelegenheit gehabt, vermittelnd einzuschreiten, durch rechtzeitige Warnung Mißbräuche zu verhüten und Streitfragen zu lösen, bevor dieselben ernstere Folgen gehabt. Diese sozusagen unsichtbare Wirksamkeit des Amtes sei aber von besonders großem Werte.

Hiernach stellt das Amt sowohl den von ihm beaufsichtigten Eisenbahnen, als auch mittelbar sich selbst ein gutes Zeugnis aus, und es läßt sich nicht leugnen, daß das Bild, welches uns diese Berichte geben, im ganzen ein erfreuliches ist, vor allem, wenn man einen Vergleich zieht zwischen den Zuständen in

Massachusetts und anderen Staaten der Union. Dies schließt indessen nicht aus, daß auch in Massachusetts noch zahlreiche Unzuträglichkeiten bestehen, als da sind: unerschwinglich hohe Frachten für die wichtigsten Bedarfsgegenstände der Industrie, ein, wie es den Anschein hat, beinahe unausrottbares Refaktienwesen, persönliche Begünstigungen der Direktoren, Unfähigkeit der Bahnen, bei einer, nicht einmal plötzlichen Verkehrssteigerung die Transporte zu bewältigen, und infolge davon lähmende Stockungen des Güterverkehrs; daneben endlich eine beklagenswerte Betriebsunsicherheit, welche durch Unterlassung der scheinbar einfachsten Verbesserungen nur noch gefördert wird. So unerträglich, wie für uns Deutsche manche dieser Mißstände wären, sind sie nun freilich den Amerikanern nicht. Das amerikanische Volk legt nicht einen so hohen Maßstab an die Verwaltung und den Betrieb der Eisenbahnen, als wir; man nimmt dort viele Dinge ruhig hin und läßt mancherlei über sich ergehen, was bei uns heftige Entrüstung hervorrufen würde. Niemand wird es aber den Eisenbahnen, vor allen Dingen Aktienbahnen, übel nehmen, wenn sie bei Einrichtung ihres Betriebes und ihrer Verwaltung nur die Anschauungen der dortigen Bevölkerung sich als Richtschnur nehmen.

VII.

Der Bericht des Eisenbahnaufsichtsamtes in New York umfaßt zwei starke Bände. Der zweite Band (1122 Seiten) enthält nur statistische Mitteilungen über die Eisenbahnen, darunter einen Abdruck sämtlicher, dem Amte von den Eisenbahnen erstatteten Rechnungsberichte. Eine Erörterung der letzteren ist für den vorliegenden Zweck ohne Interesse. Hier und da sind den Berichten kritische Bemerkungen des Amtes beigefügt. Ob dieselben Beachtung gefunden haben, wird der nächste Bericht ergeben.

Der erste Band bringt auf S. 1—74 den eigentlichen Bericht des Amtes d. d. Albany den 14. Januar 1884. Das Amt überreicht denselben an den Sprecher des Abgeordnetenhauses. Es folgt ein besonderer Bericht des Dr. HUTCHINSON an das Amt über das auch vom Amte für Massachusetts behandelte beliebte Thema der Farbenblindheit und im Anhang ein Abdruck der gesamten Materialien, welche durch das Amt bearbeitet sind, daneben verschiedene statistische Zusammenstellungen und die Rundschreiben, welche das Amt erlassen hat.

Nach den einjährigen Erfahrungen äußert sich das Amt über das Gesetz, durch welches es errichtet worden ist, im allgemeinen anerkennend. „Im ganzen," sagt der Bericht S. 71, „ist das Gesetz weise ausgearbeitet; dasselbe verleiht dem Amte ausreichende Befugnisse, um den Nutzen eines solchen staatlichen Aufsichtsamts darzuthun. Zwei Aufgaben sind dem Amte übertragen; die eine betrifft die Sammlung und Ordnung der Thatsachen zum Gebrauch und zur Anleitung der gesetzgebenden Körper und zur Belehrung der Bevölkerung. Die zweite Aufgabe besteht in dem Rechte, Heilmittel für die Beseitigung der gefundenen Unzuträglichkeiten zu empfehlen." In beiden Beziehungen bedarf das Gesetz keiner wesentlichen Ergänzung. „Die Empfehlungen des Amtes sind im allgemeinen mit Achtung behandelt; in den meisten Fällen haben die Eisenbahnen das Versprechen, dem Wunsche des Amts stattzugeben, erfüllt, und zwar selbst unter Aufwand erheblicher Kosten." So hat die New Yorker Hochbahn auf Veranlassung des Amtes eine Strecke ihrer Bahn in der sechsten Avenue neu gestützt und befestigt, was ihr $ 250 000 gekostet hat. Ebenso habe die New York Zentral-Bahn die Tarife für Milch auf der Harlem River-Eisenbahn um 33 $^1/_3$ Prozent ermäßigt. Zur Erwägung stellt das Amt, ob nicht durch eine Änderung des Gesetzes diese Empfehlungen noch wirksamer gemacht werden könnten. Nach den jetzigen Bestimmungen ist Empfehlung des Amtes eine endgültige und unbedingte; für ihre Nichtbeachtung bestehen keinerlei Strafen, und die Folge davon ist, daß sie zuweilen unbeachtet bleiben. Dies könnte, wie das Amt meint, etwa dahin geändert werden, daß die Eisenbahnen verpflichtet würden, allen vernünftigen und zweckmäßigen Empfehlungen stattzugeben, und zwar unter Androhung von Strafen. Wenn solchen Empfehlungen nicht Beachtung geschenkt würde, so verbliebe den Eisenbahnen das Recht, gegen die Festsetzung der Strafe Widerspruch zu erheben, dieselben müßten dann aber ihrerseits den Beweis liefern, daß die Empfehlung nicht vernünftig und zweckmäßig gewesen sei, und die Vermutung spreche für die Vernünftigkeit und Zweckmäßigkeit derselben.

Von den dem Amte unterbreiteten zahlreichen Beschwerden bezogen sich auf Differenzialtarife 15, auf übermäßig hohe Frachten 4, auf Überhebung von Fahrgeldern 6, auf ungenügende Bequemlichkeiten, sei es auf den Bahnhöfen, sei es bei der Beförderung 6, auf gefährliche Kreuzungen 11, auf verkehrsstörende Kreuzungen 3, auf Verletzung bestehender Verträge 2, auf Verstoß gegen das Gesetz 3, auf allgemeine Verwaltungsangelegenheiten 15, auf Gegenstände gemischter Art im ganzen 57.

Diese Beschwerden sind dem Amte freiwillig zugegangen; dasselbe hat sich indessen, zumal die angeführten Beschwerden sich meist auf vereinzelte Ungebühren bezogen, für verpflichtet erachtet, auch ohne besondere Anregung die Frachtverhältnisse der Eisenbahnen des Staates New York selbständig zu prüfen. Der äußere Anstoß wurde hierzu gegeben in einer Aufforderung des Senats zur Begutachtung des Entwurfs eines demselben vorgelegten Eisenbahntarifgesetzes. Das Amt richtete an nicht weniger denn 12000 Personen aus dem Handelsstande, sowie aus den Kreisen der Gewerbthätigkeit und der Landwirtschaft Rundschreiben, in welchen es um genaue Auskunft darüber bat, mit welchen Eisenbahnen die betreffenden Personen hauptsächlich in Verkehr ständen, welche Frachten sie zahlen müßten, ob sie irgend etwas über ungebührliche Differenzialtarife zu sagen hätten, und welche Mittel zur Beseitigung der Unzuträglichkeiten vorgeschlagen würden. Auf diese 12000 Schreiben gingen nur 100 Antworten ein. Das Amt beraumte darauf einen Termin zur mündlichen Vorbringung und Erörterung der Beschwerden an, in welchem niemand erschien. Zu einem zweiten Termin kamen einige Personen, diese aber wußten ebensowenig, wie die 100 Leute, welche auf das Rundschreiben geantwortet hatten, irgend etwas allgemeines vorzubringen, sie hatten sich nur über persönliche Angelegenheiten untergeordneter Natur zu beklagen.

Das Amt hat selbstverständlich mit diesem Material keine gesetzgeberischen Vorschläge bearbeiten können. Wenn dasselbe aber meint, daß aus diesem Vorgange zu schließen sei, es sei in der That besser geworden mit den Eisenbahnzuständen New Yorks, die Eisenbahnen hätten, lediglich mit Rücksicht auf das Bestehen des Amtes Mißbräuche abgestellt, und seien den Wünschen des Publikums mehr entgegengekommen, so möchte ein solcher Schluß doch etwas voreilig sein. Versprach auch das Amt eine Geheimhaltung der Beschwerden, so wissen doch die amerikanischen Kaufleute gerade so gut, wie die englischen, daß eine völlige Geheimhaltung derselben kaum möglich ist. Sie wissen ferner, daß es mindestens zweifelhaft ist, ob ein Aufsichtsamt mit so kärglichen Befugnissen der Beschwerde Abhilfe schaffen kann; daß aber ganz gewiß die Eisenbahnen in der Lage sind, den Beschwerdeführer gehörig fühlen zu lassen, wenn er ihnen unbequem geworden ist. Dieser Umstand und die Trägheit der meisten Menschen, mit ihren Klagen öffentlich hervorzutreten, werden wohl die Hauptgründe der lässigen Beantwortung der Zirkulare gewesen sein.

Die Beschwerden in Tarif- und Verkehrsangelegenheiten, welche in vollem Umfange S. 140—264 des ersten Bandes abgedruckt sind, betreffen allerdings meist Angelegenheiten ganz geringfügiger Art. Nur das kann man aus denselben ersehen, daß auch in den Vereinigten Staaten die Eisenbahnen es nicht jedermann zu Danke machen können. Es wird geklagt über schlechte Bahnhofsbauten, mangelhafte Fahrpläne, die Bewohner kleinerer Stationen wollen, daß Schnellzüge an denselben halten, die Beamten haben sich ungebührlich betragen, es ist zuviel Fahrgeld erhoben und dergleichen alltägliche Dinge. Nur wenige Einzelnheiten: Ein Geistlicher beschwert sich, daß — auf einer kleinen Zweigbahn — in den Personenzügen auch Vieh mit gefahren werde, und daß einmal ein mit Schweinen beladener Wagen längere Zeit neben dem Wagen gestanden hätte, in dem er sich befunden habe. Er sei durch die Gerüche der Thiere sehr belästigt worden. Das Amt empfiehlt der betreffenden Bahn, thunlichst auf Abstellung solcher Mißstände hinzuwirken. — Auf dem großen Hauptbahnhof der New York Zentral und Hudson River-Eisenbahn wird vor Abgang der Züge immer erst ein neuer Wagen geöffnet, wenn die übrigen Wagen ganz voll sind. Es sind dadurch große Unannehmlichkeiten für das Publikum entstanden, das sich oft noch bei Abfahrt der Züge nicht einen Platz im Wagen hat suchen können. — Das Amt erteilt der Gesellschaft eine scharfe Rüge. Diese antwortet gar nicht, und es bleibt wesentlich beim alten.

Ein Fabrikant hat für die Beförderung von Kinderwagen von Syracuse nach New York jahrelang 10 Cents für das Stück bezahlt. Plötzlich werden ihm 25 Cents abverlangt. Er beschwert sich. Der Agent der Bahn ist bereit, ihm einen Ausnahmetarif zu gewähren, wenn er sich verpflichtet, alle seine Fabrikate über die fragliche Bahn zu leiten. Das will er nicht, und nun erhebt die Bahn 56 Cents für jeden Kinderwagen. Die Untersuchung der Sache durch das Amt führt zu keinem rechten Ergebnis. Der Mann scheint sich nachher mit der Bahn wieder verständigt zu haben.

Zwei wichtigere Tariffragen, welche auch in der Presse viel von sich reden gemacht haben, sind von dem Amte sehr sorgfältig untersucht worden. Die eine betrifft die Fracht für Milchtransporte auf der New York und Harlem River-Eisenbahn, welche von der New York Zentral-Eisenbahn gepachtet ist und betrieben wird. An dieser Bahn liegen bis auf weite Entfernung hinaus zahlreiche Farmen, welche ihre Milch nach New York verkaufen, und die Bahn fährt besondere Milchzüge, welche diese Artikel regelmäßig und rechtzeitig nach New York befördern. Die New York und Harlem River-Eisenbahn hat ihren Endpunkt in New York in dem großen Zentralbahnhofe an der 42. Straße. Außerdem wird aber zur Beförderung der Milch nach New York auch die westlich von der New York und Harlem-River, zwischen dieser und der New York Zentral und Hudson-River belegene, mit beiden Bahnen auf große Strecken nahezu parallel laufenden New York City and Northern-Eisenbahn benutzt. Diese hat unmittelbaren Schienenanschluß an die Hochbahnen und ihre Züge fahren über die Hochbahnen bis zu dem südlichsten Punkte von New York. Die letztgenannte Bahn befindet sich seit einiger Zeit unter der Verwaltung eines Receivers, weil sie die Zinsen auf ihre Obligationen nicht zahlen kann. Sie fährt die Milch zur Fracht von 30 Cents für die Kanne auf dieselbe Entfernung, für welche die New York und Harlem River-Eisenbahn 45 Cents für die Kanne erhebt. Ein eigentlicher Wettbewerb zwischen beiden Bahnen kann nicht stattfinden, da dieselben ganz verschiedene Teile New Yorks bedienen, und die New York City and Northern-Eisenbahn, ungeachtet der billigeren Fracht, die von ihr beförderten Milchsendungen nicht in die Teile der Stadt bringen kann, welche dem Bahnhofe der anderen Bahn näher gelegen sind. Es folgt daraus, daß die Bewohner der von der New York und Harlem River-Eisenbahn bedienten Stadtteile ihre Milch teurer bezahlen müssen, als die Bewohner der von der New York City and Northern-Eisenbahn berührten Stadtgegenden. Hierüber haben sich die ersteren beschwert.

Das Amt hat nun die Finanzverhältnisse beider Bahnen, die Selbstkosten für die Beförderung der Milch und alle die sonstigen für die Bemessung der Fracht bestimmenden Umstände untersucht und erstattet über die Beschwerde ein Mehrheits- und ein Minderheitsgutachten. Das erstere Gutachten empfiehlt eine Gleichstellung der Milchfrachten auf beiden Bahnen durch Ermäßigung der Fracht der New York und Harlem River-Eisenbahn auf 30 Cents für die Kanne. Dieser Empfehlung haben die Eisenbahnen stattgegeben.

Das Minderheitsgutachten, erstattet von dem durch die Handelskammer und den Anti-Monopol-Verein gewählten Mitglied des Amtes, J. O'Donnell, geht noch weiter. Ohne auf die Verhältnisse der New York City and Northern-Eisenbahn sich weiter einzulassen, verlangt dieser Kommissar, daß die Fracht für Milch auf 20 Cents für die Kanne herabgesetzt werde. Die bisher auf dieser Bahn erhobene Fracht sei „übermäßig und unvernünftig hoch", sie sei eine „unbillige Schädigung für die Landwirte, die Verfrachter und die Milchhändler". O'Donnell geht ebenfalls genau auf die finanziellen Verhältnisse der Bahn ein und bringt zahlreiches Material bei, um zu beweisen, daß mit dem Frachtsatze von 20 Cents für die Kanne die Bahn noch ein schönes Verdienst habe, daß der durch die Frachtermäßigung ihr erwachsende Einnahmeausfall recht gut getragen werden könne.

Die zweite Beschwerde betrifft die Fracht für Beförderung

der Manufakturwaren nach dem Westen, welche von den zu dem Trunk Line-Verbande vereinigten großen Bahnen erhoben wird. Die sämtlichen Manufakturwaren (Dry Goods) gehören zu der ersten (höchsten) Klasse und zahlen einen Frachtsatz von 75 Cents für je 100 Pfund zwischen New York und Chicago. Eine große Anzahl von Fabrikanten und Großhändlern der östlichen Gebiete hält diesen Frachtsatz für an sich zu hoch und überdies für unbillig. Sie könnten mit ihren Fabrikaten nicht mehr nach dem Westen hin, dorthin würden die Rohprodukte gefahren und mehr und mehr Spinnereien und Webereien entstünden in den westlichen Gebieten. Für besonders unbillig aber wird es erklärt, daß alle Manufakturwaren in einer einzigen Tarifklasse stehen; d. h. also Seide zu demselben Satze gefahren wird, wie ganz gewöhnliche Decken, Leinentücher, Säcke u. dgl. Ein Gesuch an das Joint Executive Committee um Ermäßigung der Frachten und Einordnung wenigstens der gewöhnlichen und billigen Manufakturwaren in andere Klassen ist abschläglich beschieden. Die Beschwerdeführer haben sich nunmehr an das Aufsichtsamt gewandt. Dieses hat die Sache genau untersucht, Zeugen vernommen, Berichte eingefordert u. dgl., und empfiehlt einstimmig die Deklassifikation einer Anzahl wohlfeiler Artikel. Das vorgenannte Mitglied O'Donnell hat in dem von ihm abgefaßten Gutachten in sehr gründlicher Weise die Frage erörtert, ob überhaupt die beteiligten Gesellschaften nach ihren Konzessionen berechtigt seien, „Pools“ abzuschließen, er hat sich fernerhin des weiteren ausgelassen über die Grundsätze der Frachtberechnung und verwirft die Anschauung, welche z. B. Albert Fink auch bei dieser Gelegenheit geäußert hat, daß es den Eisenbahnen freistehen müßte, die Verluste, welche sie bei der Beförderung gewisser Massenartikel unter den Selbstkosten hätten, durch Erhebung höherer Frachten für andere Artikel wieder auszugleichen. Die beiden anderen

Kommissare schließen sich dem Gutachten in der besonderen, zur Entscheidung vorliegenden Frage an, lassen sich aber auf die allgemeinen Erörterungen nicht ein, weil dieselben über den Rahmen der Beschwerde hinausgingen.

Was aus dieser Sache geworden sei, wird nicht mitgeteilt.

Wie übrigens die Darstellung der einzelnen Fälle durch das Amt ergiebt, haben in zahlreichen, und zwar dem Anschein nach gerade den wichtigeren Gegenständen, die Eisenbahnen die gutachtliche Äußerung des Amtes, sofern ihnen dieselbe nicht genehm war, einfach zu den Akten gelegt, und es ist alles beim alten geblieben.

Eine zweite Hauptaufgabe des Amtes ist die Prüfung und Überwachung der Sicherheit des Betriebes. Zahlreiche Eisenbahnen sind von den Kommissaren bereist. Das Urteil, welches sie über den allgemeinen Zustand der Bahnen abgeben, ist ein sehr mißfälliges. Die Eisenbahnen bekümmern sich um die Betriebssicherheit einer Strecke erst, wenn ein Unglück daselbst geschehen ist, bis dahin lassen sie alles laufen, wie es eben laufen mag. Besonders zu tadeln ist die Verschiedenheit aller den Sicherheitsdienst betreffenden Einrichtungen. Jede Bahn hat für sich ein System aufgestellt, ohne Rücksicht auf die Nachbar- und anderen Bahnen. Hierdurch ensteht eine große Verwirrung. Besonders gefährlich sind die Kreuzungen der Bahnen mit anderen Verkehrsstraßen in gleicher Ebene. Nach Umfragen, welche angestellt wurden, waren im Staate New York am 30. September 1882 nicht weniger als 6901 solcher Kreuzungen, davon 1845 in Städten und größeren Ortschaften. Das Amt aber hält diese Zahl für noch zu niedrig. Es seien mindestens 7000 vorhanden. 1596 dieser Kreuzungen sind so verdeckt, daß sie erst bei einer Annäherung bis auf 150 Fuß bemerkt werden, und nur 703 sind durch Barrièren oder Bahnwärter geschützt.

Die Folgen eines solchen Zustandes sind denn auch nicht ausgeblieben. Nach dem eigenen Zugeständnis der Eisenbahnen sind in den fünf Jahren vom 1. Oktober 1877 bis 20. September 1882 nicht weniger als 264 Personen durch Unfälle bei solchen Kreuzungen getötet und beschädigt. Das Amt glaubt nach den Erfahrungen, die von ihm selbst gemacht sind, daß auch diese Zahl noch zu niedrig sei. Es empfiehlt zunächst die Sicherung der Niveau-Übergänge durch Barrièren, Signale oder Wärter, und für die Zukunft das Verbot der Kreuzungen in gleicher Ebene durch ein Gesetz. „Es ist eine wichtige Frage," heißt es S. 29 des Berichts, „ob nicht durch einen Akt der Gesetzgebung einer derartigen Abschlächterei ein Ende gemacht werden muß."

Zur Erhöhung der Betriebssicherheit wird ferner die Einführung besserer Wagenkuppelungen, und zwar thunlichst automatischer Kuppelungssysteme, selbstwirkender Bremsen und gleichförmiger Signale und Betriebsordnungen empfohlen. Es werden mehrere Unfälle dargestellt, welche nachweislich durch die Verschiedenheit der Signalsysteme der beteiligten Bahnen herbeigeführt sind.

Die Gesamtzahl der Unfälle hat sich in den acht Monaten, über welche das Amt berichtet, auf 322 Tötungen und 660 Verletzungen belaufen.

Es sind

	getötet	verletzt
Reisende	34	118
Bahnbedienstete	110	396
andere Personen	178	146

Aus früheren Jahren werden keine Zahlen angeführt, weil dieselben nach der Meinung des Amtes ganz wertlos sind.

Die sonstigen Ausführungen des Berichtes sind ohne allgemeineres Interesse. Die Anschauungen des Amtes über einzelne der schwebenden Fragen sind weder neu, noch in irgend eigenartiger Weise begründet. Wenn dasselbe z. B. Verschmelzungen von Bahnen in der Regel für nützlich, und nur Vereinigungen von Parallelbahnen in derselben Hand für bedenklich, denjenigen aber „welcher laut ausspricht, daß alle Verschmelzungen und Verpachtungen ein öffentliches Unglück, ein Akt der Unterdrückung, ein Unheil für den Verkehr sind für einen unwissenden Menschen oder einen wüsten Demagogen" erklärt; wenn es ferner den Direktoren der Bahnen zwar den Besitz und den Handel mit Aktien der eignen Bahn erlauben, ein Differenzspiel mit denselben aber verbieten will, so sind das wenig besagende Gemeinplätze. Auch sonst hinterläßt der Bericht den Eindruck einer gewissen Wichtigthuerei der Mitglieder des Amtes, welche übrigens unzweifelhaft guten Willen und regen Fleiß bei Bewältigung der schweren, ihnen übertragenen Aufgabe an den Tag gelegt haben.

Sicherlich hat dieses Eisenbahnamt noch ein reiches Feld von Thätigkeit vor sich liegen. Unmöglich konnte in dem ersten Jahre etwas Dauerndes, Nachhaltiges geschaffen werden. In Massachusetts ist das Amt unter den dortigen verhältnismäßig so günstigen Umständen erst nach vierzehnjähriger Thätigkeit zu einen, wenigstens in seinen eignen Augen zufriedenstellenden Abschluß und in ein ruhiges Fahrwasser gelangt und doch sieht es auch dort noch nicht schön aus. In New York sind diese äußeren Umstände im Gegenteil möglichst ungünstige. Das Amt hat zu thun mit den mächtigsten, einflußreichsten der Eisenbahnen, welche gerade in den allerwichtigsten, den Verkehr am nachhaltigsten beeinflussenden Fragen, der Frage der Aufstellung durchgehender Tarife sich zu dem gewaltigen Verbande der Trunk Lines vereinigt haben und der hervorragende Mann an der Spitze dieses Verbandes, welcher selbst für die Schäden im Eisenbahnwesen der Vereinigten Staaten ein offenes Auge hat und das Vertrauen der Eisenbahndirektoren genießt, darf sich rühmen, durch seine Wirksamkeit mancherlei Unzuträglichkeiten beseitigt und zahlreiche Verbesserungen eingeführt zu haben. Der Versuch, selbst mit Hilfe zahlreicher Interessenten gegen dieses Joint Executive Committee anzukämpfen, ist in der Frage der Dry Goods-Tarife, wie gezeigt, gänzlich gescheitert. Die allgemeinen theoretischen Auseinandersetzungen eines Politikers über die Schädlichkeit der Pools, über die Verwerflichkeit zu hoher Frachten, richten gegen einen solchen Verband nichts aus; zumal es an jeder Befugnis fehlt, die Befolgung der erteilten Ratschläge zu erzwingen. — So nützlich auch die moralische Mitwirkung des Amtes für Beseitigung kleiner Beschwerden sein mag, seine Aufgabe ist damit nicht entfernt erschöpft. Es hat selbst das Gefühl, daß man von ihm die Entfaltung einer Wirksamkeit im großen Stile erwartet; und die wird ihm nicht leicht werden.

Ob die Bahnen geneigt sein werden, erhebliche Kosten zur Erhöhung der Betriebssicherheit aufzuwenden, erscheint nach den in England gemachten Erfahrungen sehr zweifelhaft. Nur eine langdauernde, unermüdliche, nie nachlassende Thätigkeit des Aufsichtsamtes wird in dieser Beziehung etwas erreichen. Aber: Werden wir es nicht eines Tages erleben, daß dieses neue Amt, wenn dasselbe den Eisenhahnkönigen wirklich lästig wird, ebenso vom Erdboden verschwindet, wie vor 30 Jahren sein Vorgänger?

Alles in allem gleichen die Erfahrungen, welche in den Vereinigten Staaten mit der Staatsaufsicht über mächtige Privatbahnen gemacht sind, genau denen, welche England aufweist. Guter Wille bei den Behörden, aktiver oder passiver Widerstand bei den Bahnen und also geringe Erfolge. Bei einfachen, normalen Verhältnissen kann ein staatliches Aufsichtsamt in kleinen Dingen nützlich wirken. In dem Wesen der Sache, der großen Aufgabe, die Eisenbahnen zu Dienerinnen des allgemeinen Verkehrs zu machen, sie anzuhalten zu einer dauernden, wahrhaft gemeinnützigen Wirksamkeit, können Aufsichtsbehörden den mächtigen Eisenbahngesellschaften gegenüber so gut wie nichts ausrichten, nicht in England, noch viel weniger in den Vereinigten Staaten von Amerika.

Die New Yorker Hochbahnen.

Stadtbahnen, d. h. Lokomotiv-Eisenbahnen lediglich für Zwecke des städtischen Personenverkehrs, giebt es meines Wissens nur in London, New York und Berlin. Die in Philadelphia bis in die Mitte der Stadt hineinführende Hochbahn dient nur dem Vorortverkehr, in Paris und Wien wird die Anlage von Stadtbahnen erst vorbereitet. Wie bei Anlage dieser Bahnen — ob als unterirdische, ob Hochbahnen u. s. w. — in erster Linie auf die Lage der Städte gerücksichtigt werden muß, deren Verkehr sie zu dienen bestimmt sind, so ist auch der Betrieb derselben ein verschiedener, den örtlichen Verhältnissen, den Gewohnheiten der Einwohner sich mehr oder weniger anpassender. Von dem Betriebe der dem Fernverkehr dienenden Eisenbahnen weicht der der genannten drei Stadtbahnen nicht unwesentlich ab. Bei Einrichtung des Betriebes der Berliner Stadtbahn hat in vielen Punkten der Betrieb der Londoner unterirdischen Eisenbahn als Vorbild gedient.[1] Über die Verwaltung und den Betrieb der New Yorker Hochbahnen ist meines Wissens bisher in der deutschen Fachpresse nur weniges veröffentlicht worden. Ich habe daher einen längeren Aufenthalt in New York im Oktober des Jahres 1883 u. a. dazu benutzt, mich über die Verwaltung und den Betrieb dieses eigenartigen Eisenbahnnetzes thunlichst genau zu unterrichten. Der eine

[1] Vergl. u. a. JUNGNICKEL, Die unterirdischen Stadteisenbahnen in London. Archiv für Eisenbahnwesen 1881. S. 461 ff.

der Präsidenten der Hochbahnen, Herr CYRUS W. FIELD — der berühmte Unternehmer der ersten unterseeischen Kabelverbindung zwischen Europa und Amerika — sowie der Betriebsdirektor, Colonel FRANK K. HAIN, haben mich in zuvorkommendster Weise unterstützt und mit Material versehen. Die Ergebnisse meiner Beobachtungen sind in der nachfolgenden Darstellung niedergelegt.

I.
Die Verkehrsmittel von New York und den benachbarten Städten im allgemeinen.

Die Stadt New York liegt auf einer Landzunge, welche im Süden von der Bai von New York, im Westen von dem Hudsonfluß, im Osten von dem sog. East River (Ostfluß, in der That einem Teile des Long-Island-Sundes, einer Meerenge zwischen der Insel Long-Island und dem Festlande) begrenzt wird. Im Norden der Stadt fließt zwischen dem Hudson und dem East River der Harlemfluß, so daß eigentlich die Stadt New York eine Insel bildet. Die Stadt hat die Gestalt eines ziemlich spitz zulaufenden Kegels (dessen Spitze sich südlich in die Bai erstreckt). Die Länge derselben beträgt bis zum Harlemflusse, der einstweiligen Grenze des Weichbildes, 12 bis 16 km, die Breite — abgesehen von der südlichen Spitze — gegen 3 bis $3^1/_2$ km. New York hatte nach dem Zensus des Jahres 1880 eine Einwohnerzahl von 1 206 299 Personen. Mit der Stadt stehen räumlich in nächster Verbindung die Städte Brooklyn, Jersey City und Hoboken. Brooklyn liegt auf der Insel Long Island, auf dem linken Ufer des East River, welcher daselbst eine Breite von 1 bis $1^1/_2$ km hat. Es ist seit dem Mai des Jahres 1883 durch eine feste, 1·61 km lange Brücke mit New York verbunden; seine Einwohnerzahl beläuft sich nach dem letzten Zensus auf 566 633 Personen. Die beiden Städte Jersey City und Hoboken, die erste mit 120 722, die letztere mit 30 999 Einwohnern, liegen auf dem rechten Ufer des Hudson.

Bei einer Betrachtung der Verkehrsverhältnisse New Yorks muß diese Stadt zusammen mit den drei letztgedachten Städten als eine große Stadt angesehen werden, deren Gesamt-Einwohnerzahl sich heute auf reichlich zwei Millionen Menschen beläuft. Der Verkehrsmittelpunkt dieser Gesamtstadt ist die City von New York, der südlichere Teil, dem Umfange nach etwa der dritte Teil von New York. Hier konzentriert sich das gesamte geschäftliche Leben und Treiben der vier Städte, hier sind die großen Kontors und Warenlager, die Börsen, die Verkehrsanstalten. Die Privatwohnungen sind bei dem wohlhabenderen Teile der Bevölkerung von den Geschäftshäusern getrennt; sie befinden sich in den nördlicheren Teilen von New York und in sehr großer Anzahl in Brooklyn, Jersey City und Hoboken. Die Entfernungen zwischen den Wohnungen und den Geschäften sind fast durchweg recht bedeutende, wie denn überhaupt die Städte im Verhältnis zu der Einwohnerzahl sehr ausgedehnt sind. Es hängt dies zusammen mit der in den Vereinigten Staaten von Amerika fast allgemein verbreiteten Sitte, daß eine Familie ein Haus für sich bewohnt. Erst in den letzten Jahren hat man in New York angefangen, große Mietshäuser für mehrere Familien zu bauen. Die Bebauung dieser, wie der Mehrzahl aller amerikanischen Städte, ist eine sehr regelmäßige. Es ziehen sich in New York schnurgerade Straßen von Süden nach Norden (Avenues) und von Osten nach Westen (Streets), welche einander rechtwinklig kreuzen. Die Avenues sowohl, als die Straßen, haben in New York Nummern und Buchstaben (Avenue A, B, C, D und 1. bis 13. Avenue, 1. bis 225. Straße), ausgenommen den ältesten, den Geschäftsteil von New York, in welchem die Straßen Namen haben (schon weil hier die

Bebauung eine unregelmäßige ist) und den Broadway, welcher New York von Süden nach Norden durchzieht. Diese Hauptgeschäftsstraße teilt bis zur 5. Avenue die Stadt in eine östliche und westliche Hälfte. Von dem Eintritt der 5. Avenue an bildet letztere die Grenze zwischen Ost- und West-New York.

Diese äußeren Verhältnisse begünstigen seit langen Jahren die Herstellung eines ausgedehnten Netzes städtischer Verkehrsmittel für New York und seine Nachbarstädte. Bis vor etwa zehn Jahren genügten die Omnibus, ein weitverzweigtes Pferdebahnnetz und die großen Dampffährboote für die Bedürfnisse des Verkehrs. Pferdebahnen durchzogen schon damals alle Hauptstraßen, außer dem Broadway, in welchem ein so intensiver Verkehr herrscht, daß Pferdebahnen nicht fahren können. Der Betrieb dieser Beförderungsanstalten ist ein sehr einfacher, es besteht ein einheitlicher Fahrpreis von fünf Cents[1] für alle Entfernungen, die Kontrolle wird entweder durch den Kutscher allein (bei den Omnibus) oder durch den Kondukteur geübt, welchem jeder Fahrgast den Fahrpreis einhändigt. Billets werden nicht gegeben. Die weitere Kontrolle durch Aufsichtspersonal, wie sie in Berlin bei den Pferdebahnen das Publikum belästigt, giebt es nicht. Sie ist den New Yorker Gesellschaften zu theuer. Die Pferdebahnen fahren auf allen Hauptlinien in ganz kurzen Zwischenräumen hintereinander, die verschiedenen Linien haben auf prompte und schnelle Anschlüsse Bedacht genommen. Vortrefflich ist auch die Beförderung durch die Fährboote, deren eine große Anzahl sowohl auf dem East River, als auf dem Hudson fahren. Die Boote sind so groß,

[1] Der Geldwert ist in den großen Städten der Vereinigten Staaten, insbesondere für derartige kleine Ausgaben, ein erheblich geringerer als in Deutschland. Es kann daher bei richtiger Übertragung auf unsere Verhältnisse der Cent höchstens zu 2 bis $2^1/_2$ ₰ angenommen werden. Man giebt dort 5 Cents leichter aus, als bei uns 10 ₰.

daß außer reichlich 5—600 Personen auch eine Anzahl von Wagen — neben dem Personenfuhrwerk auch die Geschäftswagen, die Lastwagen — auf denselben Platz haben. Sie fahren zu den belebtesten Zeiten in Zwischenpausen von fünf Minuten und weniger, der Fahrpreis beträgt für die einfache Fahrt zwei Cents, bei Entnahme von mehreren Billets $1^1/_2$ Cents und zu einzelnen Tageszeiten nur einen Cent. Bei Einzelfahrten werden auch hier Billets nicht verabfolgt, sondern an einer Kasse am Landungsplatze des Bootes der Fahrpreis bezahlt. Über die Brücke zwischen New York und Brooklyn führt seit Oktober 1883 eine sogenannte Kabelbahn (Cable Road), d. h. eine Bahn, deren Wagen an ein endloses, von einer feststehenden Dampfmaschine getriebenes Drahtseil befestigt und vermittelst desselben fortbewegt werden. Das Beförderungsmittel der Droschken kennt man in New York zwar auch. Diese Fahrzeuge sind aber so teuer (die Stunde kostet ungefähr zwei Dollars), daß sie für den Massenverkehr nicht in Betracht kommen.

II.

Die Hochbahnen. Beschreibung derselben.

Zu diesen Verkehrsmitteln sind die Hochbahnen (Elevated Railroads) hinzugekommen. Es sind dies gewöhnliche, mit Dampf betriebene Eisenbahnen mit normaler Spurweite (1·435 Meter). Der Bahnkörper, eine schwere Eisenkonstruktion, ruht auf eisernen Pfeilern, welche in der Regel die Höhe der zweiten Stockwerke der Häuser haben. Je nach dem Bedürfnis wird der Bahnkörper von einem, in seiner Mitte stehenden, oder von zwei, an beiden Seiten stehenden Pfeilern getragen. Derartige Bahnen bestehen heute vier. Dieselben nehmen ihren Ausgangspunkt im äußersten Süden der Stadt New York. Alsbald teilen sie sich in eine östliche und eine westliche Abteilung, welche sich wiederum, und zwar die östliche Abteilung am Chatham Square, die westliche am Battery Place in zwei Linien spalten. Die Hochbahnen liegen in den von Süden nach Norden laufenden Avenues, teils in der Mitte des Straßendammes, teils direkt neben oder über den Trottoirs, im letzteren Falle vielfach den Häusern so nahe, daß man mit unbewaffnetem Auge mit aller Bequemlichkeit in die Fenster des zweiten Stockwerks — durchweg die Frontfenster — hineinsehen kann. Alle vier Linien sind doppelgeleisig, jedoch ist der Bahnkörper nur auf kleineren Strecken zusammenhängend für zwei Geleise gebaut. Für bei weitem die längste Strecke der Bahnen ist ein besonderer Bahnkörper für jedes Geleise, der eine auf dem östlichen, der andere auf dem westlichen Teile der Straßen errichtet, und es bestehen zwischen den östlichen und westlichen Bahnkörpern auch bei den Stationen keine Verbindungen, man muß, um von dem einen auf das andere Geleis zu gelangen, an der Station des einen Geleises zur Straße hinuntersteigen, und an der meist direkt gegenüber liegenden Station des anderen Geleises wieder hinaufsteigen. Beim Übergang von der Haupt- auf die Seitenlinien und umgekehrt ist ein solches Hinunter- und Hinaufsteigen nicht erforderlich. Hier sind an den Kreuzungspunkten erhöhte Übergänge über den Bahnkörper hergestellt, über welche man hinübergehen muß, um nach oder von der Zweiglinie zu gelangen. Zu den zahlreichen Stationen führen steile, enge Treppen hinauf. Die Stationsgebäude sind kleine, enge Häuschen, an die sich ein kurzer, schmaler, überdeckter Perron anschließt. In demselben befindet sich ein kleines Zimmer für den Billetverkauf und meist eine Verkaufsstelle für Zeitungen und Bücher.

Die Hochbahnen dienen ausschließlich dem städtischen Personenverkehr, einige Züge befördern auch Briefpostsäcke. Da dieselben auf einem anderen Niveau liegen, als die übrigen in

New York einmündenden Eisenbahnen, so ist ein direkter, durchgehender Verkehr mit letzteren nicht möglich. Dagegen ist durch den Bau einer Zweiglinie von der dritten Avenue nach dem in der 42. Straße belegenen Hauptbahnhofe hin dafür gesorgt, daß dieser Bahnhof von den Passagieren der Hochbahn leicht und bequem erreicht werden kann. Diese Zweigbahn wird daher auch sehr fleißig benutzt von allen Personen, welche ohne Gepäck oder nur mit kleinerem Handgepäck weitere Reisen machen. An der Endstation der Hochbahnen führen Treppen hinunter, gerade gegenüber dem Eingang zum Zentralbahnhofe. Nur eine Linie, die Sixth Avenue Line steht an ihrem nördlichen Endpunkte auch in direkter Schienenverbindung mit einer Fernbahn, der von New York nach Brewster führenden und dort an die New York and New England Bahn anschließenden, 87 km langen New York City and Northern Railroad. Auf den Verkehr mit dieser Bahn ist bei den Fahrplänen der Hochbahn insofern gerücksichtigt, als je zehn Züge in beiden Richtungen täglich von der Station South Ferry direkt nach Stationen der New York City and Northern-Eisenbahn durchgehen.

Um gleich an dieser Stelle einen Punkt vorwegzunehmen, so ist durch diese Hochbahnen die Stadt New York in geradezu abscheulicher Weise verunstaltet. Man hat kein Bedenken getragen, die Bahnen selbst durch ganz enge Straßenteile zu bauen, welchen oft alle Luft und alles Licht hierdurch entzogen wird. Das Rasseln der Züge über den eisernen Bau verursacht einen betäubenden Lärm. Der Bau der Bahnen ist ohne alle Rücksichten auf Schönheit, lediglich nach Gesichtspunkten der Zweckmäßigkeit ausgeführt, die Bahnen haben die bräunlich-rote Naturfarbe des Eisens, sind nirgends mit gefälligem Anstrich versehen, haben keine Geländer, sind mit einem Worte unschön im höchsten Grade.

Diese Schattenseiten der Hochbahnen treten noch schärfer hervor, wenn erwogen wird, daß die Hausbesitzer in den von den Bahnen durchzogenen Straßen keinen Pfennig Entschädigung für die Entwertung ihres Eigentums erhalten haben, weder von den Bahnen, noch etwa von der Stadt New York. Diese Entwertung ist eine ziemlich beträchtliche. Die nach vorn heraus belegenen Räume sind vielfach kaum bewohnbar, ja stellenweis nur zu Magazinen, Lagerräumen zu verwenden. Auch in den höheren Stockwerken macht sich der Rauch und das Tag und Nacht andauernde Geräusch in höchst unangenehmer Weise fühlbar. — Es sind von einigen Hausbesitzern Prozesse gegen die Hochbahnen auf Entschädigungsleistung angestrengt, und, wie es heißt, soll kürzlich auch ein Prozeß in der untersten Instanz gewonnen sein. Die Bahngesellschaften zweifeln aber nicht im geringsten, daß diese Entscheidung in der höheren Instanz zu ihren Gunsten geändert werden wird. Ebensowenig wie an die Hausbesitzer haben die Hochbahnen an die Stadt New York für die Benutzung des Straßenkörpers etwas vergütet. Die einzige ihnen obliegende öffentliche Last scheint die Verpflichtung zu sein, an die Gemeinde New York zwei Prozent ihrer Einnahmen zu zahlen.[1] Hierüber, vornehmlich über die Berechnung der zwei Prozent schweben aber seit Jahren weitläufige Prozesse. Für die Beförderung der Briefpost wird von der Postverwaltung an die Hochbahnen alljährlich eine Summe von 5000 Dollars entrichtet.

Desungeachtet hat sich das Verkehrsmittel der städtischen Hochbahnen als so zweckmäßig, ja so unentbehrlich erwiesen, daß man heute nicht begreift, wie ohne dieselben der riesige Verkehr dieser Weltstädte hat bewältigt werden können, denn die Hochbahnen haben auch der Entwickelung der übrigen Ver-

[1] Vgl. Supplementary Report des New Yorker Committee betr. die Untersuchung der Elevated Railroads vom 2. März 1880, S. 3.

kehrsmittel, insbesondere der Pferdebahnen, keinerlei Eintrag gethan. Auf zahlreichen Straßen liegen Pferdebahngeleise unmittelbar unter den Hochbahnen, und die Pferdebahnen werden gleich diesen andauernd stark benutzt. Ein Teil derselben, die sog. Crosstown Roads (Querbahnen), dient heute noch ausschließlich zur Vermittelung des Verkehrs zwischen der West- und Oststadt, und an allen wichtigeren Stationen der Hochbahnen fahren in kurzen Zwischenräumen Pferdebahnen in östlicher und westlicher Richtung von der einen Hochbahnlinie zur anderen.[1]

III.

Die Geschichte der Gründung der Hochbahnen.[2]

Die Gründung der Hochbahnen ist eines der dunkeln Kapitel in der Geschichte der amerikanischen Eisenbahnen. Der Untersuchungsausschuß des Abgeordnetenhauses, welches in den Jahren 1879/80 sich mit den Eisenbahnverhältnissen des Staates

[1] Der „Railroad Gazette“ vom 14. Dezember 1883, S. 830 entnehme ich, daß von der großen Mehrzahl, nämlich 15 der New Yorker Pferde-Eisenbahngesellschaften, welche bis dahin ihren Jahresbericht für 1882/83 erstattet hatten, 13 Dividenden gezahlt haben, welche sich zwischen $1^1/_2$ und 18 Prozent bewegen. Die Pferdebahn, welche die dritte Avenue entlang, also unmittelbar unter der verkehrsreichsten Hochbahnlinie läuft, zahlte eine Dividende von 17 Prozent. Die „Railroad Gazette“ bemerkt hierzu: „Während die Hochbahnen den Pferdebahnen viele der Passagiere entzogen haben, welche lange Fahrten machten, haben sie wahrscheinlich die Zahl derjenigen — für die Bahn vorteilhafteren — Reisenden erhöht, welche nur kurze Strecken zurücklegen, und dieser Verkehr der Pferdebahnen verdankt den Hochbahnen seine Entstehung oder mindestens seine großartige Entwickelung. Es scheint eben Verkehr genug für alle Bahnen vorhanden zu sein, und wenn dieser Verkehr heutzutage durch die Pferdebahnen allein bewältigt werden müßte, so würden dieselben einer solchen Aufgabe nicht entfernt gewachsen sein.“

[2] Dieser Abschnitt enthält mehrfache wesentliche Abweichungen von dem entsprechenden Abschnitt S. 79—82 des Archivs für Eisenbahnwesen 1884, woselbst der Aufsatz zuerst gedruckt ist. Erst später ist mir über die Gründung der Hochbahnen vollständigeres und zuverlässigeres Material zugegangen, als mir bei der ersten Arbeit zu Gebote stand.

New York beschäftigt hat, widmete einen erheblichen Teil seiner Thätigkeit den New Yorker Hochbahnen. Die Untersuchung wurde begonnen von dem Gesamtausschusse, demnächst aber einem Unterausschusse übertragen, welcher die Zeugenvernehmungen in der Zeit vom 15. Oktober bis 19. Dezember 1879 veranstaltete, und seinen Bericht als Nachtrag zu den Hauptberichte des Untersuchungsausschusses am 2. März 1880 erstattete. Die Zeugenvernehmungen einschließlich der überreichten Urkunden füllen einen Band von 335 Seiten. Durch diese Untersuchung ist folgendes erwiesen:

Im Jahre 1866 erhielt eine Gesellschaft unter der Firma „West Side and Yonkers Patent Railway Company“ die Konzession zum Bau einer auf eisernen Pfeilern ruhenden Hochbahn innerhalb der Stadt New York; der Betrieb derselben sollte mittelst stehender Dampfmaschinen erfolgen, welche die bewegende Kraft auf die Wagen mittels Tauen zu übertragen hätten. In den Jahren 1867 und 1868 wurde diese Konzession dahin erweitert, daß der Bahn auch Lokomotivbetrieb gestattet sein sollte, 1869 und 1870 wurden zwei kleine Stücke der Bahn von der Battery nach der Greenwichstraße und in der neunten Avenue gebaut, und es stellte sich bald heraus, daß der Betrieb mittels stehender Maschinen unmöglich war. Der Gesellschaft gingen kurz darauf die Gelder aus und sie machte 1871 bankerott. Der Konkursverwalter versuchte es nun mit dem Lokomotivbetrieb auf dem stehengebliebenen Hochbahn-Körper, und hatte damit guten Erfolg. Indessen wurde die Bahn zum Besten der Gläubiger verkauft, und ging in die Hände der im Oktober 1871 eingetragenen und am 5. Dezember dieses Jahres gebildeten New York Elevated Railroad Company über, welche für die Bahn und alle derselben zustehenden Rechte und Freiheiten $ 801 825 in ihren Aktien bezahlte. Die neue Gesellschaft übernahm auch den Betrieb der älteren Strecken, mußte dieselben indessen, als der Verkehr sich lebhafter gestaltete, ganz umbauen, da der erste Bau sich als zu schwach erwies, und hat bis zum Jahre 1878 im Osten die Linie vom Süden (Station South Ferry) bis zur 129. Straße durch die dritte Avenue, mit ihren Seitenlinien, im Westen die Linie von demselben südlichen Punkte durch die neunte Avenue bis zur 83. Straße fertig gebaut, im ganzen eine Strecke von rund 23 Kilometern.

Unter dem 17. Juni 1872 bildete sich unter der Firma Gilbert Elevated Railway Company, welche mit Erlaubnis der Stadtverwaltung seit dem 6. Juni 1876 in die Firma: Metropolitan Elevated Railway Company umgeändert wurde, eine zweite Hochbahngesellschaft, welche ebenfalls bis zum Jahre 1878 zwei, den vorgedachten fast auf ihrer ganzen Linie parallel laufende Bahnen ausführte, im Osten von Chambers Street zunächst durch die erste, sodann durch die zweite Avenue nördlich bis zur 129. Straße, im Westen von Morris Street durch die sechste Avenue bis zur 59. Straße mit einer Abzweigung an der 53. Straße zur neunten Avenue und dann nördlich durch die neunte und später die achte Avenue bis zum äußersten Norden, der 157. Straße. Die Gesamtlänge ihrer Linien beträgt rund 29·50 km.

Eine dritte Hochbahngesellschaft wurde unter dem 10. November 1875 konzessioniert, und unter dem 20. Dezember 1875 öffentlich eingetragen als „Manhattan Railway Company". (Die Insel, auf welcher die Stadt New York liegt, heißt Manhattan Island.) Das Aktienkapital dieser Gesellschaft betrug ursprünglich $ 2 000 000, wovon aber nur $ 100 000 eingezahlt wurden. Diese hat keine eigenen Bahnen gebaut, und ihr eigentlicher Zweck wurde erst offenbar, als sie im Jahre 1879 vom 1. Februar an die beiden erstgedachten Hochbahnen auf die Dauer von 999 Jahren erpachtete und von da ab auf eigene Rechnung und Gefahr in Betrieb nahm.

Ob schon bei der Gründung der Manhattan Elevated Company der Plan vorlag, mit Hilfe derselben die New York Elevated und die Metropolitan Elevated Company mit einander zu verschmelzen, oder ob dieser Plan erst später und kurz vor seiner Ausführung entstanden ist, hat nicht festgestellt werden können. Ebenso wenig ist es erwiesen, welche besonderen Gründe zur Verschmelzung der beiden Bahnen geführt haben; denn einen eigentlichen Konkurrenzkampf hat es zwischen denselben nicht gegeben, sie waren ja auch eben erst fertig gebaut, als die Verschmelzung eintrat. Es sieht also beinahe so aus, als ob beide Gesellschaften, nachdem sie sich überzeugt, daß diese Hochbahnen ein gutes, reichen Gewinn bringendes Geschäft waren, und daß es im beiderseitigen Interesse lag, dieses Geschäft nicht durch Unterbietung der Frachten zu verschlechtern, durch eine Verschmelzung, und damit eine Monopolisierung des gesamten städtischen Hochbahnverkehrs jeder Streitigkeit vorbeugen wollten. Eine sofortige Vereinigung beider Linien hätte nun, wie man befürchtete, in jenen Jahren der Erbitterung gegen die Eisenbahnen eine allgemeine Entrüstung hervorgerufen, und wäre vielleicht auch auf Widerstand der Behörden gestoßen. Da griff man zu dem Auskunftsmittel, beide Gesellschaften scheinbar selbständig neben einander bestehen zu lassen, und an eine dritte Gesellschaft zu verpachten. Dem Namen nach blieb man auf diese Weise getrennt, der Sache nach vereinigt. In den Verträgen zwischen der Manhattan-Gesellschaft und den beiden anderen Gesellschaften vom 20. Mai 1879 ist als Grund der Vereinigung angegeben, daß der getrennte Betrieb zweier so nahe neben einander belegenen, sich vielfach berührenden und kreuzenden Gesellschaften zu den größten Unzuträglichkeiten für die Gesellschaften führe, ewige Reibereien veranlassen und auch die Interessen des Publikums an einem wohlgeordneten, regelmäßigen Betriebe beeinträchtigen werde. — Solche Erwägungen begründen ja eine Verschmelzung der beiden Gesellschaften, warum man aber, um zu diesem Ziele zu gelangen, sich erst der Mittelsperson der Manhattan-Gesellschaft bediente, ist durch dieselben nicht aufgeklärt.

Dieses sonderbare Verhältnis, „Tripartite Agreement", dreiseitiger Vertrag, im Volksmunde genannt, ist über fünf Jahre bestehen geblieben. Erst im Sommer des Jahres 1884 hat die Manhattan Elevated Company die Maske abgeworfen, die beiden anderen Gesellschaften angekauft, ihre Firmen sind verschwunden, und es giebt seitdem nur noch Eine, die Manhattan-Hochbahn-Gesellschaft.

Der Hauptzweck dieses Gaukelspiels war nun, wie die Untersuchung ergeben hat, durch scheinbare Verwickelung und Verdunkelung der gegenseitigen Beziehungen das Zustandekommen eines riesigen Geldgeschäftes wenn nicht überhaupt erst zu ermöglichen, dann jedenfalls zu erleichtern. Nicht zufrieden mit den reichen Erträgen, welche der Betrieb der Hochbahnen alsbald abwarf, wollten die Eigentümer derselben außerdem sich einen schönen Kapitalgewinn erobern und dafür sorgen, daß ihnen und den Aktionären der Reinertrag des Unternehmens möglichst ungeschmälert bliebe, der Stadt New York davon so wenig als möglich zufiele.

Nach § 50 des Eisenbahngesetzes des Staates New York sind Eisenbahnen, deren Erträge sich auf höher, als 10 Prozent ihres Anlagekapitals belaufen, verpflichtet, sich eine Revision und Herabsetzung ihrer Tarife gefallen zu lassen, durch welche die Erträge auf zehn Prozent des Anlagekapitals ermäßigt werden; außerdem hatten die Hochbahnen von ihren Reinerträgen einen Anteil an die Stadt New York zu zahlen. Der Bericht der Untersuchungskommission[1] spricht von einer Abgabe von zwei

[1] Vgl. oben S. 184. Not. [1].

Prozent ihrer Einnahmen, ohne zu sagen, welcher Einnahmen. Es ist mir leider nicht gelungen, die Bestimmungen zu ermitteln, in welchen diese Abgabe festgestellt wird. Sowohl eine Herabsetzung ihrer Tarife, als eine Zahlung an die Stadt New York war in den Augen der Leiter der Hochbahnen überflüssig. Nun hatten die beiden ursprünglichen Gesellschaften, wie das durch die Untersuchungskommission im Jahre 1883 mit großer Mühe festgestellt ist, für den Bau der Bahnen einschließlich aller auf Herstellungskosten denkbarer Weise zu buchenden Beträge ausgegeben:

die New York Elevated Company	$	8 719 038·26
die Metropolitan Elevated Company	„	9 639 147·69
zusammen	$	18 358 185·95,

eine Summe, die, wie ich bemerke, ziemlich genau stimmt mit dem mir mündlich von dem General Manager Colonel Frank Hain genannten runden Kostenpreis von $ 500 000 für die Meile, d. h. $ 16 170 000 für 32·24 Meilen des Bahnkörpers einschließlich der Hochbauten; zwei Millionen Dollars wird man reichlich auf die Betriebsmittel rechnen dürfen. Die Reineinnahmen der beiden letzten Geschäftsjahre haben nach den eigenen Angaben der Gesellschaften, abzüglich aller Betriebskosten, betragen:

1882/83	$	2 629 678
1883/84	„	2 841 410,

d. h. im ersteren Jahre über 14 Prozent, im letzteren 15½ Prozent des Anlagekapitals. Die Erträge der früheren Jahre sind mir nicht bekannt geworden, sie übersteigen aber sicherlich die im Gesetze vorgesehene Grenze von 10 Prozent schon lange, und alle die Folgen, welche so hohe Reinerträge nach dem Gesetze zum Besten der Allgemeinheit haben, hätten längst eintreten müssen.

Schon die beiden ursprünglichen Gesellschaften hatten für

diesen Fall ihre Vorsichtsmaßregeln getroffen. Die New York Elevated Company hatte ihr Aktienkapital von Anfang an hoch gegriffen, es auf $ 10 000 000 festgestellt. Die andere Gesellschaft war mit einem nur kleinen Aktienkapital, nämlich $ 3 500 000, ins Leben getreten, das aber bald vermehrt wurde. Beide Gesellschaften hatten außerdem Obligationen ausgegeben, selbstverständlich mehr, als nötig waren, und zu einem niedrigeren, als dem Parikurse. Indessen diese Mittel, die prozentualen Erträge künstlich herabzusetzen, halfen nicht mehr lange. Mit Hilfe der Manhattan-Gesellschaft wurde daher eine großartige „Verwässerung" in Szene gesetzt. Nachdem dieselbe am 1. Februar 1879 den Betrieb der beiden Bahnen übernommen, schloß sie am 20. Mai dieses Jahres mit jeder derselben einen Vertrag ab, nach welchem sie anerkannte, daß jede Gesellschaft ein eingezahltes Aktienkapital von $ 6 500 000, und jede eine Obligationsschuld von $ 8 500 000 habe, und sich verpflichtete, die Zinsen der Obligationen und auf die Aktien eine Dividende von 10 Prozent an die Gesellschaften zu zahlen.[1] Damit war bereits das Anlagekapital derselben von $ 18 358 185 auf $ 30 000 000 erhöht, und, da die Obligationen der einen Gesellschaft nur sechs, die der anderen sieben Prozent Zinsen trugen, so blieb die Rente des Gesamtkapitals unterhalb des erlaubten Höchstbetrages von 10 Prozent des Anlagekapitals. — Das genügte aber nicht und half jedenfalls nicht auf lange Zeit. Da mußte nun die Manhattan-Gesellschaft weiter helfen,

[1] Diese Zahlen sind aus dem, der Untersuchungskommission vorgelegten, und unter den Anlagen des Berichtes S. 285—309 abgedruckten Verträgen vom 20. Mai 1879 entnommen. Über den Zinsfuß der Obligationen ist in denselben nichts gesagt. In Poors Manual findet sich die Angabe, daß die Metropolitan Elevated $ 10 818 000 sechsprozentige, die New York Elevated $ 8 500 000 siebenprozentige Obligationen, die in Höhe dieser Beträge von der Manhattan übernommen seien, in die Gemeinschaft eingebracht habe. Wie sich diese Verschiedenheiten erklären, habe ich nicht ermitteln können.

indem sie bei dieser Gelegenheit ihr Anlagekapital um 13 Millionen Dollars erhöhte, ohne daß hierzu irgend ein Grund vorhanden war, und mit diesem Aktienkapital das Gesamtunternehmen belastete. Der Bericht der Untersuchungskommission charakterisiert dieses Verfahren (S. 3) mit folgenden Worten:

„Mit einem Federstrich wurde auf diese Weise der Allgemeinheit die Last auferlegt, auch noch diese 13 Millionen Dollars zu verzinsen, der Allgemeinheit, welche diesen Bahnen wertvolle Freiheiten und ihr Wegerecht durch die Straßen von New York verliehen hatte; verliehen ohne anderes Entgelt, als die Zahlung von zwei Prozent ihres Verdienstes in die Gemeindekasse. Hier haben wir eine Vereinigung, eine Eisenbahngesellschaft, welche nur auf dem Papiere besteht, welche kein Stück Eisenbahn besitzt oder betreibt, niemals einen Pfahl eingerammt, keinen Nagel eingetrieben, keine Schaufel Erde bewegt hat, die aber gleichwohl zwei aneinanderstoßende Bahnen pachtet, in den Pachtverträgen das höchste gesetzlich zulässige Reineinkommen ihnen verbürgt, und dazu ihnen noch für 13 Millionen Dollars Obligationen in Gestalt von Aktien schenkt, 13 Millionen des denkbar reinsten Wassers!“

Die Geschäfte gestalteten sich nun übrigens doch nicht so glänzend, wie man das bei Abschluß dieser Verträge erwartet hatte. Die Manhattan-Gesellschaft konnte schon vom 1. Juli 1881 ab außer den Obligationszinsen nicht mehr die versprochenen zehn Prozent Dividende für die Aktien zahlen. Es sind darum Prozesse (vielleicht nur Scheinprozesse!) zwischen den Gesellschaften entstanden, in deren Verlauf die Manhattan-Gesellschaft einen Vergleichsvorschlag des Inhalts machte, daß das Aktienkapital der beiden Gesellschaften in Stammprioritätsaktien der Manhattan-Gesellschaft mit einer Vorzugsdividende von sechs Prozent umgewandelt werden sollte.

Diesen Vorschlag hatten die Aktionäre der New York Elevated zugestimmt, die der Metropolitan Elevated haben sich erst verständigt, als der Prozeß im Sommer vergangenen Jahres zu Ende ging. Über die Einzelnheiten der nunmehr zwischen allen drei Gesellschaften abgeschlossenen Verträge ist mir Genaueres nicht bekannt geworden, der wesentliche Inhalt derselben aber geht dahin, daß die drei Gesellschaften zu einer einzigen mit der Firma Manhattan Railway Company und mit einem Aktienkapital von 26 Millionen Dollars, und einer Prioritätsschuld in Höhe der bisher vorhandenen Prioritäten umgewandelt sind.

Die Verschmelzung der beiden Gesellschaften und die Monopolisierung des städtischen Verkehrs durch dieselben ist hiermit erreicht. Nebenbei haben die leitenden Personen kolossale Gewinnste eingestrichen, und sich für lange Zeit gegen jegliche staatlichen und städtischen Eingriffe in ihre Verwaltung sicher gestellt, wenigstens sicher zu stellen geglaubt; denn neuerdings, nachdem das auch der Form nach vollzogen ist, was der Sache nach längst vorhanden war, scheinen die Behörden den Hochbahnen denn doch einmal wieder zu Leibe gehen zu wollen. Es ist charakteristisch für die amerikanischen öffentlichen Zustände, mit welchen Mitteln Jay Gould, das eigentliche Haupt auch der Hochbahnen, neuerdings den von dieser Seite ihm drohenden Weiterungen aus dem Wege zu gehen versucht hat. Die Verwaltung der Manhattan-Gesellschaft hat ihren Sitz in New York, Broadway No. 71. An einem Januartage des Jahres 1885 verschwand das Schild der Gesellschaft plötzlich von dem Hause Broadway No. 71, und tauchte wieder auf an dem eine Stunde von New York bei Irvington am Hudson belegenen herrlichen Landhause des Jay Gould; an dem Hause Broadway 71 aber sah man gleichzeitig ein anderes Schild: Zweigbüreau der Manhattan-Gesellschaft. Durch diese

„Verlegung des Wohnsitzes“ glaubt JAY GOULD den Behörden ein Schnippchen geschlagen, glaubt er allen weiteren mißliebigen Maßnahmen derselben wirksam vorgebeugt zu haben.

IV.

Der Betrieb der Hochbahnen.

Der Betrieb der Hochbahnen ist ein einheitlicher. Derselbe wird geführt auf Grund von Dienstvorschriften (Rules and Regulations for the Government of the Officers and Employees of the Manhattan Railway Company), welche in ihrer neuesten Fassung seit dem 1. September 1882 in Geltung stehen, und in einem Oktav-Hefte von 74 Seiten, in klarer und ausführlicher Fassung, zusammengestellt sind. An der Spitze der Verwaltung steht ein Generaldirektor (General Manager).

Das Gesamtnetz zerfällt für den Betrieb in vier selbständige Linien. Drei derselben haben ihren Anfangspunkt an der Hauptstation South Ferry, im südlichen Teile der Stadt, die vierte am Chatham Square, etwas nördlicher, im Mittelpunkt der City von New York belegen.

Von den vier Linien liegen je zwei in dem östlichen und in dem westlichen Teile der Stadt. Die Linien werden bezeichnet nach derjenigen Avenue, welche sie in ihrer Hauptausdehnung durchziehen. Hiernach heißen sie, von Osten nach Westen gehend:

A. Östliche Abteilung.

1. Second Avenue Line.
   Vom Chatham Square nach der 127. Straße. Länge 12·86 km.
2. Third Avenue Line.
   Von South Ferry nach der 129. Straße.

Diese Linie hat drei Zweiglinien:

a) Vom Chatham Square nach dem Rathause (City Hall).

b) Von der Station: 34. Straße zu dem Fährboot, welches über den East River zu der Long Island Eisenbahn hinüber fährt.

c) Von der Station: 42. Straße zu dem Zentralbahnhof der in New York einmündenden Eisenbahnen (Grand Central Depot).

Gesamtlänge 14·13 km.

B. Westliche Abteilung.

1. Sixth Avenue Line.

Von der Station South Ferry zur 58. Straße und zur 155. Straße. Die Züge, welche zu letzterer Straße fahren, zweigen an der 53. Straße ab.

Gesamtlänge 16·15 km.

2. Ninth Avenue Line.

Von der Station South Ferry zur 59. Straße. — Ein Teil der Züge geht nur zwischen der Station Rector Street bis zur 50. Straße.

Gesamtlänge 8·90 km.

Von diesen vier Linien haben die Second- und die Ninth Avenue Line gar keinen, die beiden anderen Linien einen beschränkten Sonntagsdienst; auf den ersteren beiden Linien wird nur bei Tage, von morgens gegen fünf Uhr bis abends gegen acht Uhr gefahren. Auf den beiden anderen Linien verkehren die Züge die ganze Nacht hindurch, und zwar auf der Third Avenue Line (der frequentiertesten Linie) von Mitternacht bis gegen fünf Uhr morgens in Zwischenräumen von je 15 Minuten, auf der Sixth Avenue Line von Mitternacht bis $5^1/_2$ Uhr morgens in halbstündigen Zwischenräumen.

Für den Verkehr besteht ein auf allen Stationen aushängender Fahrplan. Bei Tage laufen hiernach die Züge in verschiedenen Zwischenräumen, von drei bis zu zehn Minuten. Die meisten Züge fahren in den Stunden von $6\frac{1}{2}$ bis gegen 9 Uhr morgens, in welchen die Geschäftsleute und Arbeiter von ihren im Norden belegenen Wohnungen zur City fahren, und in den Nachmittags- und Abendstunden von gegen 4 bis $7\frac{1}{2}$ Uhr, in welchen dieselben Personen nach Schluß der Geschäftsstunden in ihre Privatwohnungen zurückkehren.

Die Wagen fahren auf den Hauptlinien durch. Die von den Seitenlinien der Third Avenue Line kommenden und dahin abfahrenden Passagiere müssen in besondere Züge umsteigen, welche in kürzesten Zwischenräumen (bis zu 2 und $1\frac{1}{2}$ Minuten) diesen Verkehr vermitteln. So fährt zwischen Chatham Square und City Hall, sowie zwischen der 42. Straße und dem Zentralbahnhof fast ununterbrochen ein kleiner Zug hin und her.

Hinsichtlich der Fahrzeit enthalten die Dienstvorschriften die Bestimmung, daß die höchste erlaubte Geschwindigkeit 25 englische Meilen (40 km) die Stunde beträgt; bei scharfen Kurven und beim Durchfahren von Weichen darf nur mit einer Geschwindigkeit von höchstens 10 km, bei einigen besonders bezeichneten starken Neigungen nur mit einer solchen von höchstens 20 km die Stunde gefahren werden.[1] Die gesamte Fahrzeit beträgt auf den Hauptlinien der Second Avenue Line und der Third Avenue Line je 36 Minuten, der Sixth Avenue Line

---

[1] Die betreffende Vorschrift ist etwas allgemein gehalten. Sie lautet (Rules and Regulations 242. 243) wie folgt: Trains will not be allowed to exceed a speed of six miles per hour in rounding sharp curves, or crossing switches, and twelve miles per hour on descending heavy grades; such grades being indicated by a signal board marked „slow for grade". The maximum speed permitted is twenty-five miles per hour, but this will never be used while descending heavy grades or while passing any switch or frog.

52 Minuten, der Ninth Avenue Line 26 Minuten. Nach den Beobachtungen, welche ich auf meinen zahlreichen Fahrten auf den Hochbahnen gemacht habe, wird diese Zeit mit lobenswerter Pünktlichkeit eingehalten.

Stationen sind im ganzen 94 vorhanden, wobei die auf den getrennten Geleisen einander gegenüberliegenden zwei Gebäude als eine Station gezählt sind. Die Fahrzeit zwischen denselben beträgt je nach ihrer Entfernung zwischen vier und einer Minute. Für die Aufenthaltszeiten an den Stationen sind Bestimmungen nicht getroffen. Es wird so lange gehalten, bis die Passagiere aus- und eingestiegen sind, was in der Regel nur wenige Sekunden erfordert. Die Entfernungen der Stationen von einander betragen zwischen 400 und 800 m, nur wenige sind näher als 400 und weiter als 800 m von einander gelegen. Benannt werden die meisten Stationen nach denjenigen Straßen, an welchen sie belegen sind, also die große Mehrzahl mit Nummern. Es ist thunlichst darauf Bedacht genommen, daß die Stationen an breiteren, verkehrsreicheren Straßen liegen, und daraus erklärt sich, daß an den verschiedenen Linien zahlreiche Stationen in derselben Straße liegen. So haben die (100 engl. Fuß breiten) 14., die 23., die 42. Straßen je vier Stationen, die Grand Street, die 34., die 50. Straße je drei Stationen u. s. w. Die Zahl der Stationen ist eine so reichlich bemessene, daß man von fast allen Punkten der Stadt aus in wenigen Minuten eine Station erreicht.

An Betriebsmitteln besitzt die Manhattan Railway Company — nach Poors Manual 1884 — 212 Lokomotiven, 652 Personenwagen und 20 Spezialwagen. Der bei weitem größte Teil dieses Fahrparks (es wurde mir gesagt ungefähr 200 Lokomotiven und 600 Personenwagen) ist ununterbrochen im Betriebe.

Die Lokomotiven sind Tender-Lokomotiven und noch etwas kleiner als die auf der Berliner Stadtbahn fahrenden. Sie dürfen, wie jene, vorwärts und rückwärts fahren; es wird jedoch auf den Endstationen die Lokomotive auf Drehscheiben meist umgesetzt, und mit dem Schornstein nach vorn gefahren. Auf den Zweiglinien fahren die Lokomotiven abwechselnd vor- und rückwärts.

Die Wagen sind auf den Hochbahnen, wie auf allen amerikanischen Eisenbahnen, Interkommunikationswagen. Es besteht nur eine Klasse. Im Winter sind die Wagen mit Dampf geheizt und bei Dunkelheit mit Petroleumlampen recht gut erleuchtet. Die Sitze sind in den meisten Wagen so, wie bei uns in den Pferdebahnwagen, an den Seitenwänden angebracht; es sind jedoch nicht ununterbrochen fortlaufende Bänke, sondern die Plätze sind durch niedrige Lehnen von einander getrennt, so daß jedermann seinen besonderen Sitzplatz für sich hat. Nur in einzelnen Wagen stehen in der Mitte eine Anzahl Bänke mit je zwei Sitzplätzen quer. Die Sitze sind mit einem, wie mir schien, sehr zweckmäßigen Strohpolster versehen und ein wenig kürzer, als bei uns in den Pferdebahnwagen. Auch sind die Wagen breiter als diese gebaut, so daß ein geräumiger, bequemer Gang zwischen den Sitzreihen hindurchführt, der eine sehr schnelle Kommunikation ermöglicht. Jeder Wagen hat 46 Sitzplätze. In den Stunden des starken Verkehrs stehen die Passagiere aber auch in den Gängen, wobei man sich an Lederriemen festhält, die von der Decke herunterhängen, sowie auf den Platforms. Die Wagen sind dann häufig gedrängt voll. Es sollen höchstens 80 Personen in einen Wagen gelassen werden.

In den Wagen dürfen nur kleine Stücke Handgepäck mitgenommen werden; für Mitnahme von größerem Gepäck ist auf den Hochbahnen gar keine Gelegenheit, aber auch kein Bedürfnis. Das Rauchen und die Mitnahme brennender Cigarren ist sowohl auf den Perrons, als in den Wagen streng untersagt. Ich habe nicht einmal bemerkt, daß ein Passagier auf dieses Verbot aufmerksam gemacht werden mußte. Jedermann ist daran gewöhnt, seine Cigarre, bevor er zur Station hinaufsteigt, zu entfernen.

Die Züge sind mit kontinuierlichen Bremsen versehen, außerdem hat jeder Wagen eine Handbremse.

Am vorderen und hinteren Ende des Wagens ist eine breite Platform, auf welcher das Publikum sich nicht aufhalten soll, ein Verbot, welches übrigens insbesondere bei starkem Andrange nicht streng aufrecht erhalten wird. Die Platforms sind an beiden Seiten mit Gittern verschlossen, welche nur von den auf den Platforms postierten „Guards“ geöffnet und geschlossen werden können. Sobald das Signal zur Abfahrt gegeben ist, werden die Gitter geschlossen[1] und während der Fahrt sorgfältig geschlossen gehalten. Die Öffnung erfolgt, wenn der Zug steht und Passagiere aus- oder einsteigen wollen.

Je ein „Guard“ (Schaffner) hat zwei Platforms, die hintere des einen und vordere des folgenden Wagens, zu bedienen. Auf der hinteren Platform des vordersten Wagens, zwischen diesem und dem zweiten Wagen, steht der „Conductor“ (Zugführer), auf der hinteren Platform des letzten Wagens gleichfalls ein Guard. Da ein Zug nicht mehr als vier Wagen

[1] Da in der ersten Zeit nach Eröffnung des Betriebes auf den Hochbahnen durch Auf- und Abspringen von den Wagen, bevor dieselben stille standen, Unglücksfälle vorgekommen sind, für welche die Gesellschaft haften mußte, so wird mit großer Strenge darauf gesehen, daß, sobald und solange der Zug sich bewegt, das Publikum nicht aus- oder einsteigen kann. Es fällt diese Strenge in Amerika deswegen besonders auf, weil auf anderen Eisenbahnen die Passagiere mit einem uns unbegreiflichen Leichtsinn auf die in voller Fahrt befindlichen Züge aufspringen und von denselben herunterspringen. Ich habe mehr als einmal bemerkt, daß auf dem Perron befindliche Personen, welche auf die gegenüberliegende Seite des Bahnhofs gehen wollten, statt die wenigen Sekunden zu warten, bis der Zug den Bahnhof verlassen hatte, über die Platforms der Wagen hinüberliefen, während der Zug schon in Bewegung war.

haben darf[1], so besteht das Zugbegleitpersonal höchstens aus einem Conductor und drei Guards. Die Guards haben für Aufrechterhaltung der Ordnung zu sorgen, die Handbremsen zu bedienen, dem Publikum auf Befragen Auskunft zu erteilen und die Stationen auszurufen, und zwar zweimal. Nachdem der Zug eine Station verlassen, wird die nächstfolgende Station mit dem Zusatze „next“ (die nächste, also z. B. nach dem von der Canal Street abgefahren ist, wird gerufen: „Grand next!“), und unmittelbar vor der Einfahrt in diese Station derselbe Name noch einmal ohne diesen Zusatz ausgerufen. Die Guards besorgen dieses Geschäft, soviel ich bemerkt habe, mit großer Gewissenhaftigkeit. Es ist dies aber auch dringend notwendig, da von den zahlreichen Stationen die eine aussieht, wie die andere, und es insbesondere bei Abend sehr schwer fällt, selbst die beleuchteten Stationsnamen zu lesen.

Über die Distanzen, welche die hintereinander fahrenden Züge einhalten sollen, sind genaue Bestimmungen nicht gegeben. In der Regel soll Stationsdistanz eingehalten werden, es wird aber den Lokomotivführern zur besonderen Pflicht gemacht, stets darauf zu achten, daß sie dem vorhergehenden Zuge nicht zu nahe sind. Unglücksfälle sollen auf den Hochbahnen überhaupt nicht, insbesondere aber nicht infolge von Aufeinanderfahren der Züge vorgekommen sein.

Die Perrons sind so hoch gebaut, daß man ohne eine Stufe herauf oder herunter steigen zu müssen, direkt vom Perron auf die Platform des Wagens gelangt. Da diese erst

[1] Nach dem Berichte für das Jahr 1882/83 war in diesem Jahre die Länge und die Besetzung der Züge durchschnittlich die folgende:

	Wagen	Personen
IX. Avenue Line	2·80	78
II. „ „	3·42	93
VI. „ „	3·81	113
III. „ „	3·89	150.

geöffnet wird, nachdem der Zug steht, und, sobald sich derselbe in Bewegung setzt, wieder geschlossen wird, so ist das Aus- und Einsteigen nicht mit Gefahr verbunden und dem Publikum jedenfalls sehr bequem gemacht.

V.

Fahrpreise und Billets.

Der Fahrpreis ist auf den Hochbahnen mit Rücksicht auf die Erfahrungen, welche man bei den übrigen städtischen Verkehrsmitteln gemacht hat, einheitlich festgesetzt; für jede beliebige Strecke wird derselbe Preis gezahlt. Eine Fahrt kostete früher bloß an den Wochentagen, seit dem 12. Oktober 1884 auch an den Sonntagen — dieses Zugeständnis hat die Verwaltung bald nach Verschmelzung der Linien dem Publikum gemacht — in den Stunden von $5^1/_2$ bis $8^1/_2$ Morgens und von $4^1/_2$ bis $7^1/_2$ Abends fünf Cents, also soviel wie auf den Pferdebahnen, in den übrigen Stunden zehn Cents, Kinder unter fünf Jahren sind frei, im Alter zwischen fünf und zwölf Jahren zahlen sie stets fünf Cents. Retourbillets, Abonnementsbillets, Arbeiterbillets und dergleichen giebt es nicht, es liegt dazu bei dem außerordentlich niedrigen Fahrpreise kein Bedürfnis vor. Man kann eine beliebige Anzahl von Billets gleichzeitig kaufen, ohne jedoch Ermäßigung des Preises zu erhalten. In der Gültigkeitsdauer sind die Billets nicht beschränkt, auch können die auf einer Station gekauften Billets an allen anderen Stationen benutzt werden.

Hiernach giebt es auf den Hochbahnen nur zwei Sorten von Billets, solche zu zehn Cents in blauer und solche zu fünf Cents in roter Farbe. Auf der Vorderseite tragen die Billets außer der Firma der Bahn die Aufschrift:

Good for one continuous trip on one division (Gut für eine ununterbrochene Fahrt auf jeder Linie),

die roten Billets noch den Zusatz: „on Commission Trains“, d. h. „auf den Geschäftszügen“. Auf der rechten Seite ist die Billetnummer, auf der linken die Station aufgedruckt, welche das Billet verausgabt hat.

Diese Einrichtung ermöglicht eine sehr einfache Billetkontrolle. Der Passagier löst sich sein Billet an dem, oben auf der Station befindlichen Schalter, von welchem ein abgegrenzter Gang zum Perron führt. Am Ende dieses Ganges steht ein viereckiger hölzerner pfeilerförmiger Kasten, auf welchem ein mit einer breiten und langen Spalte versehener Glasbehälter ist. Das Billet wird in diese Spalte hineingeworfen und verschwindet in dem Innern des Kastens. Im Innern desselben ist ein Mechanismus angebracht, welcher durch einen außen hervorragenden Hebel in Bewegung gesetzt wird. Sobald ein oder mehrere Billets in den Kasten hineingeworfen sind, drückt der Pförtner (Gateman), welcher auch darauf zu achten hat, daß die Passagiere ihre Billets einwerfen, auf den Hebel und die im Innern befindlichen Billets werden durch und durch zerstochen und auf diese Weise entwertet. Die entwerteten Billets werden von besonderen Beamten von Zeit zu Zeit aus dem Kasten, welcher sich unten mittelst eines Schlüssels öffnen läßt, herausgenommen, auf das Zentralbüreau gebracht, und gelangen von dort, nachdem oberflächlich geprüft ist, ob auch nicht etwa Billets unversehrt geblieben sind, zurück zur Papiermühle. — Der Passagier hat also während der Fahrt kein Billet und keinerlei Legitimation. Er bedarf einer solchen auch nicht. Ebenso kann die Kontrolle der die Stationen verlassenden Passagiere wegfallen. Die Gänge, welche nach der Beendigung der Fahrt hinunter zur Straße führen, sind von den heraufführenden getrennt, ähnlich wie dies an einzelnen der Berliner Stadtbahn-Stationen durchgeführt ist.

Die Billet-Expedienten erhalten von Zeit zu Zeit Billets von dem Zentralbüreau. Sie müssen täglich auf einem von der Zentralstelle gelieferten Formulare berichten, wieviel und von welcher Sorte sie Billets verkauft haben, und den Erlös abliefern. Der Bericht wird doppelt aufgestellt, ein Exemplar bleibt in ihren Händen zurück, um auf Grund desselben nach einem anderen Formulare einen Monatsbericht zu erstatten.

Die Billetvorräte sind im Zentralbüreau unter doppeltem Verschluß. Ein Reservevorrat von einigen 20 Millionen Stück befindet sich unter feuerfestem Verschluß auf einer Bank.

Wie mir gesagt wurde, hat man mit diesem Billetsystem durchaus günstige Erfahrungen gemacht. Irgend Veruntreuungen sind weder durch die Beamten, noch seitens des Publikums vorgekommen. Der Schalterbeamte giebt allerdings genau acht, daß niemand am Schalter vorbeikommt, der nicht ein Billet löst, und der Pförtner macht darauf aufmerksam, daß das Billet in die „Gate Box" zu werfen sei. Außerdem steht auf der Rückseite jedes Billets: „Drop this in Gate Box before entering the Train" (In den Kasten zu werfen, bevor man einsteigt).

Es bedarf keiner näheren Ausführung, daß dieses Billet- und Kontrollsystem ein ungemein zweckmäßiges und einfaches ist, welches nur einen äußerst geringen Apparat von Personal erfordert. Ein „Pförtner" genügt auf jeder Station, um die ankommenden Passagiere zu überwachen und die Billets zu kassieren. Der Schalterbeamte hat immer nur eine Billetsorte zu verabreichen, welche er stets zur Hand hat. Das Publikum kennt genau den Preis, es wird also durch Fragen, Billetsuchen, Geldwechseln, Koupieren der Billets kein Augenblick verloren. Freilich ist dieser höchst einfache Mechanismus bedingt durch die einheitliche Klasse und den einheitlichen Fahrpreis.

VI.

Betriebsergebnisse.

Die Betriebsergebnisse der Hochbahnen sind überraschend günstige, die Einnahmen geradezu glänzende gewesen. Es ist darüber folgendes neuerdings bekannt geworden:

Es betrug die

	Zahl der beförderten Personen.	Roheinnahmen.	Durchschnittliche Einnahme von jedem Reisenden.
1878/79	46 045 181	$ 3 526 825·26	Cents 7·15
1879/80	60 813 757	„ 4 612 975·56	„ 7·58
1880/81	75 585 778	„ 5 311 075·85	„ 7·03
1881/82	86 361 029	„ 5 973 633·41	„ 6·92
1882/83	92 124 943	„ 6 386 505·53	„ 6·93
1883/84	96 688 992	„ 6 726 359·90	„ 6·95,

also von Jahr zu Jahr eine erhebliche Zunahme der Frequenz und der Roheinnahmen.

Die finanziellen Ergebnisse der beiden letzten Geschäftsjahre waren im einzelnen:

	1883/84	1882/83
Roheinnahmen	$ 6 726 359	$ 6 386 506
Ausgaben	„ 3 884 949	„ 3 756 828
Reineinnahmen	„ 2 841 410	„ 2 629 678
Roheinnahmen für die Meile . .	„ 208 032	„ 197 521
Reineinnahmen „ „ „ . .	„ 87 879	„ 81 330
Verhältnis der Einnahmen zu den Ausgaben	57·76 %	58·82 %.

In den vorstehenden Ausgaben sind alle Abgaben, Steuern u. dgl. mit enthalten.

Über das Reineinkommen des Jahres 1883/84 ist wie folgt verfügt:

Zinsen und Renten	$	1 381 713
Dividenden auf Prioritäten u. Stammaktien	„	1 170 000
Überschuß	„	289 697
Zusammen	$	2 841 410, wie vor.

Der vorstehende Überschuß von $ 289 697 ist in Verbindung mit dem am 1. Oktober 1883 vorhandenen Überschuß von $ 362 458 und den aufgelaufenen Zinsen von $ 29 171 in Höhe von $ 580 058 verwendet zur Zahlung rückständiger, während des Laufes der Prozesse nicht gezahlter Dividenden und zur Begleichung der aus den Prozessen erhobenen Ansprüche. Der Rest von $ 101 268 ist auf neue Rechnung übertragen.

Man kann nach diesen Abschlüssen wohl sagen, daß die Hochbahnen in gesicherten finanziellen Verhältnissen sich befinden.

Der Verkehr auf den einzelnen Linien ist ein ganz verschiedener. Der Geschäftsbericht für 1882/83 giebt die nachstehenden Reineinnahmen auf den Zug und die Zugmeile für die einzelnen Linien an:

	für den Zug	für die Zugmeile
II. Avenue Line . . .	$ 0·16	$ 0·02
IX. „ „ . . .	„ 1·74	„ 0·35
IV. „ „ . . .	„ 3·34	„ 0·41
III. „ „ . . .	„ 5·18	„ 0·64

Im Jahre 1883/84 war das Verhältnis ein ähnliches, wie dies aus der für dieses Jahr mitgeteilten Zahl der Passagiere auf den einzelnen Linien hervorgeht. Dieselbe betrug:

IX. Avenue Line . . .	9 696 586
II. „ „ . . .	10 249 363
IV. „ „ . . .	29 061 311
III. „ „ . . .	47 695 460.

Der Personenverkehr auf den Eisenbahnen der Vereinigten Staaten.

I.

Die Einrichtungen für den Personenverkehr auf den Eisenbahnen haben sich in den verschiedenen Ländern nach den Bedürfnissen der Bevölkerung allmählich herausgebildet. Das Bestreben verständiger, gut geleiteter Eisenbahnverwaltungen mußte dabei dahin gerichtet sein, diese Bedürfnisse zu erforschen und ihre Maßnahmen denselben anzupassen. Bei der Beurteilung fremder, insbesondere der amerikanischen Einrichtungen durch deutsche Beobachter wird nach meinen Wahrnehmungen nicht genügend beachtet, daß eine solche Entwickelung mit Notwendigkeit gewisse Verschiedenheiten in den einzelnen Ländern bedingt. Überdies ist der Deutsche geneigt, in der Fremde die heimischen Zustände zu tadeln, dagegen das Fremde, ihm Neue und Ungewohnte besser zu finden, während der auf deutschen Eisenbahnen reisende Ausländer auch in der Fremde seinen heimischen Einrichtungen den Vorzug zu geben pflegt. So hört man ziemlich übereinstimmend von Deutschen und Amerikanern die anerkennendsten Urteile über die musterhafte Organisation des Personenverkehrs auf den Eisenbahnen der Vereinigten Staaten und ist unwillkürlich gespannt, die Mittel kennen zu lernen, durch welche es den amerikanischen Verwaltungen gelungen ist, so mancherlei Schwierigkeiten zu überwinden, Unbequemlichkeiten dem Publikum zu sparen und

Beschwerden vorzubeugen, die gerade im Personenverkehr bei uns so vielfach gegen die Eisenbahnen erhoben werden.

Ungeachtet der Kürze meines Aufenthaltes in den Vereinigten Staaten habe ich reichlich Gelegenheit gehabt, an der Hand eigener Erfahrungen die Richtigkeit eines solchen Urteils zu prüfen; denn in der Zeit von Ende August bis Mitte Oktober 1883 war ich nur wenige Tage nicht auf der Eisenbahn, einige Wochen bin ich ohne Unterbrechungen Tag und Nacht auf den Schienen gefahren. Auf denselben wurde die Reise von New York nach Portland in Oregon und zurück — rund 10 600 km — durchmessen. Die Reisen in Oregon und Washington Territory, nach Walla Walla und nach Cinnabar Station am Eingang in den Yellowstone Park, sowie zwei Reisen nach Boston und nach Washington und zurück hatten wiederum eine Länge von etwa 1000 km, so daß ich nicht viel unter 12 000 km auf der Eisenbahn gefahren bin, und dies auf den verschiedensten Bahnen, unter wechselnden äußeren Bedingungen — teils als Ehrengast der Nord-Pazifik-Eisenbahn, teils als gewöhnlicher Reisender — und in ganz verschiedenen Gebieten. Der längere Teil der Reise von New York nach dem fernen Nordwesten wurde in Schlafwagen zurückgelegt; wir waren, nachdem wir von New York nach St. Paul mit Unterbrechungen — es wurde Aufenthalt genommen an den Niagarafällen, in Chicago und am See Minnetonka bei Minneapolis (Minnesota) — gereist, von St. Paul bis Portland ununterbrochen acht Nächte und sieben Tage unterwegs und haben alle diese Nächte in Schlafwagen zugebracht. Auf der Rückreise wurde die Fahrt durch einen viertägigen Aufenthalt im Yellowstone Park in zwei Hälften geteilt.

Von Eisenbahnen war es die Nord-Pazifik-Bahn, die ich am gründlichsten kennen zu lernen Gelegenheit hatte. Die Fahrt hin und zurück auf derselben Strecke, der längere Aufenthalt an allen Hauptstationen, die Möglichkeit, alle interessanten Einrichtungen mit den stets anwesenden und in liebenswürdigster Weise entgegenkommenden administrativen und technischen Beamten der Bahn zu besprechen, erleichterte es, einen umfassenden Einblick in ihre Verhältnisse zu gewinnen. Die Bahnen, über welche ich außerdem reiste, waren die New York Central and Hudson River Railroad von New York bis Buffalo, die Lake Shore and Michigan Southern-Bahn von Buffalo nach Chicago, die Michigan Zentral-Bahn von Chicago nach Buffalo (auf der Rückreise), die Chicago and Northwestern von Chicago nach St. Paul, die St. Paul Minneapolis and Manitoba Railway zwischen St. Paul, Minneapolis und dem See Minnetonka.

Von New York nach Boston fuhr ich auf einer der beliebtesten der zwischen diesen beiden Hafenplätzen bestehenden zahlreichen Routen, der sog. „Shore Line", an welcher die drei Gesellschaften New York New Haven and Hartford, New York Providence Boston und Boston Providence Company beteiligt sind. Dieselbe liegt in unmittelbarster Nähe der Meeresküste und bietet herrliche Ausblicke auf die See und die Landschaften der durchzogenen Staaten. Zur Rückfahrt von Boston wurde die sog. Stonington Line gewählt, von Boston über New Providence nach Stonington Eisenbahn, von da nach New York durch den Long Island Sund auf dem Dampfboot. Die Dampfboote dieser und einer mit ihr im Wettbewerb stehenden Linie, der Fall River Line werden viel gerühmt wegen ihrer höchst geschmackvollen, ja prächtigen Einrichtung. Sie sollen sich vergleichen lassen mit großen, schwimmenden, mehrere Stockwerke hohen Gasthöfen, in welchen auch die weitestgehenden Ansprüche verwöhnter Reisenden volle Befriedigung fänden. Für die Stonington-Dampfer scheint ein solches Urteil nicht zutreffend; im Gegenteil, von übermäßigem Komfort ist auf denselben nicht die Rede, und sie werden namentlich nur von denjenigen Reisenden benutzt, welche für die Dampfer der Fall River Line, wie unsere Gesellschaft an jenem Tage, keinen Platz bekommen können. Die letzteren Dampfer habe ich nicht gesehen. Die beste Verbindung zwischen New York und Washington über Philadelphia und Baltimore wird durch die Pennsylvania-Eisenbahn vermittelt, welche Eisenbahn überhaupt als die bestverwaltete und organisierte Bahn der Vereinigten Staaten gilt.

Bei aller Anerkennung der Leistungen der amerikanischen Eisenbahnen habe ich mich auf diesen Reisen doch nicht davon überzeugen können, daß dieselben den deutschen Bahnen irgend überlegen sind; insbesondere glaube ich nicht, daß sich irgend eine der dortigen Einrichtungen unverändert nach Deutschland würde übertragen lassen. Daß in den Vereinigten Staaten über die Eisenbahnen weniger laut geklagt und Beschwerde geführt wird, als bei uns, hat zwei Gründe. Einmal ist das amerikanische Publikum geduldiger und anspruchsloser als das deutsche. In den westlichen, erst durch Eisenbahnen der Kultur erschlossenen Gebieten ist man zudem erfüllt von Dankbarkeit gegen Körperschaften, welche so wesentlich zur Erhöhung des Wohlstandes der Bewohner beigetragen haben. Sodann aber haben die Eisenbahnen in Amerika einen weit größeren Einfluß auf die Presse, als bei uns, und verstehen es meisterhaft, unliebsamen Erörterungen von Mißständen ein Ziel zu setzen.

Wenn ich mir hiernach auch eine praktische Nutzanwendung von der Darstellung meiner Beobachtungen über diesen Zweig des Eisenbahnverkehrs in den Vereinigten Staaten nicht verspreche, so möchte doch die Kenntnis der Gebräuche und der Einrichtungen dieses fremden. aber für die weitere Entwickelung unserer Kultur hochwichtigen Landes, in welchem Millionen von Landsleuten ihre Heimat gefunden haben, und das in den regsten Wechselbeziehungen mit Deutschland geblieben ist, auch für deutsche Leser von einigem Interesse sein.

II.

Die Festreise der zur Einweihung der Nord-Pazifik-Eisenbahn geladenen Ehrengäste, etwa 40 Deutsche, 30 Engländer und 250 Amerikaner, war eine in jeder Beziehung großartige Leistung dieser Verwaltung. Galt es doch, gegen 400 Personen über 10 000 km weit zu befördern, großenteils auf einer Bahn, welche mitten durch die Wildnis gebaut und soeben erst vollendet war, mit einem Material, welches von vielen Bahnen zusammengeliehen werden mußte, da natürlich der Wagenpark der neuen Bahn auf eine derartige Massenbeförderung bevorzugter Reisenden nicht eingerichtet war. Dabei mußten die Reisenden auf der Fahrt vollständig vom Zuge aus verpflegt werden, auf der ganzen Strecke von St. Paul—Minneapolis bis Portland war keine Station, auf welcher nur eine Mahlzeit, geschweige denn etwa ein Nachtquartier eingenommen werden konnte; es galt, allen Reisenden alle die Sehenswürdigkeiten der durchfahrenen Gegenden im möglichst günstigen Lichte zu zeigen, und die Anwohner der Bahn erhoben den Anspruch, auch ihrerseits von den Genossen des Festzuges, deren viele berühmte und klangvolle Namen trugen, möglichst viel zu sehen.

Und diese Riesenaufgabe hat die Verwaltung in einer im ganzen musterhaften Art und Weise bewältigt. Konnte auch das Reiseprogramm nicht genau so eingehalten werden, wie es entworfen war; ging es auch nicht ganz ohne Unfälle ab, und ließ sich auch hier und da unter dem Eindruck augenblicklicher Unbequemlichkeiten eine zeitweilige Verstimmung einzelner Reisenden vernehmen, so bleibt doch die Thatsache bestehen, daß alle Reisenden wohlbehalten, in gehobener Stimmung und erfüllt von Dank und Anerkennung für die gebotenen Genüsse und die reichen Erfahrungen, in die Heimat zurückgekehrt sind.

Beim Antritt der Reise wurden den Teilnehmern vollständige Reiseprogramme, ein Fahrplan mit einem Stationsverzeichnis und Karten, sowie ein Heft, enthaltend die „Rules and Regulations“,[1] welche für die Festfahrt besonders ausgearbeitet waren, eingehändigt. Hiernach war der „Festextrazug“ eingeteilt in vier Abteilungen (Sections) A. B. C. D. Jede Abteilung bildete einen besonderen Zug, bestehend aus Lokomotive, Gepäckwagen und acht bis zehn Personenwagen. Die Bildung des Extrazuges erfolgte in St. Paul—Minneapolis und der nahe gelegenen Station am See Minnetonka, bis wohin die Teilnehmer auf verschiedenen Wegen geführt waren. Ich war mit den übrigen deutschen und zahlreichen deutsch-amerikanischen Gästen, unter der liebenswürdigen Führung des, auch von seiner Familie und Dienerschaft begleiteten Präsidenten der Nord-Pazifik-Eisenbahn, Herrn Villard, selbst von New York nach den Niagara-Fällen, von da nach Chicago gefahren, wo wir uns einen Tag und eine Nacht aufhielten, um am Vormittage des 1. September St. Paul, den einen der östlichen Ausgangspunkte der Bahn und 2300 km von New York entfernt, zu erreichen. Daselbst wurden die geräumigen, zweckmäßig angelegten Direktionsgebäude besichtigt. Die Bahnhofsanlagen waren noch nicht fertig gestellt. Am 1., 2. und 3. September fanden in St. Paul und Minneapolis großartige Festlichkeiten zur Feier der Vollendung der Nord-Pazifik-Eisenbahn statt, welche mit einem Festmahl in dem Saale des Hotel Lafayette am See Minnetonka am Abend des 3. September ihren Abschluß fanden. An demselben nahm auch der Präsident der Vereinigten Staaten, Mr. Arthur, teil.

Die Abfahrt der Abteilung A des Festzuges, des „Präsidentenzuges“, in welchem ich mich mit der Mehrzahl der deut-

[1] Der Titel lautet: Rules and Regulations for the Movement of Trains and Government of Employees during the Transcontinental Excursion of Mr. H. Villard and Guests. Portland Oregon 1883.

schen Gäste befand, erfolgte um Mitternacht des 3. auf den 4. September unmittelbar vom See Minnetonka aus. Für die Fahrt des Extrazuges waren u. a. folgende Bestimmungen getroffen: Derselbe sollte die Eigenschaft eines „Double First Class Train“ haben, d. h. also mit allen Vorkehrungen zur Sicherheit und Bequemlichkeit der Reisenden gefahren werden, welche überhaupt denkbar sind. Er hatte demgemäß den Vorrang vor allen regelmäßig fahrenden Zügen, welche überall den Extrazug abwarten und demselben ausweichen mußten; eine Bestimmung, deren Beachtung übrigens deswegen keine besonderen Schwierigkeiten verursachte, weil ein regelmäßiger, durchgehender Personen- und Güterverkehr auf der Bahn erst am 15. September eröffnet wurde, bis zu welchem Zeitpunkte nur ein beschränkter Lokalverkehr bestand.

Der Abteilung A fuhr eine „Lotsenmaschine“ (Pilot Engine) voraus, welche eine Station erst verlassen durfte, nachdem der Zug eingefahren war. Es waren besondere Signale für den Verkehr der Lootsenmaschine und der Abteilung A vereinbart. Die vier Abteilungen sollten einander in Stations-Entfernung, höchstens aber in Zwischenräumen von je 30 Minuten folgen. Diese Bestimmung ist, wenn überhaupt, dann jedenfalls nur kurze Zeit beobachtet worden. Die Entfernungen der einzelnen Züge betrugen bald sechs bis acht Stunden und darüber. Die Fahrgeschwindigkeit durfte höchstens 25 Meilen, d. h. 40 km, in der Stunde betragen. Auf Strecken mit starken Neigungen und Krümmungen, auf Brücken, und überall da, wo der Bau der Bahn nicht die Bürgschaft völliger Sicherheit bot, mußte langsamer gefahren werden. Für die Bewachung der Bahn waren besondere Vorkehrungen getroffen. Ein Telegraphen-Apparat nebst dem nötigen Bedienungspersonal befand sich auf jeder Abteilung. Der Apparat konnte überall mit den längs der Bahn laufenden Telegraphengestängen verbunden werden.

Die Personenwagen der Abteilung A waren sog. Special Cars, d. h. Wagen, welche etwa mit den Revisionswagen der deutschen Bahnen zu vergleichen sind, ein Pullmann-Schlafwagen und ein Pullmann-Speisewagen. Die meisten amerikanischen Eisenbahn-Direktoren besitzen für sich, ihre Familien und ihre Freunde besondere Wagen, welche höchst bequem und geschmackvoll ausgestattet sind. Für diese festliche Gelegenheit hatten verschiedene Bahnen der Nord-Pazifik-Eisenbahn derartige Spezialwagen leihweise zur Verfügung gestellt. Dieselben enthalten einen Salon mit Sopha's, Tischen und Stühlen, einige Schlafräume und eine Küche nebst Vorratskammer, Eisbehälter u. s. w. Die Insassen eines solchen Wagens brachten Tag und Nacht in demselben zu und nahmen darin auch ihre Mahlzeiten ein. Die übrigen Teilnehmer schliefen in dem Schlafwagen, ein Jeder an dem ihm bei Antritt der Reise angewiesenen Platze, und nahmen Frühstück, zweites Frühstück und Mittagessen in dem Speisewagen ein. Bei Tage war auch der Schlafwagen in einen geräumigen Salon umgewandelt, mit bequemen Bänken und Tischen zwischen denselben. Übrigens aber stand die Bewegung durch den ganzen Zug Jedermann frei und es fand den Tag über ein angenehmer, ungezwungener Verkehr zwischen den Reisenden statt.

Die Zusammensetzung des Zuges aus dem Fahrmaterial verschiedener Eisenbahnen hatte allerdings eine wesentliche Unzuträglichkeit zur Folge. Die amerikanischen Eisenbahnen haben sich noch nicht über ein gemeinsames System der Wagenkuppelung verständigen können. Die Buffer haben verschiedene Höhen, verschiedene Lagen und verschiedenes Aussehen. Die Verkuppelung der Wagen war also eine außerordentlich schwierige, und trotz aller Sorgfalt kam es allein auf der ersten Abteilung vier Mal vor, daß der Zug auseinander riss. Das eine Mal, in der Nacht vom 7. auf den 8. September, war es ein merkwürdiges Glück, daß die Trennung der Wagen nicht einen ernsten Unfall zur Folge hatte. Es riß die Kuppelung zwischen dem vordersten Spezialwagen des Zuges (in welchem sich der englische Gesandte nebst seiner Familie und seinem Personal befand) und dem Speisewagen, als der Zug in ziemlich starker Neigung von Berg zu Thal fuhr. Das Reißen der Kuppelung hatte ein Reißen der Zugleine zur Folge, welche mit einer Glocke in Verbindung steht, deren Ertönen dem Lokomotivführer das Zeichen zum Langsamfahren giebt. Als infolge des Reißens der Leine die Glocke ertönte, fuhr die Maschine langsamer — der Lokomotivführer hatte die Trennung des Zuges nicht bemerkt — der hintere Teil des Zuges fuhr aber mit unveränderter Schnelligkeit den Berg hinunter und der Speisewagen mit voller Kraft in den Wagen des englischen Gesandten hinein. Der hintere Teil des letzteren Wagens und die Front des Speisewagens waren völlig zertrümmert, worauf der Zug zum Stehen kam. Glücklicherweise war niemand in den beschädigten Teilen der Wagen gewesen und wir kamen mit dem Schrecken davon.

Für die Strecke von St. Paul bis Portland waren sieben Normalzeiten festgestellt, die Lokalzeit von St. Paul galt bis zur Station Fargo, von da bis zur Station Mandan am Missouri (gegenüber Bismarck) war Fargo-Zeit (fünfzehn Minuten weniger), von da bis Glendive wieder 15 Minuten weniger, bis Billings wieder 15 Minuten und bis Helena (Hauptstadt von Montana) nochmals 15 Minuten weniger. Von Helena bis Wallula Junction (Zusammentreffen mit der Oregon Railway and Navigation Company) betrug der Zeitabstrich 30 Minuten und bis Portland wieder 30 Minuten. Der Zeitunterschied zwischen St. Paul und Portland betrug also im ganzen genau zwei Stunden.

Der Verlauf der Festfahrt für die erste Abteilung war der folgende: Am 4. September durchfuhren wir die fruchtbaren

Weizengebiete des Territoriums Dacota; an mehreren Punkten fand festlicher Empfang statt, verbunden mit der Ausstellung landwirtschaftlicher Erzeugnisse; einen besonders günstigen Eindruck machte die bekannte Riesenfarm des Herrn Dalrymple in Casselton, die Ausstellungen in Sanborn und dem reizend gelegenen Städtchen Jamestown. Am Abend erreichte der Zug die Stadt Bismarck, die Hauptstadt von Dacota. Daselbst langten im Laufe der Nacht auch die übrigen Abteilungen an und am Morgen des 5. September wurde der Grundstein zum „Kapitol“ dieser Stadt gelegt, zu deren Ehrenbürger bei dieser Gelegenheit der Reichskanzler Fürst Bismarck feierlich ernannt wurde. Am Nachmittage fuhren wir weiter, nahmen einige Stunden Aufenthalt in den merkwürdigen „Bad Lands“, einer weit ausgedehnten, mit Gras bewachsenen, eigenartig gebildeten, hügeligen Gegend vulkanischen Ursprungs, und erreichten in der Nacht die Stadt Billings. Von dort fuhren wir am Morgen des 6. September weiter. Am Nachmittag fand eine feierliche Begrüßung der Festgenossen durch die Crow Indianer statt, welche zu Ehren der Eröffnung der Bahn sich in großer Zahl versammelt hatten und Kriegstänze aufführten. Wir kamen an jenem Tage bis Livingstone. Am 7. September berührten wir die schon älteren Städte Bozeman und Helena, beide im Territorium Montana. Auf der an diesem Tage durchfahrenen Strecke befinden sich die zwei Tunnels der Nord-Pazfik-Eisenbahn, der Bozeman-Tunnel, bald hinter Livingstone, und der Mullan-Tunnel zwischen Helena und Missoula. Beide waren bei der Eröffnungsreise noch nicht fertig. Der Zug mußte also auf Hülfsbahnen über die Berge gefahren werden, was mit großer Vorsicht geschah. Über die Berge wurden immer nur ein oder zwei Wagen gleichzeitig gezogen.

Der 8. September war der eigentlichen Festfeier gewidmet. Im Laufe des Vormittags langten die vier Abteilungen des von

Osten kommenden Festzuges an dem „Historical Point“ in dem Stationsverzeichnis genannten Platze am Gold Creek an. Gleichzeitig trafen von Portland zwei Extrazüge mit den Festteilnehmern aus California, Oregon und Washington ein. Zahlreiche Ansiedler der dortigen Gegend hatten zu Wagen und zu Pferde ganze Tagereisen gemacht, um der Feier beizuwohnen. Große Tribünen waren errichtet, Militärmusik spielte, Kanonendonner ertönte. Als die Teilnehmer alle versammelt waren, begann die Feier mit der Verlesung von nicht weniger als siebzehn Reden. Man hatte auf ungefähr eine Meile die Geleise von dem Bahnkörper entfernt, und nach Schluß der Reden wurden gleichzeitig von Osten und von Westen her die Schienen auf dieser letzten Strecke in fliegender Eile unter Musik- und Kanonenbegleitung gelegt. Präsident VILLARD schlug selbst den letzten Schienennagel ein. Die Erzählung, derselbe sei von gediegenem Golde, erwies sich als unrichtig. Man hatte vielmehr den ersten, im Jahre 1870 eingeschlagenen Nagel herausgezogen und benutzte denselben nunmehr als Schlußnagel. Auf dem nun gelegten Geleise fuhren darauf zwei Züge von Osten und von Westen einander langsam entgegen und die auf den reich bekränzten und beflaggten Lokomotiven stehenden Ingenieure reichten sich zum Zeichen der Vereinigung von Ost und West die Hände.

Am Abend des 8. September verließen die Züge den Schauplatz der Festfeier. Die erste Abteilung fuhr den 9. September vorbei am See Pend'oreille, auf welchem eine einstündige Spazierfahrt gemacht wurde, und an dem durch seine Wasserfälle und eine beginnende Mühlenindustrie bekannten Platze Spokane-Falls bis zu dem Schlangenfluß. Derselbe ist inzwischen bei der Station Ainsworth überbrückt worden. Die Überfahrt der Festzüge mußte noch vermittelst eines großen Fährbootes bewirkt werden, auf welchem gleichzeitig drei Wagen

Platz haben. Dieselbe ging am frühen Morgen des 10. September vor sich. Jenseits des Flusses beginnt die am südlichen Ufer des Kolumbia sich hinziehende Strecke der Oregon Railway and Navigation Company, auf welcher wir nach etwa 14stündiger Fahrt bis nach Portland gelangten. In die Stadt selbst konnten wir indessen erst am Vormittage des 11. September einfahren.

Die Woche vom 11. bis 16. September wurde teils in Portland verbracht, teils zu einer dreitägigen Fahrt nach dem Puget-Sund verwendet, dessen Hafenplätze Tacoma und Seattle besichtigt wurden. Ob und in welcher Weise diese beiden zukunftsreichen Plätze mit der einstweilen bei Ainsworth endigenden Nord-Pazifik-Eisenbahn auch noch in unmittelbare Schienenverbindung gesetzt werden sollen, stand damals noch nicht fest. Im Jahre 1884 ist Tacoma als westlicher Endpunkt der Bahn gewählt und der Bau der Bahn von Ainsworth dahin, der Cascade Branch in Angriff genommen. Die Eisenbahn von Portland über Kalama nach Tacoma gehört zu der Nord-Pazifik-Eisenbahn.

In Portland löste sich die Festgenossenschaft auf. Ein Teil fuhr zurück über San Francisco, ein anderer verblieb noch einige Zeit am Puget-Sund, der größte Teil der amerikanischen Gäste fuhr direkt von Portland über Duluth nach Chicago zurück. Die Mehrzahl der Ehrengäste, welche sich in Herrn VILLARDS unmittelbarer Begleitung befand, reiste am Morgen des 17. September von Portland auf dem Dampfboote ab und machte zunächst eine herrliche Tagesfahrt den Kolumbia herauf, durch Landschaften hindurch, welche auf der Welt an gewaltiger Großartigkeit kaum ihresgleichen haben. Auf der Station The Dalles trafen wir unseren, nunmehr nur noch aus drei Abteilungen bestehenden Extrazug wieder, auf welchem wir uns, zum Teil in denselben Wagen und auf denselben Plätzen, welche wir auf der Hinfahrt eingenommen hatten, wieder „einschifften“ und alsbald die Nacht hindurch weiter fuhren bis zu der an dem Ende einer Zweigbahn belegenen Station Walla Walla, dem Mittelpunkte eines der fruchtbarsten Weizengebiete des Territoriums Washington. Dort fand der letzte feierliche Empfang mit Reden und einer großen Parade der in der dortigen Gegend wohnenden Umatilla-Indianer statt. Am Mittage ging die Fahrt zurück über Ainsworth bis zur Station Sandpoint am See Pend'oreille, auf welchem wir am Vormittag des 19. September eine diesmal von dem schönsten Wetter begünstigte Spazierfahrt machten. An demselben Tage fuhren wir nur noch bis zur Station Ravalli, von wo am 20. September ein Ausflug auf den in der Reservation der Flathead-Indianer belegenen, über 9000 Fuß hohen Pic Macdonald unternommen wurde, welchen vor uns der Fuß eines Europäers noch nicht betreten hatte.

Vom Abend des 20. bis in die späte Nacht vom 21. auf den 22. September ging die Fahrt über Helena und Livingstone bis nach Cinnabar, der Endstation der von Livingstone nach dem Yellowstone-Nationalpark führenden Zweigbahn der Nord-Pazifik-Eisenbahn. Die sehenswertesten Punkte dieses, bis zur Erbauung der Nord-Pazifik-Eisenbahn so gut wie unzugänglichen, merkwürdigen Gebietes wurden vom 22. bis 25. September zu Pferde und zu Wagen besucht, darunter insbesondere die drei Geyserbassins mit ihren ungezählten, bis zu 100 Fuß springenden heißen Quellen. Vom 26. September früh bis zum Mittag des 29. September fuhren wir ohne weitere Unterbrechung bis Chicago und von dort am Abend, diesmal dem kanadischen Ufer des Erie-Sees entlang, weiter, um am 1. Oktober $8^1/_2$ Uhr morgens wieder im Zentralbahnhof von New York anzukommen.

III.

Der Anspruch, unter gewöhnlichen Verhältnissen als einfacher, zahlender Reisender, mit solcher Bequemlichkeit und unter solchen Annehmlichkeiten auf der Eisenbahn zu fahren, wird natürlich von niemandem erhoben. Von den Gästen wurde nichts weiter verlangt, als daß sie sich ein wenig um ihr Gepäck kümmerten und im übrigen den Anordnungen ihrer Reisemarschälle Folge leisteten. Die Leiter der Nord-Pazifik-Eisenbahn walteten wie eine gütige Vorsehung über der ganzen Reisegenossenschaft und setzten eine Ehre darin, alle Wünsche zu erfüllen und jedermann zufrieden zu stellen.[1]

Einen anderen Charakter trägt eine Eisenbahnfahrt unter gewöhnlichen Verhältnissen. Dem Fremden fällt alsbald eine Grundverschiedenheit des amerikanischen von dem deutschen Publikum ins Auge. Der Amerikaner ist an größere Selbständigkeit gewöhnt, macht an die Eisenbahnen keine unerfüllbaren Ansprüche und zeichnet sich durch eine musterhafte Geduld aus. So werden die Eisenbahnbeamten nicht von jedermann mit unnötigen Fragen über Dinge belästigt, über welche man sich selbst ohne große Mühe unterrichten kann; und fragt man, so ist man mit einer kurzen, entschiedenen Antwort zufrieden und verlangt keine langen Auseinandersetzungen. Auch wird nicht über jede geringe Unregelmäßigkeit im Betriebe laut geklagt; Zugverspätungen läßt man sich, wenn sie nicht allzu schlimm sind, geduldig gefallen, selbst Unfälle nimmt man als einen mit dem Eisenbahnverkehr unvermeidlich verbundenen Übelstand verhältnismäßig ruhig hin. Wenn einmal mehr Menschen im

---

[1] Beiläufig sind auch die Kosten, welche die Festreise der Gesellschaft verursacht haben, durchaus nicht so hoch gewesen, wie das vielfach verbreitet wurde. Dieselben haben nach dem Jahresberichte für 1883/84 $ 179 381 also ℳ 761 369 betragen.

Wagen, als Sitzplätze vorhanden sind, so wartet man bis zur nächsten Station und einer hilft inzwischen dem anderen, so gut es geht, ohne sogleich Einstellung neuer Wagen zu fordern, und, wenn eine solche nicht möglich ist, auf die Eisenbahnverwaltung zu schimpfen.

Der ganze Personenverkehr ist infolge dessen stiller, ruhiger, geräuschloser als in Deutschland. Der Amerikaner, welcher reisen will, kennt entweder vorher seine Route, oder er unterrichtet sich genau über dieselbe, bevor er die Reise antritt. Hierzu findet sich in den großen Städten die ausreichendste Gelegenheit. Alle in New York mündenden Eisenbahnen haben in den Hauptgeschäftsstraßen, also vor allen Dingen auf dem Broadway, zahlreiche Büreaus, in welchen Fahrpläne zur unentgeltlichen Entnahme aufliegen, Billets verkauft werden und über alle Angelegenheiten des Personen- und Güterverkehrs unentgeltlich Nachrichten zu erhalten sind. Ähnliche Einrichtungen finden sich in Chicago, Boston, Washington, Philadelphia. Man löst sich dort also vorher sein Billet, verläßt sich für die Gepäckbeförderung auf die Express Company und kommt am Abgangsbahnhof gerade rechtzeitig an, um den Zug noch besteigen zu können.

Ein Abläuten, Abpfeifen, Abrufen des Zuges ist auch nicht Sitte. An den Zwischenstationen, welche ausgerufen werden, erschallt wohl, falls ein längerer Aufenthalt stattgefunden hat, bevor sich der Zug wieder in Bewegung setzt, der Ruf: All on board! Wer darauf nicht hört, bleibt zurück. Auf der Anfangsstation setzt sich der Zug in Bewegung ohne irgend welches Zeichen.

Daß die Eisenbahnen ohne alle Verschwendung lediglich nach Zweckmäßigkeits- und Billigkeitsrücksichten gebaut sind, hält man gleichfalls für nur selbstverständlich. Geräumige, schön angelegte Bahnhöfe nach europäischem Maßstabe finden sich in den Vereinigten Staaten nur vereinzelt in einigen großen Städten. Die Bahnen fahren auf weite Strecken in gleicher Ebene mit den Straßen, und das Publikum und der Straßenverkehr lassen sich Störungen durch solche Kreuzungen innerhalb der Städte mit unglaublicher Geduld gefallen. Während der Fahrt durch bewohnte Straßen läßt die Lokomotive überdies ununterbrochen ein lautes nervenerschütterndes Geläute mit der Glocke erschallen.

Fernerhin kommt auch im Personenverkehr die Eigenschaft der Eisenbahnen als industrielle miteinander in wildem Wettbewerbe stehende Erwerbsgesellschaften schon äußerlich zur Erscheinung. Wie die Gütertarife der amerikanischen Eisenbahnen sich durch alles eher, als durch Stetigkeit und Gleichmäßigkeit auszeichnen, so sind auch die Personentarife nichts weniger als gleichmäßige, feste, sie sind vielmehr einem fortwährenden Wechsel unterworfen, soweit nicht eine Eisenbahn ein bestimmtes Gebiet allein beherrscht und ausbeutet.

Bei Gelegenheit des Zensus im Jahre 1880 hat man berechnet, daß die durchschnittliche Höhe der Personentarife sich auf rund sechs Pfennige für die Person und das Kilometer beläuft, d. h. ungefähr dem Tarife der zweiten Wagenklasse der preußischen Staatsbahnen entspricht. Durchschnittlich sind also die Personentarife in Amerika höher als bei uns. Weit über den Durchschnitt halten sich nun beispielsweise die Personentarife der pazifischen Bahnen, vornehmlich im kleinen, mehr lokalen und im gebrochenen Verkehr. Unter dem Durchschnitt wird vornehmlich in den östlichen Staaten da gefahren, wo mehrere Bahnen dieselben Verkehrspunkte miteinander verbinden; so sind z. B. die Tarife zwischen New York und Boston, zwischen New York und Chicago entsprechend niedriger festgesetzt, obgleich man auf diesen Strecken sehr schnell und mit mancherlei Annehmlichkeiten fährt; auch hat die Eröffnung einer jeden neuen Konkurrenzbahn in der Regel eine mindestens vorübergehende Herabsetzung der Personentarife zur Folge.

Auch die Fahrpläne werden häufig ausschließlich mit Rücksicht auf Konkurrenzverhältnisse aufgestellt. Wo das Publikum auf die Benutzung einer einzigen Bahn angewiesen ist, legt man die Züge so, wie es der Bahn am besten paßt, und fährt möglichst selten. Ebensowenig hält man es für der Mühe wert, ineinander greifende, durchgehende Fahrpläne mit anderen Bahnen zu vereinbaren und etwaige Verabredungen über Zuganschlüsse zu treffen. Im Gegenteil kommt es nicht selten vor, daß Züge ohne alle Rücksicht auf die Verkehrsbedürfnisse lediglich zur Schädigung einer unbequemen Konkurrenzbahn eingerichtet werden. In der Richtung von Osten nach Westen und umgekehrt geht über Kansas beispielsweise täglich ein Zug. Ein Reisegenosse erzählte, als er in den Bahnhof von Kansas mit dem von Westen kommenden Zuge eingefahren, sei der Anschlußzug nach Osten — infolge einer unbedeutenden Verspätung des westlichen Zuges — aus dem Bahnhofe abgedampft. Die Folge davon war, daß sämtliche nach Osten fahrende Reisende 24 Stunden in Kansas bleiben mußten. Andrerseits fahren, wo verschiedene Bahnen den Verkehr zwischen denselben Plätzen bedienen, die Hauptzüge auf den verschiedenen Routen fast genau um dieselbe Zeit hin und zurück. Nachdem einmal eine Linie die Beobachtung gemacht zu haben glaubt, daß ihre Züge dem Publikum am bequemsten liegen, will jede neue Linie sich diesen Vorteil auch zu nutze machen. Wenn es hiernach auch zahlreiche Züge und Gelegenheiten giebt, beispielsweise zwischen Boston und New York zu fahren, so ist man in der Auswahl der Reisezeit doch sehr beschränkt.

Zweimal hatte ich Gelegenheit, den Beginn solchen erbitterten Konkurrenzkampfes von Eisenbahnen mit eigenen Augen zu sehen. Im September war eine neue Eisenbahn zwischen

Chicago und St. Louis, im Oktober die an dem westlichen Ufer des Hudson entlang führende West Shore and Buffalo-Eisenbahn, welche mit der New York Central and Hudson River-Bahn in Wettbewerb treten wollte, eröffnet worden. Wochenlang vorher las man in den Zeitungen lange Reklameartikel für die neuen Bahnen; durch in die Augen fallende Annoncen wurden die Leser auf die bevorstehende Eröffnung derselben aufmerksam gemacht und alle möglichen Vorteile bei Benutzung der Bahn versprochen. Alsbald traten die älteren Bahnen mit ähnlichen Artikeln und Anpreisungen hervor, es folgte ein schleuniges Heruntergehen der Fahrpreise auf den älteren, demnächst auf der neuen Route. In Chicago sah man in den letzten Tagen des September in allen Geschäftsstraßen riesige Plakate in großen Buchstaben und schreienden Farben vor den Schaufenstern und vor den Büreaus der Eisenbahnen: „Hier fährt man am billigsten nach St. Louis!“ „Die Route über ..... gewährt die größten Vorteile, die besten Anschlüsse“ und dergleichen! Ähnlich war es in New York. Wie in Berlin — etwa bei Eröffnung eines neuen Vergnügungsplatzes —, so zogen in New York in den Tagen vor Eröffnung dieser Eisenbahn Dienstmänner zu Fuß und zu Wagen durch die Hauptstraßen, welche Standarten mit Riesenplakaten trugen, auf denen die neuen und die älteren Bahnen in marktschreierischen Worten dem Publikum ihre Dienste anpriesen und eine die andere schlecht machte. In den Gasthöfen lagen Beschreibungen der Routen in geschmackvoller Ausstattung mit bildlichen Darstellungen der durchzogenen Gegenden, Plänen der Bahnhöfe u. s. w. zur Entnahme für die Reisenden aus. Jedes Mittel war den Eisenbahnen willkommen, mit welchem sie den Verkehr auf ihre Linien ziehen zu können oder sich zu erhalten erwarten durften. — Der Kampf der West Shore und Buffalo-Eisenbahn selbst gegen eine so übermächtige Gegnerin war übrigens nicht ohne bedenkliche Folgen für letztere. Wenngleich die neue Bahn bald nach ihrer Eröffnung ihre Verbindlichkeiten nicht mehr erfüllen konnte und in Konkurs geriet, so hat sie doch auch ihrer Konkurrentin bedeutenden Schaden zugefügt und ist heute noch so verbittert, daß sie sich selbst auf Verhandlungen zur Verschmelzung der beiden Bahnen einstweilen nicht einläßt.

IV.

Auch in der Organisation des Fahrplanwesens macht sich das Prinzip des schrankenlosen Individualismus in bedauerlicher Weise auf den amerikanischen Eisenbahnen fühlbar. Einer der allerschlimmsten Übelstände ist freilich seit Ende des Jahres 1883 beseitigt, das gänzliche Fehlen einer einheitlichen (normalen) Zeit, nach welcher die Eisenbahnen rechneten. Bis zu dem gedachten Zeitpunkte hatte jede Eisenbahn ihre eigene Zeit, es war Zufall, wenn mehrere Eisenbahnen die gleiche Zeit hatten, es wurden 70, späterhin 50 verschiedene Zeiten gezählt, welche bunt und ohne alles System durcheinander liefen, ein Umstand, welcher selbstverständlich den Verkehr der Bahnen untereinander und mit dem Publikum in hohem Grade belästigte. In den Fahrplansammlungen war bei jeder Anfangs- und Endstation, auf den großen Linien außerdem auch auf Zwischenstationen, angegeben, welche Zeit dem Fahrplane zu Grunde liege und auf dem Deckel des sogenannten offiziellen Kursbuches fanden sich für nicht weniger als 88 amerikanische Plätze die Zeiten im Verhältnis zu der Zeit der Hauptstadt der Vereinigten Staaten, Washington, aufgeführt. Den jahrelangen Bemühungen des Herausgebers des vorgedachten Kursbuches[1], Mr. W. F. Allen in New York, Bemühungen, welche

[1] Travellers Official Guide of the Railway and Steam Navigation Lines in the United States and Canada. New York, National Railway Publication Company.

durch die Fachpresse, hauptsächlich die Railroad Gazette, warm und eifrig unterstützt wurden, ist es gelungen, diesem Zustande einer unerträglichen Verwirrung ein Ziel zu setzen. Seit Mitte November 1883 ist unter fast allen Eisenbahnen der Vereinigten Staaten und Kanadas eine Übereinstimmung über die Normalzeiten für den Eisenbahnverkehr herbeigeführt.

Es gelten seitdem vier Normaleisenbahnzeiten. Die erste ist die östliche Zeit (des 75. Meridians von Greenwich) für die in den östlichen Staaten und Kanada belegenen Bahnen, deren Linien sich ungefähr bis an die westlichen Ufer des Erie- und Huron-Sees erstrecken. Es folgt die zweite, die Mittelzeit (Central Time), des 90. Meridians für alle westlicher, in den mittleren Staaten und Kanada belegenen Bahnen, die größere Mehrzahl aller Eisenbahnen des nordamerikanischen Kontinents. Für die noch westlicheren Gebiete sind zwei weitere Normalzeiten, die des 105. und die des 120. Meridians bestimmt.

Diese vier Normalzeiten liegen hiernach je 15 Grade, also genau je eine Stunde, auseinander, die Mittelzeit ist eine Stunde, die westliche zwei, die westlichste Zeit drei Stunden später, als die östliche Zeit. Der Meridian, nach welchem die Zeit genommen ist, durchzieht die seiner Zeit unterworfenen Gebiete ziemlich genau in der Mitte, und die Normalzeit stimmt außerdem bis auf wenige Minuten überein mit der jetzigen Ortszeit der hauptsächlichsten Städte der betreffenden Gegend (also für den Osten New York, Boston, Philadelphia, Washington, für die Mitte Chicago, Milwaukee, St. Louis u. s. w.). Die Bestimmung der neuen Eisenbahnnormalzeiten hat ferner den Vorteil, daß die Ortszeiten der im äußersten Osten und Westen der Gebiete belegenen Plätze um höchstens eine halbe Stunde von der Eisenbahnnormalzeit abweichen. — Bei der praktischen Durchführung der Neuerung für die einzelnen Eisenbahnen ist im übrigen darauf gesehen, daß für eine einheitlich betriebene Bahn thunlichst nur eine Normalzeit gilt, und daß der Wechsel der Normalzeiten am Endpunkte der Linie, mindestens aber an einer größeren Station Platz greift. Eine Ausnahme machen die das ganze Gebiet der Vereinigten Staaten durchziehenden pazifischen Bahnen, für welche mehrere Normalzeiten unvermeidlich sind; aber auch bei diesen ist das neue System eine wesentliche Verbesserung. So fällt z. B. die Nord-Pazifik-Bahn jetzt unter die Mittel- und die beiden westlichen Zeiten, hat also drei Normalzeiten, während für die Strecke von St. Paul bis Portland (Oregon) früherhin, wie vorbemerkt, acht Normalzeiten galten. Bei Bestimmung der Grenzen ist man nebenbei nicht mit pedantischer Genauigkeit zu Werke gegangen, hat vielmehr die strenge geographische Richtigkeit den Interessen des Verkehrs gegenüber hintangestellt.

Die Eisenbahnen sind mit dieser Neuerung vorgegangen, ohne gleichzeitig den Versuch zu machen, die bürgerliche Zeit mit der Eisenbahnnormalzeit in Einklang zu bringen. Das Vorgehen der Eisenbahnen hat indessen zahlreiche größere Städte — allen voran ging Boston — bestimmt, die Eisenbahnnormalzeit auch als bürgerliche Normalzeit anzunehmen. Die Eisenbahnen haben außerdem alsbald ihre Bemühungen dahin gerichtet, ihre nunmehrige Zeit auch für den Post- und Telegraphenverkehr einzuführen.

Diese außerordentlich wichtige Reform ist von Mr. Allen mit Hilfe zweier von ihm begründeten Eisenbahnvereine, einer „General" und einer „Southern Railway Time Convention", deren Schriftführer er ist, durchgesetzt. Nach jahrelangen Verhandlungen gelang es in Versammlungen derselben in St. Louis am 11. April und in New York am 18. April 1883 auf Grund eines von Mr. Allen erstatteten Berichtes[1], über die Ziele der Reform eine volle Übereinstimmung herbeizuführen.

[1] Der Bericht ist auch durch den Druck veröffentlicht und enthält eine, die Bedeutung der Maßregel trefflich veranschaulichende Karte der

Die Eisenbahnen prüften, eine jede für sich, den Bericht noch einmal durch, und die Vereine nahmen dann in zwei neuen Versammlungen, am 11. Oktober 1883 in Chicago und am 17. desselben Monats in New York mit einer an Einstimmigkeit grenzenden Mehrheit die Reformvorschläge an. Schon vor der Versammlung vom 11. Oktober konnte ALLEN die Mitteilung machen, daß Eisenbahnen in einer Länge von 78 000 Meilen den Vorschlägen zugestimmt hätten. Darauf ließen die übrigen ihren Widerstand fallen.

Dies ist meines Wissens — beiläufig — bisher der einzige Erfolg von Einheitsbestrebungen der amerikanischen Eisenbahnen, welcher wohl auch mit Rücksicht darauf leichter herbeizuführen war, daß diese Reform den Bahnen nichts kostete, daß keine derselben Änderungen in ihren Einrichtungen zu veranlassen brauchte.

Selbstverständlich hat diese Reform für die Aufstellung der Fahrpläne bedeutende Erleichterungen zur Folge gehabt. Auch heute noch aber fehlt es an Vereinbarung zur Aufstellung der Fahrpläne aller oder größeren Gruppen von Eisenbahnen nach einheitlichen Gesichtspunkten. Regelmäßige Beratungen zwischen den Eisenbahnverwaltungen über gemeinsame durchgehende Fahrpläne finden nicht statt. Ebensowenig kennt man bestimmte Fahrplanperioden, etwa einen Sommer- und Winterfahrplan. Jede Bahn ändert ihren Fahrplan, so oft es ihr zweckmäßig erscheint und ohne darüber mit Nachbarbahnen zu verhandeln. Dagegen sorgt jede Bahn dafür, daß ihre Fahrpläne gehörig bekannt werden. Die Fahrpläne einer Bahn oder

---

Vereinigten Staaten, auf welcher die verschiedenen Zeitgebiete mit verschiedenen Farben bezeichnet sind. Er führt den Titel: Report on the Subject of National Standard Time, made to the General and Southern Railway Time Conventions . . . . by W. F. ALLEN, Secretary of the Conventions. New York 1883.

auch für eine einzelne vielbefahrene Strecke sind in handlichen, geschmackvoll ausgestatteten, mit Plänen, Karten, Abbildungen versehenen Heftchen veröffentlicht, welche an den Billetschaltern, auf den Büreaus der Eisenbahnen, in allen bedeutenderen Gasthöfen zur unentgeltlichen Entnahme für das Publikum aufliegen. Das beste Kursbuch für die amerikanischen Eisenbahnen ist das vorerwähnte, von F. ALLEN bearbeitete. Dasselbe erscheint jeden Monat zum Preise von 50 Cents und schöpft seine Nachrichten aus den Mitteilungen der Eisenbahnverwaltungen, entbehrt übrigens selbstverständlich jeden offiziellen Charakters. Dasselbe ist zuverlässig und recht übersichtlich und praktisch eingerichtet und verdient jedenfalls den Vorzug vor dem bekannteren Kursbuche von APPLETON.

Daß die amerikanischen Eisenbahnen schneller fahren, als die deutschen und englischen, ist ein vielverbreiteter Irrtum. Die durchschnittliche Fahrzeit auf den großen durchgehenden westlichen Bahnen beträgt 25—30 Meilen (d. h. also 40—50 km) die Stunde; auch auf den östlichen Bahnen fährt man nicht schneller, als bei uns. Weil die viel bewunderten Blitzzüge (Lightning Express Trains) zwischen New York und Chicago, New York und Boston, New York—Philadelphia—Baltimore—Washington nur an wenigen Zwischenstationen halten, so wird ihre durchschnittliche Fahrzeit herabgemindert, dieselbe beläuft sich aber desungeachtet auf höchstens 60—70 km die Stunde. Der „Limited Express“ zwischen New York und Chicago über die Pennsylvania-Eisenbahn, dieser Stolz aller Amerikaner, durchfährt die genannte Strecke von 912 Meilen in $25^1/_2$ Stunden, d. h. durchschnittlich 35·76 Meilen, oder 57·57 Kilometer in der Stunde, hält aber nur acht Mal an, soviel ich aus dem Kursbuche habe feststellen können.

In den Personenzügen werden außer den Reisenden und ihrem Gepäck auch noch Postsachen gefahren, d. h. Briefe,

Zeitungen, Postkarten und Kreuzbandsendungen. Ein staatlicher Postpäckereiverkehr ist in den Vereinigten Staaten nicht eingerichtet, die Beförderung der Packete erfolgt durch Vermittelung der sog. Express Companies. Auch für die Beförderung der Briefpost hat der Staat auf den meisten Eisenbahnen zum Teil recht hohe Gebühren zu entrichten.

Die Beförderung des Reisegepäcks ist vielfach Gegenstand der Anerkennung europäischer Reisenden. Bekanntlich hat vor einigen Jahren der Berliner Verein für Eisenbahnkunde sorgfältige Ermittelungen darüber angestellt, ob sich etwa die Einführung des amerikanischen Gepäckbeförderungssystems auf den deutschen Eisenbahnen empfehle. Das Ergebnis war ein negatives, und nach meinen persönlichen Erfahrungen kann ich dieser Ansicht nur zustimmen. Eisenbahnfachleute in den Vereinigten Staaten, darunter beispielsweise der bekannte Marshal M. Kirckman, neigen sich umgekehrt schon jetzt der Ansicht zu, daß in Amerika das europäische System einzuführen sei.

Angenehm berührt es natürlich, daß der Reisende fast überall thatsächlich freie Gepäckbeförderung hat. Auf der Mehrzahl der Bahnen gilt zwar die Bestimmung, daß nur 100 Pfund (entsprechend ziemlich genau 45 kg) auf jedes Billet frei befördert werden sollen, und da für die meisten Reisenden dies Freigepäck genügt, so kommt es den Eisenbahnen nicht darauf an, ob dasselbe einmal um ein paar Pfund überschritten wird. Bei der Aufgabe wird daher das Gepäck nicht gewogen, sondern summarisch geprüft, wie schwer es ist. Übrigens tragen schon jetzt die Bahnen nicht das geringste Bedenken, im Falle mißbräuchlicher Benutzung dieser Vergünstigung — also beispielsweise, wenn Personen mit zahlreichen, schweren Koffern ins Bad reisen — Überfracht zu erheben; und seitdem die Einnahmen aus dem Personenverkehr heruntergehen, wird mehrfach ernstlich erwogen, ob nicht eine schärfere Kontrolle des Freigepäcks einzuführen und aus der Gepäckbeförderung eine neue Einnahmequelle zu schaffen sein möchte. Für die Expedition des Gepäcks wird keinerlei Gebühr erhoben.

Für die Beförderung des Gepäcks nach und von den Bahnhöfen bedient man sich in der Regel der Mitwirkung der Express Companies.

Das Verfahren ist hierbei folgendes:

Der Reisende bestellt bei einem der zahlreichen Büreaus der Express Companies die Abholung des Gepäcks aus der Wohnung. Als Empfangsbescheinigung erhält er einen Zettel oder eine Blechmarke. Am Bahnhof findet er sodann sein Gepäck vor und dasselbe wird in der Gepäckexpedition in seiner Gegenwart „gecheckt", d. h. es wird an alle Gepäckstücke mit einem Lederriemen eine Blechtafel befestigt, auf der die Firma der Bahn und eine Nummer, sowie die Bestimmungsstation steht. Der Reisende erhält statt des Gepäckscheins gleichfalls eine kleine Blechtafel mit derselben Nummer und Inschrift. Kurz vor der Endstation gehen durch die Wagen Leute der Express Company, welche fragen, ob Gepäck zu besorgen sei, den Reisenden ihre Blechmarken abnehmen und dafür Empfangsbescheinigungen ausstellen. Die Express Company besorgt dann die Gepäckstücke an die von dem Reisenden angegebene Adresse.

Recht bequem ist es, daß man auf diese Weise von dem Augenblick, in dem man seine Wohnung verläßt, bis zum Wiedereintritt in die neue Wohnung jeder Sorge um das Gepäck überhoben ist; auch ist es angenehm, daß die Gepäckstücke nicht beklebt werden. Aber die amerikanischen Bahnen übernehmen auch gar keine Haftpflicht für Gepäck und Verwechselungen und Verschleppungen kommen sehr oft vor. Außerdem arbeiten die Express Companies nach deutschen Begriffen teuer und langsam. Ich bezahlte für Beförderung von zwei mittelgroßen Koffern in New York vom Zentralbahnhof zu meiner — etwa eine

Stunde entfernten — Wohnung einen Dollar (4·25 ℳ) und erhielt mein Gepäck, nachdem ich morgens $8^1/_2$ Uhr in New York angekommen, nachmittags 4 Uhr.

Die Personenwagen sind durchweg Interkommunikationswagen. Die vielfach gehörte Behauptung, die amerikanischen Bahnen führten nur Eine Klasse, ist heute nicht mehr zutreffend. Thatsächlich giebt es auf den meisten Zügen eine erste und zweite, auf vielen Zügen eine dritte Klasse.

Die Ausstattung der gewöhnlichen Wagen entspricht im Ganzen der unserer zweiten Wagenklasse. Eine große Annehmlichkeit ist das Vorhandensein eines Klosets und eines Behälters mit frischem (Eis-) Wasser in jedem Wagen. Ob das Fahren in diesen Interkommunikationswagen dem Fahren in Koupés vorzuziehen, ist wesentlich Sache des individuellen Geschmacks. Auf der langen Festreise nach dem Westen hatte das Fahren in solchen Wagen seine großen Vorzüge. Man befand sich fortwährend unter Bekannten, die Freiheit der Bewegung war außerordentlich angenehm, da es tagelang an der Möglichkeit fehlte, sich auf festem Boden genügende Bewegung zu machen. Die Wagen des Festzuges waren schwach besetzt, es hatte jedermann mindestens eine, oft zwei Bänke zu seiner alleinigen Verfügung. Anders, wenn man unter gewöhnlichen Verhältnissen reist. Da fällt zunächst sehr unangenehm auf, daß für Handgepäck fast gar kein Platz im Wagen ist. Ein kleines Handtäschchen nebst Überrock und Regenschirm sind kaum an dem für das Handgepäck von vier Personen bestimmten Platze unterzubringen. — Ferner sind die Sitzplätze recht eng und die Rückenlehnen waren auf allen Bahnen, auf welchen ich gefahren bin, so niedrig, daß man den Kopf nicht anlegen konnte. Früher konnte man sich, wie es hieß, die Sitze dadurch bequemer machen, daß man die Lehnen der Bänke umdrehte und auf diese Weise zwei gegenüberliegende Bänke mit ausreichendem Zwischenraume herstellte. Die zum Umdrehen eingerichteten Lehnen werden aber neuerdings auf vielen Bahnen festgeschraubt, man kann sie ohne einen Schlüssel nicht lösen, und die Bänke stehen alle in einer Richtung, so daß die Passagiere nach der Lokomotive zu vorwärts sehen. Die Schlüssel zum Losschrauben der Lehnen sollen im Besitz der Zugführer sein, wie man mir mitteilte. Ich habe aber diese Behauptung wiederholt nicht zutreffend gefunden. Mit der Bitte um den Schlüssel wurde ich auf Einer Bahn von einem Beamten an den anderen gewiesen und nach langer Zeit der Schlüssel wenigstens ermittelt und dem Wunsche entsprochen. — Auf der Pennsylvania Railroad scheint es dem Zugpersonal verboten zu sein, die Lehnen auf Verlangen der Passagiere umzudrehen. Der im Besitz der Schlüssel befindliche Beamte erklärte auf Befragen rundweg: „Es ist dies gegen meine Instruktion, die Lehnen müssen so bleiben, wie sie gestellt sind.“ Fährt der Zug nun in anderer Ordnung — insbesondere bei Kopfstationen — so werden sämtliche Lehnen umgedreht. Die Eisenbahnen haben den Reisenden diese Bequemlichkeit entzogen, um zu verhindern, daß man seine Füße auf die gegenüberliegenden Sitze legt, was überdies durch besondere Anschläge in vielen Wagen ausdrücklich verboten wird. Nebenbei will man durch solche Mittel die Reisenden zwingen, in den sog. Palace oder Parlour Cars zu fahren.

Die großen Eisenbahngesellschaften selbst führen nur die Wagen der gewöhnlichen Art, und außerdem schlechter (mit Holzbänken) eingerichtete Wagen zweiter Klasse, vielfach auch Einwandererwagen genannt, in welchen zu billigeren Preisen gefahren wird, und die sich meist nur in den langsam fahrenden Personenzügen befinden.

Im Winter werden die Wagen mit zwei in den Ecken stehenden Öfen geheizt. Die Beleuchtung erfolgt durch drei bis vier von der Decke herabhängende große Petroleumlampen und ist nicht hell genug, um dabei bequem lesen zu können. Die Lüftung der Wagen habe ich überall recht gut gefunden. Die meisten Wagen sind gegen das Eindringen von Staub durch Doppelfenster geschützt.

Ein Anschlag verbietet den Aufenthalt auf den breiten Platforms der Wagen während der Fahrt. Dieser Anschlag hat aber lediglich den Zweck, die Haftpflicht der Eisenbahnen für Unfälle, welche durch das Stehen auf der Platform herbeigeführt werden, zu beseitigen; denn das Zugpersonal duldet ruhig die Übertretung dieses Verbotes.

Die außergewöhnlichen Personenwagen, also Schlafwagen, Speisewagen (Dining Cars) und Salonwagen (Palace oder Parlour Cars) werden von Unternehmern gestellt, welche dafür eine besondere Gebühr von den Reisenden erheben. Der bedeutendste dieser Unternehmer ist der große Wagenfabrikant Pullman in Chicago. Ein anderer, welcher beispielsweise mit der New York Central und Hudson River-Eisenbahn in Geschäftsverbindung steht, heißt Wagner. Diese Unternehmer stehen mit den Eisenbahngesellschaften in engen geschäftlichen Beziehungen, sie haben mit denselben Verträge abgeschlossen, welche für beide Teile vorteilhaft sein müssen; denn die Eisenbahnbeamten wirken vielfach darauf hin, daß die Pullman-Wagen benutzt werden. Einige besonders schnell fahrende Züge (z. B. der Blitzzug zwischen New York und Chicago, ein Congressional Express Train zwischen New York und Washington) führen nur Pullman-Wagen, für deren Benutzung ein Preisaufschlag von täglich etwa zwei Dollar zu zahlen ist. Die Palastwagen unterscheiden sich von den gewöhnlichen Wagen dadurch, daß sie reicher ausgestattet sind und einen zusammenhängenden Raum bilden, in welchem eine Anzahl auf dem Fußboden feststehender, drehbarer Sessel, ein oder zwei Sophas, Tische und anderes

Gerät sich befinden. Die Sessel scheinen mir nicht sehr bequem. Ein wirkliches Ausruhen auf denselben war nicht möglich.

Die Schlafwagen unterscheiden sich bei Tage wenig von den gewöhnlichen Wagen. Abends werden aus je vier Sitzen auf zwei gegenüberliegenden Bänken zwei Betten übereinander gemacht. Man nennt einen Raum für zwei Betten eine Abteilung („Section"). Das Bettzeug für das untere Bett ist innerhalb der Sitzplätze. Die Unterlage für das obere Bett ist bei Tage gegen die innere Wand zurückgeschlagen und wird abends heruntergeklappt. Die nach dem inneren Teile des Wagens gekehrte Seite der Unterlage hängt dann an Ketten von der Decke des Wagens herab. Zwischen jede Abteilung werden Bretterwände geschoben, die senkrecht gegen die Wände des Wagens stehen. Nach dem Innern des Wagens zu sind die Betten durch bewegliche Vorhänge verdeckt. Die Seitenwände der Wagen laufen nach oben hin schräg zu. Das Bettzeug befindet sich in dem Raum zwischen der inneren (als Unterlage für das obere Bett dienenden) und der äußeren Wand. Die Bettunterlage ist an der Wand des Wagens sehr geschickt befestigt. Man merkt bei Tage gar nicht, daß sie zurückgeklappt werden kann und die Bestandteile des oberen Bettes sich daselbst befinden. Ein Pullman-Wagen soll einschließlich der Ausstattung \$ 14—16 000 kosten, der hohe Preis hauptsächlich durch die Notwendigkeit einer sehr genauen Arbeit bedingt werden.

Die Betten liegen parallel mit den Wänden des Wagens und sind recht bequem. Der Ansicht aber, daß das Reisen in den amerikanischen Schlafwagen gar nicht ermüdend, ja außerordentlich angenehm sei, daß man in denselben ohne die geringste Beschwerde mehrere Tage und Nächte hintereinander zubringen könne, kann ich nicht beipflichten. Beschwerlich war selbst die unter den denkbar günstigsten Umständen zurückgelegte Festreise. Die Schlafwagen des Extrazuges waren schwach besetzt, die Mehrzahl der Reisegenossen hatte eine ganze Abteilung für sich, die Bedienung war aufmerksam und die Gesellschaft war untereinander bekannt. Bei Tage war für Unterhaltung stets gesorgt und der Schlaf meistens erträglich. Aber das Schlafengehen und Aufstehen war auch für uns stets unbehaglich. Man ist genötigt, jeden Abend und jeden Morgen seine Handkoffer aus- und einzupacken. Der Raum zum Aus- und Ankleiden in dem zwischen den Betten liegenden Gang ist recht beschränkt und das Waschen und Ankleiden beschwerlich. Für einen Schlafwagen sind zwei Waschgeschirre für alle Herren und ein Waschgeschirr (in einem abgeschlossenen Raum) für alle Damen vorhanden. Einer nach dem andern muß dies Waschgeschirr benutzen. Der Ankleideraum für die Herren ist offen, nach der einen Thüre zu belegen, für jedermann zugänglich, und es wird dann auch ungeniert fortwährend aus- und eingegangen.

Befindet man sich nun als gewöhnlicher Reisender in einem voll, mit Damen und Herren besetzten Schlafwagen, so treten diese Unbequemlichkeiten ganz anders hervor. Für wenige Nächte lassen sich dieselben wohl ertragen, aber es erscheint mir als Schönfärberei, wenn von vielen Deutschen die Vorzüge des Reisens in den amerikanischen Schlafwagen vor dem Reisen in den deutschen Koupés oder Schlafwagen gerühmt werden. Übrigens aber liegt für Deutschland ein Bedürfnis zur Einrichtung eines in der amerikanischen Weise organisierten Schlafwagen-Reisens schon deswegen nicht vor, weil in Deutschland keine Strecken vorhanden sind, zu deren Durchfahrung man mehrerer Tage und Nächte bedarf.

Ein Bett im Schlafwagen kostet meist $1\frac{1}{2}$—2 Dollars für die Nacht; außerdem ist es Sitte, dem Schlafwagendiener ein Trinkgeld von 25—50 Cents für jede im Schlafwagen verbrachte Nacht zu geben. Eine Abteilung kostet das Doppelte.

Speisewagen (Dining Cars) befinden sich in solchen Zügen,

welche bei kurzen Aufenthaltszeiten auf Zwischenstationen sehr lange Strecken hintereinander durchfahren, beispielsweise dem vorerwähnten Blitzzuge zwischen New York und Chicago, und außerdem in den Zügen der Pazifikbahnen. Diese durchschneiden weite unbewohnte Landstriche, in welchen es an Stationen, auf denen Lebensmittel zu haben sind, gänzlich fehlt. Das Essen und Trinken in diesen Wagen wird als schlecht und teuer geschildert. Die amerikanischen Eisenbahnverwaltungen sind aber zu gute Rechner, als daß sie auf allen ihren Zügen Speisewagen mit sich führten. Es wird, wie bei uns, in den Fahrplänen darauf Bedacht genommen, daß zu den Stunden der Mahlzeiten an größeren Stationen längerer Aufenthalt stattfindet, und während desselben in den Bahnhofs-Restaurationen eine bereitstehende Mahlzeit eingenommen werden kann. Eine Einstellung von Speisewagen in alle schnellfahrenden Personenzüge würden übrigens in Amerika noch weniger am Platze sein, als bei uns, weil der Amerikaner nicht, wie so viele deutsche Reisende, die Gewohnheit hat, auch zwischen den Hauptmahlzeiten zu essen und zu trinken. Die Speisewagen würden also nur während der Mahlzeiten besetzt sein und im übrigen als tote Last mitgeschleppt.

Das Rauchen ist auf den amerikanischen ebenso wie auf den französischen, englischen und italienischen Eisenbahnen verboten. Die meisten Züge führen je einen besonderen Rauchwagen (Smoking Car) mit sich, welcher einfacher ausgestattet ist, als die gewöhnlichen Wagen und auch nicht so sauber gehalten wird. Der Zutritt zu den Rauchwagen steht jedermann frei; auch der Raucher pflegt sich aber nur so lange darin aufzuhalten, als er wirklich raucht. Der Aufenthalt daselbst ist nichts weniger als angenehm.

Die Lokaltarife der Eisenbahnen des amerikanischen Nordwestens.

I.

Eine Darstellung der Eisenbahntarife in den Vereinigten Staaten in ihrer Gesamtheit würde eine ebenso überflüssige als wenigstens für den Ausländer unmögliche Arbeit sein. Es würde schon unmöglich sein, auch nur von den bedeutendsten Bahnen eine Übersicht ihrer veröffentlichten Tarife und ein einigermaßen vollständiges und zuverlässiges Tarifmaterial zu erhalten, geschweige denn, daß man über die viel zahlreicheren, nicht veröffentlichten Frachtsätze irgend genaueres erfahren könnte. Nun ist aber der Bau der Tarife, die Tarifsätze, derartig willkürlich, durch zufällige vorübergehende Ereignisse beeinflußt, daß eine Bearbeitung derselben unter allgemeinen wissenschaftlichen und wirtschaftlichen Gesichtspunkten völlig ausgeschlossen wäre. Auch möchte für die wissenschaftliche Erkenntnis des Eisenbahntarifwesens, für ein tieferes und besseres Verständnis der auf diesem Gebiete noch bestehenden streitigen Fragen durch eine so mühevolle Bearbeitung der amerikanischen Eisenbahntarife ein mit der Mühe einigermaßen im Verhältnis stehender Gewinn schwerlich erzielt werden. Will man daher nicht auf eine etwas tiefere Einsicht in diese unleugbar auch für uns sehr lehrreichen Verhältnisse gänzlich verzichten, so erübrigt auch hier nur, an einzelnen Erscheinungen das Wesen des Ganzen zu erklären, und diese einzelnen Erscheinungen thatsächlich festzustellen und zu erläutern. Unter gleichen Verhältnissen wiederholen sich auch dieselben Erscheinungen, und gerade in den Vereinigten Staaten, in welchen Raum und Zeit eine so unbedeutende Rolle spielen, und die ganze Bevölkerung, vor allem aber die Eisenbahnleute, fortwährend in Bewegung sind und in Wechselbeziehungen stehen, hat sich eine gewisse Gleichartigkeit der äußeren Verhältnisse so weit herausgebildet, daß die klare Einsicht in das Tarifwesen einer Bahn das Verständnis der Tarife anderer Bahnen wesentlich erleichtert. Eine Eisenbahn ahmt die Einrichtungen der anderen nach, soweit sie sie bewährt gefunden hat, vermeidet Maßnahmen, die sich als verfehlt herausgestellt haben, und kann dies umso besser, weil das Personal der Eisenbahnen wenig seßhaft ist und leicht von einer Gesellschaft zur anderen übergeht.

Bei meiner Anwesenheit in den Vereinigten Staaten ist mir das gesamte Tarifmaterial für die Nord-Pazifik-Bahn und die mit ihr in den nordwestlichen Gebieten der Vereinigten Staaten in Verbindung stehenden Eisenbahnen bereitwilligst zur Verfügung gestellt und dabei die Versicherung gegeben, daß diese Tarife die allein um jene Zeit (Herbst 1883) gültigen und zur Anwendung gelangenden seien. An der Aufrichtigkeit dieser Versicherung zu zweifeln lag um so weniger Anlaß vor, als die Strecken der Eisenbahnen, für welche diese Tarife gelten, damals ohne jegliche Konkurrenz ein weites Gebiet ausschließlich bedienten, welches bis zur Eröffnung der Nord-Pazifik-Eisenbahn beinahe unzugänglich gewesen war. Überdies hatte, wie das in einem früheren Aufsatze gezeigt ist, der Bau der Bahn bedeutende Summen, viel mehr, als man veranschlagt hatte, gekostet. Die Verwaltung hatte hiernach nicht den geringsten Grund, der spärlichen Bevölkerung, welcher sie soeben auf eignes Risiko die Bahn gebaut, durch die sie mit der Zivilisation in Verbindung gebracht war, auch noch durch übermäßig billige Tarife ein Geschenk zu machen, sie hatte insbesondere keinen Anlaß, ihre Einnahmen dadurch mutwillig zu schmälern, daß sie einzelnen Versendern heimlich besondere Vergünstigungen gewährte. Das Tarifmaterial, welches hier näher betrachtet werden soll, hat also den Vorzug, daß es ein praktisch gehandhabtes war, und daß es die Gesamtheit eines Lokaltarifs auf einer wichtigen, einer bedeutenden Zukunft entgegensehenden Bahn bildet, somit für sich allein den Gegenstand einer die Sache im wesentlichen erschöpfenden Darstellung bilden kann. Will man aber ein wirkliches Verständnis für die amerikanischen Eisenbahntarife, ihren Bau, ihre Sätze gewinnen, so kann das meiner Auffassung nach nur auf dem nachstehend gewählten Wege geschehen. Die amerikanische Presse verfährt freilich anders. Bei Darstellung der amerikanischen Tarife und Vergleichung derselben mit denen anderer Länder beschränkt sie sich auf allgemeine Erörterungen, beispielsweise über die Höhe der Durchschnittsfrachten für Güter in den Vereinigten Staaten, über den Gegensatz zwischen Lokal- und durchgehenden Frachten u. dgl. Die Zahlen, welche dann mitgeteilt werden, sind Durchschnittszahlen, mit welchen aber auf diesem Gebiete am wenigsten anzufangen ist, zumal über die Faktoren, aus welchen der Durchschnitt gezogen ist, gar nichts gesagt wird. Was mir dagegen von Wichtigkeit erscheint, ist gerade die Prüfung und Vergleichung des Baues der Tarife, der Tarifvorschriften, der Tarifsätze im ganzen und für einzelne Artikel. Das kann man nicht nach Durchschnittszahlen und nach den Berichten der Bahnen und Aufsichtsbehörden, sondern nur nach dem Tarifmaterial selbst. Man muß wirkliche amerikanische Tarife in der Hand haben, um ein richtiges Bild zu geben, welches dann auch Vergleichungen mit europäischen Tarifen wenigstens ermöglicht.

Das durch Vollendung der Nord-Pazifik-Eisenbahn dem

Weltverkehr erschlossene Gebiet ist die westliche größere Hälfte eines Landstrichs zwischen dem 42. und 47. Breitengrade, als dessen östlicher Endpunkt New York gelten kann, während dasselbe im Westen seine Grenze am Puget-Sunde findet. Dieser Landstrich von einer Längenausdehnung von über 5000 km, ist — den Eindruck schon muß der flüchtige Reisende gewinnen — von der Natur in verschwenderischer Fülle mit Reichtümern aller Art ausgestattet. Gleichzeitig hat aber die Natur selbst für alle Bedingungen zur leichten und erfolgreichen Hebung dieser Schätze gesorgt. Die ganze natürliche Beschaffenheit der Gegenden erscheint förmlich angelegt für einen bequemen und wohlfeilen Betrieb von Handel und Verkehr. An der Ostküste, dem Atlantischen Ozean, liegen die vier großen Hafenplätze, New York in der Mitte, Boston 350 km nördlich, Philadelphia etwa 120, Baltimore 300 km südlich. Alle vier Häfen sind so tief, daß die größten Seeschiffe direkt bis ans Land fahren, ihre Güter vom Schiff unmittelbar auf die Eisenbahn geladen werden können und umgekehrt. Die großen Speicher und Lagerplätze, die weit ausgedehnten Docks liegen daher in nächster Nähe des Meeresufers, die Eisenbahnen erstrecken ihre Schienen bis dicht an die Landungsstellen der Dampfboote heran.

Denn dieselben haben diese Gunst der natürlichen Lage nach allen Richtungen hin ausgenutzt, und waren hierzu schon deswegen genötigt, weil die Menschenkraft in den Vereinigten Staaten, besonders im Westen, die teuerste aller Kräfte ist. Der Strom der Einwanderung aus Europa konnte bis in den fernen Westen noch nicht vordringen, die eingeborene Bevölkerung, d. h. die Indianer, taugen zur Vornahme schwerer Arbeiten gar nicht, und die Chinesen, welche, wie sie an dem Bau der älteren beiden pazifischen Bahnen — der Union und der Central Pacific — wesentlich mitgewirkt haben, auch für die Herstellung der westlichen Strecken der Nord-Pazifik-Bahn geradezu unentbehrlich waren, und sich von Portland her bis östlich vom See Pend'oreille angesiedelt hatten, bleiben nicht dauernd in den Vereinigten Staaten, ja ihre Einwanderung ist von der Regierung selbst erschwert worden. Sie vermischen sich gar nicht mit der übrigen Bevölkerung, sondern kehren, nachdem sie sich ein ausreichendes Stück Geld verdient haben, in ihre Heimat zurück. Auf ihre Arbeitskraft ist also dauernd nicht zu rechnen, und der Amerikaner wendet daher, soweit es eben möglich ist, Maschinenkraft an. An den Güterbahnhöfen aller größeren Plätze finden sich mechanische Einrichtungen zur Be- und Entladung der Eisenbahnwagen, der Fluß- und Seeschiffe. Eine Amerika eigentümliche Einrichtung sind die Getreide-Elevatoren, riesige, viele Stockwerke hohe Gebäulichkeiten zur Lagerung und Behandlung des Getreides. Diese nach übereinstimmenden Plänen gebauten Magazine fallen dem Reisenden überall sofort in die Augen, in New York, Hoboken, Brooklyn befindet sich eine große Anzahl derselben an den Ufern des Hudson und East River, zum Teil im Eigentum der Eisenbahnen. Die großartigsten Anlagen dieser Art sind die Elevatoren von Dows in Brooklyn. Dieselben Einrichtungen sieht man an den großen Seen, in Chicago, in Minneapolis, wo die Eisenbahnschienen auch in unmittelbare Verbindung mit den Riesenmühlen gebracht sind. Diese Mühlen, die größten der Welt, werden durch die Wasserkraft der St. Anthony-Fälle des Mississippi (angeblich 270 000 Pferdekraft) getrieben, in den größten derselben können täglich 5—6000 Faß Mehl erzeugt werden. An der einen Seite dieser Mühlen wird das Getreide in Eisenbahnwagen herangefahren, von den Eisenbahnwagen unmittelbar in die Gänge der Mühle hineingeschüttet, vermahlen und weiter verarbeitet, das Mehl in Säcke oder Fässer verpackt und auf der gegenüber liegenden Seite des Gebäudes wiederum in die dort angefahrenen leeren Eisenbahnwagen verladen. Durch ein solches Verfahren wird die Produktion des Mehles natürlich außerordentlich verbilligt.

Nach demselben System sind die weltberühmten Viehhöfe und Schlächtereien (Stock Yards) bei Chicago mit den zahlreichen dort einmündenden Eisenbahnen in Verbindung gesetzt. Ihre Schienen durchziehen das ganze, mehrere englische Quadratmeilen große Gebiet. Die Eisenbahnen bringen das lebende Vieh, Rindvieh und Schweine, heran, laden es in den Ställen aus, von denen es sofort in die Schlächtereien wandert, um, nachdem es geschlachtet und weiter zubereitet ist, verpackt und in den bereitstehenden Eisenbahnwagen seinem neuen Bestimmungsorte zugeführt zu werden.

Wie man im Osten erst nach und nach in gleichem Schritt mit der allmählichen Entwickelung des großen Weltverkehrs derartige Einrichtungen getroffen und allmählich vervollkommnet hat, so geht man nunmehr, nachdem die neue Schienenverbindung mit dem Nordwesten vollendet ist, ans Werk, an der Westküste, dem Stillen Ozean, unter Benutzung der im Osten gemachten Erfahrungen, sofort alle Anstalten für Handel und Verkehr möglichst in gleicher Vollkommenheit herzustellen, und auch hier hat die Natur das ihrige gethan, um alle solche Anstalten zu erleichtern. Die drei westlichen, von der Nord-Pazifik-Eisenbahn angeschlossenen Hafenplätze Portland (Oregon), Tacoma und Seattle sind für den Weltverkehr wie geschaffen. Portland ist die am weitesten vorgeschrittene Stadt. Sie hat 30 000 Einwohner, liegt am Villammette-Fluß, 20 km von seinem Zusammenfluß mit dem Kolumbia, und besitzt schon seit einigen Jahren eine regelmäßige Dampfschiffverbindung mit San Francisco. Die Flüsse Kolumbia und Villammette sind so breit und tief, daß die großen Ozeandampfer bis nach Portland heranfahren können. Es fuhren im Herbst 1883 wöchentlich drei Dampfer zwischen Portland und San Francisco, in beiden

Richtungen, die kaum den starken Personen- und Güterverkehr zu bewältigen vermochten. Die Oregon und California-Eisenbahn von Portland nach San Francisco ist im Bau begriffen. Die beiden anderen Hafenplätze liegen am Puget-Sund, einer Bucht, welche durch die Straße San Juan de Fuca mit dem Stillen Ozean in Verbindung steht. Beide Plätze sind ganz jung, dem Urwalde eben entwachsen, in ihren Straßen finden sich noch zahlreiche Stümpfe gefällter Bäume, aber die Bevölkerung derselben lebt der sicheren Zuversicht, daß sie Portland bald gleich an Bedeutung sein werden. Der Puget-Sund ist für die großen Ozean-Dampf- und Segelschiffe vollständig zugänglich. Die Schienen der Nord-Pazifik-Bahn gehen bis an die Rheden von Tacoma und von Seattle und die Interessen der Eisenbahnen und der Schiffahrt vereinigen sich in dem Bestreben, einen bedeutenden Handel auch nach diesen Städten hinzuziehen. Ihre Lage ist in mancher Beziehung günstiger, als die Portlands, da der Verkehr auf dem Fluß zuweilen durch eine in der Nähe der Mündung des Kolumbia-Flusses befindliche, bei neblichem Wetter und niedrigem Wasserstande schwer zu überschreitende Barre gehemmt wird, ein Hindernis, welches für die Fahrt nach dem Puget-Sunde nicht vorliegt.

Auch für den Eisenbahnbau liegen die Verhältnisse in diesen Gebieten der Vereinigten Staaten ungewöhnlich günstig. Das Terrain ist überall, außer der Strecke, welche innerhalb der Felsengebirge liegt, eben, ohne große Steigungen, welche durch kostspielige Kunstbauten zu überwinden wären. Auf der weiten Strecke von St. Paul bis Portland — über 3000 km — sind nur zwei Tunnel in den Felsengebirgen, nur drei größere eiserne Brücken (bei Bismarck über den Missouri, bei Ainsworth über den Schlangenfluß und bei Portland über den Villammette), abgesehen von den zahlreichen Holzüberbrückungen, sog. Trestle Works, erforderlich gewesen. Auf beinahe der Hälfte ihrer

Länge geht die Nord-Pazifik-Bahn über ganz ebenes Terrain. — Für Grund und Boden haben die Eisenbahnen, wenn ihnen derselbe nicht durch den Staat oder die Gemeinden unentgeltlich überlassen wurde, nur geringe Preise bezahlt, da zu der Zeit, als sie bauten, der Grund und Boden beinahe ohne Wert war und erst durch die Anlage von Bahnen einen Preis erhielt.

Die östlichen Gebiete der Vereinigten Staaten, welche man heute schon fast bis zu den großen Seen rechnen kann, haben sich also in sehr kurzer Zeit mit einem dichten Eisenbahnnetze bedeckt, neben welchem auch noch die natürlichen Wasserstraßen der großen Flüsse und Seen den Binnenverkehr vermitteln. Auf dem Hudson, dem Delaware, dem Potomac, dem Mississippi, dem Missouri, dem Kolumbia und dem Villammette-Flusse, auf dem Michigan- und Erie-See, dem Erie-Kanal, welcher den See mit dem Hudson verbindet, herrscht ein starker Personen- und Güterverkehr. Auch diese Verkehrsstraßen sind von der Natur allein geschaffen und werden von ihr allein unterhalten, ohne daß es einer Mitarbeit seitens der Bewohner bedarf.

Wie die Vereinigten Staaten ein eigentliches Zeitalter der Landstraßen niemals gehabt haben, so findet man es auch heute noch da, wo ein Bedürfnis nach Zufuhrstraßen zu den großen Bahnen sich herausstellt, billiger, Stichbahnen als Landstraßen anzulegen.

Dieses ausgezeichnete System der Verkehrsmittel kommt der Ausbeute der Bodenschätze in hohem Grade zu statten. Kaum irgend eine Reise konnte geeigneter sein, in kurzer Zeit eine Vorstellung von diesen Schätzen zu geben, als die Reise zur Eröffnung der zu einem großen Teil von der Kultur bisher unberührte Gebiete durchziehenden Nord-Pazifik-Bahn. In Minnesota und Dacota ist ein für den Ackerbau vortrefflich geeigneter Boden. Es wächst dort die auf den Märkten am höchsten geschätzte und am teuersten bezahlte Sorte Weizen (Hard No. 1

genannt), ohne daß man dem Boden Dung zuzuführen braucht. Das Klima ist ein günstiges, die Bevölkerung macht einen zufriedenen Eindruck, und die zahlreichen Landwirte wußten nicht genug davon zu erzählen, wie gut es ihnen gehe, und wie schnell sie sich zu einem verhältnismäßigen Wohlstande heraufgearbeitet hatten. Die Bestellung des Bodens geschieht vielfach fabrikmäßig durch große Unternehmer, welche mit ihren Arbeitern und ihren Maschinen im Frühjahr und im Spätsommer die Getreidegegenden bereisen und die Bestellung des Bodens und die Ernte besorgen. Eine der ersten Anlagen in den zahlreichen, neu erstehenden Städten pflegt auch dort schon der Getreide-Elevator zu sein, der selbstverständlich am Bahnhofe errichtet wird, einer Aktiengesellschaft gehört, und auf welchem die Erträge der Felder gelagert werden, bis sie zu vorteilhaften Preisen verkauft werden können. Der Landwirt kann genauer, als das bei uns möglich ist, die Kosten des Betriebes schätzen, weil bei denselben weniger Zufälligkeiten, insbesondere Witterungseinflüsse, in Rechnung zu ziehen sind.

Ein anderes Getreidegebiet ist die Umgegend der an einer Zweigbahn belegenen Stadt Walla Walla im Washington-Territorium. Kaum glaubliche Ziffern über die Ertragsfähigkeit des dortigen Bodens wurden genannt. In Portland war eine Ausstellung der landwirtschaftlichen, insbesondere auch der Gartenprodukte dieser Gebiete veranstaltet, die allgemeines Erstaunen erregte; abgesehen von den Körnerfrüchten in vorzüglichster Qualität, fanden sich dort alle feineren Obstsorten, Küchengewächse und andere Handelspflanzen in den schönsten Exemplaren vertreten. Ähnliche Eindrücke hinterließen die Ausstellungen der Bodenprodukte, welche an mehreren Zwischenstationen, an denen der Zug hielt, zu Ehren der Eröffnung der neuen Bahn, veranstaltet waren. Ein großer Teil dieser Bodenschätze liegt noch unerschlossen da, so insbesondere in den weiten zu den Reservationen der Indianer gehörigen Landstrecken. Die Indianerstämme betrachten die ihnen überwiesenen Ländereien als ein Gemeingut und sind bis jetzt wenig geneigt, von denselben zu veräußern, ebensowenig betreiben sie — einzelne Ausnahmen abgerechnet — Ackerbau und Viehzucht. Es ist aber nicht wohl zweifelhaft, daß, wenn der Wert des Grund und Bodens sich noch erheblich steigert, und die übrigen Ländereien in festen Händen sind, auch diese Gebiete der Kultur erschlossen werden.

In dem westlich an Dacota grenzenden Territorium Montana ist der Boden weniger für Ackerbau, als für Weiden des Viehes geeignet. Dieses Gebiet scheint außerdem mineralische Schätze in größerem Umfange zu bergen. Helena, die Hauptstadt von Montana, ist entstanden aus einer Ansiedelung von Silber- und Goldgräbern, und in seiner Umgegend werden heute noch diese Edelmetalle gefördert. In der Nähe der Stadt Bozeman sind reiche Kohlenflötze entdeckt, welche auch für die Eisenbahn von hoher Bedeutung sind. Große Kohlenlager befinden sich außerdem nicht weit von Tacoma, in der Nähe des Mount Ranier.

Der Bahn entlang ziehen sich in den westlichen Gebieten dichte Urwälder, die große Reichtümer an Holz aufweisen. Von einer rationellen Verwertung dieser Reichtümer ist indessen bis jetzt nicht die Rede. Das Holz wird zum Heizen, auch der Lokomotiven, zum Bau von Hütten und Baracken in der Wildnis, vernutzt, hat aber keinen eigentlichen Handelswert. Die Folge davon ist, daß mit diesen Schätzen eine unglaubliche Verschwendung getrieben wird. Wo das Holz im Wege steht, wird es einfach niedergebrannt. Beim Bau der Eisenbahn durch die Urwälder wird die Linie abgesteckt und dann ein Waldbrand verursacht, soweit der Bahnkörper durch den Wald hindurchgeht. Daß dabei an beiden Seiten viel mehr Wald abbrennt, als für den Bahnkörper nötig wäre, ist ganz gleichgültig. Diese meilenweiten Fahrten durch an- und abgebrannte Waldungen machen einen geradezu trostlosen Eindruck. Überall stehen die halb verbrannten, halb verkohlten Stämme, die nunmehr ganz wertlos sind. Besonders bedenklich sind die klimatischen Einflüsse dieser Raubwirtschaft. Die ganze Atmosphäre ist oft meilenweit mit dichtem Dunst durchtränkt. Bei einer Fahrt über den See Pend'oreille konnte man die nächsten Ufer nicht klar vor sich sehen. Geradezu unerträglich sind diese Dünste bei länger andauerndem heißen und trocknen Wetter. In der Stadt Portland sieht man zuweilen tagelang nicht von einer Seite der Straße bis zur andern. Nur heftiger Regen ist im stande, diese Dünste niederzuschlagen.

Die Bevölkerung der von dem Eisenbahnsysteme durchzogenen Gebiete ist noch recht dünn und spärlich. Die Besiedelung ist von Osten — den Städten St. Paul, Minneapolis, Duluth — her bis etwa in die Mitte von Dacota vorgeschritten, dessen Hauptstadt Bismarck ungefähr 5000 Einwohner zählt. Zwischen diesen Punkten sind noch die Städte Brainerd, Fargo, Sanborn, Jamestown zu erwähnen. Im äußersten Westen, von Portland aus nach dem Innern zu, war der gebirgige Charakter des Landes einer Ansiedelung weniger günstig. Abgesehen von den zukunftsreichen Hafenplätzen des Stillen Ozeans, verdienen etwa nur die Städte The Dalles und Walla Walla der Erwähnung. Von etwas größerer Bedeutung sind in Montana die Städte Helena und Bozeman, sowie der aufstrebende Fabrikort Butte, welche schon vor dem Bau der Bahn angelegt sind und sich nunmehr schneller entwickeln werden. Plätze wie Spokane Falls, Livingstone u. a. sind erst wenige Jahre alt. Die Gesamtbevölkerung der Ortschaften des durchzogenen Gebietes, ausschließlich St. Paul, Minneapolis und Duluth, betrug im Herbste 1883 kaum 100 000 Personen.

Das sind die Gegenden, für deren Verkehr die Eisenbahnverwaltungen Bestimmungen zu erlassen hatten; Bestimmungen, deren Endzweck dahin gehen mußte, den vorhandenen Verkehr zu entwickeln, neuen Verkehr heranzuziehen, nebenbei aber auch, das Eisenbahngeschäft selbst zu einem möglichst lohnenden zu machen.

II.

Die Fahrzeit der Personenzüge für den großen durchgehenden Verkehr über die Nord-Pazifik-Eisenbahn zwischen New York und dem Stillen Ozean richtete sich von Anfang an nach den beiden älteren pazifischen Bahnen. Man fährt von New York bis Portland sechs Tage und sechs Nächte, davon vier Tage und vier Nächte von St. Paul bis Portland. Der „Pacific Express“ verläßt St. Paul abends 8 Uhr, um vier Tage später, abends 7 Uhr 35 Portland zu erreichen, während der „Atlantic Express“ von dort 7 Uhr 10 Minuten vormittags abfährt und vier Tage später 7 Uhr 35 vormittags in St. Paul ankommt. Zwischen New York und St. Paul fahren mehrere Züge, meist über Chicago. Die regelmäßige Fahrzeit ist 48 Stunden; bei Benutzung des Lightning Expreß-Zuges zwischen New York und Chicago über die Pennsylvania-Bahn etwa 10 Stunden weniger. Auch die Fahrpreise von New York nach Portland hatte die Nord-Pazifik-Bahn denen von New York nach San Francisco über die Union- und Zentral-Pazifik-Bahn gleichgestellt. Wie sich bald nach Eröffnung der Bahn ein lebhafter durchgehender Personenverkehr auf derselben entwickelte, so ist es auch in der Folge geblieben, zahlreiche Reisende zwischen Ost und West nehmen wenigstens einmal den Weg über die neue Bahn, welche von der älteren auch den Vorzug einer schöneren Gegend auf ihrer ganzen Strecke hat. Für ordentlichen Schlafwagendienst ist ebenso gesorgt, wie für Speisewagen. Letztere sind erforderlich, weil man nirgends unterwegs

Gelegenheit hat, eine Mahlzeit einzunehmen. Eine jede Mahlzeit kostet im Wagen 75 Cents, d. h. rund drei Mark; ein Platz im Schlafwagen zwischen St. Paul und Portland $ 15, eine Abteilung das Doppelte ($ 30). Auf Teilstrecken sind die Schlafwagenplätze billiger, also beispielsweise bis Bismarck (24 Stunden Fahrzeit) $ 3·50, bis Bozeman oder Helena $ 9 für den Platz, für die Abteilung das Doppelte ($ 7 und $ 18).

Ein Betriebsreglement für den Personenverkehr giebt es auf dieser Bahn nicht. Statt desselben werden in dem Büchelchen, welches die Gesellschaft unter dem Titel: „Northern Pacific Manual" herausgiebt, und welches außer den Fahrplänen und Fahrpreisen alles enthält, was sonst noch für den Personenverkehr zwischen St. Paul und Ainsworth, d. h. auf der Hauptstrecke und den Zweiglinien der eigentlichen Nord-Pazifik-Eisenbahn wissenswert ist, dem Reisenden sowohl, als den Bahnbeamten wertvolle Ratschläge über die Verhaltungsmaßregeln auf der Bahn erteilt. Diese Ratschläge und Mitteilungen sind mehrfach nur der Form nach verschieden von den Bestimmungen des deutschen Betriebsreglements für den Personenverkehr. So wird beispielsweise mitgeteilt, daß die Billetschalter so zeitig für die Reisenden geöffnet sind, daß dieselben mit aller Bequemlichkeit ihre Billets kaufen und ihr Gepäck abfertigen lassen können. Die Reisenden werden dringend ersucht, Billets nur von den Beamten der Bahn, niemals von anderen Personen zu kaufen, weil man nur in diesem Falle Sicherheit davor habe, gültige, und nicht etwa von anderen Personen verlorene, gestohlene, gefälschte oder abgelaufene Billets zu erhalten. Die Gesellschaft lehnt für Unzuträglichkeiten, welche dem Reisenden durch solche ungültige Billets verursacht werden, jede Verantwortlichkeit ab. Die Billets sind verschiedener Art. Es giebt Billets erster Klasse, welche für keine bestimmte Zeitdauer gelten (Unlimited First Class Tickets), die man also jederzeit benutzen, und auf welchen man die Reise beliebig unterbrechen kann; eine zweite Sorte Billets erster Klasse (Limited First Class Tickets) gelten nur zu einem bestimmten Zuge, berechtigen nicht zur Unterbrechung der Fahrt, und können nur auf Wunsch der Reisenden bei einer Unterbrechung der Fahrt auf kürzere Zeit (höchstens 15 Tage seit Ausgabe des Billets) verlängert werden. Die dritte Sorte sind die Billets zweiter Klasse, deren Dauer stets auf eine bestimmte Zeit beschränkt ist, und bei welchen Unterbrechung der Fahrt niemals stattfindet. Auf jedes voll bezahlte Billet wird Freigepäck von 150 Pfund (ungefähr 70 kg) auf den Strecken östlich, und von 100 Pfund (ungefähr 45 kg) auf den Strecken westlich von Helena gewährt; für das Übergewicht ist Gepäckfracht zu zahlen. Kinder unter fünf Jahren in Begleitung ihrer Eltern oder anderer erwachsener Angehöriger sind frei, Kinder zwischen fünf und zwölf Jahren bezahlen die Hälfte des Fahrpreises, und erhalten übrigens auch nur 75 Pfund Freigepäck.

Eine besondere Art Billets sind die in den Vereinigten Staaten vielfach ausgegebenen Tausend-Meilen-Billets; eine Art Abonnementsbillets, welche den Inhaber ermächtigen, soviel Meilen zu fahren, als er bezahlt hat. Der Preis derselben ist geringer, als der der regelmäßigen Billets, und sie sind auch in ihrer Gültigkeitsdauer weniger beschränkt. Auch die Nord-Pazifik-Bahn giebt Tausend-Meilen-Billets aus für die Strecke von St. Paul bis Ainsworth, und Fünfhundert-Meilen-Billets für die Oregon Railway and Navigation Company. Die letzteren kosten fünf Cents für die Meile (= 13 Pfennig für das Kilometer), die ersteren auf der Strecke bis Mandan drei Cents, von Mandan bis Helena vier Cents, von Helena bis Ainsworth gleichfalls fünf Cents für die Meile (also 7·8 ₰, 10·4 ₰ und 13 ₰ für das Kilometer). Zum Vergleich sei darauf aufmerksam gemacht, daß die Normalpersonenzugs-Fahrpreise der preußischen Staatsbahnen, und vieler anderen deutschen Staats- und Privatbahnen sich auf 8, 6, 4, und 2 ₰ für die 1., 2., 3., und 4. Klasse der Personenzüge belaufen. Der niedrigste Satz dieser amerikanischen Abonnementsbillets ist also beinahe so hoch, wie der regelmäßige Preis der preußischen Personenbillets erster Klasse.

Über das Verhalten der Reisenden gegenüber den Angestellten der Bahn und die Pflichten der letzteren wird folgendes gesagt: Die Reisenden werden gebeten, dem Generaldirektor für den Personenverkehr in St. Paul Mitteilung über etwaige Unhöflichkeiten der Bahnbeamten zugehen zu lassen. Während das Bestreben der Verwaltung dahingeht, gerechten Beschwerden Abhilfe zu schaffen, wird vorausgesetzt, daß sich ein höfliches Betragen auf beiden Seiten, sowohl von den Angestellten, als den Reisenden, empfiehlt.

Die Billets sind von den Reisenden beim Eintritt in den Wagen vorzuzeigen; die Reisenden können sich ihre Plätze selbst aussuchen, und jeden leeren Platz ohne weiteres besetzen. Da sich jedoch die Sitte herausgebildet hat, daß man sich durch Belegen mit irgend einem Gegenstande einen Platz sichern kann, so ist hierauf bei Auswahl der Plätze thunlichst Rücksicht zu nehmen. — Herren müssen Damen, welche keinen Sitzplatz gefunden haben, ihren Platz mindestens anbieten — Krankheitsfälle ausgenommen. Wenn durch Öffnung der Fenster — welche in den amerikanischen Wagen von unten nach oben geschoben werden — Zug für die Mitreisenden entsteht, so ist vorher die Erlaubnis derselben einzuholen. Auch sonst ist auf die Rechte und die Bequemlichkeit der Mitreisenden thunlichst Rücksicht zu nehmen. Die Reisenden sollen sitzen bleiben, bis der Zug ganz still steht. Beim Betreten und beim Verlassen des Wagens ist stets die Thür zu schließen.

Daß sich ein starker Lokalverkehr auf der Bahn schnell

entwickeln wird, ist wenig wahrscheinlich; die Gegend muß zunächst mehr angebaut und stärker besiedelt sein. Für den Vergnügungsreisenden bietet dieselbe allerdings mancherlei Anziehendes. Die größte, durch dieselbe erreichbar gewordene Sehenswürdigkeit ist der Yellowstone National Park, nach welchem von der Station Livingstone eine 51 Meilen lange Zweigbahn führt. Erwägt man indessen, daß das Billet von St. Paul nach Livingstone $ 51 kostet, wozu noch $ 2—2·50 für die Fahrt bis zur Station Cinnabar, dem Eintrittspunkt in den Yellowstone Park hinzukommen, so leuchtet ein, daß auf einen Massenverkehr hierher einstweilen nicht zu rechnen ist.

Daß die Eisenbahn sich nun für die Personenbeförderung im Lokalverkehr hohe Preise zahlen läßt, kann man ihr gewiß nicht übelnehmen. Das Verlangen, ihre Preise denen der europäischen Bahnen gleichzustellen, wäre ein unbilliges, und wenn einzelne Einwanderer — wie vor kurzem in der Presse berichtet sein soll — über die erdrückend hohen Preise im Lokalverkehr geklagt haben, so verkennen dieselben die Verhältnisse.

Über die Lokal-Personen-Einheitssätze der Nord-Pazifik-Bahn habe ich mich übrigens nur aus dem vorerwähnten Handbuche unterrichten können. Dasselbe enthält indessen lediglich die Gesamtpersonenfahrpreise zwischen St. Paul und Duluth einerseits und der Mehrzahl der an der Hauptstrecke der Nord-Pazifik-Bahn belegenen Stationen, unter Beifügung der Entfernungen. Durch Division der Fahrpreise durch die Entfernungen lassen sich hieraus die Einheitssätze ermitteln. Eine Probe belehrt uns aber, daß für die einzelnen Stationen die Einheitsfahrpreise verschiedene sind. Ob dieselben Einheitssätze, wie ab St. Paul und Duluth, auch für die Stationen untereinander gelten, wird nicht gesagt. Es sind Fahrpreise ausgeworfen für die erste Klasse, die zweite Klasse und für Retourbillets (Round Trip), außerdem Frachtsätze für Auswanderergut, sowohl Stückgut als Wagenladungen. Die Tarifsätze von St. Paul sind denen von Duluth ganz gleich, obgleich meist die Entfernung von Duluth um 20—22 Meilen geringer ist, als von St. Paul.

Der Fahrpreis nach Bluffton (187 Meilen von St. Paul, 166 Meilen von Duluth) beträgt beispielsweise $ 7·45 für die erste und $ 5·65 für die zweite Klasse, was einem Einheitssatze (ab St. Paul berechnet) von 4 Cents für die erste und 3 Cents für die zweite Klasse entspricht. Nach Fargo (274 Meilen von St. Paul und 253 Meilen von Duluth) $ 9·40 und $ 7, Einheitssatz 3·4 und 2·5 Cents; nach Bismarck (469 Meilen von St. Paul, 447 Meilen von Duluth) $ 17·20 für die erste und $ 12·85 für die zweite Klasse, Einheitssatz 3·7 und 2·7 Cents; nach Ainsly (749 Meilen von St. Paul, 727 Meilen von Duluth) $ 34·20 und $ 24·35, Einheitssatz 4·5 und 3·2 Cents; nach Bozeman (1055 und 1034 Meilen) $ 54 und $ 41, Einheitssatz 5·1 und 3·8 Cents; nach Helena (1154 und 1132 Meilen) $ 60 und $ 45, Einheitssatz 5·2 und 3·9 Cents.

Aus diesen aufs Geratewohl herausgegriffenen Beispielen läßt sich, wenn man auch die Bestimmungen über die Meilenbillets mit in Rücksicht zieht, soviel schließen, daß auf den östlichen Strecken der Bahn geringere Einheitssätze gelten, als auf den westlichen. Vermutlich sind bei Bildung der Tarife die verschiedenen Einheitssätze aneinander gestoßen, und die Folge davon ist, daß der durch die Division sich ergebende Einheitssatz kein runder Betrag ist. Außerdem wird man den Verkehr einzelner Plätze, z. B. Bismarcks, durch Gewährung etwas ermäßigter Tarife zu heben gesucht haben. Man wird im wesentlichen das Richtige treffen, wenn man bis Bismarck einen Einheitssatz für die erste Klasse von etwa 3·5 Cents, von da bis Helena noch zwei weitere Einheitssätze von 4·5 und 5·5 Cents annimmt. Über Helena hinaus nach Westen zu sind in dem Tarife Stationen nicht angeführt. Die Sätze der zweiten Klasse sind 25—33$^{1}/_{3}$ Prozent billiger. Für Retourbillets scheint man ganz willkürlich verfahren zu haben. Auf kleine Entfernungen ist der Preis der doppelte der zweiten Klasse, auf größere Entfernungen niedriger, 75 auch 60 Prozent höher als die zweite und 40 bis 50 Prozent höher als die erste Klasse.

Die Frachtsätze für Einwanderergut sind mäßig gehalten. Für die Einwanderer sind übrigens hauptsächlich die Fahrpreise zweiter Klasse, welche von gewöhnlichen Reisenden selten benutzt wird; es werden auch besondere, einfach ausgestattete Schlafwagen für die Einwanderer mitgeführt, für deren Benutzung eine besondere Gebühr nicht erhoben wird.

Im ganzen wird man der Verwaltung das Zeugnis ausstellen können, daß sie, den obwaltenden Umständen angemessen, das Publikum nicht übermäßig belastende Bedingungen für die Personenbeförderung aufgestellt hat.

III.

Für die Güterbeförderung auf den Linien der westlichen Strecken der Nord-Pazifik-Eisenbahn von Helena bis Ainsworth und die nach Westen anschließende Hauptbahn der Oregon Railway and Navigation Company von Ainsworth nach Portland, ferner auch für die übrigen Strecken der beiden Bahnen und ihre in diesen Gebieten belegenen Zweigbahnen bestehen seit dem 20. November 1882 neue übereinstimmende Tarifvorschriften nebst Güterklassifikation, welche unter dem Titel:

„Northern Pacific Railroad, Western Divisions, Oregon Railway and Navigation Company, Rail and River Divisions. Revised Local Freight Classification, taking effect November 20. 1882. This Classification supersedes all others of previous Date. Portland, Oregon 1882“

in einem Quartheft von 33 Seiten vereinigt sind. Die ersten 18 Seiten dieses Heftes enthalten Bestimmungen, deren Inhalt teils dem auch den deutschen Eisenbahngütertarifen vorgedruckten Betriebsreglement nebst allgemeinen Zusatzbestimmungen, teils den allgemeinen Dienstvorschriften, Geschäftsanweisungen, Instruktionen u. s. w. entspricht, und welche in acht Abschnitte mit folgenden Überschriften zerfallen:

1. Allgemeine Vorschriften. Regeln und Beförderungsbedingungen.
2. Annahme des Gutes zum Transport.
3. Behandlung des Gutes unterwegs.
4. Verladung.
5. Ablieferung des Gutes.
6. Annahme und Verladung von lebendem Vieh.
7. Bearbeitung von Reklamationen, welche dem Zentralbüreau zur Prüfung übergeben werden.
8. Anweisung für die Zugführer.

Die Bestimmungen tragen fortlaufende Nummern von No. 1 bis 118. Einige der wesentlichsten, für das verfrachtende Publikum maßgebenden[1], sind:

Bei Aufgabe des Gutes müssen zwei Frachtbriefe ausgestellt werden, welche von dem Versender auszufüllen sind, und deren einer das Gut begleitet, während das Duplikat bei dem Beamten, der das Gut zur Beförderung angenommen hat, verbleibt. Formulare für Frachtbriefe werden von den Dienststellen der Gesellschaft verabfolgt. (No. 1.) Wertpapiere, Gold und Silber,

---

[1] Soweit diese Bestimmungen rechtlicher Natur sind, scheinen sie mit dem gemeinen Frachtrecht der Vereinigten Staaten in Übereinstimmung zu stehen. Es ergiebt dies ein Vergleich mit der neuesten Darstellung des Eisenbahnfrachtrechts in dem vor kurzem erschienenen zweibändigen Werke von David Rorer, A Treatise on the Law of Railways (Chicago 1884), insbes. Kapitel LVI—LXII (Band II S. 1220—1422).

gemünzt oder in Barren, Gold- und Silbergeräte, Juwelen und Uhren werden zur Beförderung überhaupt nicht angenommen. Gemälde, Kunstsachen u. s. w. werden nur befördert, wenn sie als solche ausdrücklich bezeichnet sind, und gegen eine besondere Gebühr für die Beförderung und die Haftung. (No. 4, 5.) Die Gesellschaft übernimmt keinerlei Verpflichtung, ein Gut mit einem bestimmten Zuge, Schiffe oder auf einen bestimmten Markt zu befördern, sondern sie befördert im allgemeinen mit der Schnelligkeit, welche ihr regelmäßiger Geschäftsgang zuläßt;[1] sie haftet nicht für Verlust oder Beschädigung, welche durch irgend welche Transportverzögerungen herbeigeführt werden, nicht für Leckage, Beschädigung durch Hitze oder Kälte, durch Bruch, Schwinden u. s. w., sowie durch sonstigen höheren Einfluß, ebensowenig für Schaden durch Feuer während der Fahrt und auf den Stationen. Bei lose aufgegebenen Gütern, als Früchten, Kolonialwaren, Häuten u. s. w. haftet die Gesellschaft nicht für die Stückzahl. (No. 6, 12, 13.) Die Beamten der Bahnen übernehmen keine Vorausbestellungen für Wagen. Die vorhandenen Wagen werden unter die Versender thunlichst gleichmäßig verteilt. (No. 7.) Die Güter müssen ordentlich verpackt sein, auf denselben muß der Empfänger und die Bestimmungsstation genau verzeichnet sein; etwaige von anderen Transporten herrührende Bezeichnungen, Etiketten u. s. w., müssen sorgfältig entfernt werden. Für alle Schäden, welche aus ungenügender Verpackung, ungenauer Bezeichnung u. s. w. hervorgehen, haftet die Gesellschaft nicht. (No. 8.) Für die Bezeichnung einzelner Güter werden besondere Bestimmungen gegeben. (No. 33—35.) Für Gegenstände von unbedeutendem

[1] Vgl. ROBER a. a. O. S. 1270—73. Es ist im allgemeinen zu befördern „in reasonable time", also wie in England, Entschädigung von dem Frachtführer nur zu leisten, wenn demselben ein Verschulden und wenn ein durch die Verspätung entstandener Schaden nachgewiesen wird.

Werte, sowie für Sachen, welche an eine nicht an der Bahn belegene Station gehen sollen, ist die Fracht vorauszubezahlen. (No. 11.) In den Güterschuppen, den Güterhallen, auf den Perrons u. s. w. der Bahnen lagern die Frachtgüter, ausschließlich auf Gefahr des Eigentümers. Die Gesellschaft haftet für keinerlei Verlust und Beschädigung, soweit dieselben nicht nachweisbar durch ein Verschulden ihrer Beamten herbeigeführt sind. (No. 14.) Die Gesellschaft übernimmt grundsätzlich nur die Beförderung auf ihren Strecken. Wenn daher ein Gut an einen an einer anderen Bahn oder überhaupt nicht an einer Bahn belegenen Platz befördert werden soll, so hat der Versender genau anzugeben, an welcher Station der ursprünglichen Versandtbahn das Gut auf einen anderen Weg übergeführt werden soll, und an dieser Station wird das Gut dann an die neue Bahn oder die von dem Versender bezeichnete Mittelsperson abgeliefert, ohne daß die ursprüngliche Bahn irgend weitere Haftung übernimmt. (No. 15—17, 37.) Für die mit der Beförderung auf offenen Wagen verbundene Gefahr haftet die Gesellschaft nicht. Ihre Haftpflicht als Frachtführer dauert nur bis zur Ankunft des Gutes am Bestimmungsort. Von da ab haftet sie lediglich als Eigentümer eines Lagerhauses (Warehouseman)[1] und hat das Recht, das Gut 24 Stunden nach der Ankunft an ein Lagerhaus abzugeben, wo für die Aufbewahrung Lagergeld zu zahlen ist. (No. 18.) Die Fracht für leichtverderbliche Gegenstände ist vorauszubezahlen, widrigenfalls dieselben nicht befördert werden. (No. 19, 39.)

Die Be- und Entladung der Wagenladungsgüter ist durch Versender und Empfänger innerhalb einer Frist von 24 Stunden zu bewirken. Bei Überschreitung dieser Frist ist eine Wagen-

[1] Nähere Ausführungen über diese Haftung finden sich bei Rorer a. a. O. S. 1296—1298.

strafmiete von $ 5 (M 21·25) für jeden Tag zu zahlen, auch wahrt sich die Gesellschaft das Recht, die Be- oder Entladung ihrerseits, indessen auf Gefahr und Kosten der Beteiligten, zu übernehmen. (No. 23.) Ebenso übernimmt die Gesellschaft keinerlei Haftung für Gewicht und Maß der von den Versendern selbst verladenen Güter. (No. 24.) Besonders strenge Vorschriften sind für die Beförderung von Heu gegeben. Der Versender muß hierbei ausdrücklich auf jeden Ersatz eines etwa durch Funkenflug aus der Lokomotive herbeigeführten Schadens verzichten. (No. 25.)

Das Verfügungsrecht über das Gut während des Transports ist in der Regel bei dem im Frachtbriefe bezeichneten Empfänger. Nach Aufgabe des Guts kann der Absender nur mit schriftlicher Zustimmung des bezeichneten Empfängers über dasselbe verfügen.[1] (No. 26, 27, 42.)

Für die Beförderung von Pulver behält sich die Gesellschaft völlig freie Hand. Andere leichtentzündliche Gegenstände, insbesondere Sprengstoffe, werden zur Beförderung überhaupt nicht angenommen. (No. 28.)

Die Fracht ist bei Empfang des Guts zu zahlen, sie wird unter keinen Umständen kreditiert. (No. 29.) Für die Beförderung der Gegenstände von außergewöhnlichem Umfange behält sich die Bahn besondere Vereinbarungen vor. (No. 30, 60.) Die auf den Stationen lagernden, nicht abverlangten Güter kann die Bahn nach drei Monaten verkaufen. (No. 31.)

Nachnahme auf den Wert des Gutes ist unzulässig. Nur mit Vorfrachten, Lagerspesen, Kommissionsgebühren kann das Gut belastet werden, mit dem Vorbehalt jedoch, daß, wenn die Nachnahme den Wert des Guts übersteigt, der Verfrachter sich

---

[1] Entspricht gleichfalls dem Common Law; vgl. Rorer, Kapitel LVIII S. 1324 ff.

schriftlich verpflichten muß, für Annahme des Guts gegen Bezahlung der gesamten Fracht am Bestimmungsorte aufzukommen. (No. 38.)

In Wagen, Equipagen etc., welche unverpackt zur Beförderung gelangen, dürfen lose Gegenstände, als Kissen, Geschirr, Peitschen u. dgl., nicht verbleiben. Diese müssen vielmehr besonders zur Beförderung aufgegeben werden. (No. 41.)

Die No. 44—50 enthalten genaue Bestimmungen über die Ausstellung der Frachtkarten durch die Expedienten.

Das Mindestgewicht für Stückgut, welches zur Berechnung kommt, ist 100 Pfd. (= ungefähr 45 kg), der Mindestbetrag von Fracht 25 Cents (= 1 *M*). Wenn in einem Packet Gegenstände verpackt sind, welche verschieden tarifieren, so ist stets die Fracht nach der teuersten Klasse zu bezahlen. (No. 51, 52.) Stellt die Fracht für Stückgutsendungen, welche in einem Wagen befördert werden, sich höher, als die Fracht für eine ganze Wagenladung von Gegenständen derselben Art, so ist die letztere Fracht zu erheben. (No. 60.)

Von der Ankunft des Guts am Bestimmungsort ist der im Frachtbriefe bezeichnete Empfänger sofort und unter Mitteilung der auf dem Gute haftenden Fracht- und sonstigen Gebühren zu benachrichtigen. Wenn derselbe nicht zu ermitteln ist, so ist bei der Versandstation anzufragen. (No. 70, 73.) Im Falle einer Annahmeverweigerung ist die vorgesetzte Dienststelle (der Superintendent of Traffic) zu benachrichtigen, welcher die Verfügungen des Verfrachters einholt. (No. 74.) Wenn Güter in beschädigtem Zustande oder mit schadhafter Verpackung ankommen, so ist dies sorgfältig festzustellen, auch dafür zu sorgen, daß der Schaden ausgebessert und weiterer Verlust, z. B. durch Ausfließen von Flüssigkeiten, vermieden wird. Alle diese Maßnahmen und Feststellungen sind thunlichst unter Zuziehung und in Gegenwart des Empfängers vorzunehmen. (No. 71, 72, 75, 76.)

Für die Annahme und Verladung von lebendem Vieh werden folgende wesentliche Vorschriften gegeben: Die Ver- und Entladung erfolgt durch die Versender auf ihre Gefahr und Kosten. Auch die Beförderung geschieht lediglich auf Gefahr des Verfrachters. Die Eisenbahn lehnt jegliche Haftpflicht, insbesondere auch für ein etwaiges Ersticken des Viehes oder für Beschädigungen, welche die Tiere einander zufügen, ab. (No. 85.) Die Verladung ist sorgfältig durch das Eisenbahnpersonal zu überwachen. Die Zusammenladung von Schweinen oder Schafen mit Rindvieh oder Pferden ist untersagt, wenn nicht von dem Verfrachter feste Trennungswände zwischen den verschiedenen Arten von Vieh hergestellt sind. (No. 86.) Die Zusicherung der Einhaltung bestimmter Lieferfristen ist streng verboten. (No. 87.) Für die Beförderung von lebendem Vieh sind besondere Verträge abzuschließen. (No. 88.) Während der Fahrt ist darauf zu achten, daß dem Begleitpersonal eine ordnungsmäßige Pflege und Wartung des Viehes möglich ist. (No. 89.)

Den eingesandten Reklamationen sind die Beläge beizufügen, als Frachtbrief, Rechnungen, Ladescheine, besondere Verträge über die Frachtberechnungen für einzelne Sendungen u. dergl. (No. 91, 92.) Im Falle einer Überladung ist dafür zu sorgen, daß die Verwaltung die Beweise, eine solche festzustellen, in Händen hat. Insbesondere ist bei der Entladung der Güter in solchen Fällen eine Nachwiegung vorzunehmen. (No. 93.) In allen Verlust- und Beschädigungsfällen ist in Gegenwart von Zeugen ein genauer Thatbestand aufzunehmen. (No. 94.) Wenn für heimliche Schäden des Gutes nach der Ablieferung Ersatz gefordert wird, so müssen, falls ein solcher Anspruch überhaupt noch zugelassen wird, Versender und Empfänger eidesstattliche Erklärungen über die Menge, die Beschaffenheit und den Zustand des Gutes zur Zeit sowohl des Versandes als des Empfanges ihrer Reklamation beifügen. (No. 95.) Die Eisenbahngesellschaft behält sich das Recht vor, beschädigte Artikel gegen Zahlung des Fakturapreises und der Fracht eigentümlich zu erwerben. (No. 96.) Auch im übrigen werden genaue Vorschriften über die Feststellung von Verlusten und Beschädigungen gegeben, die Beamten der Bahn für jede in der Bearbeitung von Reklamationen hervorgerufene Verzögerung verantwortlich gemacht und die Versicherung ausgesprochen, daß es die ernste Absicht der Gesellschaft sei, allen gerechten Ansprüchen schleunige und volle Befriedigung zu gewähren. (No. 97—103.)

Dies die wesentlichen Bestimmungen, unter welchen die Güter auf der Nord-Pazifik-Bahn und ihren westlichen Anschlüssen befördert werden. Während kaum eine einzige Bestimmung sich findet, die dem Publikum günstiger wäre, als die auf den deutschen Eisenbahnen geltenden entsprechenden Bestimmungen, fallen auf den ersten Blick zahlreiche Bedingungen ins Auge, welche sich in Deutschland das verkehrtreibende Publikum längst nicht mehr gefallen läßt. So das gänzliche Fehlen von Lieferfristen, die völlige Willkür der Bahnen bei Feststellung der Beförderungszeit und die Unmöglichkeit, sich, wie bei uns, wenigstens durch Versicherung der Lieferfrist von dem durch Verspätung entstandenen Schaden zu bewahren. Es läßt sich daher auch schwer etwas Genaueres feststellen über die regelmäßige Beförderungszeit auf den nordamerikanischen Bahnen. Nach mündlichen Mitteilungen ist dieselbe auf den großen, für Massentransporte gebauten Linien thatsächlich ungefähr so schnell, als in Deutschland die Lieferzeit für gewöhnliches Frachtgut. Man hat einmal auf einigen Bahnen eine Zeitlang versucht, die Einhaltung bestimmter Lieferfristen zu verbürgen, diesen Versuch indessen nach kurzer Zeit wieder aufgegeben, weil die vom Publikum wegen Versäumung der Lieferfristen erhobenen Ansprüche den Eisenbahnen bald unbequem wurden. Auf eine Eilgutbeförderung lassen sich in den Vereinigten Staaten die Eisenbahnen überhaupt nicht ein, sie ist Sache der mehrgedachten Expreß-Gesellschaften.

Ferner verdienen Beachtung die verschiedenen, weitgehenden Haftpflichtbeschränkungen der Eisenbahnen, die zahlreichen Klauseln, welche die Ablehnung jeglicher Haftpflicht ermöglichen; die strengen Vorschriften über die Packung und die Verladung der Güter, die Willkür der Eisenbahnen bei Annahme der Güter zum Transport. Eine Bestimmung, wie die im vorletzten Absatz des Art. 422 des Handelsgesetzbuchs, nach welcher in Ansehung der Zeit der Beförderung kein Absender vor dem anderen ohne einen in den Einrichtungen der Bahn, in den Transportverhältnissen oder im öffentlichen Interesse liegenden Grunde begünstigt werden darf, besteht in dieser Klarheit und Bestimmtheit für die amerikanischen Eisenbahnen nicht.[1] Eine Wagenstrafmiete von fünf Dollars täglich würde unserem Handelsstande gleichfalls wenig zusagen. Daß die Eisenbahnen Nachnahmen auf den Wert des Gutes nicht zulassen, hat seinen Grund in der abweichenden Geldwirtschaft der Vereinigten Staaten, vornehmlich der weiteren Ausdehnung des Check-Verkehrs, welche ein Bedürfnis, die Eisenbahnen auch zu Geldvermittelungsanstalten zu machen, nicht hat hervortreten lassen.

Das Verfügungsrecht über das rollende Gut liegt, umgekehrt wie bei uns, der Regel nach in den Händen des bezeichneten Empfängers, allem Anscheine nach, weil dieser in der großen Mehrzahl der Fälle schon vor Absendung das Eigentum an dem Frachtgute erworben hat.[2]

[1] Vgl. Rorer, a. a. O. S. 1220 ff.

[2] So auch Rorer, a. a. O. S. 1324: „there is prima facie evidence of ownership of the goods in the consignee".

IV.

Das Tarifsystem der hier betrachteten und zahlreicher anderer amerikanischer Bahnen ist ein Wertklassifikationssystem mit vier Stückgut- und drei bis vier Wageladungsklassen. Die letzteren stehen den Spezialtarifen des deutschen Tarifsystems näher, als der deutschen Wagenladungsklasse B; wogegen die „Special Rates" der amerikanischen Bahnen unseren „Ausnahmetarifen" entsprechen. Die Stückgutklassen werden bezeichnet mit den arabischen Nummern 1, 2, 3, 4, die Wagenladungsklassen mit den großen lateinischen Buchstaben A, B, C, D. Das Mindestgewicht für Stückgut ist, wie bereits bemerkt, 100 Pfund, das Mindestgewicht für eine Wagenladung 20 000 Pfund oder zehn Tonnen (eine Tonne wiegt genau 1016 kg).[1] Der wesentliche Inhalt der Tarifhefte ist demgemäß ein alphabetisch geordnetes Warenverzeichnis für die als Stückgut und für die als Wagenladungsgut zur Beförderung angenommenen Gegenstände. Bei jedem einzelnen Artikel steht die Klasse, zu welcher er gehört, und etwaige sonstige Bedingungen unter denen er zur Beförderung angenommen wird. Zu letzteren gehören u. A. die Beförderung entweder auf Gefahr des Eigentümers (Owners Risk, abgekürzt O. R.) und auf Gefahr des Frachtführers (Carriers Risk, C. R.), die Übernahme der Gefahr von Bruch (Breakage) und Leckage (Leakage) durch den Eigentümer oder durch den Frachtführer (C. R. B. und O. R. B.,

[1] Dieses Gewicht wird allgemein angegeben, ebenso findet sich in allen mir zugänglichen Quellen das Gewicht des amerikanischen Pfundes = 0·453 kg, wonach 1 Tonne = 906 kg wäre. Da in den amerikanischen Tarifen die Frachtsätze durchweg in Einheiten von 100 Pfund angegeben, und nach dieser Einheit im nachfolgenden auch umgerechnet sind, so ist der Gewichtsunterschied der beiden Tonnen ohne Bedeutung für die nachfolgende Darstellung.

sowie C. R. L. und O. R. L.), die Bestimmung, ob ein Gut, z. B. Maschinen, auseinandergenommen (Knocked Down) oder zusammengesetzt (Set Up) befördert wird, ob Vorausbezahlung der Fracht (P. P. — prepaid charges) verlangt, ob Ausstellung eines Reverses wegen Verzichts auf gewisse Forderungen an die Eisenbahn (Release) gefordert wird.

Unter den Stückgütern, welche zu den in vier Klassen aufgeführten Frachtsätzen befördert werden, giebt es einzelne, welche die anderthalbfache, die doppelte, dreifache, ja vierfache Fracht der höchsten Stückgutklasse zu bezahlen haben. Es sind dies meist besonders wertvolle, sperrige, gefährliche Güter. Zu den sperrigen, für den doppelten Satz der höchsten Stückgutsklasse beförderten Gütern gehören beispielsweise zahlreiche landwirtschaftliche Geräte, leere Kisten, Körbe, Fässer, Schachteln, Vogelkäfige und sonstige Behältnisse, allerhand Möbel, Glas- und Steingutwaren, kurz, im wesentlichen die Gegenstände, welche auch nach dem deutschen Gütertarife als sperrig gelten, aber nur die anderthalbfache Fracht des Stückguts bezahlen. Die dreifache Fracht der höchsten Stückgutklasse zahlen u. A. Federn in Säcken, Drahtarbeiten, Schießpulver, sowie einige leicht leckende Flüssigkeiten, falls dieselben auf Gefahr der Eisenbahn befördert werden. Bei letzteren ist nur die doppelte Fracht der höchsten Stückgutklasse zu zahlen, wenn der Versender die Gefahr übernimmt. In dem Güterverzeichnis habe ich nur einen Gegenstand gefunden, welcher die allerhöchste Fracht zahlt, es sind Schaukästen, wie sie in den Kaufläden Verwendung finden. Die Fracht für dieselben ist — offenbar ihrer Zerbrechlichkeit und Sperrigkeit wegen — die vierfache der höchsten Stückgutklasse, wenn sie auf Gefahr der Eisenbahn, die doppelte Fracht, wenn sie auf Gefahr des Versenders befördert werden. Die Beförderung von 100 kg der letzteren Gegenstände kostet auf eine Entfernung von 200 km hiernach rund 30 Mark, während auf den preußischen Staatsbahnen 3·60 Mark zu erheben sein würden.

In dem Verzeichnis der Wagenladungsgüter finden sich verschiedene Artikel, welche, auch wenn sie als Wagenladungen aufgegeben werden, den Tarif einer Stückgutklasse zu zahlen haben. So tarifieren z. B. Säuren, wenn sie die Eisenbahn überhaupt zur Beförderung und zwar auf Gefahr des Verfrachters annimmt, zu dem Satze der höchsten Stückgutklasse. Bei diesen Gütern muß unter allen Umständen die Fracht für zehn Tonnen bezahlt werden, wenn sich die Berechnung der Fracht nach dem wirklichen Gewicht zu dem Stückgutsatze nicht billiger stellt. Eine eigenartige Bestimmung mehrerer Ausnahmetarife für Getreide verdient besondere Erwähnung. Wenn nämlich Getreide unterwegs ausgeladen und gemahlen und sodann als Mehl weiter befördert wird, so ist als Fracht der Satz für Getreide zwischen Versand- und Empfangsplatz zuzüglich einer Gebühr von 25 Cents (= 1 Mark) für die Tonne zu zahlen. Eine große Erleichterung für den Getreideverkehr.

Die Tarifsätze selbst sind in einem anderen Quartheft von 13 Seiten enthalten, welches den Titel führt:

„Northern Pacific Railroad, Pend'oreille and Clark's Fork Divisions, Oregon Railway and Navigation Company, Rail and River Divisions. Local Freight Tariffs, taking effect November 20, 1882."

Die Mehrzahl dieser Tarifsätze standen im September 1883 noch in Geltung; andere waren durch Nachträge außer Kraft gesetzt, durch welche auch für die seit dem 20. November 1882 gebauten Strecken neue Tarife eingeführt waren. Das Gebiet, für welches die Tarife gelten, sind die Strecken der Oregon Railway and Navigation Company und der Northern Pacific-Eisenbahn von Portland nach Osten, nach Norden und nach

Süden zu in Oregon und im Territorium Washington. Für die Strecke der Nord-Pazifik-Eisenbahn von Kalama nach Tacoma und anderen Plätzen am Puget-Sund galt ein besonderer Tarif vom 1. Januar 1883 ab, ferner stand für die Oregon und California-Eisenbahn seit dem 20. Juni 1883 ein Lokaltarif mit denselben Tarifvorschriften in Geltung, und seit dem 1. Juli 1883 war für die Oregon Railway and Navigation Company und die Nord-Pazifik-Eisenbahn ein Spezialtarif für Montana eingeführt, welcher indessen lediglich Frachtsätze für Portland und San Francisco nach Missoula (Montana) und darüber hinaus bis Bozeman (Montana) enthält, und daher mehr den Charakter eines durchgehenden Tarifs hat.

Die äußere Einrichtung der Tarife entspricht im wesentlichen der der deutschen Tarife. Neben den einzelnen Stationen sind die für dieselben geltenden Frachtsätze ausgeworfen. Da auch die Entfernungen in englischen Meilen angegeben sind, so läßt sich eine Vergleichung der Tarifsätze mit denen der deutschen Eisenbahnen unschwer vornehmen. Eine solche Vergleichung wird dadurch erleichtert, daß den Stationstarifen ein für alle in denselben nicht benannten Plätze gültiger Entfernungstarif beigefügt ist, und zwar für alle Entfernungen von 1—700 Meilen (1·61 bis 1120 km) in Abstufungen von fünf zu fünf Meilen (ungefähr 8 zu 8 km). Soweit eine Entfernung zwischen zwei Stationen nicht genau mit fünf Meilen abschließt, ist der nächst höhere Satz zu nehmen, mit der Maßgabe, daß die Frachten zwischen zwei Stationen niemals höher sein dürfen, als die Fracht zwischen Portland und der entfernteren dieser Stationen. In der folgenden Tabelle sind die auf deutsche Einheiten zurückgeführten Sätze des (amerikanischen) Entfernungstarifs neben die Sätze der allgemeinen Tarifkilometertabellen der preußischen Staatsbahnen (östliche Linien) gestellt.

Tabelle zur Vergleichung der Normaltarifsätze

der Northern Pacific Railroad und Oregon Railway and Navigation Company einerseits und den preußischen Staatsbahnen (östliche Linien) andererseits.

Umgerechnet in deutsche Maß- etc. Einheiten: 1 mile = 1·6 km, 1 $ = 4·25 ℳ, 100 Pfund = 50 kg. (Frachtsätze in Mark für je 100 kg.)

Entfernung	Amerikanische Bahnen							Preußische Staatsbahnen						
	Stückgut-Klassen				Wagenladungsgut-Klasse			Stückgut	Allgemeine Wagenlad.-Klasse		Spezialtarife			
km	1.	2.	3.	4.	A.	B.	C.		A[1]	B.	A[2]	I.	II.	III.
8	1·02	0·85	0·68	0·51	0·59	0·42	0·42	0·19	0·15	0·13	0·10	0·10	0·09	0·08
16	1·19	1·02	0·76	0·68	0·68	0·51	0·42	0·29	0·22	0·19	0·14	0·13	0·12	0·10
24	1·36	1·19	0·93	0·85	0·85	0·59	0·42	0·38	0·28	0·24	0·18	0·17	0·14	0·12
32	1·53	1·36	1·10	1·02	0·93	0·68	0·42	0·48	0·34	0·30	0·22	0·20	0·17	0·14
40	1·70	1·53	1·19	1·10	1·02	0·76	0·51	0·57	0·40	0·35	0·26	0·24	0·20	0·16
48	1·95	1·70	1·36	1·27	1·19	0·85	0·51	0·67	0·46	0·41	0·30	0·28	0·23	0·18
56	2·21	1·95	1·53	1·36	1·36	1·02	0·59	0·77	0·53	0·46	0·37	0·34	0·29	0·24
64	2·55	2·21	1·70	1·53	1·53	1·10	0·59	0·86	0·59	0·50	0·41	0·38	0·31	0·26
72	2·89	2·46	1·95	1·70	1·70	1·27	0·59	0·96	0·65	0·55	0·45	0·41	0·34	0·28
80	3·14	2·72	2·12	1·95	1·87	1·36	0·68	1·05	0·71	0·60	0·49	0·45	0·37	0·30
88	3·48	3·06	2·38	2·12	2·12	1·61	0·68	1·15	0·77	0·65	0·53	0·49	0·40	0·32
96	3·82	3·31	2·55	2·29	2·29	1·70	0·76	1·25	0·83	0·70	0·57	0·52	0·43	0·34
104	4·16	3·57	2·80	2·46	2·46	1·87	0·85	1·34	0·90	0·74	0·64	0·59	0·48	0·35
112	4·41	3·82	2·97	2·72	2·63	1·95	0·93	1·43	0·95	0·79	0·68	0·62	0·51	0·37
120	4·76	4·16	3·23	2·89	2·89	2·12	0·93	1·52	1·00	0·84	0·72	0·66	0·54	0·38
128	5·10	4·42	3·40	3·06	3·06	2·29	1·02	1·61	1·06	0·89	0·76	0·70	0·57	0·40
136	5·44	4·67	3·57	3·23	3·23	2·38	1·10	1·70	1·11	0·94	0·80	0·73	0·60	0·42
144	5·69	4·93	3·82	3·40	3·40	2·55	1·10	1·78	1·16	0·98	0·84	0·77	0·62	0·44
152	6·03	5·27	3·99	3·65	3·65	2·72	1·19	1·87	1·22	1·03	0·88	0·80	0·65	0·45
160	6·37	5·52	4·25	3·82	3·82	2·89	1·27	1·96	1·27	1·08	0·92	0·84	0·68	0·47
168	6·71	5·78	4·42	3·99	3·99	2·97	1·36	2·05	1·33	1·13	0·96	0·88	0·71	0·49
176	6·97	6·03	4·67	4·25	4·16	3·14	1·44	2·14	1·38	1·18	1·00	0·91	0·74	0·51
184	7·22	6·29	4·84	4·42	4·33	3·23	1·44	2·22	1·43	1·22	1·04	0·94	0·76	0·52
192	7·48	6·54	5·10	4·59	4·50	3·40	1·53	2·31	1·49	1·27	1·08	0·98	0·79	0·54
200	7·73	6·80	5·27	4·76	4·67	3·48	1·61	2·40	1·54	1·32	1·12	1·02	0·82	0·56
300	11·30	9·69	8·07	6·97	6·80	5·10	2·29	3·50	2·21	1·92	1·62	1·47	1·17	0·78
400	14·79	12·75	10·62	9·01	8·84	6·63	2·97	4·60	2·88	2·52	2·12	1·92	1·52	1·00
500	17·34	15·74	13·09	11·22	10·37	7·73	3·74	5·70	3·55	3·12	2·62	2·37	1·87	1·22
600	19·80	17·68	15·30	12·83	11·90	8·92	4·25	6·80	4·22	3·72	3·12	2·82	2·22	1·44
700	22·27	19·88	17·60	13·94	13·34	10·03	4·67	7·90	4·89	4·32	3·62	3·27	2·57	1·66
800	23·80	21·42	18·70	15·30	14·28	10·71	5·10	9·00	5·56	4·92	4·12	3·72	2·92	1·88
900	24·90	22·44	19·63	16·23	14·96	11·22	5·44	10·10	6·23	5·52	4·62	4·17	3·27	2·10
1000	25·92	23·12	20·14	16·74	15·55	11·64	5·61	11·20	6·90	6·12	5·12	4·62	3·62	2·32
1100	26·77	23·80	20·82	17·00	16·06	12·07	5·69	12·30	7·57	6·72	5·62	5·07	3·97	2·54

Aus einer einfachen Vergleichung der einander gegenüberstehenden preußischen und amerikanischen Sätze dürfen Schlußfolgerungen natürlich nur mit großer Vorsicht gezogen werden. Die wirtschaftlichen Zustände der beiden Länder sind durch und durch verschiedene, der Geldwert ist ein ganz anderer, die Tarifsysteme fußen auf verschiedenen Grundlagen. Die deutschen Bahnen haben e i n e, die amerikanischen vier Stückgutklassen, den amerikanischen Bahnen fehlen unsere allgemeine Wagenladungsklasse A^1 und unsere Spezialtarife A^2 I, II, III, sie haben dagegen drei Wagenladungsklassen, nach welchen im großen Ganzen unter den Bedingungen unserer drei Spezialtarife gefahren wird. Will man aber, wegen solcher Verschiedenheiten, auf die Vergleichungen der Eisenbahnfrachtsätze verschiedener Länder nicht ganz verzichten, so sind solche Zusammenstellungen doch nicht ohne Wert, ja sichere Anhaltspunkte für eine Beurteilung der Eisenbahnfrachtverhältnisse lassen sich nur auf solchen zahlenmäßigen Grundlagen gewinnen. Für die Umrechnung der fremden in die einheimischen Werte sind in den Tabellen nicht die denkbar genauesten Verhältniszahlen angewandt, vielmehr diese Zahlen so abgerundet, daß die Frachtsätze der amerikanischen Bahnen bei ganz genauer Umrechnung höher sein würden, als bei dieser weniger genauen; insbesondere gilt dies bei der Gewichtsabrundung, wo überall 100 Pfund = 50 kg gerechnet sind, während dieselben nur 45·3 kg wiegen. Die hierdurch bedingten — übrigens leicht auszumerzenden — Abweichungen sind den übrigen Verschiedenheiten gegenüber so unbedeutend, daß sie kaum in Betracht kommen. Die preußischen Staatsbahnsätze sind in den Kilometertabellen von 1 zu 1 km berechnet und werden so angewandt, was natürlich dem Publikum in zahlreichen Fällen günstiger ist, als die amerikanische Methode, nach welcher für eine Entfernung von beispielsweise sechs Meilen dieselbe Fracht zu zahlen ist, wie für zehn Meilen, mit anderen Worten die Frachtsätze für je fünf Meilen nach oben aufgerundet werden. Auch dieser Unterschied ist bei der Vergleichung nicht außer acht zu lassen; denn in den Tabellen sind die Frachtsätze für geringere Entfernungen von 8—200 km nur von 8 zu 8 km, über 200 km sind die Sätze für jede weiteren 100 km ausgeworfen, soweit der amerikanische Tarif überhaupt noch Entfernungen aufführt.

Vergleicht man nun diese amerikanischen mit den preußischen Stückguttarifen, so findet man, daß die höchste Stückgutklasse auf diesen amerikanischen Bahnen reichlich dreimal, bei ganz kleinen Entfernungen sogar fünf bis achtmal so teuer ist, als die der preußischen Staatsbahnen. Aber auch die niedrigste Stückgutklasse ist auf diesen Bahnen etwa doppelt so hoch, als die preußische, d. h. es wird in diesem Lokalverkehr Stückgut in der billigsten Klasse ungefähr zu denselben Sätzen gefahren, wie Eilgut auf den preußischen Staatsbahnen. Der bedeutende Unterschied zu gunsten der preußischen Bahnen erhöht sich noch, wenn man erwägt, daß auch die Sätze der Wagenladungsklassen A^1 und A^2 für die Bahnen der Vereinigten Staaten als Stückgutsätze betrachtet werden müssen, da nur für Mengen von 10 000 kg billigere Wagenladungssätze bestehen, Mengen von 5000 kg also in Amerika als Stückgut befördert werden. Die Sätze des preußischen Spezialtarifs A^2 betragen aber nur den sechsten Teil der höchsten, den vierten Teil der niedrigsten amerikanischen Stückgutklasse, so daß also beispielsweise eine Wagenladung von 5000 kg Getreide im Lokalverkehr dieser amerikanischen Bahnen eine mehr als viermal so hohe Fracht zu zahlen hat, als auf den preußischen Staatsbahnen.

Zu ähnlichen Ergebnissen führt eine Vergleichung der Wagenladungsfrachten. Die allgemeine Wagenladungsklasse B der preußischen Staatsbahnen hat zum Teil erheblich niedrigere

Einheitssätze, als die billigste Wagenladungsklasse (C) dieser nordamerikanischen Bahnen; die Sätze der höchsten amerikanischen Wagenladungsklasse sind aber reichlich doppelt so hoch, als die der preußischen Wagenladungsklasse B. In ganz anderem Maße tritt die beträchtliche Höhe der Frachtsätze auf den Linien der Nord-Pazifik-Bahn hervor, wenn dieselben mit denen unserer preußischen Spezialtarife verglichen werden. Um aufs Geratewohl ein paar Beispiele herauszugreifen, so kosten je 100 kg Salz in Wagenladungen auf eine Entfernung von 500 km in Preußen ℳ 1·22 (Spezialtarif III), auf den hier verglichenen amerikanischen Bahnen (Kl. B) ℳ 7·73, Schiefer und Drainröhren in Preußen ebensoviel, auf diesen amerikanischen Bahnen (Kl. A) ℳ 10·37.

Nach alledem erscheint die Behauptung wohl berechtigt, daß die Frachtsätze dieser amerikanischen Bahnen ganz bedeutend höhere sind, als die der preußischen Staatsbahnen.

Daß bei solchen Beförderungsbedingungen und derartigen Frachtsätzen Eisenbahnen, die verhältnismäßig billig gebaut sind, recht wohl bestehen können, darf uns nicht wundern. Die Oregon Railway and Navigation Company hat ja auch, so lange sie von Präsident Villard geleitet wurde, glänzende Geschäfte gemacht. Andererseits hat sich ohne Zweifel auch der Verkehr trotz solcher, nach unseren Begriffen überaus hohen und schweren Bedingungen befriedigend entwickelt und Klagen über die Höhe der Tarife sind in Bevölkerungskreisen nicht laut geworden, welche jetzt noch froh sind, daß sie inmitten unbewohnter und unwegsamer Gegenden statt des gewöhnlichen Landfuhrwerks bequeme und schnelle Beförderung auf der Eisenbahn und regelmäßig verkehrenden Dampfbooten haben. Niemand aber wird es unter solchen äußeren Verhältnissen einer Eisenbahnverwaltung verdenken, wenn sie lohnende Frachten zu erhalten bestrebt ist und Preise fordert, bei welchen sie reichlich für das Risiko entschädigt wird, welches sie bei Anlage der Bahn gelaufen hat. Der Bewohner dieser Gebiete findet daher ein solches Verfahren auch ganz natürlich. So lange es ihm gut geht, gönnt er der Eisenbahn und ihren Aktionären ebenfalls ein gutes Verdienst.

Die Lokaltarife der in den östlichen Staaten belegenen Bahnen, beispielsweise Ohio, Massachusetts, Missouri sollen nicht entfernt die Höhe der hier mitgeteilten Frachtsätze der nordwestlichen Bahnen haben. Um hierüber ein richtiges Urteil zu gewinnen, würde eine Einsicht in das Tarifmaterial einer der größeren, in den älteren, mehr angesiedelten und kultivierteren Staaten belegenen Bahn erforderlich sein, und sicherlich würde eine Vergleichung schon der Tarifsätze verschiedener Gebiete der Vereinigten Staaten nicht geringes Interesse bieten.

Für die vielfach in Amerika gehörte Behauptung, daß die großen Bahnen nur deswegen im großen durchgehenden Verkehre so billig fahren können, weil sie im Lokalverkehr übermäßig hohe Frachten erheben, darf man sich übrigens auf die vorstehenden Untersuchungen nicht berufen, denn ein durchgehender Verkehr von erheblicherem Umfange hat sich auf den nordwestlichen pazifischen Linien noch nicht entwickeln können. Für den Verkehr zwischen den Häfen des Stillen zu denen des Atlantischen Ozeans muß die Nord-Pazifik-Bahn in Wettbewerb mit den älteren pazifischen Bahnen treten, von welchen nur die Transporte aus Oregon und Washington auf die neuen Linien übergehen werden, weil der direkte neue Weg bedeutend kürzer ist, als der bisherige alleinige Weg über San Francisco. Es waren für diesen Verkehr neue durchgehende Tarife mit Gültigkeit vom 25. August 1883 zwischen Portland in Oregon und allen Plätzen zwischen Portland und dem See Pend'oreille einerseits und New York, Pittsburgh, Cincinnati und Indianopolis, Chicago und St. Louis, St. Paul.

Minneapolis, Duluth und Superior andrerseits bereits vereinbart, deren Sätze die Lokalsätze ganz erheblich unterbieten. So beträgt der höchste Stückgutsatz zwischen New York und Portland (rund 5000 km) 50 *M* für 100 kg, der niedrigste Wagenladungssatz für dieselbe Strecke 12·50 *M*. Diese Tarife sind Differenzialtarife im eminentesten Sinne des Wortes, indem dieselben nicht nur für die vorstehend namhaft gemachten Plätze, sondern — ohne Rücksicht auf die Entfernung — auch für alle übrigen ungefähr in derselben Gegend belegenen wichtigeren Verkehrsplätze, also beispielsweise die New Yorker Sätze ebenso auch für die Häfen Boston, Philadelphia, Baltimore gelten.

Ob diese Tarife von erheblicher praktischer Bedeutung sein werden, erscheint indessen zweifelhaft. Lohnende Massentransporte werden zu denselben schwerlich gefahren werden. Die eigentliche Bedeutung der Bahn für den großen durchgehenden Verkehr wird in einem der folgenden Aufsätze untersucht werden.

Eisenbahnkriege und Eisenbahnverbände.

I.

Das Gebiet der Vereinigten Staaten, welches im Westen begrenzt wird durch die großen Seen und die Handelsplätze St. Louis, Cincinnati, Indianopolis, Chicago, Milwaukee, Toledo, Detroit, Cleveland und andere minder wichtigere Städte, während die östliche Grenze die Küste des Atlantischen Ozeans von Portland in Maine im Norden bis Baltimore im Süden, mit den Welthäfen Boston, New York, Philadelphia und Baltimore bildet, ist in seinen wirtschaftlichen Verhältnissen unter den Gebieten der Vereinigten Staaten am weitesten vorgeschritten, und hat seit 15 bis 20 Jahren die Kulturstufe der zivilisierten Länder der alten Welt erreicht. Dies gilt insbesondere auch von dem Eisenbahnnetze, welches an Dichtigkeit die Netze mancher Gegenden in Deutschland, Frankreich und England übertrifft, und an vielen Stellen selbst den Vergleich mit den vielverzweigten Eisenbahnen europäischer Industriebezirke nicht zu scheuen hat. Auf diesem Gebiete der Vereinigten Staaten hat sich eine reiche, lebhafte Gewerbethätigkeit entwickelt, der Betrieb der Landwirtschaft ist ein intensiver, stellenweise bereits bis zur Gartenwirtschaft vorgeschritten, vor allem aber herrscht ein so reger und lebhafter Handelsverkehr, wie an wenig anderen Punkten der Welt, welcher durch die vortrefflichen Seehäfen, die Eisenbahnen, die großen schiffbaren Flüsse und Kanäle, sowie die Binnenseen auf das wirksamste unterstützt und gefördert wird.

Die Eisenbahnen spielen dabei heute beinahe die wichtigste Rolle; sie sind in der Lage, Handel, Gewerbe und Landwirtschaft großen Nutzen, aber auch bedeutenden Schaden zu bringen, und die Geschichte der letzten zehn Jahre ist reich an Beispielen für diese beiden Einflüsse. Diese Geschichte aber ist eng verflochten mit dem aus den Kämpfen der Eisenbahnen hervorgegangenen, unter dem Volksnamen „Trunk Line Pool" bekannten großen Verbande der fünf ostwestlichen Hauptbahnen (Trunk Lines), der New York Central and Hudson River Railroad, der Pennsylvania Railroad, der New York Lake Erie and Western Railroad, der Baltimore and Ohio Railroad und der Grand Trunk Railroad of Canada, und ihrer 30 bis 40 verbündeten Linien.

Die Vorgeschichte dieses Verbandes, richtiger dieser Verbände, denn der Trunk Line Pool ist ein aus mehreren Verbänden zusammengesetzter Verband, beginnt mit der Eisenbahnkrisis des Jahres 1873, welche der allzuschnellen, überhasteten Bauthätigkeit der vorhergehenden Jahre auf dem Fuße folgte; sie wird in ihren Hauptzügen geschildert in dem, in diesen Aufsätzen mehrfach angeführten Werke von Chs. Francis Adams, Railroads, Their Origin and Problems[1], welchem auch die nachstehende Darstellung bis zum Jahre 1877 sich im wesentlichen anschließt.

Von den vorgenannten fünf Hauptbahnen stehen die vier ersteren teils direkt, teils durch andere Bahnen in Verbindung mit New York; der nächste Hafenplatz für die Pennsylvania-Bahn ist Philadelphia, für die Baltimore- und Ohio-Bahn Baltimore. Die Grand Trunk-Eisenbahn steht mit New York überhaupt nicht in Schienenverbindung; den nächsten Hafen für

[1] New York, G. P. Putnam's Sons. 2. Aufl. (1880), insbes. S. 148 ff.

dieselbe, an welchen sie durch eine befreundete Bahn angeschlossen ist, bildet Boston.[1]

Diese Bahnen hatten von jeher in Wettbewerb miteinander gearbeitet, sowohl für die Transporte von Westen nach Osten, als umgekehrt von Osten nach Westen. Das Publikum hatte sich dabei nicht schlecht gestanden, die Frachten waren auf mäßiger Höhe geblieben; die Eisenbahnen hatten auch nicht gerade gelitten unter der Konkurrenz, sie lebten in Verhältnissen, welche man in Amerika gesund findet, und hatten auch durch ihren Güterverkehr immer recht anständige Einnahmen gehabt. Nach dem großen Eisenbahnkrach des Sommers 1873 mußte indes die Grand Trunk-Bahn ihre Zahlungen einstellen und kam unter die Verwaltung eines Receivers. Dieser nun eröffnete alsbald einen lebhaften Tarifkrieg gegen die vier anderen Bahnen mit der Rücksichtslosigkeit, welche ihm, als einer nicht verantwortlichen, an den Erträgen der Bahn in keiner Weise interessierten Person, gestattet war. Die Frachten wurden geworfen, sie betrugen für die vier ersten Klassen zwischen Chicago und New York für je 100 Pfund am 12. August 1873 75, 70, 60 und 45 Cents, und wurden am 13. August auf 40 Cents für die erste und zweite, auf 30 Cents für die dritte und vierte Klasse herabgesetzt. Den Konkurrenzbahnen blieb einstweilen nichts übrig, als das Gleiche zu thun, indessen sie hielten ihre Lage nicht für bedenklich, und erwogen, ob nicht durch ein gemeinsames Handeln der unbequeme Gegner unschädlich zu machen sei. Um sich über ein solches zu verständigen, fanden sich die Präsidenten der drei hauptbeteiligten Bahnen, der New York Zentral-, der Erie- und der Pennsylvania-Bahn, im Sommer 1874 in Saratoga, dem vornehmsten Badeorte der Vereinigten Staaten zusammen, woselbst Commo-

[1] Vgl. oben S. 144. 145.

dore William Vanderbilt, der Präsident der New York Zentral-Bahn, seine Sommerfrische zubrachte.

Die dort getroffenen Vereinbarungen sind bekannt unter dem Namen der Saratoga Conference. Sie bezeichnen einen Wendepunkt in der Geschichte des Eisenbahntarifwesens der Vereinigten Staaten. Zum erstenmale begegnen wir hier einem gemeinsamen Handeln verschiedener Eisenbahnen in einer wichtigen Frage. Das war für das Publikum etwas ganz Neues. Man war daran gewöhnt, daß jede Eisenbahn allein vorging, daß sie ein Zusammenwirken, vor allem mit einer Konkurrenzbahn, sorgfältig vermied. Und nun diese Verständigung von drei der mächtigsten Gesellschaften? Der Saratoga-Vertrag erregte daher das größte Aufsehen und erfuhr lebhafte Angriffe von allen Seiten, obgleich der Inhalt desselben im wesentlichen nur dahin ging, daß das geheime Unterbieten der Frachten der Konkurrenzrouten ein Ende haben und vielmehr eine Art Schiedsgericht von den drei Bahnen eingesetzt werden solle, welches nach bestem Ermessen die Frachten für die einzelnen Routen festzustellen habe. Diese Frachten sollten ordnungsmäßig veröffentlicht werden, und die drei Bahnen verpflichteten sich, dieselben streng aufrecht zu erhalten. Jede einzelne derselben beförderte hiernach die ihr zugehenden Transporte und nahm für sich ihre Frachten ein, eine Verschmelzung der Bahnen, sei es auch nur in der Form einer Teilung der verdienten Frachten nach irgend welchen Grundsätzen, war nicht beabsichtigt.

Unzweifelhaft enthielt diese Vereinbarung, ihre strenge Durchführung vorausgesetzt, einen bedeutenden Fortschritt gegenüber den früheren Verhältnissen. Für das Publikum lag derselbe darin, daß es den wirklichen Betrag der Frachten erfuhr, zum erstenmale Boden unter den Füßen hatte. Die Höhe der Tarife war freilich der Willkür der drei Bahnen anheimgestellt, vorausgesetzt, daß die Konkurrenz in der That aufhörte und die Bahnen das Gebiet, über welches ihre Linien sich erstreckten, vollständig beherrschten. Den einzigen Schutz gegen übermäßig hohe Tarife fand das Publikum dann nur noch in der Veröffentlichung derselben, und die öffentliche Meinung in diesen Handelsplätzen würde allerdings wohl die Festsetzung halsabschneiderischer Frachten verhindert haben.

Indes die eine Voraussetzung, unter welcher allein ein dauernd ersprießlicher Erfolg des Saratoga-Vertrages denkbar war, traf nicht zu. Die drei Linien, deren Häupter sich in Saratoga verständigt hatten, beherrschten eben nicht den Handel zwischen dem Osten und Westen, sie hatten im Süden und im Norden zwei einflußreiche Mitbewerber. Der eine derselben, die Baltimore und Ohio-Eisenbahn, war deswegen in Saratoga nicht vertreten, weil der Präsident, Mr. GARRETT, um jene Zeit nach Europa verreist gewesen. Gleich nach seiner Rückkehr machten ihm die Präsidenten der drei anderen Bahnen in Baltimore ihre Aufwartung. Ihr Gesuch, sich dem getroffenen Abkommen anzuschließen, fand indes kein Entgegenkommen. Mr. GARRETT erklärte sich zwar bereit, die Frachten auf der von den anderen Bahnen angenommenen Grundlage auch für die Baltimore und Ohio-Bahn aufzustellen, er weigerte sich aber, die Selbständigkeit seiner Linie preiszugeben, indem er sich den Aussprüchen des eingesetzten Schiedsgerichtes unterwerfe. Das war ein höchst unangenehmer Zwischenfall, wie sich sogleich zeigte, denn sobald das Schiedsgericht eingesetzt war, eröffnete die Baltimore und Ohio-Bahn die Feindseligkeiten gegen die drei Verbündeten. Am schlimmsten wurde dadurch ihre unmittelbare Nachbarin, die Pennsylvania-Bahn, betroffen. Der Kampf war zwar kurz, aber sehr erbittert; eine Zeitlang gewann es den Anschein, als werde derselbe die Eisenbahnverbindungen des halben Landes zerstören. Er endigte natürlich mit einer

Verständigung der sämtlichen vier Bahnen, deren jede ihre volle frühere Selbständigkeit wieder erhielt, so daß die Ergebnisse des Saratoga-Vertrages thatsächlich beseitigt waren.

Damit nicht genug. — Auch diese ganz allgemeine und oberflächliche Verständigung wurde gestört durch die Grand Trunk-Bahn. Die Tarifpolitik dieser bankerotten Bahn wurde mehr und mehr ausschließlich geleitet von ihren bankerotten Freunden im Westen. Sie kehrte sich überhaupt an gar keine Verabredungen, fuhr blind darauf los und that den übrigen Bahnen den größten Schaden; besonders aber schädigte sie den Handel von New York und Chicago. So lange dieser Eisenbahnkrieg dauerte, mußten beide Plätze zusehen, wie der Strom des Handels und Verkehrs, welcher durch ihre Kanäle geflossen war, im schnellsten Tempo versiegte, und die Kanäle der beiden Konkurrenzplätze, Boston und Milwaukee, bis zum Überfließen anfüllte.

Diese ganz unerwarteten Folgen der Eisenbahntarifpolitik riefen in den beiden genannten Handelsplätzen eine gewaltige Aufregung hervor. In Chicago wollte man sofort eine neue Eisenbahn vom Osten nach dem Westen bauen! In New York fing man die Sache praktischer an. Die Kaufleute traten zusammen, wählten einen Ausschuß und dieser setzte sich mit den Direktoren der New York-Zentral-Bahn in Verbindung, stellte ihnen vor, wie sehr ihr Unternehmen darunter leiden würde, wenn sie ihren besten Kunden, die New Yorker Kaufmannschaft, verlören, und überzeugte dieselben auch davon, daß unter den gegenwärtigen Umständen, da die Eisenbahnfrachten von Boston nach dem Westen um etwa 50 Prozent niedriger waren, als von New York, ein Wettbewerb des New Yorker Handels mit dem von Boston ein Ding der Unmöglichkeit sei, einzelnen Zweigen des New Yorker Handels aber ein gewisser Untergang bevorstände.

Die Herren VANDERBILT und Genossen gaben dies zu und versprachen Hilfe; sie kündigten denn auch an, die New York Zentral-Bahn werde selbst mit einer bankerotten Bahn den Kampf aufnehmen, sie ermäßigten dementsprechend ihre Frachten um etwa 60 Prozent. Bevor aber die Maßregel ausgeführt war, hörte man plötzlich von einer neuen Konferenz der beteiligten Bahnen in New York. Auf dieser konnte man anfänglich zu keiner Verständigung gelangen. Da zogen sich die Präsidenten der drei Hauptbahnen in ein benachbartes Hotel zurück, trennten sich nach einigen Stunden, und ließen in den Abendblättern anzeigen, die Bahnen hätten die Kriegsbeile begraben, die Frachten würden gleichzeitig wiederum auf sämtlichen Linien auf eine angemessene Höhe heraufgesetzt werden, so daß die Eisenbahnen wenigstens wieder etwas verdienten.

Das geschah im Dezember 1875. Die Verständigung erfolgte auf der Grundlage, daß die längeren Linien dieselben Frachten erheben durften, wie die kürzeren, und infolge dessen am Verkehre teilnehmen konnten. Aber schon Anfang Februar 1876 wurde diese Vereinbarung gebrochen; zunächst infolge eines Mißverständnisses zwischen der Erie- und der New York Zentral-Bahn, welches ein Herabgehen aller Frachten für die ostwärts bestimmten Transporte herbeiführte. Man versuchte nochmals eine friedliche Lösung, erreichte aber nur einen kurzen Aufschub des Kampfes. Der wahre Grund, aus welchem derselbe jetzt unvermeidlich wurde, war dieses Mal nicht sowohl die Eifersucht, das Mißtrauen der Eisenbahnen gegen einander, als vielmehr die stets steigende erbitterte Rivalität zwischen den großen Handelsplätzen an der Küste des Atlantischen Ozeans.

Die überlegene Stellung New Yorks im Ausfuhrhandel hatte ihren Grund vornehmlich in seiner unmittelbaren Verbindung mit dem Erie-Kanal. Fast ein halbes Jahrhundert hatte niemand an die Möglichkeit gedacht, daß die Eisenbahnen mit dieser vorzüglichen Wasserstraße in Wettbewerb treten könnten. Das war jetzt anders geworden; das Verhältnis der auf dem Wasser und auf den Eisenbahnen beförderten Gütermengen änderte sich mehr und mehr zu gunsten der letzteren, und nun lagen Baltimore und Philadelphia den westlichen Stapelplätzen für den Eisenbahnverkehr g ü n s t i g e r, als New York. Die Entfernung auf der Eisenbahn von Chicago beträgt nach New York 900 Meilen, nach Philadelphia nur 823, nach Baltimore nur 802 Meilen.

Unter Berücksichtigung dieser thatsächlichen Verhältnisse waren die Frachten zuvörderst schon so festgesetzt, daß die Tarife nach Boston (Entfernung von Chicago 1069 Meilen) um fünf Prozent höher, die nach Philadelphia um fünf Prozent, die nach Baltimore um zehn Prozent niedriger bemessen wurden, als die Frachten nach New York. Kurz vor dem März 1875 trat hierin die Änderung ein, daß die Frachten für Boston und New York einerseits und für Philadelphia und Baltimore andrerseits einander gleich, die für die beiden letzteren Plätze aber um fünf Prozent niedriger aufgestellt wurden, als für die ersteren. Schon dies war für New York nicht vorteilhaft, noch viel mehr wurde aber dessen Handel geschädigt, als man nun dazu überging, einen Normaltarif Chicago-New York festzusetzen, und zu bestimmen, daß die Tarife nach Philadelphia höchstens zehn Prozent, die nach Baltimore höchstens $12^1/_2$ Prozent billiger sein dürften. Dieses Abkommen hatte auch für die New York Zentral-Bahn die bedenklichsten Folgen. Der Unterschied der Frachten war so groß, daß durch denselben die niedrigeren Schiffsfrachten New Yorks vollständig ausgeglichen wurden; der Ausfuhrhandel New Yorks kam also in lebhafte Bedrängnis. Man versuchte damit zu helfen, daß man die Aufstellung gleicher Gesamtfrachten vom Innern Amerikas nach den europäischen Häfen ins Auge faßte, einerlei über welchen Hafen die Ausfuhr ging, indessen dieser Vorschlag erwies sich als noch nicht ausführbar, und nun stellte die New York Zentral-Bahn das Verlangen, daß die Frachten von Chicago nach allen vier Häfen ohne Rücksicht auf die Entfernung völlig gleich bemessen würden.

Über diesen Vorschlag wurde im März und April 1876 verhandelt. Am 4. April erklärte die New York Zentral-Bahn, sie könne sich der Grand Trunk-Bahn gegenüber die Hände nicht binden, ihr gegenüber müsse sie volle Freiheit haben. Dies wurde von den übrigen Beteiligten in der Hoffnung zugestanden, daß ein Krieg gegen die Grand Trunk-Bahn auf die südlicheren Bahnen ohne Einfluß sein werde. In wenigen Tagen aber erwies sich diese Annahme als unzutreffend, und am 18. April 1876 erklärte die New York Zentral-Bahn, daß sie sich an gar nichts mehr binde, und gleichzeitig begann ein allgemeiner Tarifkrieg. In der Zeit vom 3. Mai bis 14. Juni 1876[1] fielen die Frachten zwischen Chicago und Boston über die New York Zentral-Bahn von $ 25·85 auf $ 14, über die Grand Trunk-Bahn von $ 23·85 auf $ 12.50., während die Rückfrachten von Boston nach Chicago für die Artikel der ersten Tarifklasse von 75 auf 20 Cents für 100 Pfund herabgingen, die Frachten für landwirtschaftliche Erzeugnisse von Chicago nach New York von 50 auf 18 Cents sanken. Und diese Tarife wurden veröffentlicht. Um welche Beträge dieselben durch heimliche Rückvergütungen unterboten wurden, läßt sich gar nicht feststellen. Sechs Monate lang fuhren die Eisenbahnen um jene Zeit zum erstenmale auf einer Entfernung von mehr als 1000 Meilen eine Tonne Güter in östlicher Richtung für $ 3·60, in westlicher Richtung für $ 2·80, einen Einheitssatz von 3·5 und 2·8 Mills für die Tonne und Meile oder rund 0·9 ₰ und 0·8 ₰ für das Tonnenkilometer.

[1] Vgl. ADAMS, a. a. O. S. 166.

Der erbitterte Kampf dauerte acht Monate während des Jubiläumsjahres 1876. Die New York Zentral-Bahn bestand ihn am besten, weil sie die reichste der Bahnen war. Die Baltimore und Ohio-, sowie die Pennsylvania-Bahn mußten für einige Zeit ihre Dividendenzahlungen einstellen, und waren so mürbe, daß sie zu jeder Verständigung die Hand boten. Die Verständigung erfolgte jetzt auf der ein Jahr vorher verworfenen Grundlage einer Gleichstellung der Frachten von Chicago nach Liverpool über alle vier Häfen, und Überweisung der Einnahmen an die verschiedenen Bahnen nach Verhältnis der Länge der von ihnen durchfahrenen Strecken. Diese Art der Frachtaufstellung war indessen so verwickelt und schwierig, daß man sich von Anfang an klar machte, in dieser Weise werde es nicht lange fortgehen, und daher gleichzeitig nach anderen Mitteln umsah, um den ersehnten Friedenszustand dauernd zu behalten.

Man kam also zurück auf den Gedanken des Saratoga-Vertrages von 1874, dessen Fehler darin bestanden hatte, daß einmal nicht alle Konkurrenzbahnen an demselben beteiligt gewesen, und daß fernerhin die einzelnen Bahnen eine zu große, mit dem zu erreichenden Ziele nicht vereinbare Selbständigkeit behalten hatten. Unter dem Eindruck der tiefen Wunden, welche der Krieg allen Parteien geschlagen, waren die Eisenbahnkönige jetzt mehr, als je zuvor, bereit, einen Teil ihrer Selbständigkeit zu opfern und sich enger, als bisher, an einander zu schließen, wenn ihnen dies Opfer nur verbürgte, daß ihre Einnahmen sich wiederum erhöhten und die schweren erlittenen Schädigungen einigermaßen wieder ausgeglichen wurden. — Wenn aber an die Stelle des bisherigen Mißtrauens ein dauerndes gutes Einvernehmen treten sollte, so galt es fernerhin eine Persönlichkeit ausfindig zu machen, welche gleichzeitig fähig und geneigt war, das Amt eines Schiedsrichters zu übernehmen, und welche allen vier

Bahnen — denn die Grand Trunk-Bahn glaubte man, wenn volles Einverständnis zwischen den im Gebiete der Vereinigten Staaten belegenen Bahnen herrschte, einstweilen beiseite liegen lassen zu können — soviel Vertrauen einflößte, daß sie ihr ohne Bedenken einen Teil ihrer Selbständigkeit übertragen konnten. Ihre Blicke richteten sich auf einen Mann, welcher kurze Zeit vorher in ähnlicher, wenn auch nicht so verwickelter und schwieriger Lage, im Südosten der Vereinigten Staaten, eine Anzahl feindlicher Verkehrsanstalten zu einem einheitlichen Verbande verschmolzen hatte, den Vizepräsidenten der Louisville und Nashville-Eisenbahn, Kolonel ALBERT FINK. An ihn beschlossen sie die Bitte zu richten, zunächst Vorschläge über eine zweckentsprechende, eine größere Dauer verbürgende Organisation ihres Verbandes zu machen, und sodann das Amt eines Vorsitzenden dieses neuen Verbandes selbst zu übernehmen.

II.

ALBERT FINK[1] ist ein Deutscher von Geburt, er stammt aus Darmstadt in Hessen, auf dessen polytechnischer Schule er seine Ausbildung als Ingenieur erhalten hat. Gegen Ende der vierziger Jahre wanderte er nach Amerika aus, und war dort beschäftigt bei dem Bau verschiedener Eisenbahnen, zunächst der Baltimore und Ohio-Eisenbahn auf der Strecke von Cumberland nach Wheeling, wo er hauptsächlich die Brücken und die Hochbauten entwarf und deren Ausführung überwachte. Später half er an dem Bau der in Westvirginien be-

[1] Vgl. die Vernehmung von ALBERT FINK vor dem Eisenbahn-Untersuchungs-Ausschuß des Staates New York am 20. Juni 1879. Stenogr. Berichte I. S. 481 ff. Ferner das Zeugnis von ALBERT FINK, abgegeben vor dem Ausschuß des Senats der Vereinigten Staaten für Arbeit und Erziehung am 17. September 1883.

legenen Strecken dieser Bahn, und erhielt dann eine Anstellung bei der Louisville und Nashville-Eisenbahn, in deren Diensten er achtzehn Jahre verblieb und sich allmählich zum Betriebsdirektor und Vizepräsidenten heraufarbeitete. In dieser Stellung machte er traurige Erfahrungen mit den maßlosen, unvernünftigen Konkurrenzkämpfen zwischen den verschiedenen in jenen Gebieten belegenen Verkehrsanstalten. Die Louisville und Nashville-Eisenbahn bildet gleichsam ein Verbindungsglied zwischen den nördlichen und südlichen Eisenbahnen der Vereinigten Staaten, und Fink hatte, als Generaldirektor, bei seinen Betriebs- und Verwaltungsmaßnahmen mit fünfzig bis sechzig verschiedenen, selbständigen, von einander unabhängigen Eisenbahnen zu thun. „Wollte ich nun," so sagt er selbst, „eine Verständigung zwischen mehreren Bahnen über irgend einen Gegenstand herbeiführen, so konnten die verschiedenen Parteien nicht zusammengebracht werden, und wenn einige erschienen, so blieben andere aus, und es kam nichts zustande. Glückte es aber einmal, alle Bahnen zusammenzubringen, so konnten sie sich nicht verständigen, oder wenn sie sich verständigt hatten, so fehlte es an jeglichem Organe, an jeder Vertretung, welche dafür sorgte, und darüber wachte, daß die getroffenen Vereinbarungen auch ausgeführt und aufrecht erhalten wurden. Dieses Sachverhältnis veranlaßte mich, den Plan einer Vereinigung der Eisenbahnen unter einem Zentralbüreau zu erwägen, durch dessen Vermittlung die Eisenbahnen ihre Geschäfte mit einander prompt abwickeln konnten, anstatt daß so viele Bahnen getrennt und vereinzelt miteinander verhandelten, wodurch eine jede Verständigung sogut wie unmöglich wurde." Diesen Plan arbeitete Fink aus, indem er die Grundzüge eines, wie wir sagen würden, Verbandsstatuts entwarf, in welchem sich die beteiligten Eisenbahnen nicht nur verpflichteten, bei gemeinsamen, alle oder mehrere Bahnen angehenden

Angelegenheiten auch gemeinschaftlich zu handeln, sondern weiterhin ein Zentralbüreau zur Vermittelung der Verhandlungen einzusetzen. Die Aufgabe des Vorsitzenden des Büreaus war außerdem, für den Fall, daß die Eisenbahnen sich über die Behandlung einer Angelegenheit nicht verständigen konnten, die Entscheidung auf seine Verantwortung zu treffen, sie auszuführen und die Aufrechterhaltung derselben zu überwachen. — Der Plan fand die Zustimmung von etwa 25 Eisenbahnen, welche südlich vom Ohio zwischen der Mobile und Ohio-Eisenbahn und der Küste des Atlantischen Ozeans liegen, und die sich unter dem Namen „Southern Railway and Steamship Association" im Jahre 1875 zu einem Verbande vereinigten und Fink zum Vorsitzenden ihres Zentralbüreaus erwählten. Dies geschah im Jahre 1875. Fink selbst leitete indessen die Verhandlungen nur so lange, bis der Verbandsvertrag abgeschlossen und die Geschäfte in Gang gebracht waren. Daneben behielt er seine Stellung als Vizepräsident der Louisville und Nashville-Eisenbahn bei.

Als sich nun die Präsidenten der Trunk Lines nach Beendigung ihres letzten Tarifkriegs an Fink wandten, um dauernden Frieden unter ihnen zu stiften, sagte derselbe nicht nein, und trat mit ihnen in Verhandlungen, welche zu einem glücklichen Ziele führten. Seit dem 1. Juli 1877 steht Fink an der Spitze eines ähnlichen, die westöstlichen Haupt- und eine erhebliche Anzahl von Anschlußbahnen umfassenden Doppel-Verbandes.

Die ersten Verträge der Bahnen über diesen Verband sind unter dem 5. April und 8. Juni 1877 abgeschlossen.[1] Dieselben sind indessen im Laufe der Zeit und nach den gemachten Erfahrungen wiederholt geändert worden. Die zweite Fassung trägt

[1] Abgedruckt unter den Exhibits der New Yorker Railroad Investigation S. 60—64.

die Daten des 18/19. Dezember 1878 und 18. Juni 1879.[1] Die, soviel mir bekannt geworden, neuesten Bestimmungen über die Organisation des Verbandes sind unter dem 1. Juni 1882 vereinbart und seitdem in Geltung.[2] Zuerst waren es die vier, innerhalb der Vereinigten Staaten belegenen Hauptbahnen, welche für ihre vom Osten nach dem Westen gehenden Transporte (Westbound Traffic) eine Verständigung erreichten, und FINK zu ihrem Vertrauensmann, dem Chairman des Trunk Line Committee, ernannten. Damit war indessen erst die halbe, ja kaum die halbe Arbeit gethan, diese Transporte bildeten nur einen, und zwar nicht einmal den größeren, wesentlicheren Teil des Frachtgeschäfts der Trunk Lines. Die Verständigung blieb unvollkommen, so lange sie sich nicht auch auf die von Westen nach Osten gehenden Transporte (Eastbound Traffic) erstreckte. Bei diesem Verkehr waren aber nicht vier, sondern um jene Zeit schon über zwanzig Gesellschaften beteiligt, und der Verkehr ging nicht von einem, oder doch wenigen Anfangsplätzen, sondern von einigen Dutzend verschiedener Stationen aus, wodurch eine Verständigung über Verbandstarife und Verkehrsteilung außerordentlich erschwert wurde. Gleichwohl machte man den Versuch, die Verständigung auf den westöstlichen Verkehr auszudehnen, indem sich zunächst bald nach dem Trunk Line-Verbande unter dem Vorsitze des Vizepräsidenten der Pennsylvania-Eisenbahn, Mc CULLOUGH, unter der Firma Western Executive Committee ein zweiter Verband bildete,[3] welcher in mehrere Unterverbände zerfiel. Dieser westliche Verband konnte mit größerer Leichtigkeit, als die

[1] Abgedruckt: Railroad Investigation III. S. 3124—3130, nach den Mitteilungen des Direktionsmitgliedes der Erie-Bahn GEORGE R. BLANCHARD.

[2] Vgl. Proceedings and Circulars of the Joint Executive Committee 1882. Circular No. 353. S. 94. 95.

[3] Vgl. Zeugnis von BLANCHARD vor dem New Yorker Eisenbahnausschuß, Railr. Invest. III. S. 3121. 3122.

einzelnen Bahnen dies vermocht hätten, mit dem Verbande der Hauptbahnen verhandeln, es war einfacher, daß nur vier bis fünf Personen zusammenkamen, als wenn einige zwanzig Vertreter zusammenberufen werden mußten. Indessen auch die Doppel-Organisation führte noch nicht zum Ziele einer dauernden, gesicherten Feststellung und Aufrechterhaltung der Frachten. Man mußte noch einen Schritt weiter gehen, es galt, die beiden Verbände wieder miteinander zu vereinigen. Das gelang in einer Versammlung zu Chicago am 18. und 19. Dezember 1878. Aus den beiden getrennten wurde ein gemeinsamer Verband (**Joint** Executive Committee) gebildet, und ALBERT FINK zum Präsidenten auch dieses gemeinsamen Verbandes erwählt.

Diese wichtige, einflußreiche Stellung hat FINK bis zu Anfang des Jahres 1885 bekleidet. Ich hatte die Ehre und Freude, ihn bei meiner Anwesenheit im Oktober 1883 in New York wiederholt in seinem Büreau, welches sich in einem großartigen Palaste aus weißem Marmor am Broadway No. 346 befindet, zu besuchen, und habe von ihm persönlich mancherlei über die Wahrnehmung seiner außerordentlich schwierigen Geschäfte gehört. FINK steht etwa in der Mitte der fünfziger Jahre. Er spricht lieber englisch, als deutsch; englisch indes mit einem entschieden deutschen Accent. Für sein altes Vaterland und dessen Verkehrsverhältnisse hat er sich ein warmes Interesse bewahrt, und er läßt keine Gelegenheit vorübergehen, sich über unsere heimischen Eisenbahnen zu unterrichten, er hat insbesondere auch die preußisch-deutsche Eisenbahnpolitik, den Übergang der preußischen Bahnen in die Verwaltung und das Eigentum des Staates mit unverhohlener, aufrichtiger Teilnahme beobachtet, und zeigte den lebhaften Wunsch, sich über die Verwaltung der preußischen Eisenbahnen zu unterrichten. Seine Vertrauensstellung in Amerika schien damals über jede

Anfechtung erhaben. Alle Parteien wissen aus mehrjähriger Erfahrung, daß er seine Entscheidungen nur nach sachlichen Erwägungen fällt, persönlichen Einflüssen völlig unzugänglich ist, und diesem Umstande ist es wohl zumeist zu danken, daß er mehrere Jahre lang so gute Erfolge mit seiner Organisation erzielt hat.

Die Aufgabe, welche sich die von Fink geschaffenen Verbände stellten, war eine dreifache: erstens die Herstellung gleichmäßiger Verbandstarife auf allen an den Verkehren beteiligten Konkurrenzstrecken; zweitens die gerechte und gleichmäßige Verteilung aller durchgehenden, d. h. mindestens zwei Bahnen berührenden Transporte auf die einzelnen Linien; drittens die Beseitigung der heimlichen Frachtunterbietungen der Bahnen und des Refaktienunwesens.

Schon die erste dieser Aufgaben war für Amerika nicht leicht zu lösen. Der Individualismus ist eine dem Volkscharakter so tief und fest eingewurzelte Eigentümlichkeit, daß die bloße Vereinbarung von Verbandstarifen aneinander stoßender, ganz verschiedene Gebiete durchziehender Linien den größten Schwierigkeiten begegnet. Ein durchgehender Frachtsatz auf den anstoßenden Linien von New York bis Chicago war schon ein Fortschritt; man mußte früher sein Gut aufgeben von New York nach Buffalo, von Buffalo nach Erie, von Erie nach Cleveland, von Cleveland nach Chicago. Der New Yorker Versender mußte, um ein Gut nach Chicago schicken zu können, seinen Bevollmächtigten haben in Buffalo, in Erie und in Cleveland, denn es fiel den Eisenbahnen nicht ein, und fällt ihnen vielfach auch heute noch nicht ein, auf der Endstation ihrer Strecke eine Umkartierung für die nächste Bahn zu besorgen. Die Vermutung spricht in Amerika dafür, daß die Bahnen einander feindlich, mindestens nicht freundlich gegenüberstehen, und was für ein Interesse hat, so fragt man dort, die Bahn von

New York nach Buffalo daran, daß das Gut, wenn es ihre Linien verläßt, auf einer anderen Bahn weiter geht? Dafür mag der Versender sorgen! Daß eine Erleichterung des Verkehrs von Bahn zu Bahn schließlich auch den Bahnen zu gute kommt, ist den amerikanischen Eisenbahnen lange Zeit ein unfaßbarer Gedanke gewesen.[1] Wie viel mühsamer mußte es nun sein, Verbandstarife konkurrierender Bahnen zustande zu bringen, und die Frachten auf die einzelnen Strecken zu verteilen! Die Schilderungen, welche FINK von der Widerwilligkeit und Unbotmäßigkeit der einzelnen Bahnen entwirft, sind aus dem Leben gegriffen, und ohne daß eine, mit den nötigen Vollmachten ausgestattete Persönlichkeit schließlich ein Machtwort spricht, ist in solchen Fragen überhaupt nichts fertig zu bringen.

Um der zweiten Aufgabe gerecht werden zu können, mußte zunächst eine Verständigung der Bahnen untereinander darüber herbeigeführt werden, auf welchen Anteil an den gesamten zwischen den einzelnen Plätzen beförderten Mengen jede Bahn Anspruch habe. Für den westöstlichen Verkehr hatte man sich unter dem 8. Juni 1877 dahin verglichen, daß von den zwischen den drei Hafenplätzen New York, Philadelphia und Baltimore einerseits und den westlichen Plätzen andrerseits gefahrenen Gütermengen entfallen sollen:

Auf die

New York Central and Hudson River Railroad .	33	Prozent
Lake Erie and Western Railroad	33	„
Pennsylvania Railroad	25	„
Baltimore and Ohio Railroad	9	„
Zusammen	100	Prozent.

[1] Vgl. das vorangeführte Zeugnis FINKS vor dem Senatsausschuß S. 4. 17. 18.

Erheblich schwieriger war die Verteilung der westöstlichen Transporte. Die darüber am 13. Juni 1879 getroffene Verständigung macht große Ansprüche an das ausführende Büreau, sie hält den Vergleich aus mit den verwickeltsten Instradierungsvereinbarungen europäischer internationaler Eisenbahnverbände [1], und ein Blick auf die Eisenbahnkarte, auf die zahllosen von den westlichen Stapelplätzen in östlicher Richtung laufenden, nebeneinander hergehenden und sich kreuzenden Bahnen und Bähnchen macht es nur zu begreiflich, daß Fink mit den größten Schwierigkeiten zu kämpfen hatte, um keines dieser Interessen zu verletzen.

Nachdem die Grundsätze über die Verteilung glücklich festgestellt waren, wurde dieselbe in nachstehender Weise ausgeführt: [2] Jede Station hat täglich an Fink Abschriften der Frachtbriefe von den nach den Konkurrenzstationen aufgegebenen Gütern zu übersenden. Die Angaben werden zusammengestellt und nach den Güterklassen geordnet, so daß man jeden Tag übersieht, wieviel und welche Güter auf den einzelnen Strecken gefahren sind. Am Ende der Woche wird dann zusammengezogen, was jede Linie erhalten hat, und ausgerechnet, ob sie mehr oder weniger bekommen hat, als ihr nach dem Vertrage gebührt. Von dem Ergebnis macht Fink den beteiligten Bahnen Mitteilung, indem er zugleich denjenigen Bahnen, welche zu viel bekommen haben, aufgiebt, den Bahnen, die zu wenig erhalten haben, in der nächsten Zeit die entsprechenden Mehrtransporte zu überweisen und hierdurch den Ausgleich herbeizuführen.

---

[1] Vgl. den Abdruck derselben unter den Exhibits der New Yorker Railr. Invest. S. 104 ff.

[2] Vgl. den Vertrag vom 8. Juni 1877. Exh. der Railr. Inv. S. 62. 63 und Zeugnis des General-Frachtagenten der Erie-Bahn Vilas. Railr. Inv. I. S. 345.

Alle diese Berechnungen und Nachweise verursachten große Arbeit, und FINK hatte alsbald ein zahlreiches Büreaupersonal nötig. Diese Arbeit hatte aber außer dem unmittelbar praktischen auch das fernere erfreuliche Ergebnis, daß nunmehr an einer Stelle die so sehr vermißte möglichst zuverlässige Übersicht über den Gesamtverkehr auf den Konkurrenzstrecken vorhanden war, welche für die Beurteilung der Leistungsfähigkeit der einzelnen Bahnen und die ganze Handhabung des Verkehrs von großem Werte war.

Die gesamte Thätigkeit des Verbandsbüreaus erstreckt sich übrigens nur auf den durchgehenden und Verbandsverkehr der Konkurrenzstationen. Um den Lokalverkehr und alle solche Stationen, welche nur an Einer Bahn belegen sind, bekümmert sich das Büreau gar nicht, in diesem behält jede Bahn ihre volle Selbständigkeit.

Die dritte, und vielleicht wichtigste Aufgabe glaubte man einstweilen dadurch gelöst zu haben, daß man sich gegenseitig verpflichtete, nur zu den veröffentlichten Tarifen zu befördern, und das Vorstandsbüreau mit einer Veröffentlichung der Tarife beauftragte und zu derselben auch instandsetzte. Wenn sie ernstlich wollten, so konnten die Bahnen diese Verpflichtung wohl erfüllen, aber hier war einer der wundesten Punkte des ganzen Vertrages. Nach altem Herkommen verhandelte das Publikum bei Aufgabe seiner Transporte mit den Frachtagenten der Bahnen. Diese wurden gefragt, wie hoch die Frachten seien, welche Bedingungen für die Beförderung gälten, und sie waren gewohnt, jeden Frachtvertrag besonders zu behandeln, bei demselben, wie bei anderen Geschäftsabschlüssen, nach dem Grundsatz des Forderns und Bietens zu verfahren. Das sollte nach Abschluß der Verbandsverträge auf einmal anders werden; für jedermann gleiche, feste Bedingungen sollten an die Stelle der von Fall zu Fall wechselnden Abmachungen treten. Agenten, welche mit Eifer die Interessen der eigenen Bahn gegenüber einer Konkurrenzbahn wahrzunehmen gewohnt waren, welche ein Lob ihrer vorgesetzten Behörde eingeerntet hatten, wenn es ihnen gelungen, dem Nachbar wertvolle Transporte durch geschickte Mittelchen abwendig zu machen, sollten nun auf einmal mit kaltem Blute nicht nur zusehen, wie die Konkurrenzbahn Güter zur Beförderung erhielt, welche die eigene Bahn auch hätte gebrauchen können, nein, sie sollten selbst die bei ihrer Bahn aufgegebenen Güter unter Umständen freiwillig an die andere bis dahin feindlich behandelte Bahn abtreten! Eine so grundstürzende Änderung stieß auf Widerstand. Befehle von oben halfen nichts, zumal die Agenten innerlich, und oft wohl nicht mit Unrecht, überzeugt waren, daß der Ungehorsam gegen die Befehle nicht ungern gesehen werde. Es blieb also lange Zeit noch bei den heimlichen Frachtunterbietungen, Niemand konnte sie beweisen, und wenn sie einmal bewiesen wurden, so schob einer die Schuld auf den andern, und versprach Besserung.

Die Hauptschwierigkeit lag darin, daß keine Strafe für Übertretung der von den Bahnen untereinander freiwillig eingegangenen Verpflichtungen vorgesehen war, und sich auch nicht vorsehen ließ. Man suchte nach verschiedenen Mitteln, diese Lücke auszufüllen. Fink wurde ermächtigt, einer vertragsbrüchigen Bahn alle durchgehenden Transporte zu entziehen, er wurde sogar mit der Befugnis ausgestattet, seinerseits durch Unterbietung der zu Unrecht erhobenen zu niedrigen Frachten die Konkurrenz gegen die vertragsbrüchige Bahn aufzunehmen; in der Stunde der wirklichen Gefahr blieben aber stets diese Mittel ohne andern Erfolg, als daß zum allgemeinen Schaden wieder auf längere oder kürzere Zeit ein Tarifkrieg ausbrach.

III.

Die Organisation des Joint Executive Committee nach den Verträgen vom 18/19. Dezember 1878 und den Ergänzungsverträgen vom 23. und 24. April, 12. 13. und 18. Juni 1879 war ursprünglich die folgende: Der Verband bestand aus 20 Eisenbahngesellschaften, deren Zahl sich durch spätere Beitritte auf etwa 40 erweitert hat. Derselbe hatte seinen Sitz in New York, und hielt dort auch seine Versammlungen ab. Regelmäßige Versammlungen sollten jeden Monat stattfinden, sofern genügender Beratungsstoff vorlag. Außerordentliche Versammlungen kann der Vorsitzende allein, oder auf Antrag von drei Mitgliedern jederzeit berufen. Der Verband ist beschlußfähig bei Anwesenheit der Mehrzahl seiner Mitglieder. Wenn zwei Drittel der Mitglieder anwesend sind, so hat der Vorsitzende für das letzte Drittel die Stimmen abzugeben. In der Regel ist Einstimmigkeit bei sämtlichen Beschlüssen erforderlich. Wird eine solche nicht erreicht, so wird die Sache dem Vorsitzenden zur selbständigen Prüfung und Entscheidung vorgelegt. Seine Entscheidung hat dieselbe Wirkung, wie ein einstimmig gefaßter Beschluß. Alle Verhandlungen der Mitglieder des Verbandes über Gegenstände desselben mit einander oder mit anderen, am Verbande nicht beteiligten Verwaltungen sind durch Vermittlung des Vorsitzenden zu führen. Jedes Mitglied ist verpflichtet, alle zu seiner Kenntnis kommenden Vertragsverletzungen dem Vorsitzenden sofort mitzuteilen. Wenn eine Gesellschaft aus dem Verbande ausscheiden will, so hat sie dies dreißig Tage vorher dem Präsidenten anzuzeigen. Der Verband unter den übrigen Mitgliedern bleibt desungeachtet bestehen.

Bald schon stellte sich heraus, daß die Notwendigkeit einer einstimmigen Beschlußfassung durch sämtliche Mitglieder des

Verbandes eine zu schwerfällige Geschäftsführung bedingte, und man traf daher die Bestimmung, daß die Präsidenten der Trunk Lines ein jeder für sich und außerdem für etwaige andere Bahnen Bevollmächtigte ernannten, welche in Gemeinschaft mit dem Präsidenten des Verbandes dieselben Befugnisse erhielten, die bisher der Gesamtverband hatte. Konnten sich aber diese Bevollmächtigten nicht mit einander verständigen, oder erhoben sich sonst Meinungsverschiedenheiten, so wurde die endgültige Entscheidung einem aus drei Personen bestehenden Schiedsgerichte übertragen. Zu Schiedsrichtern für die Zeit zunächst vom 1. Juni 1879 bis dahin 1880 wurden die Herren Charles Francis Adams jr., David A. Wells und John A. Wright erwählt.

Späterhin wurde auch noch für zulässig erklärt, daß der ständige Ausschuß des Verbandes seine Meinung schriftlich abgeben konnte.

Auch diese Organisation erwies sich indes noch als zu umständlich für eine prompte Erledigung der Geschäfte. Das Schiedsgericht trat überdies nur außerordentlich selten in Thätigkeit, und seine Mitglieder schämten sich förmlich, die hohen, ihnen bewilligten Gehälter ($ 10 000 jährlich) dafür zu beziehen, daß sie so gut wie nichts leisten konnten. Seit dem 1. Juni 1882 besteht daher für die regelmäßigen Geschäfte folgendes vereinfachte Verfahren:

Bei Meinungsverschiedenheiten hat der Vorsitzende eine Sachdarstellung über dieselben allen Mitgliedern des Verbandes mitzuteilen und dieselben zu einer Versammlung zu berufen. Wird auf dieser eine Verständigung nicht erzielt, so empfiehlt der Vorsitzende die ihm geeignet erscheinende Entscheidung der Streitfrage, und dieser Empfehlung (Recommendation) entsprechend wird sofort oder zu dem von dem Vorsitzenden bestimmten Zeitpunkte verfahren. Gleichzeitig wird den Mitgliedern die Empfehlung und die Gründe, welche den Vorsitzenden zu derselben bestimmt haben, mitgeteilt. Erfolgt innerhalb vierzehn Tagen kein Widerspruch, so ist die Entscheidung des Vorsitzenden eine endgültige. —

Erfolgt rechtzeitig Widerspruch, so tritt ein schiedsrichterliches Verfahren ein. In der Regel wird das Schiedsgericht durch eine Person — CHS. FR. ADAMS jr. wurde wieder zunächst auf ein Jahr gewählt — gebildet, auf besonderes Verlangen besteht es aus drei Personen. Die Entscheidung des Schiedsgerichtes muß innerhalb 30 Tagen getroffen werden. Die Parteien haben ihre Berufung innerhalb 21 Tagen zu begründen. Geschieht dies nicht, so wird nach Lage der Sache geurteilt. Der Schiedsspruch ist endgültig und hat rückwirkende Kraft bis zu dem Zeitpunkt, in welchem die Empfehlung des Vorsitzenden des Verbandes in Wirksamkeit getreten ist. Über das Verfahren vor dem Schiedsgericht haben sich der letztere und der Schiedsrichter zu verständigen.

Das ist der Inhalt eines Vertrags, welchen man mit dem Worte „Pool" bezeichnet, und das sind die Formen, in welchen dieser Pool seine Geschäfte führt. FINK kann man nicht ganz Unrecht geben, wenn er diese Bezeichnung[1] eine unglückliche nennt, weil sie zu irrigen Vorstellungen über den Charakter der Verträge Veranlassung gebe. Ebensogut, wie diese Verbände („Railroad Unions") könne man, so meint er, auch Handelskammern, Börsen, ja die Regierung der Vereinigten Staaten einen „Pool" nennen.[2] „Das große Publikum", so läßt er sich ein anderes Mal aus[3], „versteht unter einem Pool eine Art von Glücksspiel, und beurteilt denselben danach. Ich habe

[1] Vgl. über den Ursprung derselben S. 16.
[2] Zeugnis vor dem Senatsausschusse S. 21.
[3] Railroad Investigation I. S. 481.

selbst beobachtet, daß die Bedenken einiger der besten New Yorker Blätter gegen die Pools der Eisenbahnen ihren Grund lediglich in der Annahme haben, daß der Name Pool bei diesen Verbänden dieselbe Bedeutung habe, wie bei gewissen Glücksspielen."

Nach der vorstehenden Schilderung des Trunk Line Pools hat dieser allerdings mit Hazardspielen nichts zu thun. Im wesentlichen ist Fink vielmehr darin Recht zu geben, daß dieser Pool — die Organisation anderer Pools ist mir nicht im einzelnen bekannt geworden — mit unseren deutschen und europäischen Eisenbahnverbänden, Instradierungsvereinbarungen und ähnlichen alltäglichen Verträgen der Eisenbahnen mit Naturalausgleichung oder Geldausgleichung die größte Ähnlichkeit hat, und der europäische Eisenbahnfachmann findet in solchen Verbänden nichts Verwerfliches, im Gegenteil, sie haben sich, solange das mitteleuropäische Eisenbahnnetz ein zersplittertes, aus Staats- und Privatbahnen in buntem Durcheinander zusammengesetztes war, für den Eisenbahnverkehr auf größeren Gebieten als unentbehrlich, soweit mir bekannt, aber nirgendwo als schädlich für die Eisenbahnen oder das Publikum erwiesen und leisten heute noch insbesondere im internationalen Verkehr die wesentlichsten Dienste. In den Bestimmungen über die Führung der Geschäfte unterscheidet sich allerdings dieser amerikanische Verband wesentlich von den mitteleuropäischen. Einen Vorsitzenden mit den Befugnissen eines Albert Fink haben die letzteren Verbände nicht, es liegt dazu aber auch kein Bedürfnis vor, da unsere Eisenbahnen nicht entfernt die Selbständigkeit und das Selbstbewußtsein dieser nordamerikanischen Eisenbahnfürsten haben, und daran gewöhnt sind, Verträge zu schließen, in welchen sie von ihrer eigenen Selbständigkeit etwas opfern, um andere Berechtigungen dagegen einzutauschen. Wie schwierig es ist, unter amerikanischen Eisenbahnen ein Einvernehmen, und anderseits die Beachtung von Mehrheitsbeschlüssen durch die überstimmte Minderheit zu erreichen, muß man FINK selbst schildern hören. Eines der tüchtigsten New Yorker Fachblätter sagt einmal hierüber folgendes: „Unter den Eisenbahndirektoren sind Männer des verschiedensten Charakters und von ganz verschiedenen Ansichten, engherzige, unwissende, eigensinnige, intriguante Leute. Solche Leute zu überzeugen, daß eine Maßregel verständig und für sie vorteilhaft ist, erfordert schon eine mehr als gewöhnliche Begabung. Sie nun gar zu bestimmen, einen einmal abgeschlossenen Vertrag auch auszuführen, wenn sie glauben, durch heimlichen Vertragsbruch für sich besondere Vorteile herausschlagen zu können, das ist eine Mühewaltung ohne Ende, welche das höchste diplomatische Geschick erfordert, und in den seltensten Fällen vollständigen Erfolg hat, zumal der Verband keine anderen Zwangsmittel zur Beachtung seiner Beschlüsse besitzt, als solche, welche auch den übrigen Mitgliedern den größten Schaden bringen.“ Es scheint daher in Amerika in der That eine Persönlichkeit nötig zu sein, welche von Rechts wegen die Abwesenden vertritt und in ihrem Namen handelt. Daß bei der Neigung der amerikanischen Bahnen zu Verschmelzungen und Monopolbildungen eine große Gefahr darin liegt, eine einzelne Person mit einer solchen geradezu diktatorischen Gewalt auszustatten, wie sie ALBERT FINK jahrelang ausgeübt hat, das hat das Volk richtig herausgefühlt. Man hielt den Pool für eine Vorbereitung zum Monopol, und bekämpfte ihn als solchen, mit um so größerer Heftigkeit, je gefährlicher ein Verkekrsmonopol in diesen Gebieten sich hätte gestalten müssen. Je mehr und je länger sich aber zeigte, daß diese Besorgnis an dieser Stelle wenigstens unbegründet war, daß FINK nicht daran dachte, aus dem Trunk Line Pool ein Monopol zu machen, je deutlicher andrerseits die guten Seiten der sachverständigen, unparteiischen Leitung dieser Geschäfte durch Fink vor aller Augen traten, desto mehr hat sich die Agitation der Antimonopolvereine gegen Finks Schöpfung beruhigt.

IV.

Bis Anfang 1881 dauerte der Frieden, welchen die Berufung von Albert Fink herbeigeführt hatte, länger als drei ein halbes Jahr war kein Streit über den ostwestlichen Verkehr gewesen, und auch die so verwickelten Vereinbarungen über den westöstlichen Verkehr hatten sich in der Praxis als durchführbar gezeigt. Im Februar 1881 traten zum erstenmale Anzeichen hervor, daß im westöstlichen Verkehr die getroffenen Vereinbarungen wieder gebrochen wurden. Die New York Zentral-Bahn beschwerte sich darüber, daß die westlichen Anschlußbahnen der Erie-Bahn dieser und der Baltimore und Ohio-Eisenbahn größere Transporte zuführten, als denselben nach dem Vertrage zukamen, und daß diese dem Publikum Refaktien gewährten. Am 11. März 1881 trat das Joint Executive Committee zusammen, um die Sache zu untersuchen.[1] Daß Unregelmäßigkeiten vorhanden waren, wurde festgestellt; ebenso aber zeigte sich noch der beste Wille, denselben ein Ende zu machen. Die Mitglieder des Verbandes verpflichteten sich also, die Frachtunterbietungen selbst zu unterlassen, auch ihrem Personal strengstens zu untersagen. Sollte diesen Befehlen nicht Gehorsam geleistet werden, so erklärten sie sich bereit, ihrerseits für die Folgen aufzukommen, d. h. es über sich ergehen zu lassen, wenn die vertragsbrüchigen Linien durch Fink von dem gesamten durchgehenden Verkehr ausgeschlossen würden. Sollte auch dies nichts helfen, so wurde Fink ermächtigt, seinerseits den niedrigsten vertragswidrigen Fracht-

[1] Vgl. Railroad Gazette 1881. S. 205. 209.

satz für den Gesamtverkehr festzustellen, wodurch jeder Anreiz zur Unterbietung wegfiel. FINK mußte sofort zu letzterer Maßregel greifen. Er setzte die Fracht für Getreide von 30 auf 25 Cents für 100 Pfund von Chicago nach New York herab. Dies half. Schon nach wenigen Tagen, am 16. April, wurde in einer in VANDERBILTS Wohnung abgehaltenen Konferenz beschlossen, die alten Frachten wiederherzustellen, und die Bahnen glaubten sich jetzt so sicher, daß sie die Frachterhöhung schon vom 18. April ab ohne sich an die dem Publikum versprochene Frist von 14 Tagen vorheriger Veröffentlichung zu kehren, in Kraft treten ließen.

Die darauf folgende Ruhe war aber nur eine Ruhe vor dem Sturme. Die Unsicherheit der Frachten dauerte fort, es ließ sich nur nicht beweisen, wer der Friedensstörer war. Mitte Juni folgte ein erneutes Herabsetzen der Frachten, und da ging die New York Zentral-Bahn, um allen Konkurrenzen wirksam zu begegnen, von 30 gleich auf 15 Cents herab, d. h. sie warf die Frachten auf die Hälfte. Das war das Signal für den Ausbruch des allgemeinen Krieges, zunächst im westöstlichen, bald darauf auch im ostwestlichen Verkehr und im gesamten Personenverkehr. Wie tief die Frachten fielen, wußte kein Mensch mehr, es kam nicht selten vor, daß 100 Pfund Getreide von Chicago nach New York für $12^1/_2$, ja für 10 Cents, also noch billiger wie 1876, gefahren wurden, und es folgte ein ähnlicher allgemeiner Wirrwarr, wie ihn die Bahnen und das Publikum 1876 zuletzt erlebt hatten. Am 10. August 1881[1] trat das Joint Executive Committee zusammen, um zu beratschlagen, was bei dieser Sachlage zu thun sei. Diese Versammlung verlief ohne alles Ergebnis. In einem längeren Vortrage setzte FINK auseinander, daß die Unregelmäßigkeiten ihren Grund

[1] Daselbst 1881. S. 464 ff.

hauptsächlich darin hätten, daß die Direktoren der Bahnen ihr Unterpersonal zu frei schalten und walten ließen, und daß es überhaupt an dem ernsten Willen fehle, die abgeschlossenen Verträge zu halten. Man beschloß zwar, die Frachten wieder auf 20 Cents zu erhöhen, indes dieser Beschluß ist augenscheinlich von allen Teilen unbeachtet gelassen.

Der Tarifkrieg dauerte bis Ende Januar 1882, bis sämtliche Bahnen wieder einmal erschöpft waren. Er hatte die Trunk Lines monatlich ungefähr zwei Millionen Dollars gekostet. Dieselben verständigten sich zur Befestigung des Friedens wieder über zwei Maßnahmen. Sie beschlossen die Einsetzung eines besonderen Ausschusses von Sachverständigen, welcher sich den Kopf zerbrechen sollte über die Möglichkeit und die beste Art und Weise einer grundsätzlichen Lösung der Tariffrage und fernerhin die Feststellung eines anderen Maßstabes für die Verteilung der Transporte auf die einzelnen Linien. Letztere erfolgte in einer Versammlung des Joint Executive Committee vom 1. bis 3. März 1882. Sie lief hinaus auf eine Entlastung des Joint Executive Committee bei Überwachung und Verteilung der westöstlichen Transporte, und auf eine Vereinfachung dieser Teilung. In den wichtigsten westlichen Verkehrsplätzen wurden besondere Unterausschüsse gebildet, welche auf Grund genauer Kenntnis der lokalen Verhältnisse die Frachten sowohl, als die auf die einzelnen Linien entfallenden Transporte festsetzten. Diese Lokalausschüsse blieben nur der Oberaufsicht des Joint Executive Committee unterworfen. Die Vereinbarungen vom März 1882 haben, soviel mir bekannt geworden, in den letzten vergangenen Jahren in wesentlichen Punkten keine Abänderungen mehr erfahren.[1]

Die Frage ob es nicht doch möglich sei, eine gerechte,

[1] Vgl. Proceedings of the Joint Executive Committee 1882. S. 17—34.

allen Beteiligten genehme, und die verschiedenen Interessen gleichmäßig berücksichtigende Feststellung wenigstens der durchgehenden westöstlichen Eisenbahnfrachtsätze für dieses Verkehrsgebiet auf sozusagen wissenschaftlichem Wege zu finden, hatte inzwischen nicht aufgehört, die Gemüter zu beschäftigen. Man wollte, wie es scheint, die Hoffnung nicht aufgeben, eine wirklich feste, unanfechtbare Grundlage für die gegenseitigen Beziehungen zu finden; wenn diese ermittelt war, so konnte man vielleicht der Dienste des Joint Executive Committee entbehren. FINK selbst bot seine Hand zur Förderung dieser Frage. Er veröffentlichte während des Tarifkriegs, am 1. Dezember 1881, einen gutachtlichen Bericht, in welchem die reichen Erfahrungen, welche er während seiner viereinhalbjährigen Thätigkeit gemacht hatte, voll verwertet sind.[1] Dieser Bericht prüft sorgfältig und gründlich oft in geistvollen, feinen Ausführungen, ob und auf welche Weise bei Gestaltung der Tarife die Verhältnisse der verschiedenen Ausfuhrhäfen in Rücksicht gezogen werden können, ob es möglich sei, Grundsätze und Regeln ausfindig zu machen für eine Bildung von Tarifen, welche keinen der beteiligten Handelsplätze dem anderen gegenüber schädigten, und bei denen gleichwohl den verschiedenen besonderen, durch die geographische Lage, die Handelseinrichtungen u. s. w. bedingten Vorzügen der einzelnen Plätze Rechnung getragen werde. Die Antwort auf diese Frage ist eine im wesentlichen verneinende. Eine künstliche Beseitigung der bestehenden Verschiedenheiten durch die Eisenbahnfrachten zwischen Chicago und den atlantischen Häfen oder durch

---

[1] Report upon the Adjustment of Railroad Transportation Rates to the Seabord by ALBERT FINK, New York 1882. Die diesem Berichte beigefügten statistischen Tabellen sind berichtigt und bis auf die neueste Zeit ergänzt in dem im September 1884 erschienenen Werke desselben Verfassers: Statistics regarding the Movement of Eastbound and Westbound Traffic over the Trunk Lines and Connecting Roads. New York 1884.

andere Maßnahmen sei ein Ding der Unmöglichkeit. Niemand kann berechnen, so äußert sich FINK, welche Verteilung des Verkehrs unter die Eisenbahnen und unter die Hafenplätze eine sachgemäße und billige sein würde. Die Verhältnisse der Verkehrsstraßen und der Hafenplätze, ihre natürliche Lage und Beschaffenheit, ihre Anstalten zur Bedienung und Förderung des Handels und Verkehrs, ihre geschäftlichen Verbindungen sind so verschieden und derartig dem Wechsel unterworfen, daß man daran verzweifeln muß, einen zuverlässigen Maßstab für eine solche Verteilung ausfindig zu machen, und es hat sich auch schon durch die Erfahrung gezeigt, daß alle Versuche, durch Vereinbarungen der Eisenbahnen die natürliche Entwickelung auf andere Wege zu leiten, fehlgeschlagen sind. Einer besonders sorgfältigen Prüfung ist der Vorschlag unterzogen, einen einheitlichen Frachtsatz zwischen Chicago und Liverpool für alle Ausfuhrhäfen festzustellen, und die Landfrachten mit Rücksicht auf diesen einheitlichen Frachtsatz so zu bemessen, daß der Unterschied zwischen der Seefracht und der Gesamtfracht die Landfracht bildet. Ein solcher Vorschlag scheiterte schon an der Unmöglichkeit, einigermaßen feste Seefrachten zu ermitteln, und die Erfahrung hat gelehrt, daß die Seefrachten sich viel leichter den Landfrachten anpassen, als umgekehrt. — Die Verteilung, welche sich auf Grundlage der natürlichen Verhältnisse allmählich herausgebildet hat, ist aber keineswegs eine unrichtige, eine der Bahnen oder einen Hafen in ihren Interessen beeinträchtigende. Es kommt daher viel mehr darauf an, daß der herrschende Zustand aufrecht erhalten und die weitere Entwickelung der Vorgänge aufmerksam beachtet wird, als daß man sich mit Versuchen abmüht, die Sache anders zu ordnen, als sie sich von selbst geordnet hat.

Zu demselben Ergebnis kommt der Bericht, welchen der bei Vorbereitung des Friedensschlusses im Januar 1882, wie vorbemerkt, gewählte besondere Ausschuß am 20. Juli 1882 erstattete.[1] Drei, von den Eisenbahnen und dem Joint Executive Committee völlig unabhängige Männer wurden in diesen Ausschuß gewählt, die Herren ALLEN G. THURMAN, E. B. WASHBURNE und THOMAS M. COOLEY. Dieselben kamen am 13. Februar 1882 in New York zusammen, vernahmen die Interessenten, reisten nach den hauptsächlichsten Plätzen, nahmen alle Verkehrseinrichtungen persönlich in Augenschein und verschafften sich alles sonst habhafte Material.

Die wesentlichsten Ausführungen dieses, mit Spannung erwarteten Berichtes gehen dahin:

Wenn man sich auch vergegenwärtigt, daß die zur Zeit in dem hier in Frage kommenden Verkehrsgebiete geltenden Tarife mehr oder weniger willkürlich und vornehmlich zu dem Zwecke festgestellt sind, um nach den langen Kämpfen einen Friedensschluß herbeiführen zu können, so fragt es sich doch andrerseits, ob sich überhaupt bestimmte Grundsätze allgemeiner Natur ausfindig machen lassen, nach welchen diese Tarife bemessen werden können. Drei solcher Grundsätze wurden von den verschiedenen Interessenten vorgeschlagen: der Grundsatz, die Tarife nach der Entfernung, nach den wirklichen Kosten der Beförderung und nach Maßgabe der Konkurrenzverhältnisse zu bemessen.

Die Entfernung kann nicht die alleinige Grundlage für Bemessung der Frachtsätze bilden, wenn man auch zugeben mag, daß dieselbe mitbestimmend sein muß. Eine genaue, rechnungsmäßige Feststellung des Einflusses der Entfernung auf die Beförderungskosten ist nicht möglich. Ebensowenig erscheint es angängig, die Tarife lediglich nach den Beförderungskosten der

[1] Report of Messr. THURMAN, WASHBURNE and COOLEY, constituing an Advisory Commission on Differential Rates by Railroads between the West and the Seabord. New York 1882.

Bahnen zu berechnen, schon aus dem Grunde — worüber sich die Sachverständigen mit großer Ausführlichkeit auslassen — weil es ganz unmöglich ist, die durchschnittlichen Selbstkosten für eine bestimmte Art von Transporten mit einer auch nur annähernden Genauigkeit zu berechnen. Läge aber auch diese Möglichkeit vor, so würden es den Eisenbahnen ihre eigenen Interessen verbieten, streng nach diesem Grundsatz, ohne Beachtung anderer, für die Bemessung der Tarife maßgebender Gesichtspunkte zu verfahren, und keine Aufsichtsgewalt würde die Bahnen zwingen können, gegen ihr eigenes Interesse und oft im Widerspruch mit den Interessen der Bevölkerung Tarife festzusetzen, welche lediglich auf den Selbstkosten fußend im übrigen den Verkehrsverhältnissen in keiner Weise angepaßt wären.

Es fragt sich also, ob nicht die Konkurrenz, unter Mitberücksichtigung der Entfernung und der Beförderungskosten nach Lage der Sache der allein richtige Maßstab ist. Die Sachverständigen bedauern, auch diese Frage nach den Wahrnehmungen, welche sie über den Konkurrenzbetrieb in den Vereinigten Staaten gemacht haben, nicht bejahen zu können. Es hat dort von Zeit zu Zeit ein Konkurrenzbetrieb stattgefunden, welcher, wenn überhaupt, dann jedenfalls nur wenigen Personen Nutzen gebracht, im allgemeinen aber durch die Ungleichheiten und Unordnungen, die mit demselben verbunden waren, den gesamten Handel und Verkehr in hohem Grade geschädigt hat. Solche Zustände ergeben sich, wenn die Eisenbahnen oder ihre Agenten als einziges Ziel im Auge behalten, dem Konkurrenten möglichst viele Transporte zu entziehen und ihren Linien zuzuführen, um jeden Preis, einerlei, ob sie dabei gewinnen oder verlieren. In solchen Zeiten verschwindet jede Möglichkeit, die Frachtkosten auch nur von einem Tage zum anderen zu berechnen, und die Preise für alle mit der Eisenbahn zu befördernden Artikel unterliegen unberechenbaren

Schwankungen. Die Agenten der Bahnen machen mit den Transportnehmern jeden Tag, ja jede Stunde andere — meistens geheim gehaltene — Bedingungen aus, lediglich zu dem Zwecke, um den Agenten einer anderen Bahn einen Transport abzujagen. Die Frachten werden niedrig, aber niemand weiß, wer eigentlich den Vorteil davon hat, und die Erträge der Bahnen verschwinden vollständig. Im allgemeinen ist Konkurrenz die Seele des Handels, aber eine solche Konkurrenz ist sein Ruin. Am besten stehen sich bei derselben die bankerotten Bahnen, welche überhaupt nichts mehr zu verlieren haben.

Der Zweck der Konkurrenz geht dahin, Ungleichheiten herbeizuführen. Das Interesse des Verkehrs geht aber auf mäßig hohe und möglichst gleichmäßige Tarife. Die Eisenbahnen sollten niemals vergessen, daß die Beförderung von Personen und Gütern keine ausschließlich private Thätigkeit ist, daß die zahlreichen Privilegien, welche der Staat ihnen gewährt hat, ihnen eine halb öffentliche Stellung geben, welche ihnen auch Pflichten gegen die Allgemeinheit auferlegt. Diesen Pflichten widerspricht es geradezu, wenn — als eine notwendige Folge der Konkurrenz — zur Ausgleichung der übermäßig niedrigen Frachten auf Konkurrenzrouten diejenigen Strecken, für welche keine Konkurrenz vorhanden ist, mit unverhältnismäßig hohen Frachten belastet werden. Keiner Örtlichkeit kann es erwünscht sein, wenn der Verkehr mit ihren nächsten Nachbarn lediglich aus dem Grunde erschwert und belastet wird, weil die Eisenbahnen in entfernteren Gegenden zu billig fahren.

Es ist eine unbestreitbare Thatsache, daß die Eisenbahntarife im allgemeinen eine sinkende Tendenz haben. Wenn dies auch zum Teil eine Folge des Wettbewerbs der Eisenbahnen untereinander ist, so haben hierzu doch auch andere Umstände beigetragen, z. B. die Konkurrenz der Wasserstraßen, die Konkurrenz der verschiedenen Handelsplätze selbst, wie sich solche beispielsweise bei Feststellung der Frachten für den überseeischen Verkehr geltend gemacht hat. Die Tarifunterschiede für die hier in Frage stehenden Verkehre zwischen den westlichen Handelsplätzen und den östlichen Häfen der Vereinigten Staaten verdanken ihren Ursprung einem Zusammenwirken aller dieser Verhältnisse. Derartige Unterschiede können heute gerechtfertigt, zu einer anderen Zeit wiederum gänzlich ungerechtfertigt sein. Soviel glauben die Sachverständigen jedenfalls sagen zu können, daß es den New Yorker Interessenten nicht gelungen ist, nachzuweisen, daß die Unterschiede eine ungerechtfertigte Schädigung New Yorks zum Vorteil von Baltimore und Philadelphia nach sich gezogen haben.

Das Gutachten der Sachverständigen geht hiernach dahin:

Die Frachtunterschiede sind entstanden durch die Konkurrenz; sie nehmen eine gewisse Rücksicht auf die Entfernung und auf die Beförderungskosten; sie anerkennen ebenso die Vorteile der einzelnen Hafenplätze, und sie sind dem großen Gesetze unterworfen, welches den Frachtführer nötigt, auf verschiedenen, dieselben Plätze verbindenden Linien gleiche Tarife festzusetzen. Eine Änderung der Tarife kann also nicht empfohlen werden. Damit ist aber nicht gesagt, daß eine solche Änderung sich nicht mit der Zeit als erforderlich erweisen wird. Wenn es sich späterhin herausstellen sollte, daß die Tarife unbillig wirken, daß sie dem Verkehr eine künstliche, unnatürliche Richtung geben, daß sie einem der in Frage kommenden Häfen den Anteil am Verkehr entziehen, welcher demselben mit Rücksicht auf die sonst in Frage kommenden Verhältnisse gebühren würde, dann wird eine Änderung oder Beseitigung der Frachtunterschiede erwogen werden müssen. Um dies aber beurteilen zu können, wird den Eisenbahnverwaltungen eine aufmerksame, ruhige, objektive Beobachtung dieser Verkehre dringend empfohlen. Sie sollen genaue statistische Aufzeichnungen über dieselben machen und diese von Zeit zu Zeit regelmäßig veröffentlichen, damit das Publikum sich gleichfalls ein Urteil über diese Fragen bilden kann, „denn die Öffentlichkeit ist das große Heilmittel für eingebildete Übelstände, sie ist gleichzeitig ein gewichtiges Mittel, um Übelständen, seien dies eingebildete oder wirkliche, vorzubeugen".

In den Sitzungen der Verbandsmitglieder vom 19. Januar und 1. Februar 1882 war beschlossen, daß, wenn die Vorschläge des begutachtenden Ausschusses über die Festsetzung der Frachten im ostwestlichen Verkehr nicht allgemeine Zustimmung fänden, auch die früheren Vereinbarungen über die Teilung der Frachten null und nichtig sein sollten, während die sonstigen Festsetzungen des Verbandsvertrages in Kraft blieben.

Wie vorgezeigt, hat der begutachtende Ausschuß überhaupt Vorschläge über eine Teilung der Frachten nicht gemacht; die Ratschläge, welche er gegeben, waren bereits längst von Fink befolgt, das Gutachten konnte also praktische Ergebnisse nicht haben. Indessen die Folge des Tarifkrieges von 1881/82 und der üblen Erfahrungen desselben, der mündlichen Aussprachen der verschiedenen Bahnen während der regen und lebhaften Friedensverhandlungen und der nie ermüdenden Bemühungen Finks war denn doch, daß seit dem Friedensschluß vom Januar und März 1882 bis in das Jahr 1884 hinein ein andauerndes gutes Verhältnis zwischen den Verbandsmitgliedern bestehen blieb, die Frachten sich ein wenig hoben, und heimliche Umgehungen der Verträge seltener wurden.

V.

Die unzweifelhaft segensreichen Folgen der Thätigkeit Finks in den Jahren 1877 bis 1883 sowohl für das Publikum, als für die beteiligten Bahnen springen schon in die Augen, wenn man einmal den Zeitraum von 1873 bis 1877 mit dem von

1877 bis 1883 vergleicht. Im ersteren ein dauernder Krieg mit kurzen Friedenspausen, ein Hin- und Hertasten nach Mitteln und Wegen der Verständigung, im letzteren ein dauernder Friede, nur durch einen längeren Krieg unterbrochen, ein allgemeines Einverständnis über das beste Mittel zur Beseitigung der Feindseligkeiten, nämlich gemeinsames Handeln, Bildung eines Mittelpunktes für diese Verhandlungen und Einsetzung eines Oberleiters der Verkehrsbeziehungen mit der Befugnis, durch ein Machtwort Streitigkeiten zu schlichten. Die mächtigen Eisenbahnkönige hatten zwar auf diesen Präsidenten einen Teil ihrer Souveränität übertragen müssen. Dieser aber hatte keinerlei Mißbrauch mit seinen Befugnissen getrieben, er hatte seines schweren, verantwortlichen Amtes mit Gewissenhaftigkeit und Unparteilichkeit gewaltet, und die Bahnen mußten sich sagen, daß das Opfer, welches sie gebracht, ihnen selbst zu gute gekommen war.

Welchen Einfluß Finks Thätigkeit auf die Regelung der ostwestlichen Tarife gehabt hat, veranschaulicht vielleicht am besten die nachstehende Tabelle über die Frachten der vier höchsten Güterklassen im Verkehr von New York nach Chicago in den Jahren 1862 bis Mitte 1883:[1]

Frachten für je 100 Pfund in Cents von New York nach Chicago:

	1. Klasse	2. Klasse	3. Klasse	4. Klasse		1. Klasse	2. Klasse	3. Klasse	4. Klasse
Januar 1. 1862	160	128	107	66	Oktober 5. 1863	160	128	107	66
April 7. 1862	149	117	85	50	Nov. 23. 1863	180	150	124	85
Oktober 29. 1862	180	150	124	75	Juli 25. 1864	200	166	111	85
Mai 14. 1863	160	117	94	55	Sept. 20. 1864	215	180	120	96

[1] Entnommen aus Fink, Statistics (s. oben Anm. S. 301) Statement No. 31. S. 39.

	1. Klasse	2. Klasse	3. Klasse	4. Klasse		1. Klasse	2. Klasse	3. Klasse	4. Klasse
Mai 8. 1865	215	180	106	96	März 9. 1871	100	90	70	55
Oktober 16. 1865	215	180	90	82	Mai 18. 1871	75	65	50	45
Februar 5. 1866	215	170	82	82	Juni 1. 1871	100	90	70	55
März 5. 1866	188	160	127	82	Juli 8. 1871	75	65	50	45
Mai 15. 1867	188	160	127	82	Juli 28. 1871	45	45	45	45
Nov. 5. 1867	202	170	138	86	August 16. 1871	40	40	40	40
Juni 4. 1868	188	160	127	82	August 22. 1871	35	35	35	35
August 10. 1868	149	128	120	82	Sept. 2. 1871	30	30	30	30
Sept. 7. 1868	188	160	127	82	Nov. 27. 1871	100	90	70	55
Februar 4. 1869	188	160	127	82	Dez. 15. 1871	125	110	85	65
Februar 18. 1869	45	45	45	45	August 1. 1872	75	70	60	45
Februar 24. 1869	40	40	40	40	Sept. 2. 1872	100	90	70	55
März 15. 1869	160	160	127	82	Oktober 14. 1872	125	110	85	65
Juli 1. 1869	188	160	127	82	April 14. 1873	100	90	75	60
Juli 31. 1869	70	60	55	50	Juli 21. 1873	75	70	60	45
August 2. 1869	45	45	45	45	August 13. 1873	40	40	30	30
August 4. 1869	40	40	40	40	Sept. 17. 1873	75	70	60	45
August 5. 1869	30	30	30	30	Januar 1. 1874	100	90	75	60
August 7. 1869	25	25	25	25	Juli 24. 1874	75	70	60	45
August 23. 1869	38	38	38	38	Januar 20. 1875	100	90	75	60
August 30. 1869	43	43	43	43	März 17. 1875	75	70	60	45
Sept. 22. 1869	40	40	40	40	August 13. 1875	50	40	30	25
Sept. 24. 1869	35	35	35	35	Nov. 15. 1875	75	70	60	45
Sept. 30. 1869	30	30	30	30	Dez. 22. 1875	30	25	20	20
Oktober 4. 1869	50	50	50	50	Januar 10. 1876	75	70	60	45
Oktober 9. 1869	75	75	75	50	Juni 2. 1876	75	70	60	25
Oktober 13. 1869	125	100	75	65	Juni 12. 1876	25	25	25	16
Nov. 1. 1869	140	125	100	80	Dez. 18. 1876	50	45	40	30
Nov. 29. 1869	150	130	100	80	März 12. 1877	75	70	60	45
Juni 13. 1870	112	90	70	55	Oktober 8. 1877	75	70	60	40
Juli 12. 1870	80	70	60	50	Oktober 22. 1877	100	90	75	45
Juli 25. 1870	65	60	55	45	Dez. 10. 1877	100	80	60	45
Juli 28. 1870	50	50	50	45	Februar 15. 1878	75	60	50	40
August 12. 1870	50	50	50	50	August 6. 1881	45	32	26	19
August 22. 1870	100	90	70	55	Januar 16. 1882	30	25	20	15
Sept. 8. 1870	125	110	85	65	Januar 23. 1882	45	32	26	19
Nov. 28. 1870	160	130	100	65	Juli 1. 1882	60	50	40	30
Dez. 26. 1870	180	150	120	80	Nov. 1. 1882	75	60	45	35
Februar 20. 1871	150	130	100	70	Juni 22. 1883	75	60	45	35

Bei Prüfung derselben ist zu beachten, daß von 1862 bis Ende 1877 die Papierwährung in den Vereinigten Staaten galt, wodurch die Frachtsätze der damaligen Zeit im Verhältnis zu den seit Wiedereinführung der Metallwährung geltenden höher erscheinen, als sie thatsächlich waren. Auch erklären sich viele Schwankungen der damaligen Zeit, insbesondere vielleicht auch die des Jahres 1869, zum Teil wenigstens aus den Schwankungen der Valuta. Zieht man aber auch diesen Umstand in Betracht, so lassen sich doch merkwürdige Dinge aus dieser Tabelle ablesen. In den $21^1/_2$ Jahren, auf die sie sich bezieht, kommt nur ein längerer Zeitraum vor, nämlich die Zeit vom 15. Februar 1878 bis zum 6. August 1881, während dessen keine Schwankungen stattgefunden haben; in den übrigen Jahren finden in kurzen und ganz verschiedenen Zwischenräumen die erheblichsten Verschiebungen statt; so haben in den Jahren 1864 bis 1867, 1874, 1879 und 1881 die Frachten zweimal, 1862, 1863, 1868 und 1872 dreimal, 1873, 1876, 1877 und 1882 viermal, 1875 fünfmal, 1870 neunmal, 1871 elfmal, 1869 gar zwanzigmal gewechselt. Und welche Schwankungen! Am 18. Februar 1869 gehen beispielsweise die Frachten der ersten Klasse von 188 auf 45 Cents herunter, fallen am 24. Februar auf 40 Cents, um dann plötzlich am 15. März wieder auf 160 Cents zu steigen und am 1. Juli den ursprünglichen Stand von 188 Cents wieder zu erreichen. Ende Juli beginnt ein neues Sinken, im August wechseln die Frachten sozusagen von einem Tage zum andern und erreichen am 7. August den niedrigsten Standpunkt von 25 Cents, worauf sie sich wieder mit mehrfachen Schwankungen bis Ende November (Aufhören der Schifffahrt) auf den sechsfachen Betrag des niedrigsten Satzes, 150 Cents, heben. Solche Zustände, die dem Kaufmann jede, auch nur entfernte Möglichkeit einer Vorausberechnung der Frachten abschneiden, müssen lähmend und beunruhigend auf den Verkehr einwirken.

Die zeitweise ungewöhnlich niedrigen Frachten der Jahre 1873, 1875 und 1876 sind eine Folge der Tarifkriege jener Jahre. Schon einige Wochen vor der Berufung ALBERT FINKS, im März 1877, hoben sich die Frachten wieder und behielten bis zum offenen Ausbruch des letzten Tarifkriegs, dem 5. Aug. 1881, eine angemessene Höhe. Über ein Jahr lang schwanken sie dann wieder hin und her, um endlich den sozusagen normalen Satz am 1. November 1882 wieder zu erreichen und bis Mitte 1883 festzuhalten.

Der vorteilhafte Einfluß des Joint Executive Committee sowohl auf die Höhe als auf die Stetigkeit der Frachtsätze spiegelt sich gleichfalls in den Zahlen dieser Tabelle ab, und man sollte annehmen, daß angesichts solcher Ergebnisse die Eisenbahnverwaltungen schon in ihrem eigenen Interesse Alles daran setzen müßten, diese Einrichtung aufrecht zu erhalten und FINKS Stellung zu einer festen und dauernden zu machen.

Die Ereignisse der beiden letztvergangenen Jahre sprechen gegen die Richtigkeit dieser Annahme. Schon Ende des Jahres 1883 traten wiederum die ersten bedrohlichen Anzeichen eines Tarifkriegs auf, der anfangs in bescheidenen Grenzen sich bewegte, aber während des Jahres 1884 zeitweise einen heftigen, erbitterten Charakter annahm und schon einmal FINK bestimmte, die Entlassung aus seiner Stellung einzureichen. Damals gelang es den Bemühungen der Eisenbahnen, ihn zur Zurücknahme seines Gesuchs zu bewegen. In der zweiten Hälfte des Jahres 1884 haben sich desungeachtet die Beziehungen zwischen den Verbandsbahnen eher verschlimmert, als gebessert. Auf dem Gebiete des Eisenbahnfrachtwesens war in den ersten Wochen des laufenden Jahres ein Zustand solcher Verwahrlosung — „Demoralization“ nennen ihn die Amerikaner — eingetreten und dem Vorsitzenden des Verbandes die Sache so gründlich verleidet, daß derselbe nunmehr fest entschlossen schien, auf die Fortsetzung seiner so ersprießlichen Wirksamkeit zu verzichten, und man allgemein erwartete, in einer am 5. Februar 1885 stattfindenden Zusammenkunft der Präsidenten der Trunk Lines werde die Auflösung des Joint Executive Committee in seiner bisherigen Gestalt beschlossen, und die aufs neue angebotene Entlassung Finks angenommen werden.

Zwei Ereignisse haben diesen neuen Tarifkrieg hervorgerufen und dann verschärft. Im Jahre 1883 wurden zwei neue Bahnen zwischen New York und Buffalo vollendet, welche nicht geneigt waren, sich dem Verbande der übrigen Bahnen anzuschließen, sondern sich besser zu stehen glaubten, wenn sie selbständig arbeiteten. Die eine wurde von der New York Zentral-Bahn bald überwältigt. Größere Schwierigkeiten machte die andere, die New York West Shore und Buffalo-Bahn. Dieselbe liegt auf dem rechten Ufer des Hudson und läuft bis Buffalo mit Vanderbilt's Hauptbahn fast parallel. Sie trat mit großem Nachdruck in den Wettbewerb mit der letzteren ein, verfügte scheinbar über reiche Mittel, mußte trotzdem nach kaum einjährigem Bestehen ihre Zahlungen einstellen, und war nun in der wiederholt geschilderten Lage bankerotter Bahnen. Die Konkursverwalter scheinen mit einer wahrhaft ingrimmigen Lust darauf losgewirtschaftet zu haben, um dem verhaßten Vanderbilt das Leben schwer zu machen. Vor keiner Tarifherabsetzung scheuten sie zurück. Zunächst brachten sie die Personentarife in Verwirrung. Vanderbilt zögerte lange mit gleichen Maßregeln, endlich aber mußte er sich ebenfalls zu Herabsetzungen entschließen, wenn er nicht seine ganze Stellung im Verkehr preisgeben wollte. Gleichwohl hatte seine Bahn solche Verluste, daß sie die seit vielen Jahren gezahlte feste Dividende von 8 Prozent auf 6 Prozent ermäßigen mußte, und auch diese Dividende nur mit Zuhilfenahme der Reserven zahlen konnte. Auch die Pennsylvania-Bahn konnte sich endlich von der Teilnahme an dem Konkurrenzkampfe nicht mehr fernhalten und auch sie mußte ihre Dividenden herabsetzen. Einen Begriff von den Verwüstungen, welche der Kampf um den Personenverkehr in den Finanzen der Bahnen anrichten muß, giebt die Thatsache, daß man seit einigen Wochen für Einen Dollar von New York nach Chicago, also eine Entfernung von 1400 Kilometern, fahren kann. — Ähnlich ging es im Güterverkehr. Das Jahr 1884 hat wieder Frachten erlebt, wie die Jahre 1876 und 1881, ja noch niedrigere, welche nicht entfernt zur Deckung der Selbstkosten ausreichten, und dabei haben die Receiver der widerspenstigen Bahn bis jetzt jeden Verständigungsversuch mit Hohn zurückgewiesen.

Das zweite Ereignis war eine Entscheidung, welche Albert Fink gegen die Grand Trunk of Canada-Eisenbahn, diesen beharrlichen, eigensinnigen Störenfried, fällte. Dieselbe glaubte sich in ihren Rechten gekränkt, legte Berufung ein an Adams, wurde aber von diesem nicht nur zurückgewiesen, sondern belehrt, daß Fink noch zu sehr zu ihren Gunsten entschieden habe. Die Folge davon war eine Austrittserklärung der Grand Trunk-Bahn und gleichzeitig der Chicago and Grand Trunk-Bahn aus dem Verbande. Hiermit wäre derselbe allerdings in seinen Grundlagen erschüttert; die Voraussetzung, mit welcher er allein bestehen kann, ist und bleibt die Teilnahme aller Konkurrenzbahnen. Sobald eine unabhängige Route vorhanden ist, hilft eine Einigkeit der übrigen nichts, und nach dem Austritt der Grand Trunk-Bahn, wenn derselbe nach Ablauf der vereinbarten Kündigungsfrist erfolgt, sind ihrer zwei vorhanden.

An Bemühungen, diesem Zusammenbruch vorzubeugen, hat es nicht gefehlt. Das erste Entlassungsgesuch Finks machte einen tiefen Eindruck und auch jetzt wieder hat man Fink bestimmt, einstweilen nicht fortzugehen, sondern nur einen längeren Urlaub zu nehmen. Aber die Verhältnisse scheinen denn doch mächtiger zu sein, als der gute Wille dieses einen Mannes und etwa einer Anzahl von verständigen Genossen des Verbandes. Derselbe stand ja, wie sich FINK am wenigsten verhehlte, auf thönernen Füßen. Jede neu eröffnete Bahn, jeder Austritt einer Bahn stellte seine Fortdauer in Frage, die Verträge seiner Mitglieder waren nicht erzwingbar, selbst böswillige Übertretungen nicht strafbar. Es zeugt von einer mehr als gewöhnlichen Begabung, daß FINK unter so unsäglich schwierigen Verhältnissen länger als sieben Jahre mit Erfolg hat arbeiten können. Sein Mitarbeiter ADAMS hatte schon im Jahre 1881, unter dem Eindruck des damals ausgebrochenen Tarifkriegs, die Lust und den Mut der Mitwirkung an der großen Aufgabe beinahe verloren. In einer im April 1881 in den Zeitungen veröffentlichten Erklärung spricht sich ADAMS mit folgenden Worten aus: „Was meine gegenwärtige Stellung betrifft, so gestehe ich Eines offen: Ich nahm dieselbe an, in der Hoffnung irgend etwas zur Beseitigung gewisser brennender und allbekannter Mißstände in unseren Eisenbahnverkehrsverhältnissen beitragen zu können. Ich meine damit hauptsächlich die Unsicherheit der geltenden Tarife, die Differenzialtarife, das Refaktienwesen. Meine Anstrengungen in dieser Richtung haben nur einen äußerst bescheidenen Erfolg gehabt, überdies aber waren sie meinen Auftraggebern von nur geringem Nutzen. Ich würde demgemäß diese Beziehungen längst aufgegeben haben, hätte nicht mein Freund, Oberst FINK, welcher in der That sich mit einem Werke vom größten allgemeinen Nutzen beschäftigt, mich schließlich überredet, sie noch beizubehalten."

Es ist mir daher keinen Augenblick zweifelhaft, daß ADAMS jetzt seinem Freunde FINK folgen, und damit der ganze Trunk Line Pool zerstört sein würde. Denn ob, wie die Railroad

Gazette, bei aller warmen, herzlichen Anerkennung der Verdienste FINKS es für möglich hielt, unter den von ihm herangezogenen Personen sich solche finden, welche sein Werk, wenn auch in weniger vollkommener Art, fortsetzen, scheint mir nach der bisherigen Entwickelung recht zweifelhaft.

Die zweite schwache Seite dieses Verbandes war, daß er auf zwei Augen stand, FINK sich die ganze Verfassung desselben auf den Leib zugeschnitten hatte. Eine Vereinigung zu freiwilligem gemeinschaftlichem Handeln in solchen Angelegenheiten widerspricht, wie auch die Geschichte des Trunk Line Pools wieder zeigt, dem amerikanischen Charakter. In bedrängter Lage und völliger Ratlosigkeit entschlossen sich die Eisenbahnkönige zu diesem Mittel; sie unterwarfen sich freiwillig einem Manne, welcher sich durch Intelligenz, Geschick und besonders durch Organisationstalent auszeichnete, dessen äußere Stellung aber der ihrigen in keiner Weise ebenbürtig war. Sieben Jahre lang haben sie seine Leitung geduldet, sich, wenn auch widerspenstig, ihm unterordnet. Jetzt haben einige Rivalen keine Lust gehabt, ihrem Beispiele zu folgen, andere thun so, als wären sie ungerecht von ihm behandelt und trennen sich von dem Verbande. Damit wäre derselbe gesprengt, und vielleicht ist es den übrigen Eisenbahndirektoren auch gar nicht unangenehm, daß sie einmal wieder ein jeder auf eigene Gefahr arbeiten und versuchen können, ob nicht dieses Mal aus einem Kampfe ein unbestrittener Sieger hervorgeht, wenn auch, wie der Verlauf der Sitzung vom 5. Februar 1885 beweist, einstweilen keiner derselben rechte Neigung hat, dies einzugestehen. Denn man braucht allerdings kein Prophet zu sein, um vorauszusagen, daß der Kampf, welcher sich dann entwickelte, alle bisherigen an Heftigkeit übertreffen würde, daß aufs neue Millionen über Millionen geopfert, aufs neue Handel und Verkehr durch absolut unsichere Eisenbahnfrachten aufs tiefste geschädigt werden würden. Ob FINK nach Beendigung seines Urlaubs zu seiner bisherigen Thätigkeit zurückkehrt und es ihm gelingen wird, auch dieses Mal wieder Ordnung zu schaffen; ob die Grand Trunk-Bahn ihre Austrittserklärung vor Ablauf der Frist noch zurücknimmt, muß die nächste Zukunft lehren.

Die Schöpfung und die Leitung dieses riesigen, nach deutschen Mustern organisierten Eisenbahnverbandes durch einen deutschen Landsmann ist, wenn sie auch nur eine Episode bleibt, jedenfalls eine der interessantesten Episoden in der Geschichte der amerikanischen Eisenbahnpolitik. FINK hat durch seine siebenjährige aufopfernde Thätigkeit gezeigt, daß und wie man die größten Schäden der amerikanischen Eisenbahnentwickelung heilen könne, wenn eben die Verwaltung und der Geist in der Verwaltung der amerikanischen Eisenbahnen ein anderer wäre. Wenn auch ein solcher Mann es auf die Dauer nicht vermag, mit ausschließlich geistigen Mitteln diese Privatbahndirektoren selbst zu ihrem eigenen Besten zu zwingen, so muß eben das „freie, fessellose Walten der wirtschaftlichen Kräfte“ wieder seinen Lauf nehmen, wahrlich zur Freude von niemand anderem, als dieser gewissenlosen, reichbegüterten Männer, welche ohne Scham und Scheu fremde Gelder verschleudern und Handel und Verkehr mit Füßen treten, lediglich weil jeder Einzelne keinen höheren Zweck kennt, als eigensinnig und um jeden Preis seinen Willen durchzusetzen.

Getreidefrachten der amerikanischen Eisenbahnen.

I.

In den bisherigen Untersuchungen sind Vorgänge und Fragen behandelt, welche für uns Deutsche vornehmlich von wissenschaftlichem Interesse sind. Auch die Tarifpolitik der amerikanischen Eisenbahnen hat im großen Ganzen auf unsere heimischen wirtschaftlichen Verhältnisse keinerlei unmittelbaren Einfluß ausgeübt. Die Erscheinung, welche den Gegenstand der nachstehenden Erörterung bildet, die Entwickelung der Frachten in den Vereinigten Staaten für das Getreide und besonders den Weizen, einer der merkwürdigsten Vorgänge der neueren Zeit auf wirtschaftlichem Gebiete, ist indessen auch praktisch für Deutschland von ungemeiner Wichtigkeit. Die mächtige Unterstützung durch die Verkehrsanstalten hat allein es dem amerikanischen Getreide möglich gemacht, auf dem Markte des europäischen Festlandes zu erscheinen und nicht nur den hier gebauten Feldfrüchten eine große Anzahl früherer auswärtiger Abnehmer zu entziehen, sondern sogar in der eigenen Heimat mit ihm in Wettbewerb zu treten.

Es ist eine bekannte Thatsache, daß das Getreide auf dem jungfräulichen Boden der Prärien des nordamerikanischen Westens bedeutend billiger erzeugt wird, als in den alten Kulturländern. Die Gründe dieser Erscheinung sind die Billigkeit des Grund und Bodens, die großartige, in einzelnen Gebieten scheinbar unerschöpfliche Fruchtbarkeit desselben, die günstigeren Witterungsverhältnisse, der Großbetrieb der Landwirtschaft. Wie sich diese Gunst der Verhältnisse in Zahlen ausdrückt, d. h. wie sich die durchschnittlichen Selbstkosten des Getreides in den westlichen Gebieten der Vereinigten Staaten im Vergleich mit denen in Deutschland stellen, läßt sich indessen schwer, mit völliger Genauigkeit wohl überhaupt nicht ermitteln, insbesondere sind die Preisangaben der amerikanischen Landwirte nur mit Vorsicht aufzunehmen. In der gutachtlichen Äußerung eines Sachverständigen, welche der letzte Bericht des statistischen Büreaus in Washington über den Binnenverkehr der Vereinigten Staaten[1] mitteilt, heißt es geradezu: „Niemand kann genau die Selbstkosten berechnen, dieselben hängen ab von der Aussaat, dem Boden, dem Wetter, dem Landwirte selbst, welcher in zehn Jahren nicht zwei gleiche Jahre herausrechnen wird." Vor allem ist es die Fruchtbarkeit und Ertragsfähigkeit des Bodens, auf welche es ankommt, und auch hierüber sind die Angaben der Landwirte sehr verchieden, im allgemeinen ist man geneigt, den Fremden durch übertrieben hohe Ertragsziffern in Erstaunen zu versetzen. Für dasjenige Produkt, welches für Deutschland die größte Wichtigkeit hat, den Weizen, werden indessen einige Zahlen wenigstens eine annähernde Vorstellung von dem Verhältnis geben. Die Erträge des Weizens in Dacota werden auf etwa 20 Bushel vom Acker angegeben. In den östlicheren Staaten, Illinois, Wisconsin, Minnesota, sind dieselben nicht mehr so hoch, dagegen in dem fernen Westen, Oregon und Washington, bedeutend höher. In Walla Walla gab man 60, ja 80 Bushels als Durchschnittsertrag an, und sogar Erträge von 100 Bushels sollen daselbst vorgekommen sein.[2]

Ein amerikanischer Acker ist nach deutschem Maße 40·47 Ar oder ziemlich genau $1^3/_5$ Morgen groß, ein Bushel enthält

[1] NIMMO, Report on the Internal Commerce of the United States for the year 1881/82. Washington 1884. Appendix 28. S. 309.

[2] Vgl. KAPP, Die amerikanische Weizenproduktion. Berlin 1880. S. 22 ff.

35 Liter; hiernach würden 20 Bushel vom Acker einem Ertrage von $4^3/_8$ hl oder $8^3/_4$ Neuscheffeln vom Morgen entsprechen, welcher als eine mäßige Normalzahl für Dacota angenommen werden kann, während in Walla Walla bis zu 25, ja stellenweise über 30 Scheffel Weizen vom Morgen geerntet werden.

Unter Zugrundelegung dieser Ertragsziffern werden die Selbstkosten des Landwirts in Illinois auf 83 Cents, in den westlicheren Gebieten auf 50—67 Cents für das Bushel von dem Gewährsmann des statistischen Büreaus,[1] wie mir aber scheint, recht hoch gegriffen; denn von anderer Seite[2] berechnet man bei einem Ertrage von nur 12 Bushel auf den Acker die Selbstkosten auf 50—60 Cents für das Bushel, in Dacota auf der Dalrymple-Farm werden die Selbstkosten des Weizens bei einem Ertrage von 20 Bushels auf 42 Cents, in guten Jahren auf 35 Cents, in Walla Walla auf 20—25 Cents für das Bushel angegeben. Diese letzteren Preise entsprechen einem Preise von ℳ 2·30 für den Neuscheffel in Dacota, von ℳ 1·50 in Walla Walla. Auf dem Markte in Chicago ist der Preis von 80 Cents für das Bushel ein mäßig hoher, im Herbst 1884 ist derselbe zeitweise bis auf 73 Cents herabgegangen, d. h. so billig gewesen, wie er nie zuvor war.

Bei den Vergleichungen sind überall die Raummaße zu Grunde gelegt, weil sich diese besser und zuverlässiger auf die deutschen Maße übertragen lassen. Für die Gewichtsmaße kommt in Betracht, daß der amerikanische Weizen des Nordwestens schwerer ist, als der deutsche. Für den letzteren wird in den amtlichen Mitteilungen des kaiserlichen statistischen Amts ein Gewicht von 71·3 kg für das Hektoliter angegeben, während man das Gewicht des amerikanischen nordwestlichen

---

[1] Vgl. Nimmo an dem S. 318 angeführten Orte.

[2] Vgl. Kapp a. a. O.

Weizens ziemlich übereinstimmend auf 60 Pfd. für das Bushel, d. h. auf 27 kg für das Bushel und auf 77 kg für das Hektoliter angiebt.

Zu dem hiernach zu berechnenden Werte des Weizens am Erzeugungsorte treten hinzu die Beförderungskosten zunächst an die Getreidestapelplätze und von dort an die Ausfuhrhäfen; von den amerikanischen Ausfuhrhäfen wird das Getreide sodann nach Europa verschifft. Der bedeutendste europäische Hafen für den amerikanischen Weizen ist Liverpool, welcher denn auch nachstehend als europäischer Endpunkt der Reise zu Grunde gelegt werden soll.

Die amerikanischen Getreide-Stapelplätze sind die schon so häufig genannten großen Handelsstädte, hauptsächlich an den Seen, die bedeutendste darunter Chicago, daneben Milwaukee, Toledo, Detroit, St. Louis und andere. Die Berechnung der Beförderungskosten wird wesentlich dadurch erleichtert, daß in den Tarifen, wie das in dem vorigen Aufsatze näher ausgeführt ist, Chicago sozusagen als Normalplatz, die Entfernung von und nach Chicago als die Normalentfernung angenommen ist. Faßt man die Verhältnisse, wie sie vor Vollendung der Nord-Pazifik-Eisenbahn bestanden, ins Auge — also zu einer Zeit, wo die Erzeugnisse des äußersten Nordwestens (Oregon und Washington Territory) überhaupt noch nicht nach Osten gelangen konnten —, so würden also von dem Mittelpunkte Dacotas aus die Produkte einen Weg von 1200—1500 km zunächst nach Chicago zurückzulegen haben. Über die Frachten für diese Strecke fehlt es an genauen Durchschnittsangaben, dieselben schwanken außerordentlich, da es eine große Anzahl von Bahnen und anderen Verkehrsstraßen (— darunter auch der Missouri und Mississippi —) giebt, auf welchen das Getreide nach Chicago gelangen kann. Einen ungefähren Maßstab für die Höhe derselben gewinnt man aus der Thatsache, daß, wie vorstehend gezeigt, das Bushel Weizen, welches in Dacota einen Preis von 35—40 Cents hatte, auf dem Markte zu Chicago für 75 bis 80 Cents bewertet wird.

II.

Für den zweiten Teil des Weges nach Europa giebt es seit ungefähr 20 Jahren drei Straßen, die Wasserstraße, die Eisenbahnstraße und die gemischte Wasser- und Eisenbahnstraße. Die Eisenbahnstraße sind die Linien der Trunk Lines und ihrer Anschlußbahnen, deren Verhältnisse in dem vorigen Aufsatze dargestellt sind. Die Wasserstraße sind die drei großen Seen (Michigan-, Huron- und Erie-See), an deren Ufern ein Teil der Stapelplätze liegt. An dieselben schließt von Buffalo (am Erie-See) bis Albany (am Hudson) der Erie-Kanal und von Albany bis New York der dort in den Atlantischen Ozean mündende Hudson. Die gemischte Straße wird gebildet aus den großen Seen bis zu den Städten Buffalo oder Erie und von da ab von den Eisenbahnen (wiederum Strecken der Trunk Lines).

Das Ergebnis der Konkurrenz dieser Verkehrsstraßen war nur einmal ein bedeutendes Sinken aller Frachten, sowohl der Wasser- als der Eisenbahnfrachten, verbunden mit einer allmählich sich vollziehenden Ausgleichung und Stetigkeit derselben; sodann ein langsamer, aber entschiedener Sieg der Eisenbahnen über die Wasserstraßen; endlich eine alle Voraussetzungen übersteigende Vermehrung der Getreidetransporte und des Getreidebaues in den Vereinigten Staaten.

Im Jahre 1864 schwankte die Fracht für 100 Pfund Getreide von Chicago nach New York zwischen $ 1·60 — dem höchsten Wintersatze — und $ 0·75, dem niedrigsten Satze, welcher vom 14. April bis 10. Juli erhoben wurde; die Durchschnittsfracht auf dem Wasserwege betrug in diesem Jahre

$ 0·46. Es ist also nicht zu verwundern, daß damals die Eisenbahnmänner an der Möglichkeit zweifelten, daß die Eisenbahnen jemals die Konkurrenz mit den Wasserstraßen aufnähmen. Im Jahre 1882 sind dagegen von den Getreidetransporten zwischen Chicago und den atlantischen Häfen

80·2 Prozent auf der Eisenbahn,
19·8 „ auf der Wasserstraße

gefahren und im Durchschnitte der fünf Jahre 1878—82 gelangten von Chicago nach den atlantischen Häfen folgende Bruchteile der überhaupt beförderten Brotstoffe auf dem Eisenbahnwege:

von Weizen: 34·83 Prozent
„ Mehl : 87·18 „
„ Mais : 30·14 „

Der allmähliche Sieg der Eisenbahnen über die Wasserstraßen wird auch veranschaulicht durch folgende auf die Jahre 1868 bis 1883 sich erstreckende Zusammenstellung[1] der im Staate New York auf den Kanälen und auf den Eisenbahnen gefahrenen Gütermengen.

Dieselbe betrug in Tonnen:

Jahr	Sämtliche Kanäle des Staates	New York Zentral- und Hudson River-Eisenbahn	Erie-Eisenbahn	Pennsylvania-Eisenbahn
1868	6 442 225	1 846 599	3 908 243	4 722 015
1869	5 859 080	2 281 885	4 312 209	5 402 991
1870	6 173 769	4 122 000	4 852 505	5 804 051
1871	6 467 888	4 532 056	4 844 208	7 100 294
1872	6 673 370	4 393 965	5 564 274	8 459 535
1873	6 364 782	5 522 724	6 312 702	9 211 231
1874	5 804 588	6 114 678	6 364 276	8 626 946
1875	4 859 858	6 001 954	6 239 946	9 115 368
1876	4 172 129	6 803 680	5 972 818	9 922 911

[1] Entnommen aus Nimmo, Annual Report and Statements of the Chief of the Bureau of Statistics on the Commerce and Navigation of the United States. Foreign Commerce. Washington 1883. S. LXX. 1884. S. 33.

Jahr	Sämtliche Kanäle des Staates	New York Zentral- und Hudson River-Eisenbahn	Erie-Eisenbahn	Pennsylvania-Eisenbahn
1877	4 955 963	6 351 356	6 182 451	9 738 295
1878	5 171 320	7 695 413	6 150 568	10 946 752
1879	5 362 372	9 015 753	8 212 641	13 684 041
1880	6 457 656	10 533 038	8 715 892	15 364 788
1881	5 179 192	11 591 379	11 086 823	18 229 365
1882	5 467 423	11 330 393	11 895 238	20 360 399
1883	5 664 056	10 892 440	13 610 623	21 674 160

Diese Tabelle ergiebt, daß in dem Zeitraum von 1868 bis 1883 die Mengen der auf den Kanälen beförderten Güter sich gleich geblieben, ja 1881, 1882 und 1883 etwas geringer sind, als 1868, während die Gesamtmenge der auf den drei Eisenbahnen beförderten Güter stetig, mit Ausnahme weniger Jahre, zusammen von 10 476 857 auf 46 177 223 Tonnen gestiegen ist.

Diese wirtschaftliche Erscheinung ist beinahe ausschließlich die Folge des Sinkens der Eisenbahnfrachten, mit welchen die Wasserfrachten auf die Dauer nicht Stand zu halten vermochten. Fink hat das Verdienst, auch die Eisenbahnfrachten zwischen Chicago und New York für die Zeit von 1864 bis Ende 1883 in dem bereits wiederholt angezogenen Werke[1] zusammengestellt und mit den durchschnittlichen Wasserfrachten verglichen zu haben. Die folgende Tabelle enthält für die Jahre 1864—1884

die Eisenbahn-Getreidefrachten New York—Chicago in Cents für je 100 Pfund.

1864	Cents	1864	Cents	1864	Cents
März 28....	100	Juli 11. ...	80	September 10.	95
April 4....	90	„ 22. ...	85	November 12.	100
„ 12....	80	„ 28. ...	80	„ 16.	115
„ 14....	75	September 7.	90	„ 28.	125

[1] Statistics. No. 32. S. 40. 41, vgl. auch Railroad Gazette vom 9. Jan. 1885.

1864	Cents
Dezember 13.	138
„ 24.	160
1865	
Januar 1. . .	160
April 22. . .	100
Mai 15. . . .	70
September 6.	62½
„ 11.	70
„ 27.	77½
Oktober 10. .	85
„ 17. .	95
„ 27. .	105
November 2.	115
„ 7.	120
„ 9.	130
1866	
Januar 1. . .	130
„ 9. . .	80
Februar 26. .	70
Mai 11. . . .	55
Juni 7.	60
Juli 5.	65
September 18.	75
„ 27.	85
Oktober 10. .	90
„ 15. .	100
November 5.	105
Dezember 8. .	90
1867	
Januar 1. . .	90
Februar 7. . .	80
März 4. . . .	70
„ 22. . . .	60
April 15. . . .	50
Juni 8. . . .	75
„ 21. . . .	70
September 2.	75
„ 23.	85

1868	Cents
Januar 1. . .	85
September 1.	60
„ 7.	65
„ 14.	70
Dezember 6. .	75
1869	
Januar 1. . .	75
„ 25. . .	70
März 11. . . .	50
1870	
Januar 1. . .	50
„ 22. . .	55
März 4. . . .	50
„ 22. . . .	45
Mai 23. . . .	40
August 29. . .	45
„ 31. . .	50
Oktober 31. .	55
November 22.	60
1871	
Januar 1. . .	60
März 4. . . .	50
April 7. . . .	45
Juni 26. . . .	40
Juli 10. . . .	45
August 11. .	50
September 21.	55
Oktober 2. .	60
„ 25. .	65
1872	
Januar 1. . .	65
März 25. . . .	60
Mai 1.	50
August 26. .	45
September 2.	50
„ 9.	55

1872	Cents
September 16.	60
Oktober 14. .	65
1873	
Januar 1. . .	65
April 14. . . .	60
Mai 20. . . .	45
September 5.	50
November 20.	55
Dezember 8. .	60
1874	
Januar 1. . .	60
Februar 3. . .	55
April 15. . . .	40
Mai 6.	45
Dezember 11.	40
1875	
Januar 1. . .	40
Oktober 1. .	30
„ 12. .	40
Dezember 1. .	45
1876	
Januar 1. . .	45
März 7. . . .	40
April 13. . . .	35
„ 26. . . .	22½
Mai 5.	20
Dezember 18.	30
1877	
Januar 1. . .	30
„ 2. . .	35
April 2. . . .	30
September 4.	35
Oktober 17. .	40
1878	
Januar 1. . .	40
März 11. . . .	30

1878	Cents	1880	Cents	1882	Cents
April 1. . . .	25	Januar 1. . .	40	Januar 1. . .	$12^{1}/_{2}$
Mai 17. . . .	20	März 1. . . .	35	„ 28. . .	20
August 5. . .	25	April 14. . . .	30	März 25. . . .	25
„ 17. . .	30	November 27.	35	Dezember 1. .	30
November 25.	35				
				1883	
1879		1881		Januar 1. . .	30
Januar 1. . .	35	Januar 1. . .	35	April 19. . . .	25
Februar 1. . .	20	Februar 1. . .	40	November 26.	30
März 1. . . .	18	März 1. . . .	35		
April 1. . . .	15	April 1. . . .	30	1884	
Mai 1.	10	„ 11. . . .	25	Januar 1. . .	30
Juni 9. . . .	15	„ 18. . . .	30	„ 5. . .	20
„ 22. . . .	20	Juni 8. . . .	25	„ 14. . .	30
August 4. . .	25	September 26.	$12^{1}/_{2}$	März 14. . . .	20
„ 25. . .	30	Oktober 10. .	15	„ 21. . . .	15
Oktober 13. .	35	November 1.	20	Juni 24. . . .	20
November 10.	40	Dezember 9.	$12^{1}/_{2}$	Juli 21. . . .	25

Die Wasserfrachten für denselben Zeitraum (ausschließlich des Jahres 1884) sind nur in ihren Jahresdurchschnitten angegeben. Sie betrugen:

1864	46·4 Cents	1874	22·9 Cents
1865	43·3 „	1875	18·8 „
1866	47·8 „	1876	15·9 „
1867	36·9 „	1877	18·2 „
1868	36·0 „	1878	15·1 „
1869	37·2 „	1879	19·0 „
1870	28·4 „	1880	20·2 „
1071	33·5 „	1881	13·3 „
1872	40·3 „	1882	13·0 „
1873	31·6 „	1883	14·0 „

Bei Beurteilung dieser Zahlen sind dieselben Umstände, wie bei der in dem vorigen Aufsatze mitgeteilten Frachttabelle[1]

[1] S. 308. 309.

in Betracht zu ziehen, d. h. vor allem die Thatsache, daß bis 1877 Papierwährung in den Vereinigten Staaten galt. Im übrigen veranschaulicht auch diese Zusammenstellung den Einfluß der Tarifkriege der Eisenbahnen auf die Wasserfrachten. In den Jahren 1871 bis 1876 sinken die Wasserfrachten von 31·6 auf 15·9 Cents, heben sich bis 1880 wieder langsam auf 20·2 Cents und fallen erst in den letzten vier Jahren auf einen bisher nie dagewesenen Standpunkt.

Die Schwankungen der Getreidefrachten laufen ziemlich parallel mit denen der ostwestlichen Frachten,[1] und unterscheiden sich von diesen nur in dem wesentlichen Punkte, daß sie immer tiefer heruntergehen, und nur während eines Teiles des Winters der letzten Jahre wieder den früher unerhört niedrigen Satz von 30 Cents erreichen können.

Vergleicht man aber die Wasser- mit den Eisenbahnfrachten, so findet man, daß in den Jahren 1864 bis 1866 sich die Eisenbahnfrachtsätze für 100 Pfd. noch zwischen $ 1·60 und 0·60 (welcher letztere Satz nur vier Wochen lang galt), die Wasserfrachten zwischen $ 0·47 und 0·43 bewegen. Im Jahre 1881 betrug die Eisenbahnfracht in der Zeit vom 15. Juni bis 31. Oktober zwischen 12½ und 20 Cents, die Wasserfracht 13·3 Cents, die letzte war also bereits höher, als die niedrigste Eisenbahnfracht geworden. Im Jahre 1882 und 1883 hob sich die Eisenbahnfracht wieder um ein geringes, sie betrug zwischen 20 und 30 Cents 1882, und 1883 im Sommer 25 Cents, im Winter 30 Cents, die Wasserfracht dagegen nur 13 und 14 Cents. Diese Wendung ist wieder ein Erfolg der Thätigkeit des Joint Executive Committee. Indessen im Jahre 1884 konnte selbst dieses den heimlichen Frachtunterbietungen der bei dem Trunk Line Pool beteiligten Bahnen nur durch eine Herabsetzung der Sommerfrachten auf 15 Cents steuern, und damit waren die Eisenbahnfrachten wieder ebenso niedrig, als die Wasserfrachten.

[1] S. 308. 309.

Der Durchschnittssatz der Jahre 1882 und 1883 von 25 Cents für 100 Pfund auf einer Entfernung von 1600 km entspricht einem Satze von etwa 1·32 ₰ (einschließlich Expeditionsgebühr) für das Tonnenkilometer, der von 15 Cents einem solchen von 0·81 ₰ für das Tonnenkilometer, d. h. diese amerikanischen Bahnen haben in den letzten Jahren Getreide zu einem Frachtsatze in der Höhe des dritten Teils der Sätze des deutschen Spezialtarifs III, des sog. Einpfennigtarifs, gefahren; ja 1881 sind sie zeitweise noch unter diesen Satz heruntergegangen.

Eine Zusammenstellung der Durchschnittsfrachtsätze für Weizen in den Jahren 1868 bis 1883 findet sich auch in folgender Tabelle:

Durchschnittsfrachtsätze für das Bushel Weizen von Chicago nach New York 1868 bis 1883 in Cents.[1]

Jahr	Wasserweg	Wasser und Eisenbahn	Eisenbahn
1868	24·5	29	42·6
1869	23·1	25	35·1
1870	17·1	22	33·3
1871	20·2	25	31
1872	24·5	28	33·5
1873	19·2	26·9	33·2
1874	14·1	16·9	28·7
1875	11·4	14·6	24·1
1876	9·6	11·8	16·5
1877	11·2	15·8	20·3
1878	9·2	11·4	17·7
1879	11·6	13·3	17·3
1880	12·3	15·7	19·7
1881	8·2	10·4	14·4
1882	7·9	10·9	14·6
1883	8·4	11·5	16·5
1884 (Januar bis September)	6·6	9·75	13·0

[1] Vgl. Nimmo a. a. O. 1883. S. LXVII. 1884. S. 36. Die Sätze stehen im allgemeinen in Einklang mit den von Fink a. a. O. angegebenen; in Einheitssätze für 100 Pfund werden dieselben durch Multiplikation mit $^5/_3$ umgewandelt.

Alle diese Zahlen führen zu dem Ergebnis, daß die Eisenbahnen in den Vereinigten Staaten ebenso billig fahren können, als auf den Wasserstraßen gefahren wird; denn wenn die Eisenbahnfrachten auch absolut etwas höher geblieben sind, als die Wasserfrachten, so darf man nicht vergessen, daß die Beförderung auf der Eisenbahn, ihre größere Schnelligkeit und Regelmäßigkeit Vorteile bietet, welche auf der Wasserstraße nicht gewährt werden. Dieser Erfolg — wenn man ihn so nennen will — der Eisenbahntarifpolitik ist um so beachtenswerter, als die Schiffahrt, mit welcher hier die Eisenbahnen den Wettbewerb aufgenommen haben, durch keinerlei Abgaben belastet ist. Selbst die staatliche Abgabe auf dem Erie-Kanal ist, aller entgegenstehenden Bemühungen der Eisenbahnen ungeachtet, seit dem 1. Januar 1883 beseitigt, ohne daß dies übrigens den Verfrachtern zu gute gekommen ist, denn, trotz dieser Aufhebung waren die Durchschnittsfrachten des Jahres 1883 um einen Cent für 100 Pfd. höher, als 1882. Nur in der Beziehung macht sich auch jetzt noch ein Einfluß der Wasser- auf die Eisenbahnfrachten geltend, daß im Sommer die Frachtsätze niedriger sind, als im Winter bei geschlossener Schiffahrt. Von vielen Seiten wird daher in Amerika auch allen Ernstes verlangt, daß ein für allemal auf solchen Gebieten höhere Frachten für den Winter, als für den Sommer eingeführt werden. Man findet gar nichts darin, daß die Eisenbahnen ihre Monopolstellung auch darin ausbeuten, daß sie sich in Zeiten, in welchen sie ihr Monopol voll auszunutzen in der Lage sind, ihre Dienste teuerer bezahlen lassen, als in den Zeiten, in welchen sie auf andere Verkehrsanstalten bei Aufstellung ihrer Beförderungsbedingungen Rücksicht zu nehmen genötigt sind.

Ein irgend erhebliches Steigen der Getreidefrachten ist für die nächste Zeit auf diesem Gebiete nicht zu erwarten; im Gegenteil, der mit Lockerung des Verbandes der Trunk Lines in Aussicht stehende Tarifkrieg würde die Frachten eher noch weiter herunterdrücken. Das Ergebnis der vorangegangenen Erörterungen besteht also darin, daß die Beförderung eines Bushels Weizen von den westlichen Stapelplätzen bis an die Häfen des Atlantischen Ozeans den Preis desselben um etwa 10 bis höchstens 15 Cents erhöht, der Preis in New York auf 85 bis etwa 90 Cents gestiegen sein würde, entsprechend einem Preise von gegen 5 Mark für den Neuscheffel.

III.

Es folgt der dritte Teil des Weges, der Seeweg über den Atlantischen Ozean, für welchen die Fracht von New York nach Liverpool die grundlegende Größe bilden soll.

Dieselbe betrug für ein Bushel Weizen in den Jahren

	mittels Dampfers		mittels Segelschiffs	
1866	9·48	Cents	—	Cents
1867	10·36	„	—	„
1868	14·36	„	—	„
1869	12·98	„	—	„
1870	11·56	„	—	„
1871	16·32	„	—	„
1872	15·28	„	—	„
1873	21·12	„	19·82	„
1874	18·16	„	15·66	„
1875	16·14	„	14·24	„
1876	16·04	„	15·28	„
1877	13·86 (13·74)	„	13·52	„
1878	15·22 (15·06)	„	14·18	„
1879	12·40 (12·36)	„	11·80	„
1880	11·76 (11·92)	„	10·20	„
1881	8·16 (8·10)	„	9·50	„
1882	7·76 (7·92)	„	—	„
1883/30. Juni .	9·08 (8·70)	„	12·50	„

Die vorstehende Tabelle ist dem Berichte NIMMO's (S. LXXI) entnommen, welcher der Firma CAREY, YALE & LAMBERT in New York die Zahlen verdankt, und hinzufügt, daß die Beförderung von Getreide mittels Segelschiffs von Jahr zu Jahr abgenommen habe. In den Jahren 1881 und 1883 ist nur ein, 1882 gar kein Segelschiff von New York mit Getreide nach Liverpool verfrachtet worden. Von Boston, Philadelphia und Baltimore seien die Dampferfrachten 1—2 Cents für das Bushel niedriger, von New Orleans 3—4 Cents höher als von New York. — Auch FINK[1] hat sich mit Feststellung dieser Zahlen beschäftigt. Er giebt auf Grund der Berichte der New Yorker Getreidebörse und der Firma INO. S. WILSON in Philadelphia für die Jahre 1877—1883, und zwar getrennt in jedem Jahre für die ersten und für die letzten sechs Monate, sowie für den Jahresdurchschnitt die Getreidefrachten (für je 100 Pfd.) von New York, Philadelphia, Baltimore, Boston und Montreal einmal auf dem Dampfschiff nach Liverpool und sodann auf Segelschiffen für Ordre nach Cork. Die Dampfschifffrachten New York-Liverpool sind (auf Bushel-Einheiten umgerechnet) in Klammer neben den von NIMMO gegebenen Zahlen aufgeführt, mit welchen sie bis auf geringe Bruchteile übereinstimmen. Im übrigen ergeben die Zusammenstellungen FINK's, daß die Dampferfrachten von Philadelphia und Baltimore nach Liverpool etwa 2—4$^1/_2$ Cents für 100 Pfd. höher, die von Boston um etwa 1—2$^1/_2$ Cents niedriger sind als die von New York. Die Segelschiffsfrachten für Ordres nach Cork sind dagegen für alle vier Häfen, bis auf geringe Bruchteile eines Cents die gleichen. Die Frachten von Montreal sind durchweg bedeutend höher als die von New York. Diese Abweichungen der Zahlen erklären sich wahrscheinlich durch die Verschiedenheit der Quellen der

[1] Statistics, Statement No. 40. S. 49, 50.

Berichterstatter. Man wird aber nicht fehlgreifen, wenn man aus denselben entnimmt, daß sich der Preis des in New York zu 85—90 Cents geschätzten Bushels Weizen durch die Beförderung über den Atlantischen Ozean wiederum um 10 Cents erhöht hat und in Liverpool 95—100 Cents beträgt, so daß der Neuscheffel auf englischem Boden etwa 5·60 *M* kostet.

Neben den gebrochenen Frachten Chicago-New York und New York-Liverpool hat man auch, wenngleich bis dahin nur vereinzelt, durchgehende Frachtsätze zwischen Chicago und Liverpool aufgestellt. Von 114 864 933 Bushels Getreide und Mehl, welche insgesamt 1882 von Chicago nach Europa gingen, sind nur 5 081 550 auf Grund solcher durchgehender Frachtsätze befördert.[1] Diese durchgehenden Frachtsätze werden auf folgende Beträge angegeben:

	1878	1879	1880	1881	1882	1883
von Chicago auf d. Eisenbahn u. Ozeandampfer	32·92	29·70	31·46	22·56	22·36	25·58,
von Chicago a. d. Wasserwege u. Ozeandampfer	25·32	25·40	24·96	16·76	16·46	17·48.

Der Betrag von 16·46 Cents für das Bushel ist fast genau gleich einer Mark für den Scheffel, zu welchem Preise also thatsächlich bereits der Weizen von Chicago nach Liverpool befördert worden ist.

Ob die Frachten für Weizen hiermit in der That auf ihrem niedrigsten Standpunkte angelangt sind, muß die Zukunft lehren. Das Sinken derselben ist jedenfalls nicht allein durch die Konkurrenz der Verkehrsmittel herbeigeführt; außer diesem Faktor kommen beispielsweise in Betracht die großen Verbesserungen der Verkehrsstraßen und der Betriebsmittel, der Bau besserer

---

[1] Vgl. Nimmo, Report. 1883. S. LXXIII f. 1884. S. 53.

Schiffe und Eisenbahnwagen, die Verbesserungen des Betriebes, der Be- und Entladungsvorrichtungen, die Verminderung des Kohlenverbrauchs auf den Ozeandampfern und die bessere Anordnung und Einrichtuug ihrer Maschinenräume. Die Beseitigung aller staatlichen Zölle auf dem dem Erie-Kanal, welche ebenfalls mit Rücksicht auf ihren Einfluß auf das Herabgehen der Frachten gefordert wurde, scheint, wie oben gezeigt, hierzu bis jetzt wenig beigetragen zu haben.

Sollte man es auch kaum für möglich halten, daß die jetzigen Frachtsätze noch unterboten werden, so hat doch die Erfahrung bisher alle Berechnungen über die Bewegung der Frachten nach unten hin zu Schanden gemacht; im Gegenteil, die Thatsache steht durchaus nicht vereinzelt im amerikanischen Verkehrsleben da, daß eine Transportanstalt in der Hitze des Kampfes einer anderen auch solche Transporte abgejagt hat, bei deren Beförderung nicht einmal die Selbstkosten zu verdienen waren. Eine solche maßlose Frachtunterbietung pflegt aber am häufigsten vorzukommen, wenn ein neuer Konkurrent auf dem Schauplatze erscheint, und diese Möglichkeit ist durch die Eröffnung der Nord-Pazifik-Eisenbahn für den Getreideverkehr in Sicht gekommen.

IV.

Von den in Portland (Maine), Boston, New York, Philadelphia und Baltimore angekommenen Getreidemengen entstammten bisher 92—95 Prozent den nordwestlichen und westlichen Getreidegebieten, soweit dieselben östlich der Felsengebirge lagen. In diesen Gebieten hat jede Frachtermäßigung eine Vermehrung des Getreidebaues, jede Vermehrung des Getreidebaues eine Frachtermäßigung zur Folge gehabt. Diese Frachtermäßigungen sind bis dahin geschildert worden. Nur einige wenige Zahlen mögen das Anwachsen der zur Ausfuhr bestimmten Getreidemengen in dem gleichen Zeitraume veranschaulichen.[1]

Es betrug der:

			Bushels 1868	1882
Getreide-Empfang New Yorks			24 000 000	79 773 926
Mais- „ Bostons			483 875	8 596 838
Gerste- „ „			606 033	4 377 209
Mehl- „ „			733 955	2 383 026
		1874	1881	1882
Weizen- „ „		1 322 375	4 239 880	2 871 088
		1868	1881	1882
Getreide- „ Baltimores		7 753 508	37 867 054	22 770 461

Die Verminderung von 1881 auf 1882 rührt von den schlechten Ernten des Jahres 1882 her.

Die Gesamtsumme der in den Häfen Portland (Maine), Boston, New York, Philadelphia, Baltimore und New Orleans teils auf der Eisenbahn, teils auf den Seen, Kanälen und Flüssen (Hudson und Mississippi) angekommenen Mengen von Getreide und Mehl betrug in Bushels:

1878	1879	1880	1881
288 551 963	322 137 160	338 403 013	267 669 332
	1882	1883	
	213 279 661	244 691 614.	

Nach einer anderen Quelle[2] belief sich der Gesamtempfang und die Gesamtausfuhr von Getreide und Mehl in den fünf Häfen New York, Philadelphia, Baltimore, Boston und Montreal auf folgende Anzahl Bushels:

---

[1] Vgl. Nimmo 1883. S. LXVIII, LXIX. 1884. S. 32.

[2] Vgl. Fink, Statistics. Statement No. 21. S. 29.

Jahr	Gesamtempfang in Bushels	Gesamtausfuhr in Bushels	Jahr	Gesamtempfang in Bushels	Gesamtausfuhr in Bushels
1860	85 427 151	—	1874	192 452 353	104 994 100
1865	93 753 650	—	1875	179 875 321	90 313 244
1866	97 522 166	—	1876	209 082 401	125 771 730
1867	87 112 779	—	1877	205 420 366	124 582 116
1868	106 769 295	—	1878	293 576 061	212 497 231
1869	118 268 926	—	1879	332 485 424	249 942 748
1870	124 461 841	—	1880	341 349 702	265 383 823
1871	158 805 433	—	1881	267 069 167	182 488 004
1872	170 234 499	—	1882	211 074 646	124 063 242
1873	174 525 321	87 407 846	1883	244 125 630	142 894 808

Zu diesen Getreidemengen wird nunmehr ein weiterer Zuwachs hinzutreten, denn der Getreideanbau in den an den Küsten des Stillen Ozeans belegenen Staaten Oregon und California, sowie in den Territorien Washington und Idaho nimmt von Jahr zu Jahr größere Ausdehnung an, und auch diese Länder haben schon mit Ausfuhr ihrer Produkte nach Europa begonnen.

Im Jahre 1882/83 betrug[1] in Oregon, California und Washington

die Einfuhr	$	46 865 872
die Ausfuhr	„	53 468 647
zusammen	$	100 334 519.

Von der Ausfuhr entfallen $ 36 624 818 (etwa 70 Prozent) auf Brotstoffe darunter $ 36 147 246 allein auf Weizen und Weizenmehl.

Der Wert der Weizenernte dieser Gebiete wird für das Jahr 1882 auf $ 44 700 000 geschätzt.

Die Ausfuhr dieser Produkte erfolgte bisher ausschließlich auf Segelschiffen, von San Francisco oder auch von Portland in Oregon aus. Die Fahrt eines Segelschiffes von San Fran-

[1] Vgl. Nimmo 1883. S. LXXIII. 1884. S. 52 ff.

cisco nach Liverpool dauert durchschnittlich etwa 125 Tage. Man hat nun schon in den vergangenen Jahren Versuche gemacht, auf dem englischen Markte mit den landwirtschaftlichen Produkten der pazifischen Länder denen der Gebiete östlich von den Felsengebirgen Konkurrenz zu machen, und schon mit den bisherigen Frachtsätzen war ein solcher Wettbewerb unter Umständen möglich. Die durchgehenden Frachten von Chicago nach Liverpool in den Jahren 1878—1883 sind oben angegeben. In denselben Jahren betrug die Durchschnittsfracht für das Bushel Weizen in Cents von San Francisco nach Liverpool:

1878	1879	1880	1881	1882	1883
30·21	29·86	38·59	46·20	33·82	25·47.

Diese Frachten waren in den Jahren 1878, 1879 und 1883 unter dem Selbstkostenpreis, weil damals die Segelschifffahrt gänzlich darniederlag.

In den Jahren 1880 bis 1882 betrug die Durchschnittsfracht nach Liverpool von San Francisco etwa 39·5 Cents gegen 25·5 Cents von Chicago (Eisenbahn) und 19·4 Cents von Chicago (Wasserstraße). Rechnet man für beide Reisen noch die Zinsverluste und sonstigen Kosten (insbesondere Versicherungsgebühren) hinzu, welche für die Reisen von Chicago natürlich erheblich geringer sind, so kommt man zu dem Ergebnis,[1] daß die Beförderung eines Bushels Weizen von San Francisco nach Liverpool 20—25 Cents teurer war, als von Chicago. Mit diesem Preisunterschiede zu ihren Ungunsten mußten bisher die Landwirte der pazifischen Gebiete bei ihren Konkurrenzbestrebungen auf dem Londoner Markte rechnen; und dieselben haben die Konkurrenz gleichwohl mit Erfolg schon jetzt aufnehmen können, lediglich weil sie erheblich billiger zu pro-

[1] Vgl. Nimmo a. a. O. S. LXXV.

duzieren im stande waren, als die Landwirte der mittleren und östlichen Staaten. In Dacota, so sahen wir, wird der Selbstkostenpreis des Bushels Weizen auf 35—40 Cents, in Walla Walla auf 20—25 Cents, d. h. um 15 Cents billiger berechnet, und die Beförderung von Walla Walla nach dem Stillen Ozean ist nicht so teuer, als die von den Weizengebieten Dacotas nach Chicago.

Ganz andere, viel günstigere Aussichten werden sich den Bewohnern der pazifischen Gebiete nun eröffnen, wenn sie sich die neuen Schienenwege zu nutze machen können.

Eine Süd-Pazifik-Bahn mit dem östlichen Endpunkte New Orleans ist am 1. Februar 1883 fertiggestellt und zu dieser tritt nunmehr auch die Nord-Pazifik-Bahn. Vermittelst der letzteren ist ein neuer direkter Weg nach den atlantischen Häfen eröffnet; denn der eine der östlichen Ausgangspunkte der Nord-Pazifik-Bahn, Duluth, liegt unmittelbar am Oberen See, von welchem aus New York auf dem Wasserwege zu erreichen ist.

Die Wasserfahrt von Duluth nach New York wird sich zu denselben Preisen ermöglichen lassen, wie die Wasserfahrt von Chicago nach New York; auf die etwas größere Entfernung kommt es nicht an. Das Getreide der pazifischen Staaten darf also in Duluth keinen höheren Wert haben, als das Getreide Dacotas in Chicago, und wenn auch die Entfernung von den Getreidegebieten westlich der Felsengebirge nach Duluth um ein Beträchtliches größer ist, als die von Dacota nach Chicago, so kann dasselbe auch, wegen seiner billigen Erzeugungskosten, eine höhere Fracht tragen. In der That sollen auch auf einer solchen Grundlage Getreidetarife über die Nord-Pazifik-Eisenbahn einstweilen allerdings nur Ausnahmetarife für die Ansiedler in den östlichen Gebieten von Oregon und Washington nach Duluth zum Satze von acht Dollars für die Tonne, der einem Einheitssatze von etwa $1^1/_5$ ₰ für das Tonnenkilometer entsprechen würde, schon im Laufe des Sommers 1884 zur Einführung gebracht und fernerhin eine Durchgangsfracht von 7·60 Dollars von Duluth über die Seen nach Liverpool und Glasgow vereinbart sein. Es würde sich dann eine Tonne Weizen von den pazifischen Gebieten für 15·60 Dollars nach Liverpool schaffen lassen, d. h. um geringeren Preis, als über San Francisco und um das Kap Horn herum. Denn zu den oben gefundenen Zahlen, nach welchen die bloße Seefracht von San Francisco nach Liverpool im Durchschnitt der letzten drei Jahr 39·5 Cents für das Bushel oder 13·20 Dollars für die Tonne gekostet hat, treten noch die Kosten der Beförderung vom Produktionsgebiete nach San Francisco, die Umladungsspesen, die Seeversicherungsprämie und die Zinsverluste hinzu, welche für die lange Seefahrt um das Kap Horn herum bedeutend höher sind, als für die Fahrt von Duluth nach England. Die Beförderungskosten nach San Francisco sind mir nicht genauer bekannt, stellen sie sich aber auch nicht höher, als die nach Portland in Oregon, so würden sie nach dem Spezialtarif für Getreide No. 44 der Nord-Pazifik-Eisenbahn und Oregon Railway and Navigation Company vom 1. Juni 1883, sich immerhin auf sieben Dollars für die Tonne von Walla Walla her belaufen, also die bloße Fracht von Walla Walla über Kap Horn nach Liverpool um 4·60 Dollars für die Tonne höher sein, als über die Eisenbahn nach Liverpool.

So lange freilich die Nord-Pazifik-Eisenbahn und die Oregon Railway and Navigation Company gemeinschaftliche Interessen verfolgen, würden sie sich mit so billigen Frachten, wie sie im Laufe des Sommers 1884 für Ausnahmeverhältnisse zur Einführung gelangt sein sollen, in das eigene Fleisch schneiden. Denn der Oregon Railway and Navigation Company würden durch dieselben Transporte sowohl für ihre Schienen, als für ihre Schiffsgefäße entzogen werden. Dies wird einstweilen noch nicht geschehen, indessen soviel beweist die Thatsache des Bestehens solcher Ausnahmetarife, die immer noch bedeutend höher sind, als die der Trunk Lines, daß die Eröffnung der Nord-Pazifik-Bahn die Getreideausfuhr der nordwestlichen Gebiete der Vereinigten Staaten aufs Neue begünstigen wird.

So erblicken wir, wohin wir auch unsere Augen richten, neue Getreidezufuhren aus den Vereinigten Staaten nach Europa. Es sind die amerikanischen Eisenbahnen, welche diese Zufuhren in allererster Linie ermöglicht haben. Die durch maßlos billige Beförderung erreichte, fast vollständige Beseitigung der Entfernungsunterschiede hat mehr noch, als die günstigen Erzeugungsbedingungen dazu beigetragen, unsere heimische Landwirtschaft in eine schwierige Lage zu versetzen; und wenn auch die Frachten schon heute auf einem Stande angelangt sind, bei welchem sicherlich nur ein sehr kleiner Verdienst für die Eisenbahnen übrig bleibt, so liegt doch selbst in diesem Umstande ein geringer Trost, und es würde gewiß voreilig sein, zu schließen, daß die Frachten sich wieder heben und der Preis des amerikanischen Getreides in Europa sich erhöhen müsse. Nicht nur die Politik der amerikanischen Beförderungsanstalten ist unberechenbar, es läßt sich ebensowenig voraussehen, in welcher Richtung die Kultivierung des nordamerikanischen Festlandes fortschreiten, und ob nicht, wie im Jahre 1883 die Nord-Pazifik-Bahn, so in Zukunft noch andere Straßen zur Erleichterung des Getreideweltverkehrs geschaffen werden.

Die vereinigten Monopole nordamerikanischer Privatbahnen und der Standard Oil Company.

Dieses Kapitel der amerikanischen Eisenbahngeschichte zeigt uns die schamloseste Ausbeutung der Pflichten eines gemeinen Frachtführers im ausschließlichen persönlichen Interesse, welche jemals in der Weltgeschichte vorgekommen ist.

SIMON STERNE.

I.

Nachdem es einzelnen Eisenbahnen der Vereinigten Staaten gelungen war, sich ein Monopol für den gesamten Personen- und Güterverkehr umfangreicher Gebiete des Landes zu erobern und gegen Anfechtungen sicher zu stellen, haben dieselben dahin gestrebt, ihren Einfluß noch zu erweitern, und ihre Einnahmen noch mehr zu erhöhen, indem sie neben dem Gewerbe der Beförderung von Personen und Gütern auch andere Gewerbszweige entweder selbst übernahmen, oder sich mit den Unternehmern anderer, auf den Eisenbahntransport angewiesener Gewerbe zu einem gemeinsamen Betriebe verbündeten. Die Folge solcher Vereinigungen sind neue, noch mächtigere und gefährlichere Monopole gewesen. Der Weg zu denselben ist ein einfacher, leicht verständlicher. Die Monopolisierung des Verkehrs durch Privatunternehmungen geht überall Hand in Hand mit der Willkür in der Aufstellung der Beförderungsbedingungen, mit der Gewährung heimlicher Frachtbegünstigungen. Wo die Eisenbahnen vermuten, daß ihnen selbst ein Gewerbszweig, sei es mittelbar, sei es unmittelbar, nützlich werden kann, suchen sie dessen Gunst durch Gewährung von Vorteilen bei der Beförderung zu gewinnen, welche anderen Verfrachtern, insbesondere kleinen Leuten, nicht zugestanden werden. Die Günstlinge der Eisenbahn erhalten hierdurch eine überlegene Stellung, welche ihnen ermöglicht, kleine Konkurrenten anzuziehen oder aus dem Geschäfte zu vertreiben; haben sie dies glücklich erreicht, so wird das ganze Geschäft im gemeinsamen Interesse der Unternehmer und der Eisenbahnen nunmehr gleichfalls monopolistisch betrieben, ein Betrieb, welcher naturgemäß für die Allgemeinheit alsbald zu einem im höchsten Grade schädlichen, ja verderblichen ausartet, den Unternehmern und den Eisenbahnen aber, mindestens einem von beiden Teilen, ungemessenen Gewinn zuführt.

Nicht jedes Geschäft eignet sich zu einem solchen Monopolbetriebe. Es müssen mancherlei äußere Umstände zusammentreffen, um den Wettbewerb verschiedener Unternehmer zu erschweren. Wenn z. B. der Gegenstand des Geschäftes sich an mehreren, zerstreuten Orten befindet, wenn der Vertrieb sich auf einen großen Umkreis verteilt, wenn nur kleine Kapitalien für denselben erforderlich sind, so ist es schwer, zuweilen unmöglich das Geschäft selbst für ein kleines Gebiet in einer Hand zu vereinigen. Handelt es sich dagegen um Artikel, die nur an wenigen Plätzen gewonnen werden, von denselben nur auf bestimmten Wegen in den großen Verkehr gelangen können, und dabei noch Bedarfsgegenstände für die ganze Welt sind, und zu deren Gewinnung, Verarbeitung und Vertrieb bedeutende Kapitalien erforderlich sind, so wird es geschickten und kühnen Unternehmern schon eher gelingen, sich ein Monopol zur Verwertung solcher Artikel zu erwerben. Ein solcher Artikel ist das Petroleum; und das merkwürdigste Beispiel eines durch Zusammenwirken der Eisenbahnen und einer Anzahl verwegener Geschäftsleute entstandenen Monopols ist das des großen, unter dem Namen Standard Oil Company in den Staaten New York und Pennsylvanien bestehenden Petroleum-Geschäftshauses, welches seit einigen Jahren und bis auf den heutigen Tag das Petroleumgeschäft der ganzen Erde allein und ausschließlich beherrscht und nach seinem Gutdünken leitet. Nur Rußland und einige Gebiete des östlichen Europa haben sich seit kurzer Zeit von der Alleinherrschaft der amerikanischen Gesellschaft zu befreien vermocht, da sich im Kaukasus und in einzelnen anderen Landesteilen Petroleum gefunden hat, welches für diese Gegenden billiger zu haben ist, als das amerikanische.

Die Enthüllungen über die Entwickelung und die gesamten Verhältnisse der Standard Oil Company sind der in diesen Aufsätzen mehrfach erwähnten New Yorker Eisenbahnuntersuchung des Jahres 1879 zu verdanken. Denn wahre Enthüllungen sind es, welche diese Untersuchung der erstaunten Welt brachte. Geheimnisvoll ist das Wesen solcher Monopole. Sie scheuen das Licht der Offentlichkeit, sie verdecken ihre Geschäfte, sie verwirren das Publikum. Nur unter diesen Voraussetzungen können sie ihr Unwesen treiben. Jahrelang hatte die Geschäftswelt der Vereinigten Staaten unter dem unbestimmten Druck gelebt, daß irgend etwas bei dem Petroleumverkehr nicht in Ordnung sei, ohne aber der Sache recht auf die Spur kommen zu können. Wo ein Einzelner sich auf richtiger Fährte befand, wurde er von den Monopolisten zum Schweigen gebracht; und einem Einzelnen wäre es auch unmöglich gewesen, den wahren, eigentlichen Grund dieses allgemeinen Unbehagens ausfindig zu machen. Da bemächtigte sich der Eisenbahnuntersuchungsausschuß dieses Gegenstandes. Er brachte das Monopol der Petroleumgesellschaft, ihr Verhältnis zu den Eisenbahnen, die Begünstigung des Petroleummonopols durch die Eisenbahnen, die Beeinflussung von Handel und Verkehr durch die beiderseitigen Bestrebungen zu besonders eingehender Erörterung. Von dem Gefühl durchdrungen, daß gerade hier ein sehr fauler

Punkt in dem amerikanischen Verkehrsleben vorhanden sei, haben sich die Anwälte der Verkehrsinteressenten die erdenklichste Mühe gegeben, Licht in die Sache zu bringen, die Thatsachen einigermaßen klarzustellen. Bis zu einem gewissen Grade ist ihnen dies gelungen, ohne daß indessen das Dunkel vollständig aufgehellt, und ein ganz klarer Einblick in das Getriebe dieser in ihrer Art großartigen geschäftlichen Vorgänge erreicht wäre. Denn die Hauptleiter der Petroleumgesellschaften sind nicht vernommen. Sie verweigerten ihr Zeugnis, weil sie befürchteten, man könne von demselben in einem damals gerade schwebenden Kriminalprozeße gegen sie Gebrauch machen. Der Anwalt der Verkehrsinteressenten, SIMON STERNE, verbreitete sich in seiner Schlußrede ausführlich über die Hauptergebnisse der Untersuchung gerade dieses Gegenstandes; auch der Bericht des Untersuchungsausschusses und der New Yorker Handelskammer heben die außerordentliche Wichtigkeit gerade dieser Enthüllungen hervor, so daß selbst die Presse nicht hat vermeiden können, sich wenigstens eine Zeitlang etwas eingehender mit denselben zu beschäftigen. In dem Märzheft des Jahrganges 1881 der angesehenen Zeitschrift Atlantic Monthly (S. 317—334) erschien unter der Überschrift: „Story of a Great Monopoly" ein Aufsatz, welcher einen Teil des von dem Untersuchungsausschusse zu Tage geförderten Materiales in geschmackvoller Form dem Publikum darstellte. Diese Quellen, vor allem die stenographischen Berichte des Untersuchungsausschusses, sind es, aus welchen auch die nachfolgende Darstellung geschöpft hat.[1]

---

[1] Die auf vier Bände verteilten, mit fortlaufenden Seitenzahlen 1—4036 versehenen stenographischen Verhandlungen sind nachstehend angeführt mit R. J. (Railroad Investigation) unter Beifügung des Bandes mit römischer, der Seite mit arabischer Zahl. Die Belegstücke, die in einem besonderen Bande stehen, mit Exh. (Exhibits) unter Beifügung der Seitenzahl.

Der vorstehende Aufsatz ist, wie ich bei dieser Gelegenheit bemerke, unter derselben Überschrift im Archiv für Eisenbahnwesen, 1881, S. 237

Das amerikanische Petroleum ist über Nacht aus einer kaum beachteten Indianermedizin zu einem der bedeutendsten Stapelartikel des Welthandels geworden. An den Quellen des Alleghaniflusses, im südlichen New York, nordwestlichen Pennsylvanien, östlichen Ohio und westlichen Westvirginia ist eine der Hauptölgegenden der untere (lower) Bezirk. Derselbe wird durchflossen von dem „Ölbach“ (Oil Creek), in seiner Mitte liegt „Ölstadt“ (Oil City). Die zweite, später erschlossene, obere (upper) Ölgegend befindet sich südlich der erstgenannten im Umkreise um die Stadt Pittsburgh in Pennsylvanien. Während erst 1857 die ersten erfolgreichen Bohrungen am Ölbache stattfanden, wurden schon 1860 200 Quellen bearbeitet, von denen 74 täglich 1165 Fässer von je 40—45 Gallonen (160—170 Liter) Öl gewannen; im Jahre 1880 belief sich der Gesamtertrag der beiden Ölgegenden auf 15 265 476, d. h. auf täglich durchschnittlich 41 823, 1880 gar auf durchschnittlich täglich 71 124 Fässer rohen Öles. Das rohe Öl (Crude Oil) ist für den sofortigen Konsum nicht zu gebrauchen, dasselbe muß zunächst durch einen besonderen Prozeß in seine verschiedenen Bestandteile zerlegt, d. h. gereinigt, raffiniert werden; fünf Fässer Rohöl geben ungefähr vier Fässer raffiniertes Brennöl; der Rest ist teils Schmieröl (Lubricating Oil), teils enthält er die leichtflüssigen Öle: Benzin, Ligroin u. dgl. Sobald sich die Überzeugung von der großartigen Bedeutung dieses Gegenstandes für den Verkehr Bahn gebrochen hatte, schon seit dem Jahre 1861, entstanden zahlreiche Raffinerien teils an der ganzen

bis 279 mit meinem Namen zuerst abgedruckt. Nur der Anfang und der Schluß desselben sind hier geändert. Gleich nach seinem ersten Erscheinen und späterhin ist derselbe vielfach in der Tages- und Fachpresse benutzt und auch teilweise nachgedruckt, ohne daß man sich immer gemüßigt gesehen hat, auf die Quelle auch nur hinzuweisen. Selbständige, von der meinigen unabhängige Arbeiten über diesen Gegenstand sind mir in der deutschen Litteratur nicht bekannt geworden.

östlichen Meeresküste von Baltimore bis Portland in Maine, teils an den Ufern des nicht weit von den Ölgegenden belegenen Erie-Sees und in der Umgegend der Stadt Pittsburgh. Denn wegen der großen Feuergefährlichkeit des Rohöles kommt zum bei weitem größten Teil nur raffiniertes Öl in den Handel. Dasselbe wird von den Häfen New York, Philadelphia, Baltimore und Boston nach dem europäischen Festlande verschifft.

Zu der Zeit, als man die großartige wirtschaftliche Bedeutung des Petroleums als allgemeinen Brennstoff, als vorzügliches Schmieröl, erkannte, lagen die Ölgegenden fern von jeglichem Verkehrsmittel, fern von schiffbaren Flüssen, von Kanälen, von Eisenbahnen, ja von Landstraßen. Denn Amerika hat ein nach europäischen Begriffen ausgebildetes System von Landstraßen niemals besessen. Von der amerikanischen Ostküste liegt die Petroleumgegend etwa 6—700 km, von den Ufern des Erie-Sees etwa 150 km entfernt. Das Öl selbst hatte an Ort und Stelle beinahe gar keinen Wert, sein Verkaufswert wurde fast ausschließlich dargestellt durch die Kosten des Landtransports und der Fässer. Die Kosten der Beförderung eines Fasses bis zur Eisenbahn beliefen sich auf 2, 3 und 4 Dollar, das leere Faß kostete $2^1/_2$—3 Dollar, und auf dem Transport durch die unwegsamen Gegenden lief ein großer Teil des Öls aus. Diese Kosten verteuerten das Petroleum derartig, daß von einem Verbrauch desselben in größerem Umfange nicht die Rede sein konnte. Erst als die Eisenbahnen die Bedeutung des Petroleums als einer vorzüglich für die Beförderung auf den Schienen geeignete Waren erkannten und demgemäß ihre Schienen bis in die Ölgegend hinein erstreckten, konnte dasselbe ein Artikel des allgemeinen, des Weltkonsums werden.

Das Rohöl fließt teils unmittelbar, oft geradezu springbrunnenartig, aus dem Erdboden heraus, teils müssen Bohrlöcher und Brunnen zur Hebung desselben an die Erdoberfläche mittels Pumpen oder Maschinen angelegt werden. Zur Anlage von Bohrlöchern ist ein staatlicher Freibrief (Charter) erforderlich, dessen Erlangung übrigens nur mit einigen formalen Schwierigkeiten verknüpft ist. Den Inhabern eines Freibriefs sind dem Staate gegenüber auch nur wenige Verbindlichkeiten auferlegt; darunter beispielsweise die, in regelmäßigen Zeiträumen Nachweisungen über die gewonnenen Mengen Rohöl zu veröffentlichen. Thatsächlich war hiernach die Gewinnung des Petroleums vollständig so gut wie freigegeben, und die Petroleumquellen wurden anfänglich von einzelnen, seien es Personen, seien es Handelsgesellschaften, ausgebeutet. Gegen Ende des Bürgerkrieges, in den Jahren 1863 und 1864, entstand im ganzen Osten ein förmliches Petroleumfieber. Unzählige Aktiengesellschaften wurden gebildet, viele von ihnen verschwanden wieder vom Schauplatze, doppelt so viel neue traten an ihre Stelle, und aus den wilden Anfängen entwickelte sich nur ganz allmählich ein etwas solideres Geschäft. Gleichzeitig wuchsen mitten in der Wildnis pilzartig Dörfer, Städte, Raffinerien und Eisenbahnen aus dem Boden empor. Die Ausfuhr des Artikels gewann dabei von Jahr zu Jahr an Schwung und Bedeutung. Je größer sie wurde, je mehr die Gewinnste der Produzenten in die Millionen wuchsen, desto mehr bemächtigte sich auch die Spekulation des Artikels und suchte namentlich in ihrem Interesse seinen Preis willkürlich zu bestimmen.

Dabei bildete sich jedoch für die geschäftliche Behandlung des Artikels bald eine Art von Arbeitsteilung heraus. In der ersten Zeit war der Betrieb ein ganz einfacher gewesen.[1] Von den Bohrlöchern füllte man das Öl direkt in die Fässer und beförderte diese auf dem Landwege zur nächsten Eisenbahnstation und in die bequemst gelegene Raffinerie, von welcher das gerei-

[1] Vgl. das Zeugnis des Ölproduzenten El. C. Patterson. R. J. II, 1685 ff.

nigte Öl entweder in den inländischen Konsum oder zur Ausfuhr in das Ausland geführt wurde. Diese Geschäfte konnten mit Leichtigkeit von einer Stelle aus besorgt werden, und es entwickelte sich auch sehr bald zwischen den einzelnen Petroleumproduzenten ein wohlthätiger Wettbewerb, welcher die Preise regelte. Je großartiger sich aber der Petroleumverbrauch entwickelte, je mehr sich die Eisenbahnen der Ölgegend näherten und hierdurch die Beförderungskosten sich verminderten, desto schwieriger wurde es für den einzelnen, das Petroleum auf seinem Wege von der Gewinnung bis zum Verkauf im Großhandel zu begleiten. Die Produzenten begannen also, an die Raffinerien zu verkaufen, und diese, sich mit den Eisenbahnen wegen Beförderung vom Gewinnungsorte an die Raffinerien ins Benehmen zu setzen. Gleichzeitig mit der Ausdehnung des Eisenbahnnetzes entwickelte sich eine vollkommenere Beförderung des Rohöls in den Ölgegenden vermittels eines gewaltigen Netzes von Röhrenleitungen (Pipe Lines). Das Rohöl wurde von den Bohrlöchern entweder unmittelbar in die Röhren eingelassen oder zunächst in große Bassins gefüllt. Solche Bassins lagen auch in der Nähe der Eisenbahnstationen, und durch die Röhrenleitungen hindurch konnte entweder unmittelbar von den Bohrlöchern oder von den an den Bohrlöchern belegenen Bassins aus das Rohöl in die am Stationsorte belegenen Bassins mittels Maschinen hineingepumpt werden. Die Füllung in Fässer und die Beförderung der Fässer auf der Eisenbahn erwiesen sich nunmehr als zu kostspielig und umständlich, vornehmlich da bei dieser Füllung immer noch ein erheblicher Bruchteil des Gutes durch Leckage eingebüßt wurde. Man ging daher dazu über, große eiserne Behälter, in Gestalt von Bottichen, sog. Tanks, anzufertigen, deren jeder 80—100 Faß Petroleum faßte, und zu deren Beförderung auf der Eisenbahn wiederum besondere Wagen, Tank Cars, gebaut wurden. Nun konnte das Öl sogar von den Bohrlöchern durch die Röhren unmittelbar in die auf den Eisenbahnwagen stehenden Tanks geführt werden. Es ging auf diese Weise fast kein Tropfen verloren, die Verladungskosten stellten sich ganz außerordentlich niedrig, und — was auch noch sehr wesentlich in Betracht kommt — die mit der Beförderung des Rohöls verbundene Feuersgefahr hörte vollständig auf.

Wie die Raffinerien, so waren anfänglich auch die Röhrennetze in den Händen einzelner Personen, meist zugleich Ölproduzenten. Letztere indessen mußten auch diesen Geschäftszweig andern Händen überlassen. Die Röhrenleitungen, und in Verbindung mit denselben die Bassins, die Tanks und die Tank Cars gingen über in den Besitz von Handelsgesellschaften, deren ausschließliches Geschäft es war, das Öl von den Quellen zur Eisenbahnstation zu befördern. Die an der Eisenbahnstation belegenen Bassins aber erhielten für den Handel noch einen besonderen Wert dadurch, daß die Produzenten ihr Petroleum daselbst, ähnlich wie andere Waren auf den Speichern und in den Lagerhäusern, lagern, und vermittelst Warrants oder anderer Handelspapiere, die von den Eigentümern der Bassins und Röhrenleitungen ausgestellt waren, nutzbar machen konnten. Bei der Veräußerung ihrer Vorräte waren sie hierdurch weniger von den jedesmaligen Preis- und Frachtschwankungen abhängig, sie konnten vielmehr ihrerseits die Schwankungen auf den Märkten in ihrem Interesse verwerten.

In die Behandlung des Petroleums von der Gewinnung des Rohöles bis zum Eintritt des Brennöles in den Großhandel teilen sich also nunmehr drei besonders ausgebildete kaufmännische Unternehmungen. Die erste besorgt die Beförderung des Rohöles an die Eisenbahnstationen, sie hat ausschließlich die „Pipeage“ und „Tankage“ des Petroleums zum Gegenstand; es folgen die Eisenbahnen, welche das Rohöl zu den Raffinerien fahren und endlich die Raffinerien, die aus dem Rohöl die zum Verbrauch bestimmte Ware herausarbeiten. Das Petroleum wird in den Raffinerien in die bekannten hellblau angestrichenen Fässer (Barrels) gefüllt und für den amerikanischen Verbrauch und die Ausfuhr weiter verfrachtet.

Diese, durch die eigentümliche Beschaffenheit des Petroleums mehr oder weniger bedingte geschäftliche Behandlung ist, wie bereits oben angedeutet, einer Monopolisierung des gesamten Geschäftes in hohem Grade förderlich. Das Öl wird in einem zwar recht großen, aber doch begrenzten Bezirke gewonnen. Wenn auch für die Ausbeutung eine sozusagen unbeschränkte Freiheit herrscht, und der Vertrieb des gereinigten Öles in unbegrenztem Wettbewerb erfolgen kann, so bilden doch die Zwischenstadien, d. h. also die Beförderungskosten und die Kosten der Raffinierung, einen so wesentlichen Bestandteil des Gesamtwertes des Artikels, daß der Produzent und der Großhändler bei Festsetzung ihrer Verkaufs- und Ankaufspreise den Betrag derselben gar nicht unberücksichtigt lassen können. Wer also die Festsetzung der Beförderungs- und Raffinierungskosten bestimmt, der bestimmt damit gleichzeitig einen wesentlichen Teil des Handelswertes einerseits des rohen, andrerseits des gereinigten Erzeugnisses. Nachdem die Eisenbahnen ihre Netze in die Ölgegend hineingebaut, hatten sie thatsächlich das Monopol für die Eisenbahnbeförderung, die sicherste, billigste, schnellste Beförderung des Öles, in Händen. Sie brauchten sich also nur noch mit den Verwaltungen der Raffinerien und der Röhrenleitungen zu verständigen, und eine solche Verständigung war nicht schwierig, da die Zahl der Eigentümer von Röhrenleitungen und Raffinerien eine nur beschränkte war und die Gemeinsamkeit der Interessen auf der Hand lag. Die Verständigung über eine Ausbeutung dieser drei geschäftlichen Unternehmungen im gemeinschaftlichen Interesse ist nun in der That allmählich erfolgt, doch haben nicht die Eisenbahnen den Anstoß zu derselben gegeben; dieser Anstoß kam von anderer Seite, von den Raffineuren her. Diese, eine geringe Zahl vermögensloser Leute, welche ohne die mächtigen Eisenbahnen gar nichts hätten ausrichten können, sind mit denselben zuerst Hand in Hand vorgegangen und haben die Beute mit ihnen geteilt, allmählich aber haben sie sich einer vollständigen Herrschaft über die Bahnen zu bemächtigen gewußt. Seit vier bis fünf Jahren halten sie die Bahnen unter ihrer Botmäßigkeit und stehen an der Spitze dieses in seiner Art einzigen Transport- und Handelsmonopols.

II.

Das Haupt der Standard Oil Company ist JOHN D. ROCKEFELLER, ein Mann, der sich lediglich durch eigene Kraft zu einer solchen Stellung im amerikanischen Verkehrsleben emporgearbeitet hat, daß der Eisenbahnkönig VANDERBILT einmal gesagt haben soll, es gebe auf der Welt bloß einen Mann, der ihm Vorschriften machen könne, und das sei ROCKEFELLER. ROCKEFELLER ist jetzt ein Mann von etwa 45 Jahren. Gegen Ende des Bürgerkrieges war er Buchhalter in einer kleinen Landstadt des Staates Ohio und ließ sich dann in Cleveland nieder, wo er ein unbedeutendes Mehlgeschäft begründete. Er machte daselbst die Bekanntschaft eines Fabrikarbeiters JOHN ANDREWS, welcher sich in den dortigen Petroleumraffinerien sein Brot verdiente und so arm war, daß seine Frau durch Nähen für den Unterhalt ihrer Familie mit sorgen mußte. Derselbe hatte eine neue Methode der Reinigung von Petroleum erfunden, durch die man mehr gereinigtes Öl, als das bis dahin möglich gewesen war, aus dem Rohöl gewinnen konnte. ROCKEFELLER verband sich mit ANDREWS, dem er seine unbedeutenden

Ersparnisse zur Verfügung stellte, zur Ausbeutung dieser Erfindung. Aus diesen Anfängen ist innerhalb kaum eines Jahrzehntes die Standard Oil Company herausgewachsen. ANDREWS hat sich als mehrfacher Millionär vor einigen Jahren aus dem Geschäfte zurückgezogen, ROCKEFELLER steht heut noch an der Spitze. Er wird in einem mir vorliegenden amerikanischen Blatt geschildert als „ein großer, schlanker Mann mit einem schönen Kopf und Zügen, denen man seine bewundernswerte geschäftliche Gewandtheit und hervorragende Charakterstärke nicht ansieht. Er trägt einen kurz geschorenen dicken, rötlichen Schnurrbart und Backenbart. Sein Gesicht ist unbeweglich. Wenn er aber spricht, so wird es sehr ausdrucksvoll. Im allgemeinen ist er schweigsam; und nur wenn er in Freundeskreisen sich über die soziale Frage unterhält, spricht er klar und gut, zu Zeiten sogar beredt."

Unter der Standard Oil Company haben wir uns nicht eine Aktiengesellschaft oder sonstige Handelsgesellschaft gewöhnlicher Art vorzustellen. Es ist eine ganze Anzahl der verschiedensten und verschiedenst organisierten Handelsgesellschaften, die unter diesem Namen zusammenarbeiten, eine Art von heimlicher Verbindung, die, wenn sie überhaupt eine bestimmte Organisation hat, es vortrefflich versteht, dieselbe streng geheim zu halten. Unter allen möglichen Namen tritt sie auf. Eine Standard Oil Company giebt es in Cleveland und Pittsburgh, sie sind die Mutterinstitute. In Titusville arbeitet sie unter der Firma: Acme Oil Company of New York, in Oil City nennt sie sich Imperial Oil Company, in Philadelphia Atlantic Refining Company, im Staate Maryland finden wir an verschiedenen Plätzen, vor allem in Baltimore eine Camden Company of Maryland, in der Stadt New York bestehen drei große Firmen, welche nichts anderes sind als Teile der Standard Oil Company, nämlich CHS. PRATT & Co., Devoe Manufacturing

Company und J. A. Bostwick & Co. — Bei dem Geschäftsbetrieb tritt nun bald diese, bald die andere Firma an die Öffentlichkeit; zum Schein arbeiten sie auch wohl einmal gegeneinander; dann tauchen sie wieder vorübergehend unter einem ganz anderen Namen auf, der, nachdem er seine Dienste gethan, von der Oberfläche verschwindet. Alle ihre geschäftlichen Operationen umhüllen sie mit dem Schleier des tiefsten Geheimnisses, der nur von wenigen Eingeweihten gelüftet werden kann. Die eigentlichen Ziele ihrer Geschäfte sind nur den Leitern bekannt, die ausführenden Organe handeln nach Weisungen, deren Endzweck für sie ein völlig dunkler ist.

Eine solche Geschäftsführung stimmt merkwürdig überein mit derjenigen vieler großen amerikanischen Bahnen in den atlantischen Staaten. Auch sie haben stets vortrefflich verstanden, ihre ganze Thätigkeit, insbesondere auch ihre Tarife, geheim zu halten; was sie veröffentlichen, ist entweder ohne Bedeutung, oder absichtlich gefälscht. Der Kaufmann, welcher mit der Bahn über die Beförderung seiner Güter verhandelt, weiß niemals, ob nicht seinem Konkurrenten gleichzeitig günstigere gewährt werden. — Selbst den Mitgliedern anderer Verwaltungen ist es so gut wie unmöglich, Zuverlässiges über die Tarife zu erkunden. Der Vizepräsident der Pennsylvania-Bahn, J. A. Cassat, wird vor Gericht einmal nach der Höhe der Frachten einer Konkurrenzbahn gefragt und antwortet darauf:[1] „Ich kenne sie nicht; wir glaubten einmal, wir hätten sie gekannt; es ist oft außerordentlich schwer, festzustellen, welche Frachten in Geltung sind.“ Nichts begünstigt so sehr das Refaktienwesen, als eine derartige Geheimnisthuerei, und eine der vornehmsten Forderungen der amerikanischen Eisenbahnreformpartei geht auf den Zwang der Tarifveröffentlichung.

[1] Exh. 509.

Ob JOHN D. ROCKEFELLER mit vollem, klaren Bewußtsein auf das Ziel, welches er erreicht, auch losgearbeitet hat, und seit wann er dies gethan, darüber lassen sich nur Vermutungen hegen. Die ersten Symptome davon, daß irgend ein Unbekannter darnach strebte, einen überwiegenden Einfluß auf das Petroleumgeschäft zu gewinnen, traten in den Jahren 1871 und anfangs 1872 hervor, ohne daß es damals gelang, dieser Erscheinung näher auf die Spur zu kommen. Nachträglich hat es sich ergeben, daß schon damals die Standard Oil Company die Hand im Werke hatte, uud es zeugt von einem bewundernswerten Scharfblick, daß ROCKEFELLER gleich von Anfang an die Angelegenheit am richtigen Ende anfaßte. Er machte sich nämlich an die Eisenbahnen heran. Drei der westöstlichen Trunk Lines besorgten die Beförderung des Petroleums von der Ölgegend nach den östlichen Hafenplätzen, New York, Philadelphia, Baltimore und Boston: die New York Zentral-, die Erie- und die Pennsylvania Zentral-Bahn. Mit ihnen setzte sich ROCKEFELLER ins Benehmen, aber nicht als Besitzer einer Raffinerie in Cleveland. That er das, so wurde seine Absicht, durch heimliche Frachtbegünstigungen seiner Fabrikate vor seinen Konkurrenten in Cleveland und an den östlichen Häfen einen Vorsprung zu erhalten, zu leicht durchschaut. Seine Raffinerie war überdies zu unbedeutend, als daß die Eisenbahnen besondere Neigung hätten hegen können, mit ihr in eine derartige Geschäftsverbindung zu treten. Er erscheint vielmehr unter der wohlklingenden Firma einer „South Improvement Company", deren eigentliche Geschäfte nicht bekannt sind, und es gelingt ihm, mit den vorgenannten drei Eisenbahnen einen Vertrag vom 18. Januar 1872,[1] natürlich einen ganz geheimen Vertrag,

[1] Richtiger handelt es sich um drei, wörtlich gleichlautende Verträge, ein jeder mit einer Bahn und deren Nebenbahnen abgeschlossen. Der Wortlaut der Verträge ist abgedruckt Exh. S. 418—449.

abzuschließen, in welchem sich die Eisenbahnen verpflichteten, „jederzeit, soweit dies gesetzlich gestattet sei, mit der South Inprovement Company zusammenzuarbeiten, um deren Geschäfte gegen allen, etwa durch Konkurrenz erwachsenden Verlust oder Schaden sicherzustellen.“ Zu diesem Zwecke wurden der Gesellschaft Frachtrabatte zugestanden, deren Höhe von der der gewöhnlichen Frachten abhing, so daß also, wenn diese erhöht oder ermäßigt wurden, eine entsprechende Änderung der Frachtrabatte gleichzeitig eintrat. Fernerhin verpflichteten sich die Eisenbahnen, „im Falle sich nach Ansicht der South Improvement Company in deren Interesse eine Veränderung der Frachtsätze, sei es Ermäßigung, sei es Erhöhung, als notwendig herausstellen sollte, auch ihrerseits die gewöhnlichen, für jedermann gültigen Frachtsätze entsprechend zu ändern.“

Die South Improvement Company nennt sich in diesem Vertrage bloß „eine Gesellschaft, welche gebildet ist und besteht nach den Gesetzen des Staats Pennsylvanien“, ohne irgend etwas darüber zu sagen, welcher Art Geschäfte sie betreibt. Ihre einzige Verpflichtung besteht darin, den Eisenbahnen möglichst viel rohes oder raffiniertes Petroleum zur Beförderung zu übergeben. Ihr Auftreten beunruhigte schon die Ölproduzenten. Das Gerücht, es habe sich eine Gesellschaft gebildet, welche eine Monopolisierung des Handels mit Petroleum beabsichtige, hatte eine völlige Lähmung des Markts zur Folge. Es wurden sogenannte Entrüstungsversammlungen abgehalten und eine Anzahl von bedeutenderen Ölproduzenten und Raffineuren beauftragt, sich mit den Eisenbahnen, von denen es hieß, daß sie in Übereinstimmung mit der geheimnisvollen Gesellschaft vorgingen, ins Benehmen zu setzen. Das Ergebnis dieser Beratungen, die im März 1872 stattfanden, war eine Klarstellung des Sachverhältnisses und ein am 25. März 1872 abgeschlossenes Übereinkommen zwischen den Ölinteressenten und den sämtlichen Eisenbahnen, durch welches scheinbar eine gleichmäßige Behandlung der Öltransporte sicher gestellt war[1]; denn der § I bestimmte, daß alle Verträge über die Beförderung von Petroleum auf der Grundlage vollständiger Gleichheit für die Verfrachter, die Produzenten und die Raffinerien beruhen und daß keinerlei Rabatte, Refaktien oder sonstige Abmachungen irgend welcher Art gestattet sein dürften, welche einer Partei auch nur den geringsten Vorzug vor der anderen gewährten. Die Frachtsätze selbst von der Ölgegend sowohl nach den Hafenplätzen New York, Philadelphia und Baltimore, als nach Cleveland und Pittsburgh für raffiniertes und rohes Öl wurden neu festgesetzt, und alle Veränderungen in denselben sollten einem Bevollmächtigten der Verfrachter mindestens 90 Tage vor dem Inkrafttreten mitgeteilt werden. — Außerdem waren die Bemühungen der Vertreter, welche nach Harrisburgh zur gesetzgebenden Körperschaft gereist waren, von Erfolg gekrönt. Der der South Improvement Company erteilte Freibrief wurde zurückgenommen, weil sich herausstellte, daß die Gesellschaft weder eine Raffinerie, noch ein Petroleumbohrloch überhaupt in Besitz hatte, sie also die gesetzlichen Bedingungen über die Bildung von Aktiengesellschaften dieser Art nicht erfüllt hatte.

So ging die Sache also nicht, oder, wie Simon Sterne sich etwas drastisch ausdrückt, die Leiter der Bewegung merkten, daß sie in dieser schamlosen Weise den Gesetzen doch nicht Hohn sprechen konnten. Sie ließen sich aber durch dieses erste Scheitern ihrer Pläne nicht abschrecken. Sie kauften jetzt die beiden Raffinerien John D. Rockefellers und eines Verwandten gleichen Familiennamens in Cleveland und Pittsburgh, welche die Firma Standard Oil Company führten, und in welchen ein Kapital von etwa 100 000 Dollars steckte. Damit hatten

[1] Abgedruckt Exh. S. 449—451.

sie den gesetzlichen Erfordernissen genügt und einen unanfechtbaren Titel. Die Eisenbahnen aber scheinen an der, wenn auch erst kurzen Geschäftsverbindung mit den ROCKEFELLERS ein solches Gefallen gefunden zu haben, daß sie nunmehr die mit der South Improvement Company am 18. Januar 1872 abgeschlossenen Verträge ohne weiteres für die neue Gesellschaft gelten ließen.

Über die Höhe der Frachten für Petroleum enthalten diese Verträge u. a. folgende Bestimmungen:

1. Rohes Petroleum das Faß:

Von den Stationen des Oil Creek (Ölbach) und der Alleghany River-Eisenbahn nach den als „Common Points"[1] bezeichneten Plätzen Oil City, Union, Corry oder Irvineton	30 Cents.
Von den Common Points nach Cleveland	80 „

2. Raffiniertes Petroleum das Faß:

Von Cleveland nach New York	$ 2·—
Von den Common Points nach New York	„ 2·92

Schon hierdurch erhielten die Raffinerien in Cleveland einen bedeutenden Vorsprung vor denen in den Common Points; Cleveland liegt etwa 225 km westlich von den Common Points. Gleichwohl ist die Fracht von da nach New York absolut soviel billiger, als von den Common Points, daß sich der Gesamtbetrag für den Transport von den Common Points nach Cleveland (80 Cents) und von Cleveland zurück an den Common

[1] Common Points heißt: gemeinsame Plätze. Die Entfernungen der verschiedenen Plätze von den Bohrlöchern ist nicht sehr verschieden, und durch die gleichmäßige Behandlung derselben werden bedeutendere Differenzierungen nicht herbeigeführt. Es ist ein ähnliches Verhältnis, wie die Gleichstellung der Zechenfrachten verschiedener Zechen nach einem Versandplatz in unseren Kohlenrevieren.

Points vorbei nach New York ($ 2) um 12 Cents für das Barrel geringer stellt, als wenn das raffinierte Öl im Durchgangsverkehr von den Raffinerien der Common Points nach New York verfrachtet wird. Ein allerdings recht einleuchtendes Beispiel von den Einflüssen eines Differenzialtarifs auf einen einzelnen Industriezweig.

Dieses waren jedoch nur die Maximaltarife, welche für jedermann gelten sollten. Der Standard Oil Company wurden von denselben vertragsmäßig bedeutende Rabatte von 50 Cents bis $ 1·32 auf das Faß Petroleum bewilligt, und der Vertrag enthielt die ausdrückliche Bestimmung, daß alle übrigen Verfrachter mindestens die vorbemerkten höheren Frachten bezahlen und, falls sich die Eisenbahnen unterstehen sollten, für andere Leute gleichfalls Frachtermäßigungen eintreten zu lassen, dann die der Standard Oil Company gewährten Rabatte sich entsprechend erhöhten.

Bei Erneuerung dieses heimlichen Vertrages ließen sich die Eisenbahnen gar nicht dadurch beirren, daß sie mit den übrigen Raffinerien und Produzenten am 25. März, also kurz vorher, einen ganz verschiedenen Vertrag mit ganz anderen Frachtsätzen abgeschlossen hatten. Sie spielten einfach doppeltes Spiel, entweder die Standard Oil-Gesellschaft oder die Gesellschaft der Produzenten und Raffineure wurde von ihnen hinters Licht geführt, und zwar die eine auf Kosten der anderen. Welche von beiden, das lehrte der Erfolg. Sehr bald konnte keine Raffinerie mehr mit denen der Standard Oil Company konkurrieren. Woher es kam, daß sie plötzlich mit Verlust arbeiteten, das begriff niemand, die Thatsache aber ließ sich nicht verkennen. Die Standard Oil-Gesellschaft ihrerseits zeigte sogleich Neigung, die schlecht gehenden Raffinerien, einerlei, wo dieselben lagen, anzukaufen, natürlich zu möglichst niedrigen Preisen. Die nicht angekauften wurden des Kampfes gegen die dunkelen Mächte müde, sie liquidierten und zogen sich aus diesem Geschäfte zurück.

Die Handelskammer von Pittsburgh berichtet u. a. am 3. April 1876, daß 21 Raffinerien daselbst mit einem Geschäftskapital von zwei Millionen Dollars und einem Arbeiterpersonal von 3060 Personen brach lägen. Von den im Jahre 1867 in Pittsburgh bestehenden 58 Raffinerien wurden nach und nach 28 vollständig vernichtet, 29 von der Standard-Gesellschaft gekauft oder gepachtet, natürlich unter erheblichen Verlusten der früheren Eigentümer.

So kam es, daß nach Verlauf von etwas mehr als zwei Jahren die Standard Oil Company und ihre Genossen die gesamte Raffinerie beherrschten und Nebenbuhler in diesem Geschäfte sich nur soweit gefallen ließen, als dieselben ihnen nicht unbequem waren. Erreicht aber war diese Stellung einzig und allein durch die Hilfsleistungen der Eisenbahnen. Die von ihnen bewilligten Rabatte gewährten eine derartige Überlegenheit, daß jedes andere Geschäft die Segel streichen mußte.

III.

Der zweite Angriffspunkt waren die Röhrenleitungen. Wie man es machte, um diese gleichfalls in seine alleinige Botmäßigkeit zu bekommen, darüber belehrt uns ein Rundschreiben des Generalfrachtagenten der New York Zentral-Bahn, J. H. Rutter, vom 9. September 1874[1] an diejenigen Produzenten und Raffineure, welche unter der gemeinsamen Firma Standard Oil Company arbeiteten. In diesem selbstverständlich wieder geheimen Schriftstücke werden folgende vom 1. Oktober 1874 ab gültige Tarifbestimmungen getroffen:

---

[1] Exh. S. 451, 452.

Die Frachten für das Faß raffiniertes Petroleum betragen von allen Raffinerien in Cleveland, Titusville und anderen Punkten der Ölgegend:

nach Boston . . . . $ 2·10
„ New York . . . . „ 2·—
„ Baltimore und Philadelphia . . . „ 1·85.

Von diesen Frachten kommen jedoch in Abzug die Frachten, welche für die Beförderung des Rohöles von den Bohrlöchern bis zu den Raffinerien gezahlt sind in der Weise, daß für jede nach den östlichen Häfen gefahrenen zehn Faß raffinierten Öles die Fracht für 14 Faß von den Bohrlöchern nach den Raffinerien beförderten Rohöles zurückvergütet wird. — Diese Frachterstattung wird nicht gewährt für dasjenige Öl, welches von den Bohrlöchern vermittelst der Röhrenleitungen an die Raffinerien geleitet ist.

Für das Faß Rohöl beträgt die Fracht von den Abgangsstationen der Ölgegend:

nach Boston . . . . $ 1·75
„ New York, Baltimore, Philadelphia „ 1·50.

Hiervon wird nur für diejenigen Ölsendungen, welche aus Leitungen kommen, die sich an die vereinbarten Frachten für die Beförderung mittels Röhrenleitung halten, eine Rückvergütung von 22 Cents für das Faß gewährt.

Wenn am Schluß dieses Rundschreibens Herr RUTTER bemerkt: „Sie werden sich überzeugen, daß auf dieser Grundlage die Tarife angemessen und gleich sind für jedermann, indem sie verhindern, daß ein Platz vor dem anderen wegen wirklicher oder vermeintlicher besonderer Vorteile bevorzugt ist“, so klingt das wie der reine Hohn. Die Standard Oil-Gesellschaft und ihre Verbündeten wurden allerdings auf den Fuß der Gleichheit gestellt. Vor den übrigen Produzenten aber erhielten diese Leute durch die beiden, in dem Zirkular ihnen zugestandenen

Vergünstigungen einen so großen Vorteil, daß ersteren jede Konkurrenz unmöglich gemacht wurde. Gegen wen sich diese Refaktien richten, ist zwar nicht gesagt, man sieht nur, sie richten sich gegen eine Anzahl von Röhrenleitungen. Die erste Vergünstigung ist nicht mehr und nicht weniger, wie das auch ein Zeuge[1] offen ausspricht, als eine völlig frachtfreie Beförderung des Öles von dem Gewinnungsort nach den Raffinerien. Hierdurch wurden alle nicht mitten in der eigentlichen Ölgegend, d. h. vornehmlich die in Pittsburgh und Cleveland, dem Hauptsitze der Standard Oil-Gesellschaft, belegenen Raffinerien begünstigt. Aber auch in den Ölgegenden selbst veranlaßten die Eisenbahnen hierdurch die Produzenten, sich lieber ihrer — die ja umsonst fuhren — als der Röhren zu bedienen, und fügten hierdurch den Röhrenleitungen beträchtlichen Schaden zu.

Noch schlimmer war die Wirkung der zweiten Klausel, der Gewährung eines Rabatts von 22 Cents auf das Faß solcher Ölsendungen, welche aus gewissen Leitungen herrührten; denn anders will die Umschreibung: „solche Leitungen, die sich an die vereinbarten Frachten halten" nichts besagen. Wem diese Begünstigung zugute kam, zeigte wieder sehr bald die Wirkung derselben. Es bestand eine Röhrenleitung unter der ‚Firma „United Pipe Line". Eine Anzahl ihrer Direktoren war auch an der Spitze der Standard Oil-Gesellschaft. Die United Pipe Line hatte noch im Sommer 1874 bis kurz vor Erlaß des Rutter-Briefes nur etwa 25—30 Prozent des Leitungsgeschäftes besorgt. Dieser Prozentsatz erhöhte sich nach dem Erlaß sofort auf 80 Prozent, und binnen etwas mehr als Jahresfrist hatte sie das ganze Geschäft in Händen; die übrigen Leitungen wurden nun wieder entweder angekauft — und das war noch das beste Schicksal, welches ihnen widerfahren konnte — oder

[1] Patterson. R. J. II. 1690—1692.

sie mußten ein Geschäft einstellen, welches sie unter so ungleichen Bedingungen gegen einen übermächtigen Konkurrenten nicht fortzuführen vermochten. Denn 20 Cents waren der Preis für die Beförderung eines Fasses in die Bassins an der Eisenbahnstation. Die Kunden der United Pipe Line erhielten von der Eisenbahn nicht nur diesen Betrag, sondern außerdem noch 2 Cents für das Faß zurückvergütet, d. h. es wurde ihnen von der Eisenbahngesellschaft dafür, daß sie ihr Gut in den der Standard Oil-Gesellschaft gehörenden Leitungen befördern ließen, noch etwas herausbezahlt.

So weit war schon im Jahre 1876 die Standard Oil-Gesellschaft gekommen, sie beherrschte das Raffinerie- und das Röhrenleitungsgeschäft vollständig. Der Einfluß ihrer Monopolstellung auf die übrigen Petroleumgeschäfte ist ersichtlich aus dem Zeugnis des Mitinhabers einer angesehenen und reichen Handlung in New York, welche auch im Besitz von Petroleumraffinerien in Greenpoint (auf der New York gegenüber belegenen Insel Long Island) gewesen war, und sich allmählich genötigt gesehen hatte, den Betrieb derselben einzustellen und ihre Fabriken an die Standard Oil-Gesellschaft mit Schaden zu verkaufen. Simon Bernheimer[1], so heißt dieser Kaufmann, äußert sich wie folgt: Seine Firma habe im Jahre 1860 oder 1861 mit dem Betrieb von Petroleumraffinerien begonnen. Ihr Betriebskapital war ein vollständig genügendes, ihre Fabrikation stand auf der Höhe der Zeit; sie kauften das Rohöl zum Teil am Gewinnungsorte, zum Teil in New York zu denselben Preisen, wie die übrigen Raffineure, ein und waren hiernach jeder loyalen Konkurrenz gewachsen, auch machten sie bis in den Anfang der siebenziger Jahre hin gute Geschäfte und vergrößerten nach und nach ihre Anlagen derart, daß sie ohne Schwierigkeiten

[1] R. J. IV. 3548—3556.

ein Quantum von 100 000 Faß Öl jährlich raffinieren konnten. Auf die Frage, woher es denn gekommen sei, daß ein Rückgang des Geschäftes eingetreten, antwortet BERNHEIMER (S. 3550): „Der Grund davon war lediglich der, daß wir nicht dieselben Bedingungen für die Beförderung des Öles von der Ölgegend nach New York hatten, welche andere Leute zu haben schienen. Ich weiß nicht, welche Bedingungen anderen gewährt wurden, aber ich weiß, daß wir mit ihren Preisen nicht mehr konkurrieren konnten.“

Frage (S. 3551): „Wie zeigte sich dies auf dem Markte?“

Antwort: „Ich kann dies nicht genauer beantworten. Wir versuchten, es herauszubringen, eine Frachtvergütung von der Eisenbahn zu erhalten, aber es war uns unmöglich zu erfahren, welche Frachtvergütung andere erhielten, und wir konnten eine solche überhaupt nicht bekommen. Im Jahre 1874 vermehrten wir unsere Kapitalien und vergrößerten unseren Betrieb, um uns noch konkurrenzfähiger zu machen. Das half aber gar nichts, wir verloren jedes Jahr Geld, wir arbeiteten mit Verlust.“

Zwei Jahre lang kämpfte man noch an gegen die Konkurrenz, allein vergebens. Die Fracht, welche BERNHEIMER zahlen mußte, betrug $ 1·25 bis $ 1·45 für das Barrel, wovon nur die Pennsylvania Zentral-Bahn einen Rabatt von 9 Cents gewährte. Die Erie-Bahn erklärte sich bereit, alle Öltransporte zu befördern, aber ohne Gewährung von Refaktien, und die New York Zentral-Bahn lehnte jede Beförderung ab, weil sie überhaupt keine Petroleumwagen besitze, welche angeblich alle der Standard Oil Company gehörten. Die Frachten dieser letzteren aber waren so niedrig, daß ein Tarif von $ 1·45, selbst unter Abzug des Rabatts der Pennsylvania-Bahn, einer völligen Verweigerung des Transports gleichkam. — Was hatte es da für die Firma noch für Zweck, immer mehr Geld fortzuwerfen? Als sich im Jahre 1876 ein Agent ihrer Konkurrenten mit ihnen Verbindung setzte, verkauften sie ihren Besitz mit einem nicht allzugroßen Verluste und gaben dieses nur Schaden bringende, ärgerliche Geschäft lieber ganz auf. Und das war eine Firma, welche, wie Sterne (R. J. IV. 3952) sagt, ein Vermögen von mehreren Millionen Dollars besaß, der es gewiß nicht darauf angekommen wäre, ein an sich gutes Geschäft eine Zeitlang selbst mit Verlust zu betreiben, wenn sie überhaupt darauf rechnen konnte, jemals wieder etwas dabei zu verdienen.

IV.

Bis jetzt hatte die Standard Oil Company mit den Eisenbahnen Hand in Hand gearbeitet. Um selbst die leitende Stellung im Ölgeschäft zu übernehmen, konnte sie der Mitwirkung der Eisenbahnen nicht entbehren, und für diese Mitwirkung bezahlte sie auch einstweilen einen recht anständigen Preis, denn, ganz abgesehen davon, daß es den Eisenbahnen sehr bequem war, nur mit einer Stelle zu thun zu haben, waren auch abzüglich der gewährten Rabatte die Tarife für die Massenbeförderung des Petroleums noch reichlich hoch, und die Eisenbahnen verdienten an dem Artikel ein schönes Stück Geld.

Nachdem die Herren Rockefeller und Genossen alleinige Raffineure und alleinige Besitzer der Röhrenleitungen geworden, hielten sie es nunmehr für überflüssig, daß die Eisenbahnen noch eine ebenbürtige Stellung neben ihnen einnähmen. Jetzt, glaubten sie, sei der Zeitpunkt da, in welchem sie den Eisenbahnen ihre Bedingungen für die Beförderung des Öls allein vorschreiben könnten. Leicht war das nicht, denn sie hatten es mit drei sehr mächtigen Gesellschaften zu thun, welche in einer derartigen Frage sicherlich gemeinsam Widerstand geleistet hätten, wenn man offen mit Drohungen gegen sie vorging. Der geradezu unermeßliche Gewinn, welchen eine bedeutende Herabsetzung der Tarife für ihn hatte, und die Aussicht, auch Leuten von der Stellung eines VANDERBILT den Fuß auf den Nacken zu setzen, hatten aber für ROCKEFELLER einen so unwiderstehlichen Reiz, daß ihn solche Schwierigkeiten nicht abschreckten. Er beschloß also, die Mitherrschaft der Eisenbahnen nicht länger zu dulden, er wollte Alleinherrscher sein. Der erste Schritt auf dem Wege nach diesem Ziele geschah anfangs des Jahres 1877.

Die amerikanischen Eisenbahnen besorgen das Frachtgeschäft zum Teil nicht selbst; sie überlassen das vielfach großen Speditionsgesellschaften, welchen sie entweder bloß die Zugkraft stellen, oder von denen sie nur ein Bahngeld erheben. Eine dieser Gesellschaften ist die über das ganze Gebiet der Vereinigten Staaten verbreitete Empire Transportation Company. Diese hatte mit der Pennsylvania-Bahn einen Vertrag über den Betrieb des Öltransportgeschäfts auf ihren Strecken abgeschlossen.[1] Sie besitzt ungefähr 1000 Tank-Wagen für die Beförderung von Rohöl und 400 Wagen für die Beförderung von raffiniertem Öl. Außerdem war sie an den vereinigten Röhrenleitungen beteiligt. Ihr Geschäft bestand darin, daß sie der Eisenbahn die Wagen stellte, mit den Ölproduzenten und Raffineuren die Frachtverträge abschloß und dann zu den von der Bahn festgesetzten Tarifen die Beförderung übernahm. Sie erhielt für ihre Bemühungen einen Prozentsatz der Reineinnahmen der Eisenbahn. Die Empire Transportation Company war auch bei einigen Raffinerien in der Ölgegend und in der Nähe New Yorks beteiligt. Sei es nun, daß die Lorbeeren der Standard Oil Company sie nicht schlafen ließen, sei es aus anderen Gründen, im Jahre 1877 fing sie an, ihr Raffi-

[1] Vgl. über die nachfolgende Darstellung das höchst interessante gerichtliche eidliche Zeugnis des Vizepräsidenten der Pennsylvania-Bahn A. J. CASSAT, Exh. S. 453 ff.

neriegeschäft auszudehnen, indem sie umfangreiche Raffinerien in Philadelphia anlegte.

Das war für die Standard Oil Company ein willkommener Vorwand, mit der Pennsylvania-Bahn einen Streit vom Zaune zu brechen. Vom März oder April 1877 ab wurden derselben alle Ölsendungen entzogen, kein Faß Öl mehr über ihre Linien befördert. Um Gründe für dieses auffallende Vorgehen einer bisher befreundeten Eisenbahn gegenüber waren die Ölherren nicht verlegen. Sie antworteten auf die Beschwerden der Eisenbahn, daß diese die Empire Transportation Company bei der Stellung von Wagen in Zeiten von Wagenmangel bevorzugt habe, daß sie der letzteren Gesellschaft billigere Frachten bewillige, daß die Raffinerien der Empire Transportation Company besser behandelt würden, als die der Standard Oil Company — kurz, daß man mit einer Gesellschaft nichts zu thun haben wolle, welche die Konkurrenz gegen die eigenen Raffinerien der Standard Oil Company aufgenommen habe. Die Eisenbahn suchte alle diese, natürlich aus der Luft gegriffenen Vorwürfe zu widerlegen, sie erklärte sich bereit, wegen anderer Organisation des Raffineriebetriebs, wegen Verpachtung der Raffinerien der Empire Transportation Company an die Standard Oil Company in Verhandlungen einzutreten. Es war alles umsonst, die Monopolisten wollten sich jezt noch nicht verständigen, sie suchten Streit, und da die Eisenbahn auch zunächst keine Lust bezeugte, sich ihnen zu fügen, so entwickelte sich ein grausamer Tarifkrieg, welcher bis zum 17. Oktober 1877 dauerte. Die Eisenbahn machte die großartigsten Anstrengungen, alle von der Standard Oil Company noch unabhängigen Ölsendungen auf ihre Linien zu ziehen, sie scheute nicht zurück vor bedeutenden Verlusten, gab, wie Mr. Cassat selbst erklärt (S. 456 a. a. O.), beträchtliche Rabatte, sie ließ kein Mittel unversucht, um Öl zu erhalten; zuweilen waren die Rückerstattungen größer als die ganze Fracht; „ich entsinne mich eines Falles," sagt CASSAT, „in welchem wir für Mr. OHLEN Petroleum nach New York fuhren für 8 Cents weniger als nichts." — Die Verträge über die Höhe des Rabatts wurden auf der Grundlage abgeschlossen, daß die Eisenbahn sich verpflichtete, den Unterschied zwischen dem Ankaufspreis in der Ölgegend und dem Verkaufspreis an die Raffinerien in New York, Baltimore und Philadelphia als Fracht in Rechnung zu stellen. Da konnte es allerdings vorkommen, daß, wenn das Rohöl an der Seeküste billiger war als am Gewinnungsorte, die Eisenbahnen, statt Fracht zu bekommen, ihrerseits noch Fracht herausbezahlen mußten, abgesehen davon, daß sie das Gut ganz umsonst fuhren. Da die Standard Oil-Gesellschaft um jene Zeit den Petroleummarkt fast ganz beherrschte, so wußte sie es, um der Eisenbahn zu schaden, so einzurichten, daß solche unerhörte Mißverhältnisse in Augenblicken eintraten, in welchen bedeutendere Ölsendungen über die Pennsylvania-Bahn bei der Ölraffinerie anlangten. Die beiden andern großen Eisenbahnen zogen natürlich mit der Standard Oil-Gesellschaft an einem Strang, da es ihnen nur passen konnte, wenn ihnen auf diese Weise mehr Güter zufielen.

Lange konnten aber so ungesunde Zustände nicht andauern, die Pennsylvania-Bahn sich nicht anderen Gesellschaften zu Liebe ins eigene Fleisch schneiden. Im August und September wurden die Friedensverhandlungen zunächst zwischen Präsident CASSAT und JOHN D. ROCKEFELLER eröffnet. Sie fanden ihren Abschluß in einem Vertrage vom 17. Oktober 1877[1] zwischen der Standard Oil Company einerseits und Pennsylvania-Bahn andererseits, in welchem die erstere Gesellschaft sich verpflich-

[1] Der Vertrag, ein Brief ROCKEFELLERS an den Präsidenten der Pennsylvania Zentral-Bahn SCOTT, und dessen Antwort sind abgedruckt Exh. S. 470—472.

tete, die vereinbarte Menge Petroleum wieder über die Pennsylvania Zentral-Bahn zu den festgesetzten Tarifen befördern zu lassen, da beide Gesellschaften nunmehr ein Interesse daran hätten, daß freundschaftliche Beziehungen zwischen ihnen beständen und aufrecht erhalten würden. Dem Vertrage vom 17. Oktober war eine Verständigung zwischen der Pennsylvania Zentral-Bahn und der Empire Transportation Company vorausgegangen. Die letztere hatte sich hiernach aus dem Petroleumgeschäft vollständig zurückgezogen, ihre Raffinerien in New York und Philadelphia, ihre Röhrenleitungen in der Ölgegend und alles Zubehör derselben an die Standard Oil-Gesellschaft, ihren Wagenpark dagegen und ihre Gebäude und Niederlagen bei den einzelnen Eisenbahnstationen an die Pennsylvania-Bahn verkauft.

Dieser zwar nicht leicht erkämpfte, aber desto glänzendere Erfolg ermutigte zu weiterem Vorgehen. Einige kleinere Ölproduzenten, welche sich eine gewisse Selbständigkeit auch der Standard Oil-Gesellschaft gegenüber bewahrt hatten, beförderten, als ihnen nach Beseitigung der Empire Transportation Company alle Zugänge nach der See verschlossen waren, ihr Gut auf der Eisenbahn nach Buffalo, der größten Station am Erie-See, nahe bei dessen Vereinigspunkt mit dem Ontario-See, bauten eine Anzahl Kanalböte mit Öl-Tanks und fuhren mit diesen auf dem Kanal nach den westlichen Hafenplätzen. Sie konnten so zwar billiger dorthin gelangen als die Eisenbahnen, aber diese Beförderungsart war eine so umständliche, so langsam und so sehr von allen Zufälligkeiten der Witterung u. dgl. abhängig, daß dessenungeachtet die Eisenbahnen und die Standard Oil-Gesellschaft einen bedeutenden Vorsprung vor ihnen hatten. Gleichwohl gönnte ihnen die Gesellschaft diese Unabhängigkeit nicht, sie veranlaßte die Eisenbahnen, den Tarifkrieg auch gegen die Kanalfahrten zu eröffnen, ihre Frachten also von 82 Cents auf 60 Cents netto herabzusetzen.

Die Eisenbahnen zeigten sich sofort willfährig, und billiger war auch auf dem Wasserwege nicht zu fahren. Auch diese Konkurrenz war damit abgethan.

Aus diesen Vorgängen schloß die Standard Oil-Gesellschaft, daß ihre Übermacht über die drei Bahnen schon jetzt noch größer war, als sie anfänglich angenommen hatte, und sie ging nunmehr daran, diese vorteilhafte Stellung auch gründlich auszubeuten. Plötzlich erscheint also auf der Bühne eine neue Gestalt, eine neue Gesellschaft, die angebliche Besitzerin umfangreicher Röhrenleitungen. Die Gesellschaft nennt sich „American Transfer Company" zu Deutsch „amerikanische Übertragungs-Gesellschaft". Sie setzt sich ins Benehmen mit den drei Eisenbahnen, der New York Zentral-, der Erie- und der Pennsylvania Zentral-Bahn, aber — wohlweislich mit jeder derselben einzeln; sie erzählt jeder Bahn, welche bedeutenden Rabatte sie von den beiden anderen Bahnen für die großen Sendungen empfange, die sie denselben zuweise, und erklärt sich bereit, auch an diejenige, mit welcher sie gerade verhandelt, Petroleum zur Beförderung zu geben, wenn ihr dieselben Rabatte bewilligt würden. Aber dieses Abkommen müsse streng geheim bleiben, vor allem dürften auch die beiden anderen Bahnen nichts davon erfahren.

Es ist charakteristisch für die Bahnen, daß dieselben auf ein so durchsichtiges Manöver ohne weiteres hereinfielen. A. J. Cassat antwortet auf die Frage, ob es denn nicht möglich gewesen sei, daß die drei großen Bahnen sich unter einander über das Maß der Zugeständnisse an die Standard Oil-Gesellschaft einigten:[1] „dies sei recht gut möglich, es seien auch mehrere Vorschläge, und zwar recht gut ausführbare Vorschläge über eine solche Verständigung von ihm entworfen,

[1] Exh. S. 511.

indessen, jedesmal sei eine Verständigung im letzten Augenblicke unterlassen; die Bahnen hätten von der übermächtigen Stellung der Standard-Gesellschaft eine so hohe Meinung gehabt, daß sie ohne weiteres angenommen, dieselbe werde auch andere Wege für ihre Transporte finden, als die Bahnen; sie hätte also in ihrer Gewalt, durch anderweite Vereinbarungen über die Beförderung ihres Öles dieses Geschäft den Bahnen ganz zu entziehen . . . „und", meint Cassat, „eine solche Erwägung hatte viel für sich".

Also die Furcht, einen so guten Kunden zu verlieren, wie die Standard Oil-Gesellschaft, der Wunsch, einen neuen Kunden zu gewinnen, den man allenfalls auch einmal gegen die Standard Oil-Gesellschaft ausspielen könne, und die Eifersucht gegen die Konkurrenzbahn machten die Bahnen völlig blind; sie unterließen die gewöhnlichsten kaufmännischen Vorsichtsmaßregeln. Sie erkundigten sich nicht einmal darnach, wer denn die American Transfer Company sei; sie suchten keinerlei Fühlung mit den anderen Bahnen, nein — sie bewilligten ohne weiteres der American Transfer Company einen besonderen Rabatt von $22^1/_2$ Cents für jedes von ihr aufgelieferte Faß Rohöl. Über die Verhandlungen der Gesellschaft mit der New York Zentral- und der Erie-Bahn sind durch die Enquête Einzelheiten nicht zu Tage gefördert. Die leitenden Persönlichkeiten dieser Bahnen haben sich vermutlich im finanziellen Interesse ihrer Unternehmungen dummer gestellt, als sie waren, es mag auch sein, daß sie selbst nicht genau wußten, was sie verabredet hatten, oder sich schämten, ein Selbstbekenntnis ihrer Thorheiten abzulegen. Mr. Cassat hat sich indes dem nicht entziehen können, dem Gerichtshof den Schriftwechsel vorzulegen, durch welchen das Abkommen zwischen der American Transfer Company und der Pennsylvania Zentral-Bahn besiegelt wurde. Es ist dies ein Brief des Generalbevollmächtigten der American Transfer

Company, DANIEL O'DAY an CASSAT, d. d. Oil City, den 15. Febr. 1878 (Exh. S. 512, 513), in welchem es heißt:

„Sie sind bekannt mit den Anstrengungen, welche wir in anderer Beziehung im Laufe der vergangenen Monate haben aufwenden müssen, wobei wir in voller Übereinstimmung mit den Interessen der großen Eisenbahngesellschaften vorgegangen sind; und ich kann sagen, wir haben, ohne allen Eigennutz, bei diesem Vorgehen ihre Interessen mächtig gefördert. Ich wiederhole daher hier auch, was ich Ihnen bereits mündlich mitteilte und gleichzeitig als streng vertraulich zu behandeln bat, daß wir mehrere Monate hindurch von der New York Zentral- und der Erie-Eisenbahn bestimmte Geldbeträge gezahlt erhalten haben, und zwar niemals weniger als 20 Cents für jedes Faß Rohöl, welches über deren Strecken befördert ist." O'DAY verlangt denselben Rabatt von der Pennsylvania Zentral-Bahn, und zwar „mit Rücksicht auf die vorgetragenen Umstände schon vom 1. November 1877 an", wobei er sich jedoch zu dem Zugeständnis bereit erklärt, welches aber wiederum als streng vertraulich zwischen den beiden hier in Frage kommenden Parteien zu gelten hat, daß die Zahlung erst vom 1. Februar 1878 an zu leisten ist. . . . „Ich mache diesen Vorschlag," heißt es dann weiter, „in der vollberechtigten Erwartung, daß derselbe Ihrer Bahn als ein durchaus annehmbarer erscheinen wird, jedoch meinerseits in dem Gefühl, daß ich von der Pennsylvania-Bahn und ihren Geschäftsfreunden nicht so große Zugeständnisse fordere, als ich von den anderen Bahnen bereits erhalten habe."

CASSAT übersendet diesen Brief am 15. Mai dem Schatzmeister seiner Bahn und beauftragt diesen, indem er ihn noch darauf hinweist, daß nach ihm vorliegenden Berechnungen die beiden anderen Bahnen erheblich größere Rabatte gewährten, die geforderten Abzüge von allen Frachtrechnungen vom 1. Febr. 1878 an zu machen; gleichzeitig wird O'DAY benachrichtigt, daß seine Vorschläge vom 15. Februar angenommen und entsprechende Anweisungen erteilt seien.

Demgemäß hat denn nach einem vorliegenden Rechnungsauszuge die Pennsylvania Zentral-Bahn in den beiden Monaten Februar und März an die American Transfer Company die Kleinigkeit von $ 68 753·50, also etwa ℳ 290 000 an Refaktien bezahlt.

Und wer war nun dieser große Röhrenbesitzer, dessen Kundschaft man sich auf jede Weise, durch vorbehaltlose Annahme seiner Bedingungen, zu sichern bemüht war? Durch die New Yorker Enquête ist dies glücklich ermittelt worden. Die New York Zentral-Bahn hatte eigentümlicher Weise durch ihre Vertreter aussagen lassen, sie hätte den hier in Rede stehenden Rabatt gar nicht an die American Transfer-, sondern, wie die übrigen Rabatte, gleichfalls der Standard Oil-Gesellschaft gezahlt. Dem widersprach Mr. Blanchard, der Mann der Erie-Bahn: „Seine Gesellschaft hätte den Rabatt nur für das Öl gezahlt, welches ihr in der That aus den Röhrenleitungen der American Transfer Company zugeflossen sei; wie groß aber diese Röhrenleitungen seien, das ergebe eine Karte,“ welche Blanchard der Enquête-Kommission vorlegte. Auf dieser Karte sind allerdings in dem Bradford-Distrikt eine große Anzahl von Röhrenleitungen eingezeichnet, es stehen jedoch nur bei zwei ganz kurzen Zweigleitungen die Buchstaben A. T. Co., so daß man auf den ersten Anblick annehmen muß, das ganze große Röhrensystem gehöre der American Transfer Company. Die beiden kleinen Leitungen sind mit einer von dem großen Röhrensystem etwas abweichenden Farbe bezeichnet. Als Blanchard gefragt wurde, was diese verschiedene Färbung bedeute, meinte er, das hänge damit zusammen, daß jene Röhren zu einer anderen Zeit gelegt worden. Am folgenden Tage berichtigte er seine Aussage dahin, daß der große Komplex von Röhrenleitungen von der American Transfer Company an die United Pipe Lines, welche, wie wir wissen, Eigentum der Standard Oil Company waren, verpachtet seien, und letztere nur die beiden kleinen Stücke für sich behalten habe; schließlich aber ergab sich, daß die American Transfer Company niemals mehr als diese beiden Leitungen besessen und auch diese nur angelegt hatte, um den Vorschriften der pennsylvanischen Gesetze zu genügen. Im übrigen aber war die Gesellschaft nichts weiter, als ein anderer Name für die Standard Oil-Gesellschaft. Diese „geriebenen Bursche“ (Smart Fellows, sagte einmal Präsident VANDERBILT) hatten die ganze Gesellschaft lediglich zu dem Zwecke ins Leben gerufen, um durch diesen Popanz für sich billigere Frachten zu erzielen. Denn die von der American Transfer Company aufgegebenen Transporte rührten in der That von der Standard Oil Company her. Die Eisenbahnen waren durch das wohlgelungene Manöver auf das lächerlichste geprellt, und SIMON STERNE sagt nicht mit Unrecht, das einzige Übertragungsgeschäft dieser sogenannten Übertragungsgesellschaft sei gewesen, das Geld aus den Taschen der Eisenbahnen in die der Standard Oil-Gesellschaft zu übertragen. Einer der im Laufe der Enquête vernommenen Zeugen, JOHN C. WELCH, dessen ausschließliches Geschäft es ist, die Produktion und den Vertrieb des Petroleums zu überwachen und Nachrichten hierüber aller Orten zu verbreiten, antwortet auf die Frage, ob die American Transfer Company in den Ölgegenden überhaupt bekannt sei: „Dieselbe ist als Besitzerin von Röhrenleitungen zum Empfang und zur Beförderung des Öles nicht bekannt; ich kann dies beweisen: Nach den Gesetzen des Staates Pennsylvanien müssen alle Röhrenleitungsgesellschaften am 10. eines jeden Monats eine Aufstellung darüber anfertigen und in ihren

[1] R. J. IV. 3666, 3667.

Kontoren aushängen, wieviel Öl sie im Monat vorher aus den Bohrlöchern empfangen haben, und wie groß ihr Vorrat am ersten des Monats war. Ich habe aber niemals davon gehört, daß die American Transfer Company in den letzten Jahren irgend Öl empfangen hat oder Vorräte davon besitzt; eine solche Thatsache hätte sich meiner Kenntnis gar nicht entziehen können.“

Weitere Beweise für die Identität beider Gesellschaften liegen in der Identität der leitenden Personen. Für die American Transfer Company tritt, wie wir gesehen haben, ein Mr. O'Day als Vertreter auf. O'Day ist gleichzeitig einer der Direktoren der United Pipe Lines, und der Stellvertreter des einen Hauptdirektors der Standard Oil-Gesellschaft, Mr. Bostwick[1]; andrerseits aber hat Bostwick mit der Verwaltung der American Transfer Company zu thun. Es wäre geradezu sinnlos gewesen, wenn sich diese verschiedenen, in vollständiger Personalunion lebenden Gesellschaften gegenseitig unterboten hätten. Die Frachtermäßigung von 20 Cents aber, welche sie durch falsche Vorspiegelungen den Eisenbahnen abnötigten, kam natürlich beiden zugute, dieser Ertrag wurde redlich zwischen den vermeintlichen Konkurrenten geteilt. Die bodenlose Leichtfertigkeit, mit welcher die sonst so gewandten Eisenbahnmänner hier verfuhren, ergiebt sich auch noch aus folgendem Bruchstück der Aussage des einen Präsidenten der Erie-Bahn, Mr. Jewett.[2]

Frage: Mr. O'Day ist einer von den Standard-Leuten, nicht wahr?

Antwort: Ich glaube, er war es damals; ich kannte ihn nicht.

Frage: Wissen Sie nicht, daß die American Transfer Company nur ein anderer Name ist für die Standard Oil Company?

---

[1] R. J. II. 1705.

[2] R. J. II. 1470.

Antwort: Ich zweifle nicht daran, daß sie mit derselben gemeinsame Interessen verfolgt.

Frage: Sie wissen also nicht, daß es nur ein anderer Name ist?

Antwort: Nein.

Frage: Wissen Sie, daß dieselbe eine juristische Person ist?

Antwort: Nur von Hörensagen und nach Inhalt der Verträge.

Frage: Wissen Sie, wo sie ihr Geschäftslokal hat?

Antwort: Davon weiß ich gar nichts, was ich Ihnen mitteilen könnte.

Frage: Wissen Sie, ob Sie wirklich Öl aus ihren Röhren erhalten haben?

Antwort: Ich dächte, wir haben viel, sehr viel Öl von ihr bekommen; alles, was wir erhielten, kam aus ihren Leitungen.

Frage: War nicht die der American Transfer Company gehörige Leitung dieselbe, welche vorher unter dem Namen United Pipe Line der Standard Oil-Gesellschaft gehörte?

Antwort: Ich dächte nicht.

Frage: Haben Sie irgend welche Kenntnis hierüber?

Antwort: Nein.

Frage: Haben Sie sich denn die Mühe gegeben, hierüber genauere Nachforschungen anzustellen, bevor Sie jenen Vertrag abschlossen?

Antwort: Ich hatte kein Interesse an derartigen Nachforschungen. Ich wollte einen Vertrag haben, und bekam einen Vertrag mit einer verantwortlichen Persönlichkeit.

Auf die hinterlistige, verschlagene Kriegführung gegen jede einzelne Eisenbahn folgen nunmehr brutale, gewaltsame, offene Angriffe gegen alle zusammen. Es wird den Eisenbahnen rundweg verboten, Petroleumsendungen aus anderen, als den der Standard Oil Company unterthänigen Röhrenleitungen, und für andere Raffinerien anzunehmen. Die Beachtung dieses Verbotes wird streng überwacht, ja eine Übertretung beinahe unmöglich gemacht. Zu dem Ende kaufte die Standard Oil-Gesellschaft der New York Zentral-Bahn ihren ganzen Ölwagenpark ab. Die Beschaffung neuer Wagen verlohnte sich natürlich nicht, wäre ja auch nicht zu verheimlichen gewesen. Noch mehr, die Standard Oil-Gesellschaft pachtete von der New York Zentral- und der Erie-Bahn die gesamten an deren Endpunkten befindlichen für die Ver- und Entladung der Petroleumwagen bestimmten Bahnhofseinrichtungen (Terminal Facilities), also Güterschuppen, Geleise, Krähne, Maschinen u. s. w. Über diese Verträge wurde nach außen hin das strengste Geheimnis bewahrt, das große Publikum wußte gar nicht, wem das Verfügungsrecht über diese Baulichkeiten und Einrichtungen zustand, ja, als die Enquête-Kommission im Sommer 1879 die großartigen Einrichtungen der Erie-Bahn in den Hafenplätzen New York und Brooklyn selbst in Augenschein nahm, war dieselbe unter dem geflissentlich hervorgerufenen Eindruck, daß die Einrichtungen, wie sie der Erie-Bahn gehörten, auch von ihr allein allen Versendern von Petroleum gleichmäßig zur Verfügung gestellt würden, und erst im Laufe der Verhandlungen kam das wahre Sachverhältnis an den Tag. Die Folge hiervon war, daß in der That kein Faß Petroleum über die beiden Bahnen gehen konnte, ohne daß die Standard Oil-Gesellschaft Kenntnis davon erhielt. Gelang es auch einmal der Eisenbahn, das Gut eines andern Versenders einzuschmuggeln, so mußte dieser Vertragsbruch bei der Ankunft an den Entladungsplätzen in New York und Brooklyn unfehlbar offenkundig werden.

Wie entwürdigend ein solches Verhältnis, eine derartige polizeiliche Überwachung, für die hochmütigen Eisenbahnkönige war, bedarf keines Wortes; diese verdienten das Schicksal, welches sie selbst heraufbeschworen hatten. Wahrhaft traurig ist es jedoch, zu sehen, wie auch der Verkehr unsäglich unter diesen Mißständen litt. Der Mitbesitzer einer großen Petroleumraffinerie in New York, JOSIAH LOMBARD,[1] erzählt dem Eisenbahn-Ausschuß am 23. Juni 1879 hierüber folgende beinahe unglaublichen Dinge:

„Vor ungefähr einem Jahre reiste ich in Gemeinschaft mit zwei anderen, nicht zur Standard Oil-Gesellschaft gehörenden Herren auf der Erie-Bahn von New York nach Buffalo. Wir sahen eine große Anzahl zur Beförderung von Rohöl bestimmter Wagen unbeladen auf den Stationen stehen. Da wir nicht genug Wagen bekommen konnten, um das Öl, das wir brauchten, nach New York zu schaffen, so ersuchten wir durch unsern Agenten, Herrn H. C. OLIN, die Erie-Bahn um Wagen zum Versand des Öls nach New York. Derselbe ließ zunächst 60 Wagen in Carrolton, dem Versandplatz der Erie-Bahn, für sich bei Seite stellen, gab Auftrag, das Öl durch die Röhrenleitungen nach Carrolton zu schaffen und daselbst zu verladen. Plötzlich erschien der Agent der Standard Oil-Gesellschaft und ließ die Verladung einstellen. Das Öl — fast 10 000 Fässer — wurde auf Beförderung wartend, drei oder vier Monate dort zurückbehalten. Es ist bis heute nicht fortgeschafft. Ohne Zweifel trat die Standard Oil-Gesellschaft dazwischen und verbot der Erie-Bahn die Verladung."

Frage: „Und Sie haben Ihr Öl nicht bekommen können?"

Antwort: „Nein."

Aufgefordert, die Vorgänge bei Verweigerung der Wagen genau und im einzelnen zu schildern, erklärt der Zeuge weiter:

„Herr OLIN hatte die Wagen in Carrolton zurückstellen lassen und telegraphierte mir nach Buffalo, er wolle an diesem Tage noch 60 Wagenladungen abschicken. Ich antwortete, er

[1] R. J. I. 708 ff.

solle Öl genug kaufen um sofort 100 Wagenladungen zu versenden. Später an demselben Tage oder am folgenden Morgen erhielt ich ein Telegramm von ihm des Inhalts, es hätten sich Schwierigkeiten bei der Versendung herausgestellt. Ich wußte nicht, worin dieselben bestanden, kehrte nach New York zurück und fand, daß nichts verladen war, und daß das Öl sich noch in Carrolton befand. Ich ging nunmehr zu Herrn VILAS (dem Generalfrachtagenten der Erie-Bahn) und fragte ihn, worin denn die Bedenken beständen? Er antwortete, er könne mir gar keine Wagen geben. Ich fragte: warum denn nicht? worauf er erwiderte: CHARLES PRATT & Co. haben alle Wagen bestellt, die wir besitzen. (CHARLES PRATT & Co. gehören, wie oben gesagt, zum Ring der Standard Oil-Gesellschaft.) Ich erzählte, daß ich auf meiner Reise nach Buffalo Hunderte von Wagen, oder sehr viele Wagen, unbeladen hätte stehen sehen. Er entgegnete: „Ich kann Ihnen nicht helfen, sie haben alle unsere Transportmittel bestellt“, worauf ich bemerkte: „Haben sie diese Bestellung nicht gemacht, nachdem wir die 100 Wagen verlangt hatten?“ Dieser Frage wich er aus. Ich fragte dann: „Wollen Sie uns überhaupt Wagen geben?“ „ „Wenn CHARLES PRATT & Co. keine nötig haben, so will ich es thun, wenn jene jedoch ihrer bedürfen, so können Sie nichts haben.“ “ Wir warteten darauf noch drei oder vier Monate, während welcher das Öl jederzeit zur Verladung bereit stand. Ich weiß aus eigener Erfahrung, daß wir es im vergangenen Jahre an Versuchen nicht haben fehlen lassen, um Wagen von der Erie-Bahn zu bekommen. Und doch, wie ich bereits erwähnte, sind nach meiner Kenntnis nur etwa zehn Wagenladungen von anderen Versendern, als der Standard Oil-Gesellschaft aufgegeben, und ich bin hierüber ganz genau unterrichtet.“

Nachdem der Zeuge noch mitgeteilt hat, daß der Preis des Öles während der Zeit der Lagerung in Carrolton von $ 1·40 bis auf $ 1 das Barrel heruntergegangen sei, wird er veranlaßt, sich auch über die Erfahrungen auszusprechen, welche er mit der New York Zentral-Bahn gemacht habe. Seine Äußerung hierüber lautet:

„Ungefähr um dieselbe Zeit hatten wir Öl hier dringend nötig, Schiffe zum Transport desselben lagen bereit, und wir bemühten uns also, Öl hierher zu bekommen. Ich bat die New York Zentral-Bahn um 100 Wagen. Ich schrieb zu diesem Zwecke an Herrn RUTTER und erhielt nach einiger Zeit von ihm die Antwort, ich möge ihn in dieser Angelegenheit doch einmal besuchen. Ich that dies, bat um 100 Wagen, erklärte mich auch bereit, dieselben durch meine Leute entladen zu lassen, wenn die Bahn die nötigen Vorrichtungen zur Entladung nicht hätte, oder aber eine besondere Vergütung für die Entladung zu zahlen. Ich bekam aber keine Wagen. Er sagte, die New York Zentral-Bahn hätte keine Petroleumwagen, sie könne mir solche auch nicht schaffen."

Frage: „Haben Sie über diese Angelegenheit auch mit Herrn VANDERBILT gesprochen?"

Antwort: „Ja wohl, früher in demselben Jahre. Er fragte mich, auf welcher Bahn wir unser Öl verfrachteten. Ich sagte ihm, auf der Pennsylvania Zentral-Bahn. Er wünschte dann zu wissen, warum wir nicht über die New York Central verfrachteten, die uns doch bequemer läge. Ich erwiderte, wir hätten einen Vertrag mit der Pennsylvania-Bahn. Er wünschte zu wissen, warum wir mit ihm nicht ins Benehmen getreten wären. Ich entgegnete, ich hätte geglaubt, er sei so eng verbunden mit der Standard Oil-Gesellschaft, daß er für Leute, welche mit dieser nicht in Zusammenhang stünden, nichts thue. Er sagte, das sei nicht der Fall; worauf ich: „Nun gut, unser Vertrag läuft in kurzem zu Ende, ich werde Sie dann aufsuchen." Als der Vertrag abgelaufen war, etwa Anfang Mai

1878, ging ich zu Herrn VANDERBILT. Er wies mich an Herrn RUTTER, und dieser erklärte: „Sie wissen, wir haben jetzt weder Wagen, noch Entladeplätze, es wäre mir lieb, wenn Sie noch einmal zu Herrn VANDEBILT gingen.“ Ich that dies, machte Herrn VANDERBILT Mitteilung von den Außerungen des Herrn RUTTER, und fragte ihn, was er nunmehr zu thun gedenke? Er sagte: „Ich kann Ihnen jetzt nichts weiteres sagen. Wir wollen uns die Sache überlegen und ich werde Ihnen Bescheid zugehen lassen.“ Das war das letzte, was ich hierüber gehört habe.“

Frage: „Und Sie haben also auch über diese Bahn ebensowenig befördern können, als über die Erie-Bahn?“

Antwort: „Ich konnte auf keiner von beiden meine 100 Wagen Öl verfrachten. Andern Leuten ging es genau ebenso.“

Diese von einem vereideten Zeugen mitgeteilten Thatsachen werden, soweit sie sich auf die Erie-Bahn beziehen, vom Präsidenten derselben, JEWETT, ausdrücklich bestätigt. JEWETT giebt zu[1], daß er Herrn OLIN die nötigen Wagen zum Transport von etwa 10 000 Faß Petroleum abgeschlagen habe. Er sucht dies Verfahren mit allerhand leeren Ausflüchten zu rechtfertigen und will sich insbesondere bereit erklärt haben, mit OLIN in nähere Verhandlungen über eine dauernde Geschäftsverbindung einzutreten. Dies ändert aber nichts an der Thatsache, daß die Eisenbahnen von der Standard Oil-Gesellschaft geradezu verhindert wurden, Petroleum von anderen Verfrachtern zu befördern.[2]

---

[1] R. J. II. 1508 ff.

[2] Die Frage, ob eine Eisenbahn verpflichtet sei, aufgegebenes Gut zu befördern, ist, offenbar aus Anlaß des hier von Herrn LOMBARD mitgeteilten Falles, späterhin Gegenstand eines Prozesses gewesen. Wie die Railroad Gazette vom 17. Juni 1881 S. 332 mitteilt, hat der höchste Gerichtshof des Staates New York dahin entschieden, daß nach Lage der Gesetzgebung der Richter eine Bahn nicht zwingen könne, einen

V.

Selbst der begeistertste Bewunderer amerikanischer Eisenbahnzustände wird zugeben, daß Vorgänge, wie sie hier berichtet werden, geradezu unerhört sind. Man erwäge nur, es handelt sich um Eisenbahnen, um öffentliche, von der Staatsgewalt mit Privilegien aller Art ausgestattete, für den allgemeinen Verkehr bestimmte Beförderungsanstalten. Diese arbeiten nur für einen einzigen Verfrachter, sie lehnen es ab, von irgend jemand, der nicht in Geschäftsverbindung mit diesem steht, eine Ware zur Beförderung überhaupt anzunehmen; sie begeben sich der Möglichkeit, eine Ware für das große Publikum zu befördern dadurch, daß sie sich ihrer Transportmittel freiwillig entäußern und sich gleichzeitig die Möglichkeit abschneiden neue zu beschaffen, während es doch in dem Wesen dieser Anstalten liegt, sich wenigstens für die regelmäßig aufgegebenen Güter auch mit den erforderlichen Wagen zu versehen. Bei uns enthalten die bestehenden Gesetze Bestimmungen, welche eine solche Bevorzugung verbieten; in Amerika giebt es aber kein Mittel, die Bahn zu anderem Verhalten zu zwingen. Wirksame Staatsaufsicht besteht nicht, der Rechtsweg führt nicht zum Ziele und die Konkurrenz? Die versagt hier, d. h. also in einem Falle, vollständig den Dienst, in welchem sie so recht in ihrer Bedeutung hervortreten müßte. Es führen ja drei große Linien vom Versand- zum Empfangsplatze. Aber arbeiten sie

---

Transport zu befördern; daß er indessen wohl eine Eisenbahn verurteilen könne, den Schaden zu ersetzen, welcher durch grundlose Weigerung der Annahme eines Gutes zur Beförderung der Partei erwachsen sei. Im Zweifel bestehe der Schaden in dem Unterschied des Preises der Ware am Versand- und am Empfangsorte. Unter Umständen, wenn nämlich der Beweis erbracht werde, daß die Eisenbahn sich geweigert habe lediglich, um ein bestehendes Monopol zu begünstigen, könne noch höherer Schadenersatz verlangt werden. — Es ist mir nicht bekannt geworden, welches weitere Schicksal diese Angelegenheit gehabt hat.

etwa im Wettbewerb gegeneinander? Nein, ganz im Gegenteil, sie stehen alle drei unter dem mächtigen Einfluß eines einzigen Verfrachters, dessen Interessen sie ausschließlich dienen müssen, gegen welchen sie eine offene Empörung nicht wagen, dessen allmächtigem Einfluß sie allenfalls ganz heimlich, hinterrücks sich ein einzelnes Mal zu entziehen versuchen.

Statt öffentlicher Heerstraßen, statt gemeinnütziger Verkehrsanstalten sind diese Bahnen die Helfershelfer einer eigennützigen, lediglich finanzielle Interessen verfolgenden Handelsgesellschaft und beuten das Publikum auf das Schnödeste aus. Und hat etwa die in den Vereinigten Staaten so mächtige öffentliche Meinung, hat die Presse die Beseitigung derartiger Mißstände vermocht? Denn das ist das letzte Bollwerk, hinter welches sich die deutschen Verfechter der amerikanischen Eisenbahnpolitik zu verschanzen pflegen. Die Antwort lautet: Nein, auch die öffentliche Meinung war bis jetzt wirkungslos, sie hat die Macht dieser Monopolien nicht brechen können, sie bestehen noch heute fort und sind noch fortwährend im Wachsen begriffen.

Wir haben gesehen, wie aus kleinen Anfängen sich dieses Monopol entwickelt hat, welches heute die gesamte Beförderung und Verarbeitung des Petroleums beherrscht. Der Standard Oil-Gesellschaft gehören die Röhrenleitungen der Ölgegend, sie ist die Herrin der Eisenbahnen von den Ölgegenden nach den östlichen Hafenplätzen, sie ist Eigentümerin aller, wenn wir ganz genau sein wollen, wenigstens von 95 Prozent der bestehenden Raffinerien. Die Abschlachtung einiger weniger, in New York noch bestehender Raffinerien hat man nicht für der Mühe wert erachtet. Schaden thun sie nicht, und es macht doch dem Uneingeweihten gegenüber einen guten Eindruck, wenn man mit einem gewissen Schein der Berechtigung ihm entgegen halten kann, daß man nicht der alleinige Raffineur sei. Die

Standard Oil-Gesellschaft ist also der einzige Kunde der Ölproduzenten, sie kann diesen ihre Einkaufspreise machen, wie sie andererseits der einzige Lieferant für den Ölverbrauch fast der ganzen Welt ist, welcher sie ihre Verkaufspreise diktiert und die Ware in der von ihr beliebten Beschaffenheit darbietet.

Ich entnehme dem früher angezogenen Aufsatze in dem Atlantic Monthly einige Beispiele von der frivolen Schamlosigkeit, mit welcher diese allmächtige Stellung ausgenutzt wird. Eines Tages kommt ein Herr CAMPBELL, Besitzer von etwa 100 Bohrlöchern, von einer Reise nach seinem Wohnsitze Parker in der Nähe von Pittsburgh zurück. Er findet die Bevölkerung in schrecklicher Aufregung. Die Standard-Gesellschaft hatte die Beförderung von Öl durch ihre Röhrenleitungen verweigert, wenn man ihr das Öl nicht verkaufe. Sie bot zu niedrige Preise, der Verkauf wurde abgelehnt. Die Ölproduzenten aber mußten schließlich die angebotenen Preise doch annehmen, weil sie keinen Platz mehr für das Öl in ihren Bassins hatten. Sie schlugen also zu, und nun drehte die Standard-Gesellschaft natürlich zu keinem anderen Zweck, als um den Preis noch mehr zu drücken, den Spieß um: sie wolle nichts kaufen, die Eisenbahnen könnten keine Wagen zur Fortschaffung des Öles liefern. Hunderte von Bohrlöchern mußten nun plötzlich geschlossen werden, tausende ließen, um nicht den mit einer plötzlichen Schließung verbundenen Schaden zu leiden, das Öl einfach in die Erde fließen. Das erregte eine solche Entrüstung bei der an der Petroleumindustrie auf das lebhafteste beteiligten gesamten Bevölkerung, daß eine förmliche Revolte ausbrach, man drohte, die Röhrenleitungen, die Eisenbahnen zu zerstören. CAMPBELL telegraphierte den Eisenbahnen, wenn nicht sofort Wagen beschafft würden, so komme es zu einem allgemeinen Aufstande gegen die Bahnen, ähnlich dem vom Juli 1877. Es folgt eine Konferenz. Die Standard-Gesellschaft, welcher jener Aufstand noch in frischer Erinnerung war, überzeugte sich, daß sie doch zu weit gegangen sei; nach wenigen Stunden sind Hunderte leerer Wagen in Parker, und eine Woche lang schaffte die Eisenbahn, welche angeblich keine Wagen gehabt hatte, täglich 50 000 Faß Öl von Parker weg.

Ein Ölproduzent, E. W. Coddington, hatte mit der Standard Oil-Gesellschaft einen Vertrag wegen Beförderung seines Produktes durch die Röhrenleitungen abgeschlossen. Es verkaufte dieses Produkt an eine nicht zur Standard Oil Company gehörige Firma in New York. Sobald die Gesellschaft dies hörte, verweigerte sie den Transport, sandte aber gleichzeitig Öl an einen Konkurrenten des New Yorker Hauses und veranlaßte, daß Coddington ihr sein Öl verkaufe. Dieser, dessen Bassins gefüllt waren, mußte sich wohl oder übel dem Verlangen fügen und sich mit einem erheblich geringeren Kaufpreise, als dem Marktpreise begnügen.

Ein anderer Produzent, H. J. Taylor, erzählt, die Standard-Gesellschaft habe ihm abgeschlagen, eine Verbindung seiner vollen mit seinen leeren Bassins durch ihre Röhrenleitungen herzustellen, wenn er sein Öl nicht an sie verkaufe. Seine Bassins waren voll, und um den Betrieb der Bohrlöcher aufrecht zu erhalten, blieb ihm nichts übrig, als sein Öl 20 bis 25 Cents unter dem Marktwert an die Standard-Gesellschaft loszuschlagen.

Ein Produzent Namens Lewis Emery schildert die Art und Weise, wie die Standard-Gesellschaft mit den Produzenten verhandelt, mit folgenden Worten: „Wir gehen an ihr Comptoir und stellen uns dort in einer Reihe auf, oft einen halben Tag lang, oft 60 bis 70 Leute hintereinander, bis auf die Straße hinaus. Wenn einer dann an die Reihe kommt, so bittet er demütig, ihm seine Ware doch abzukaufen, und die Leute sind dann wohl so gnädig, sie abzunehmen."

Die durch dieses Verfahren geschädigten Personen ließen kein Mittel unversucht, sich zu schützen. Wir haben gesehen, wie sie an den Kongreß gingen, wie dieser eine Untersuchung veranstaltete, welche ergab, daß alle Beschwerden wohlbegründet waren. Man ging nun weiter und verlangte Gesetze zur Beseitigung der Mißbräuche; da zeigte sich aber, daß das Geld der Standard-Gesellschaft einflußreicher war, als die Bitten der Geschäftsleute, die nichts anderes als Behandlung auf gleichem Fuße mit der Monopolgesellschaft forderten! Prozesse wurden gegen sie angestrengt, Kriminal- und Civilprozesse; sie kamen alle zu keinem Ziele. Selbst der höchste Gerichtshof von Pennsylvanien stellte das Verfahren gegen die Gesellschaft ein, wie dies einer ihrer Anwälte den Klägern höhnisch vorausgesagt hatte. „Kurz", sagt H. D. Lloyd[1], „die Geplünderten fanden, daß die Gerichtshöfe, der Gouverneur, die gesetzgebenden Körperschaften ihres Staates und der Kongreß der Vereinigten Staaten die Werkzeuge ihrer Plünderer waren, und sie wurden genötigt, ein Kompromiß abzuschließen." In diesem Kompromiß vom 5. Februar 1880 wurden zwar scheinbar einige der gröbsten Mißbräuche beseitigt, indessen gerade der Haupt- und Kardinalpunkt blieb unverändert. Die Eisenbahnen wurden ermächtigt, an große Verfrachter Rabatte zu gewähren, und der einzige große Verfrachter von Petroleum war und blieb die Standard-Gesellschaft.

Über die Summe, um welche die Gesellschaft die ganze Welt brandschatzt, wird folgende Berechnung angestellt: Der Wert des Rohöls zur Herstellung eines Barrels raffinierten Öls beläuft sich auf $ 2·05 (im Dezember 1880), alle Ausgaben für Raffinieren, Füllen in Fässer, einschließlich des Verdienstes der Raffinerien, betragen $ 2·75, der Versand nach Chicago kostet

[1] S. 329 in dem S. 342 angeführten Aufsatze.

$ 0·70, macht zusammen $ 5·50 für ein Faß, enthaltend 50 Gallonen, also 11 Cents für die Gallone (etwa $4^1/_2$ Liter). Die Standard Oil-Gesellschaft erhielt in Chicago für die Gallone $19^3/_4$ Cents, im Kleinhandel kostet das Petroleum ungefähr 25 Cents die Gallone. Jedermann, der Petroleum brennt, zahlt also an die Standard-Gesellschaft eine Abgabe von $8^3/_4$ Cents = etwa 35 Pfennige für die Gallone Öl. — Von anderer Seite ist der Gewinn, welchen die Standard-Gesellschaft in Pennsylvanien an jeder Gallone Öl macht, auf 14 Cents berechnet; sie würde demnach von den Einwohnern Pennsylvaniens alljährlich etwa $ 2555000 erheben! In den Vereinigten Staaten wurden 1880 220 Millionen Gallonen Petroleum verbraucht. Nimmt man den Reingewinn der Standard-Gesellschaft nur auf 5 Cents (nach dem Vorstehenden eine sehr mäßige Schätzung) an, so macht das eine Einnahme von elf Millionen Dollars, abgesehen von dem sonstigen Verdienste und den kolossalen Rabatten der Eisenbahnen. Es ist daher durchaus glaubhaft, wenn die von der Gesellschaft auf ihr jetziges Kapital von $3^1/_2$ Millionen Dollars gezahlten Dividenden auf eine Million Dollars monatlich angegeben werden, eine Dividende von nicht mehr und weniger als rund 350 Prozent!

Ein letztes großartig ausgedachtes und von langer Hand vorbereitetes Attentat auf den Geldbeutel der Petroleumgeschäfte und der Petroleumbrenner der ganzen Welt wäre beinahe von verhängnißvollen Folgen für die Gesellschaft gewesen. Es ist auch unserer Geschäftswelt noch in der Erinnerung, wie die Ende 1875 für die damalige Zeit ziemlich niedrigen Petroleumpreise im Jahre 1876 plötzlich sprungweise in die Höhe gingen, dann niedersanken und bis 1878 den größten Schwankungen unterlagen. Hand in Hand mit diesen Preisschwankungen, in deren Folge ganze Vermögen zerstört wurden, ging eine auffallende Verschlechterung der Ware, eine zunehmende Unzuverlässigkeit der Atteste über die Brennbarkeit des raffinierten Öls. — Alle diese Unregelmäßigkeiten waren das Werk der Standard Oil-Gesellschaft. Sie machte die Preise, indem sie das Gut zurückhielt oder plötzlich auf den Markt warf, und dabei zu hohen Preisen verkaufte und zu niedrigen Preisen einkaufte; sie arbeitete billig aber schlecht in ihren Raffinerien, und war auf dem besten Wege, das ganze Petroleumgeschäft in Verruf zu bringen.

Am unmittelbarsten litten unter diesem Verfahren die Ölproduzenten, und sie griffen noch einmal zu einem verzweifelten Mittel, um sich von der Tyrannei der Gesellschaft zu befreien. Sie beschlossen den Bau einer großartigen Röhrenleitung vom Produktionsplatz direkt nach Baltimore, einer Röhrenleitung von 4—500 englischen Meilen. In dieser sollte das Rohöl an den Verschiffungsplatz geleitet, auf den Schiffen nach Europa gefahren und erst in Europa raffiniert werden. Durch die einem solchen Unternehmen entgegenstehenden Schwierigkeiten ließ man sich nicht abschrecken, und dieser Schwierigkeiten waren schon auf den ersten Anblick nicht wenige. Es war sehr zweifelhaft, ob auch zur Winterszeit der Transport durch eine so lange Leitung möglich sei. Die Eigentümer der weiten Flächen, durch welche die Röhren zu legen waren, würden, wenn überhaupt, dann nur gegen Zahlung bedeutender Entschädigungen, die Benutzung ihres Grund und Bodens gestatten; die Röhrenleitung mußte breite Flüsse, Eisenbahnlinien und andere Straßen durchkreuzen, und dabei war immer zu bedenken, ob man die Röhren auch so dicht machen konnte, daß keine Leckage stattfand, durch welche wiederum, sei es der Grund und Boden, seien es die Gewässer, verunreinigt worden wären. Bei Bemessung der Beförderungskosten durch die Leitung kam ferner in Betracht, daß das Ol nur von einem Anfangs- zu einem Endpunkte geschafft werden konnte, es durchweg an

Zwischenstationen fehlte. Auch von Rückfracht von den Hafenplätzen nach den Ölgegenden war natürlich keine Rede. Es war hiernach nichts weniger als gewiß, daß die Ölproduzenten auf diese Weise sich eine von der Standard Oil Company unabhängige, leistungs- und konkurrenzfähige Straße nach der See zu anlegen konnten. Indessen die bestehenden Verhältnisse waren derart unerträglich, daß man wenigstens den Versuch nicht unterlassen wollte; ja man ging so weit, mit europäischen Firmen in vertrauliche Verhandlungen über eine Unterstützung dieses Unternehmens einzutreten, dessen Ausführung auch für die deutsche Industrie von nicht zu unterschätzender Bedeutung gewesen wäre.

Diese Pläne der amerikanischen Ölproduzenten sind jedoch nicht verwirklicht worden. Sie scheiterten an dem Widerstand der Grundeigentümer und der Eisenbahnen, welche nicht nur die Durchkreuzung des Bahnkörpers untersagten, sondern außerdem die anderen Interessenten, welche ein Wort mitzusprechen hatten, gegen das geplante Unternehmen aufhetzten. Dagegen wurde infolge dieser Agitation eine 150 Meilen lange Röhrenleitung von dem Bradford-Distrikt der Ölgegend nach Williamsport in Pennsylvanien, einer Station der Philadelphia and Reading-Eisenbahn, gelegt. Auf dieser und der von derselben abzweigenden, gleichfalls von den vier Trunk Lines unabhängigen Bahn wurde das Öl dann nach New York und Philadelphia gefahren.

Diese neue Verkehrsstraße wurde unter dem Namen „Tide Water Pipe Line“ — (Röhrenleitung zur Meeresküste) im Juni 1879 eröffnet. Die Beförderungskosten auf derselben wurden niedriger angesetzt, als die Eisenbahnfrachten, und damit war eine Konkurrenz gegen die Standard-Gesellschaft vorhanden. Diese also setzte sofort alle Mittel in Bewegung, um der Konkurrenz zu begegnen. Das bequemste und zugleich für die

Gesellschaft billigste dieser Mittel war ein erneuter Druck auf die Eisenbahnen. Am 5. Juni 1879 fand in Niagara eine Zusammenkunft von Bevollmächtigten der drei Trunk Lines und der Standard-Gesellschaft statt, in welcher, mit Rückwirkung vom 1. Juni an, die Petroleumfrachten auf 20 Cents das Faß von der Ölgegend bis zu den Hafenplätzen des Atlantischen Ozeans ermäßigt wurden. Diese Ermäßigung galt jedoch nur für die Standard Oil-Gesellschaft, für die übrigen Versender betrug die Fracht vom 21. Juni an an Stelle der früheren $ 1·15 nur noch 30 Cents. — Als die Konkurrenz dessenungeachtet noch nicht aufhörte, entschloß man sich am 1. August zu einer weiteren Herabsetzung der Fracht auf 15 Cents für das Faß. Das Faß Rohöl wiegt ungefähr 200 kg; nimmt man die Entfernung der Ölgegend von dem Atlantischen Ozean auf nur 650 km durchschnittlich an, so entspräche dieser Tarif einem Einheitssatze von etwa einem halben Pfennig für die Tonne und das Kilometer, für welchen noch fast alle leeren Wagen zurückgeschafft werden mußten. Daß bei einem solchen Tarif die Eisenbahnen noch etwas verdienten, ist kaum glaublich, unter dem Druck der Standard Oil-Gesellschaft fuhren sie jetzt umsonst, ja mit eigenem Schaden.

Billiger konnte auch die Tide Water Line nicht befördern, ihre Konkurrenz war unschädlich gemacht, und sie hat in der Zeit vom 1. Juni bis 1. November 1879 im Ganzen nur 257 786 Faß Öl befördert, d. h. monatlich durchschnittlich 51 557 Faß, während auf den Eisenbahnen durchschnittlich schon damals täglich 30—35 000 Faß Rohöl gefahren wurden.

Also auch dieser Angriff war abgeschlagen. So lange die großen Eisenbahnen der Ölgesellschaft das bisherige Verhältnis nicht kündigten, war nichts gegen dieselbe zu machen. Die Bahnen aber, welchen sich hier eine vielleicht nie wiederkehrende vortreffliche Gelegenheit bot, das Joch der Gesellschaft abzuschütteln und ihr den Krieg auf Tod und Leben zu erklären, sie hatten sich auch jetzt wieder ihren Bedingungen gefügt, ja sie zahlten für den zweifelhaften Vorzug, ihr nach wie vor Knechtesdienste zu leisten, einen Tribut, welcher sich auf beiläufig zehn Millionen Dollars in der Zeit vom 17. Oktober 1877 bis 21. März 1878 belief![1] — Zur Beruhigung des europäischen Marktes hatte übrigens die Standard-Gesellschaft Boten dorthin gesandt, welche nachweisen sollten, daß die vermeintliche Verschlechterung des Brennöls auf eine mangelhafte Konstruktion der Lampen zurückzuführen sei. Als dieser Nachweis nicht so recht glücken wollte, schickte man uns wieder bessere Ware zu.

Seitdem sind neue außerordentliche Ereignisse nicht vorgekommen. Die Gesellschaft genießt die Früchte ihres Monopols, und Niemand wagt es, sie in diesem Genusse zu stören.

Freilich hat die durch den New Yorker Untersuchungsausschuß verbreitete Kunde über solche, bisher kaum geahnte geschäftliche Vorgänge, nicht wenig dazu beigetragen, die allgemeine Entrüstung über die sich immer mehr ausdehnende Monopolisierung des Verkehrs durch Privatgesellschaften zu steigern. Zu den Eisenbahnen und der Petroleumgesellschaft hatte sich anfangs 1881 noch die Telegraphenmonopolgesellschaft, die Western Union Telegraph Company hinzugesellt, welche sich in einem Vertrag vom 19. Januar 1881 mit zwei anderen, der American Union und der Atlantic Pacific Telegraph Company verschmolz, und mit einem Kapital von 80 Mill. Dollar seitdem mit Herrn Jay Gould an der Spitze, den Telegraphenbetrieb der ganzen weiten Union allein und beinahe ausschließlich leitet. — Man fragte sich mit Recht in den Vereinigten Staaten: wohin soll das führen? Nachdem die Mono-

[1] S. Bericht der New Yorker Handelskammer über die Eisenbahn-Enquête S. 22, welcher diese Berechnung des Abg. Emery mitteilt.

polisten bereits außerhalb des Gebiets der allgemeinen Verkehrsanstalten ein äußerst ergiebiges Feld für ihre Bestrebungen gefunden haben, was hindert sie, auch andere Handelsartikel dem Wettbewerb zu entziehen? Das Petroleum ist ein besonders gut geeignetes Objekt. Warum aber soll man seine Künste nicht auch an minder geeigneten Objekten versuchen? Warum nicht den Milchhandel, den Viehhandel, den Getreideverkehr monopolisieren? Die größte Gefahr aller dieser Monopole liegt aber darin, daß sie thatsächlich von einzelnen Personen betrieben werden, welche uns überall wieder begegnen. Die Eisenbahnkönige haben gleichzeitig ihre Hand im Spiele bei dem Telegraphen, wir haben sie als Genossen der Petroleumleute kennen gelernt, welche letztere wieder die engsten, auch persönlichen Beziehungen zu den Eisenbahnen pflegen, von Rockefeller wird erzählt, daß er dem geplanten kühnen Konkurrenzunternehmen gegen die New Yorker Hochbahnen, den Arkadenbahnen unter dem Broadway, nicht fern steht. Wie lange, hört man in den Vereinigten Staaten fragen, wird es dauern, bis diese Gruppen sich wieder zusammenfinden, bis, wie seit dem Januar 1881 das Telegraphennetz, so das ganze Eisenbahnnetz in den Händen weniger, ja eines einzigen Mannes ist? Die politischen Gefahren einer derartigen Machtstellung für ein Gemeinwesen, wie die bundesstaatliche Republik der Vereinigten Staaten mit ihrem regelmäßig alle vier Jahre neu gewählten Staatsoberhaupte, mit dem fortwährenden Wechsel der Staatsbeamten, liegen nur zu nahe. Und welcher wirtschaftlichen Thaten man sich von diesen Herren zu versehen hat, dafür haben uns die Herren Rockefeller, Vanderbilt, Gould nur zu viele Proben geliefert. Je weiter die Monopolisierung vorschreitet, desto frecher werden diese Leute ihr Haupt erheben und vor keinem Mittel zurückscheuen, um aus diesem Verkehr für sich möglichst viele Vorteile zu ziehen. Es ist ein himmelweiter Unterschied, ob der Staat oder ob Privatpersonen ein solches Monopol in Händen haben. Der moderne Staat, mit seiner Teilnahme der Bevölkerung an Gesetzgebung und Verwaltung, mit seiner großen Verantwortlichkeit, mit der unbeschränkten Öffentlichkeit seiner Maßnahmen, er kann dasselbe nur nach Rücksichten der allgemeinen Wohlfahrt betreiben; selbst eine einseitig fiskalische Verwaltung würde auf der anderen Seite der Gesamtbevölkerung zugute kommen. Ganz anders liegt der Fall bei unverantwortlichen Privatpersonen. Für sie giebt es Rücksichten auf die gemeine Wohlfahrt nicht. Ihr Verdienst fließt in ihre eigenen Taschen. Der Verkehr ist für sie lediglich die milchgebende Kuh. Sie fördern ihn, so lange er etwas abwirft, im übrigen aber mag es gehen, wie es will.

Haben auch in den letztvergangenen Jahren die Monopolisten, gewiß mit unter dem Eindruck der gegen sie aufgestachelten öffentlichen Meinung, etwas mehr an sich gehalten, und sind auch durch die Krisis von 1884 selbst Leute wie Vanderbilt und Gould hart mit betroffen worden, so scheint es mir doch ein Beweis von Kurzsichtigkeit, wenn man, allen diesen Thatsachen zum Trotz, von deutschen und auch amerikanischen Wirtschaftspolitikern sagen hört, solche Sachen dürften nicht zu tragisch genommen werden, es sei dafür gesorgt, daß die Bäume nicht in den Himmel wüchsen, und, wenn diese Eisenbahn- und Handelskönige allzu frech ihr Haupt erhöben, so werde sich immer schon ein Mittel finden, sie unschädlich zu machen. Es mag ja sein, daß die politischen und wirtschaftlichen Gefahren der gegenwärtigen Zustände sich in der allernächsten Zukunft noch nicht schärfer fühlbar machen. Indessen schon das ist ein äußerst bedenkliches Symptom, daß sich aus den vielen Monopolen immer wenigere herausschälen, und daß einzelne Leute sich schon jetzt für die allein berechtigten Teilnehmer an den unermeßlichen Gewinnsten derselben halten. Villard's Sturz durch Jay Gould hat bewiesen, daß die gegenwärtigen Inhaber die Macht haben, selbst Männer von der Bedeutung dieses deutschen Unternehmers, von seiner öffentlichen Stellung, von seinem Einfluß, zu beseitigen. Wie viel leichter wird es ihnen, andere, weniger bedeutende Eindringlinge in ihre Kreise fern zu halten oder zu entfernen? Und sobald die Zahl der Monopolisten einmal auf etwa ein halbes Dutzend zuammengeschmolzen ist, können sie sich unschwer untereinander verständigen, und ein ganzes, großes, reiches Verkehrsgebiet, ein halber Weltteil liegt dann zu ihren Füßen!

Noch ist es vielleicht nicht zu spät, dieser drohenden Gefahr entgegen zu arbeiten; aber es gilt die Anspannung aller Kräfte; mit Resolutionen der Antimonopolvereine ist die Sache nicht abgemacht. Das Volk muß sich aufraffen, es muß sich entschließen, die Staatsverwaltung zu bessern, und sie dann auch mit den nötigen Befugnissen auszustatten, um ihrerseits mit machtvoller Hand zum besten des gemeinen Wohls in dieses verderbliche freie Spiel der Kräfte einzugreifen. Die Verkehrsanstalten müssen vom Staate gezwungen werden, bei ihrem Betriebe und ihrer Verwaltung als höchstes Gesetz und als oberste Richtschnur das Gemeinwohl anzuerkennen. Hat sich diese Einsicht Bahn gebrochen, so wird sich sicherlich auch eine Partei in den Vereinigten Staaten finden, welche ein solches Programm auf ihre Fahnen schreibt, aber auch dann wird es noch harter, schwerer Arbeit und geduldiger Ausdauer bedürfen, bis das Programm verwirklicht ist.

Alphabetisches Namen- und Sachregister.

(Die Ziffern beziehen sich auf die Seiten.)

Berichtigung.

S. 138 Zeile 16 von oben Railroad lies R a i l r o a d s.

www.ingramcontent.com/pod-product-compliance
Lightning Source LLC
LaVergne TN
LVHW092153300926
849161LV00002B/261